2025

고졸 NCS
기술능력

핵심이론 + 예상문제

타임 NCS 연구소

KB193807

2025
고졸 NCS 기술능력 핵심이론 + 예상문제

인쇄일 2025년 1월 1일 3판 1쇄 인쇄
발행일 2025년 1월 5일 3판 1쇄 발행
등 록 제17-269호
판 권 시스컴2025

ISBN 979-11-6941-496-8 13320
정 가 17,000원

발행처 시스컴 출판사
발행인 송인식
지은이 타임 NCS 연구소

주소 서울시 금천구 가산디지털1로 225, 514호(가산포휴) | **홈페이지** www.nadoogong.com
E-mail siscombooks@naver.com | **전화** 02)866-9311 | **Fax** 02)866-9312

머리말

NCS(국가직무능력표준, 이하 NCS)는 현장에서 직무를 수행하기 위해 요구되는 능력을 국가적 차원에서 표준화한 것으로 2015년부터 공공기관을 중심으로 본격적으로 실시되었습니다. NCS는 산하기관을 포함한 약 600여 개의 공공기관으로 확대 실시되었습니다.

NCS는 기존의 스펙위주의 채용과정을 줄이고자 실제로 직무에 필요한 능력을 위주로 평가하여 인재를 채용하겠다는 국가적 방침입니다. 기존 공공기관의 적성검사는 NCS 취지가 반영된 형태로 변하고 있기 때문에 변화하는 양상에 맞추어 NCS를 준비해야 합니다.

NCS 기술능력은 직업인으로서 일상적인 직업생활에 요구되는 수단, 도구, 조작 등에 관한 기술적인 요소들을 이해하고, 적절한 기술을 선택하며, 적용하는 능력을 의미합니다. 이러한 기술능력은 직업생활에 필요한 기본적인 기술의 원리 및 절차를 이해하는 기술이해능력, 필요한 기술을 선택하는 기술선택능력, 그리고 선택한 어떤 기술을 실제로 적용하는 기술적용능력으로 구성되어 있습니다. 그렇기 때문에 취업준비생들은 기술능력의 출제유형을 알고, 다양한 문제를 학습함으로써 시험에 완벽하게 대비할 수 있도록 해야 합니다.

본서는 NCS 공식 홈페이지의 자료를 연구하여 필요한 지문과 이론을 정리하여 수록하였고, 이에 맞춰 실전문제를 수록하여 시험 대비에 충분한 연습을 할 수 있게 제작되었습니다. 또한 학습자들이 알아야 할 기술능력과 관련된 이론과 문제들을 체계적으로 학습할 수 있도록 구성하였습니다.

취업준비생들에게 아름다운 합격이 함께하길 시스컴이 기원하겠습니다.

NCS(기초직업능력평가)란 무엇인가?

1. 표준의 개념

국가직무능력표준(NCS, national competency standards)은 산업현장에서 직무를 수행하기 위해 요구되는 지식 · 기술 소양 등의 내용을 국가가 산업부문별 수준별로 체계화한 것으로 산업현장의 직무를 성공적으로 수행하기 위해 필요한 능력(지식, 기술, 태도)을 국가적 차원에서 표준화한 것을 의미함

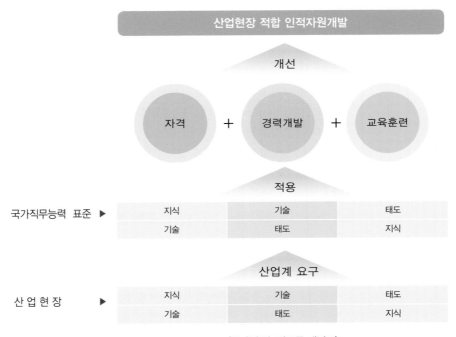

〈국가직무능력표준 개념도〉

2. 표준의 특성

| 한 사람의 근로자가 해당 직업 내에서 소관 업무를 성공적으로 수행하기 위하여 요구되는 실제적인 수행 능력을 의미

– 직무수행능력 평가를 위한 최종 결과의 내용 반영
– 최종 결과는 '무엇을 하여야 한다' 보다는 '무엇을 할 수 있다'는 형식으로 제시

❙ 해당 직무를 수행하기 위한 모든 종류의 수행능력을 포괄하여 제시

- 직업능력 : 특정업무를 수행하기 위해 요구되는 능력
- 직업관리 능력 : 다양한 다른 직업을 계획하고 조직화하는 능력
- 돌발상황 대처능력 : 일상적인 업무가 마비되거나 예상치 못한 일이 발생했을 때 대처하는 능력
- 미래지향적 능력 : 해당 산업관련 기술적 및 환경적 변화를 예측하여 상황에 대처하는 능력

❙ 모듈(Module)형태의 구성

- 한 직업 내에서 근로자가 수행하는 개별 역할인 직무능력을 능력단위(unit)화 하여 개발
- 국가직무능력표준은 여러 개의 능력단위 집합으로 구성

❙ 산업계 단체가 주도적으로 참여하여 개발

- 해당분야 산업별인적자원개발협의체(SC), 관련 단체 등이 참여하여 국가직무능력표준 개발
- 산업현장에서 우수한 성과를 내고 있는 근로자 또는 전문가가 국가직무능력표준 개발 단계마다 참여

3. 표준의 활용 영역

- 국가직무능력표준은 산업현장의 직무수요를 체계적으로 분석하여 제시함으로써 '일-교육 · 훈련-자격'
을 연결하는 고리 즉 인적자원개발의 핵심 토대로 기능

〈국가직무능력표준의 기능〉

– 국가직무능력표준은교육훈련기관의 교육훈련과정, 직업능력개발 훈련기준 및 교재 개발 등에 활용되어 산업수요 맞춤형 인력양성에 기여함. 또한, 근로자를 대상으로 경력개발경로 개발, 직무기술서, 채용 · 배치 · 승진 체크리스트, 자가진단도구로 활용 가능함

– 한국산업인력공단에서는 국가직무능력표준을 활용하여 교육훈련과정, 훈련기준, 자격종목 설계, 출제기준 등제 · 개정시 활용함

– 한국직업능력개발원에서는 국가직무능력표준을 활용하여 전문대학 및 마이스터고 · 특성화고 교과과정을 개편함

구 분		활용콘텐츠
산업현장	근로자	평생경력개발경로, 자가진단도구
	기 업	직무기술서, 채용 · 배치 · 승진 체크리스트
교육훈련기관		교육훈련과정, 훈련기준, 교육훈련교재
자격시험기관		자격종목 설계, 출제기준, 시험문항, 시험방법

NCS 구성

능력단위

– 직무는 국가직무능력표준 분류체계의 세분류를 의미하고, 원칙상 세분류 단위에서 표준이 개발됨
– 능력단위는 국가직무능력표준 분류체계의 하위단위로서 국가직무능력표준의 기본 구성요소에 해당됨

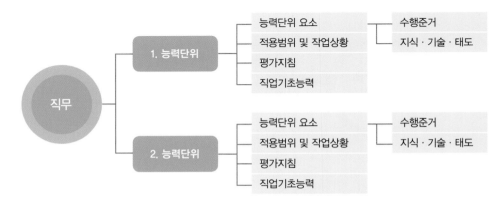

〈 국가직무능력표준 능력단위 구성 〉

NCS 기반 채용 전형절차

NCS 기반 채용 전형절차는 기존의 채용절차와 형식은 같지만 세부 내용은 다른 부분이 많음
이를 전형절차대로 살펴보면 다음과 같음

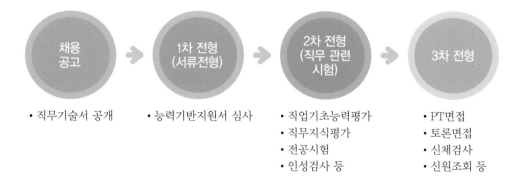

채용 공고	1차 전형 (서류전형)	2차 전형 (직무 관련 시험)	3차 전형
• 직무기술서 공개	• 능력기반지원서 심사	• 직업기초능력평가 • 직무지식평가 • 전공시험 • 인성검사 등	• PT면접 • 토론면접 • 신체검사 • 신원조회 등

1. 채용공고

세부 직무기술서를 사전에 공개하여 어떤 직무 영역의 인재를 선발하는지 구체적으로 알 수 있고, 모집인원
역시 세부적으로 공개하여 지원자가 지원 영역에 대해 예측하고 선별할 수 있도록 함

2. 1차 전형(서류전형)

능력기반지원서는 기존의 인적사항, 학력, 외국어, 자격증 등의 항목 외에 직무관련성이 높은 사항 및 해당
직무에 기본적으로 갖추어야 하는 능력 관련 경험을 기재하도록 되어 있음

3. 2차 전형(직무관련 시험)

직업기초능력평가의 경우 10개의 영역 중 해당 기업체에서 중시하는 능력들을 채택하여 검사를 시행함. 또한
직무지식평가, 전공시험, 인성검사 등 해당 기업체에 따라 시행함

4. 3차 전형

PT면접, 토론면접, 신체검사, 신원조회 등이 시행됨. 1차 전형에서 제출했던 능력기반지원서에 대한 사항을
직무 관련 중심으로 확인하고, 지원자의 직무 영역에 대한 해당 기관의 실제 직무 상황이 주어지고 이에 대한
대처법 등을 답변으로 요구함

● 한국전력공사

Ⅰ 채용절차

– 서류심사 : 입사지원서

– 필기시험

구분	사무	전기	ICT
직무능력검사	의사소통능력, 수리능력, 문제해결능력		
	자원관리능력, 정보능력	자원관리능력, 기술능력	정보능력, 기술능력

– 인성검사 : 태도, 직업윤리, 대인관계능력

– 직무면접/종합면접

직무면접	전공지식 등 직무수행능력
종합면접	인성, 조직적합도

※ 1차 전형은 『직무능력전형』, 『특성화고 재학생 전형』 별도진행,

   2차 이후 통합전형

※ 3~4개월 인턴 근무 후 종합평가결과에 따라 일정비율의 인원 정규직 전환

※ 채용분야, 인원, 시기는 변경 가능

● 한국수력원자력

Ⅰ 채용절차

– 서류전형 : 입사지원서

– 필기전형

구분	배점	내용
NCS 직무역량검사	50	• 직업기초능력검사 – 의사소통, 수리, 문제해결, 자원관리, 기술능력 총 50문항 – 해당영역의 근본적인 능력을 평가하는 간단한 문항부터 직무 맥락적인 상황을 포함하는 긴 문항까지 다양한 형태의 문제출제 가능 • 직무수행능력검사 – 선발분야별 기초전공지식 및 기초상식(원자력 · 회사 · 일반) 총 30문항 – 기초전공지식의 경우 직무수행과 관련성이 있는 전공지식 중심의 문항출제
영어	50	• 토익브릿지 단체평가 결과 반영

– 인성검사/심리건강진단

– 면접전형

구분	배점	내용
면접	100	• 직업기초능력면접(40점) – 내용 : 자기소개서 기반 직업기초능력(근로윤리, 자기개발능력 등) – 평가를 위한 질의응답 진행(개인별 약 20분) – 평가등급 : A(40), B(35), C(30), D(25), E(부적격) • 직무수행능력면접(30점) – 내용 : 회사 직무상황 관련 주제에 대해서 문제해결 방안 토의, 개인별 질의응답을 통해 직무수행능력(의사소통능력, 문제해결능력 등) 평가(조별 약 60분) – 평가등급 : A(30), B(25), C(20), D(15), E(부적격) • 관찰면접(30점) – 내용 : 조별과제 수행 관찰평가(의사소통능력, 대인관계능력, 문제해결능력 등)를 통해 지원자의 인재상 부합여부 검증 (조별 약 120분) – 평가등급 : A(30), B(25), C(20), D(15), E(부적격)

● 한국토지주택공사

| 채용절차

– 서류심사 : 입사지원서

– 필기전형

구분		문항수	평가기준
직무능력검사	NCS 직업기초능력	50	의사소통능력, 문제해결능력, 수리능력 등 (갑질 · 성희롱 · 직장내 괴롭힘 분야 5% 수준 포함)

※ NCS 배점의 40% 미만 득점자는 과락(불합격) 처리

– **면접전형** : 종합 심층면접(직무면접 + 인성면접)

면접방식	평가항목
온라인 인성검사(면접 참고자료)	태도, 직업윤리 등 인성전반
AI면접(면접 참고자료)	
직무역량 및 인성 검증면접 (자기소개서, 인성검사 결과지 등 활용 인터뷰 형식)	문제해결 및 논리전개 능력 등
	직업관, 가치관, 사회적 책임감 등

※ 코로나19 관련 사회적 거리두기 단계 상향 등 필요시 온라인 면접을 실시할 수 있으며, 면접방식 등 세부내용은 필기시험 합격자 발표 전후 홈페이지 안내 예정

● 한전kps

│ 채용절차

– 1차전형 : 자격증, 직무능력기반지원서(적부판정)

– 2차전형

구분	배점	유의사항
응시분야별 직업기초능력(NCS)	100점	• 3배수 또는 5배수 선발
전공시험	50점	• 필기시험 결과 배점(150점)대비 40%미만 득점자는 합격배수에 상관없이 불합격

– 3차전형

구분	분야	유의사항
실기시험	용접, 중기분야	실기시험 결과 배점(200점)대비 40% 미만 득점자는 합격배수에 상관없이 불합격
개별면접	공통	
체력검정	송전분야	체력검정 부적격자는 합격배수에 상관없이 불합격
인성검사 · 신체검사 · 신원검사	공통	적부판정

※ 영어성적 : 제한 없음

※본서에 수록된 채용 정보는 추후 변경 가능성이 있으므로 반드시 응시 기간에 채용 홈페이지를 참고하시기 바랍니다.

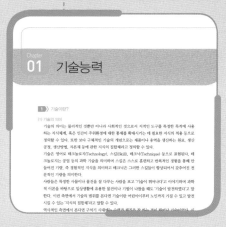

이론편

고졸 NCS 직업기초능력평가와 직무수행능력평가를 완벽히 준비하기 위해서 기술능력의 이론을 요약·정리하여 수록하였습니다. 각 영역의 빈출이론, 핵심개념을 충분히 공부할 수 있도록 수록하여 수험에 도움이 되도록 하였습니다.

문제편

각 영역의 예상문제들을 통해 실전감각을 익힐 수 있도록 하였습니다.

Tip

문제의 해설 이외에도 문제와 관련된 이론 내용을 첨부하여 관련 문제를 쉽게 이해하고 풀 수 있도록 하였습니다.

정답 및 해설

정답에 대한 해설뿐만 아니라 오답에 대한 해설도 상세히 설명하여 학습한 내용을 체크할 수 있도록 하였습니다.

1 기술능력

- 업무를 수행하는 데 필요한 도구, 수단, 장치, 조작 등에 관한 기술의 원리 및 절차를 포함하여 필요한 기술에는 어떠한 것들이 있는지 이해한다.
- 이를 바탕으로 적절한 기술을 선택하여 업무에 실제로 적용하는 능력을 의미한다.
- 직업인이 직업생활에서 일상적으로 접하는 기술을 이해하고 효율적인 기술을 선택하여 다양한 상황에 기술을 적용하기 위해서는 기본적인 기술능력의 함양은 필수적이다.
- 기술의 정의와 중요성, 지속가능한 기술에 대하여 설명할 수 있다.
- 직업생활에 필요한 기술능력에는 무엇이 있고 기술능력의 향상방법은 어떤 것이 있는지 설명할 수 있다.
- 산업재해의 의미와 예방대책에 대해 설명할 수 있다.

2 기술이해능력

- 업무 수행에 필요한 기술의 원리 및 절차를 확실하고 올바르게 이해하는 능력을 말한다.
- 기술의 원리와 절차를 이해할 수 있다.
- 기술 활용의 결과를 예측할 수 있다.
- 활용이 가능한 자원 및 여건을 이해할 수 있다.
- 기술시스템과 기술혁신이 무엇인지 설명할 수 있다.
- 실패한 기술이 우리사회에 미치는 영향에 대해 설명할 수 있다.
- 미래 사회에 유망한 기술에 대해 설명할 수 있다.

3 기술선택능력

- 도구, 장치를 포함하여 업무 수행에 필요한 기술을 비교 및 분석하여 장단점을 파악한 후 최적의 기술을 선택하는 능력을 말한다.
- 기술을 비교 및 검토하고 최적의 기술을 선택한다.
- 기술선택을 위한 의사결정과 벤치마킹의 특징 및 중요성을 설명할 수 있다.
- 매뉴얼의 특징과 중요성에 대해 설명할 수 있다.
- 지식재산권에 대한 기술의 보호에 대해 설명할 수 있다.

4 기술적용능력

- 업무 수행에 필요한 기술을 실제 상황에 적용하고 그 결과를 분석하는 능력을 말한다.
- 기술을 효과적으로 활용하고 기술 적용 결과를 평가한다.
- 기술을 유지하고 조정할 수 있다.
- 기술적용 시 고려사항에 대해 설명할 수 있다.
- 기술경영자의 역할에 대해 설명할 수 있다.
- 네트워크 혁명과 기술융합의 특징에 대해 설명할 수 있다.

● 효율적인 시험 계획 작성법

Chapter별로 Page와 오답 수를 쓰고 오답에 대한 개선점을 기입해 이후 비슷한 유형의 문제를 접할 때 같은 실수를 반복하지 않을 수 있다.

D-DAY	Chapter	Page	오답 수	오답노트	Check
DAY-30	기술이해능력	94 ~ 110	7	기술시스템과 기술혁신의 개념 혼동	v

D-DAY	Chapter	Page	오답 수	오답노트	Check
D-30					
D-29					
D-28					
D-27					
D-26					
D-25					
D-24					
D-23					
D-22					
D-21					
D-20					
D-19					
D-18					
D-17					
D-16					
D-15					
D-14					
D-13					
D-12					
D-11					
D-10					
D-9					
D-8					
D-7					
D-6					
D-5					
D-4					
D-3					
D-2					
D-1					

CONTENTS

Part 01

이론편

Chapter 01 기술능력

1 〉 기술이란?

(1) 기술의 의미

기술의 의미는 물리적인 것뿐만 아니라 사회적인 것으로서 지적인 도구를 특정한 목적에 사용하는 지식체계, 혹은 인간이 주위환경에 대한 통제를 확대시키는 데 필요한 지식의 적용 등으로 정의할 수 있다. 또한 보다 구체적인 기술의 개념으로는 제품이나 용역을 생산하는 원료, 생산공정, 생산방법, 자본재 등에 관한 지식의 집합체라고 정의할 수 있다.

기술은 영어로 테크놀로지(Technology), 스킬(Skill), 테크닉(Technique) 등으로 표현된다. 테크놀로지는 공업 등의 과학 기술을 의미하며 스킬은 스스로 훈련하고 반복적인 경험을 통해 만들어진 기량, 즉 경험적인 지식을 의미하고 테크닉은 그러한 스킬들이 향상되어서 갖추어진 전문적인 기량을 의미한다.

사람들은 특정한 사물이나 물건을 잘 다루는 사람을 보고 '기술이 뛰어나다'고 이야기하며 과학적 이론을 바탕으로 일상생활에 유용한 물건이나 기법이 나왔을 때도 '기술이 발전하였다'고 말한다. 이런 측면에서 기술의 범위를 본다면 기술이란 어린아이부터 노인까지 가질 수 있고 발전시킬 수 있는 '지식의 집합체'라고 말할 수 있다.

역사적인 측면에서 본다면 구석기 시대에는 수렵과 채집을 잘 하는 것이 뛰어난 기술이었다. 신석기 시대에는 농경과 목축을 효과적으로 잘 하는 것, 즉 도구를 만들어 생산성 향상으로 잉여식량을 늘리는 것이 뛰어난 기술로 여겨졌다. 효과적인 생산 수단을 개발하기 위해 인류는 점차적으로 발전해 나가면서 자본주의의 형태를 갖추기 시작하였는데 자본주의에서 뛰어난 기술은 더 많은 자본을 축적할 수 있는 것으로 변해갔다.

(2) 노하우(Know – how)와 노와이(Know – Why)

기술은 노하우(Know – how)와 노와이(Know – why)로 구분할 수 있는데 노하우란 흔히 특허권을 수반하지 않는 과학자나 기술자 등이 가지고 있는 체화된 기술로 만들어진 기법을 잘 다루는 능력을 의미하고 노와이는 어떻게 기술이 성립하고 적용하는지에 대한 원리적 측면에 중심을 둔 개념, 다시 말해 도구가 왜 만들어지고 어디에 사용되어 어떤 효과를 줄 수 있는지를 아는 것이다.

이 두 가지 지식은 획득과 전수방법에 따라 구분할 수 있으며 노하우가 경험적이고 반복적인 행위에 의해 얻어지고 이렇게 획득한 지식을 테크닉(Technique), 혹은 스킬(Skill)이라 부르는 반면, 노와이는 과학적인 탐구이자 테크놀로지(Technology), 즉 이론적인 지식으로서 과학적인 탐구에 의해 얻을 수 있다는 데 차이가 있다. 본래 기술은 노하우의 성격이 강하였으나 시간이 흘러감에 따라 노하우와 노와이의 개념이 서서히 결합하게 되었으며 현대적인 기술은 주로 과학을 기반으로 하는 기술(science - based technology)이 되었다.

최근 많은 기업들은 노하우만 가진 인재보다는 노와이와 노하우를 모두 가지고 있는 인재를 선호한다. 노하우만 가진 사람은 시키는 일은 묵묵히 잘 하지만 새로운 일을 만들어내기는 어렵고 노와이와 노하우를 모두 가지고 있는 사람은 주도적으로 일을 찾고 새로운 개념과 기술을 만들어 낸다.

데시와 라이언(Decy & Ryan)의 '자기결정성 이론'에 따르면 인간이 생존을 위해 고군분투하던 약 5만 년 전 초기 시대는 '동기 1.0시대'이고 당근과 채찍 등 보상과 처벌의 욕구가 동기가 되어 움직이던 산업혁명 시대는 '동기 2.0시대'이며 앞날을 예측하기 어려운 현재를 살고 있는 우리는 '동기 3.0시대'에 살고 있다. 이 시대에는 주도적으로 업무를 추진하고 이끌어 가는 기술을 보유한 사람이 가장 중요하게 여겨진다. 따라서 이 시대가 요구하는 인재는 노와이와 노하우를 적절히 활용하여 끊임없이 새로운 것을 만드는 기술을 보유한 사람일 것이다.

(3) 기술과 과학

과학의 사전적인 정의는 자연 현상에 대한 법칙과 원리를 탐색하고 이를 체계적으로 분석하여 일정한 지식을 만드는 것이다. 앞에서 언급한 바와 같이 기술은 과학의 발전으로 만들어진 인공물 자체를 말하고, 인공물이 만들어지는 과정에서 생기는 지식 또한 기술이라고 한다. 또 인공물을 사용할 수 있는 기법도 기술이기에 기술은 과학보다 큰 개념이라고 할 수 있다.

16세기 이전의 과학은 실험을 통해 객관적인 자료에 의한 결과가 아닌 자연에서 일어나는 현상에 대해 관찰하여 이성적인 판단을 기초로 한 자연 철학의 개념에 가까웠다. 과학은 인간이 도구를 사용하면서 점차 발전되어 왔는데 이는 기술과 밀접한 연관이 있기에 과학과 기술의 상관관계는 크다고 할 수 있다.

기술은 독자적으로 발전하기도 하고 과학의 발전에 따라 발전하기도 한다. 1994년 발간된 바니바 부시(Vannevar Bush)의 저서 〈과학, 그 끝없는 개척자(Science, the Endless Frontier)〉에 따르면 과학이 점차 발전하면서 새롭고 뛰어난 기술들이 함께 개발되었으며 기술의 발전은 생산량의 증대로 이어져 경제발전에도 크게 기여하였다.

현재 우리가 살고 있는 사회는 자본주의 사회이다. 이윤 획득을 우선하는 자본주의 사회에서 '탁월한 기술'은 결국 자본 증식을 위한 생산량의 증가로 이어져 부의 축적을 도왔다. 이후 부가 축적되면서 경제와 산업이 발전되어 더 많은 과학 기술이 발전하였으므로 과학과 기술의 발전은 인간의 삶에 선순환을 창출하였다고 볼 수 있다.

따라서 기술은 과학이론을 실제로 적용하여 자연의 사물을 인간 생활에 유용하도록 가공하는 수단이고 과학은 인간이 원하는 방식으로 활용하도록 해주는 상호연관적인 지식들이기 때문에 기술은 과학의 응용이라고도 할 수 있다.

2 〉 기술에 대한 이해

(1) 기술의 특징

① 하드웨어나 인간에 의해 만들어진 비자연적인 대상 혹은 그 이상을 의미한다.

② 기술을 설계 및 생산하고 사용하기 위해 필요한 정보와 기술, 절차를 갖는 데 노하우(know – how)가 필요하다.

③ 하드웨어를 생산하는 과정이다.

④ 인간의 능력을 확장시키기 위한 하드웨어와 그것의 활용을 뜻한다.

⑤ 정의 가능한 문제를 해결하기 위해 순서화되고 이해할 수 있는 노력이다.

(2) 기술의 형성과 구분

기술이 어떻게 형성되는지와 사회에 의해 형성되는 방법을 이해하는 것은 두 가지 원칙에 근거하는데 첫 번째로 기술은 사회적 변화의 요인으로 기술체계는 의사소통의 속도를 증가시키며 개인의 현명한 의사결정을 돕는다.

두 번째로 사회는 기술 발전에 영향을 주며 사회적, 역사적, 문화적 요인은 기술이 어떻게 활용되는지 결정한다. 또한 기술은 두 개의 개념으로 구분될 수 있으며 첫 번째는 모든 직업세계에서 필요로 하는 기술적 요소들로 이루어지는 광의의 개념이고 두 번째는 구체적 직무 능력 형태를 의미하는 협의의 개념이다.

(3) 기술의 중요성

치열한 글로벌 경쟁시대인 현대에는 조직이 우수한 기술을 어떻게 확보하고 활용함에 따라 기업의 경쟁력이 결정되는데 특히 기술이전이 빠른 산업 분야에서는 기술의 변화 및 동향에 뒤처지지 않도록 습득하는 것이 매우 중요하다.

4차 산업혁명을 이끄는 사물인터넷(IoT), 클라우드, 빅데이터, 인공지능(AI) 기술 등은 생산과 비즈니스 모델의 혁신을 견인하며 기업경쟁력 강화에 중요한 요소가 되고 있다. 또한 이러한 기술발전에 따른 습득과 기술 향상, 스마트 기술을 활용할 수 있는 구성원의 확보 역시 중요해지고 있다.

3 〉 지속가능한 발전과 기술

(1) 지속가능한 발전

지속가능한 발전(Sustainable Development)이라는 개념은 지구의 환경을 보호하고 빈곤과 가난을 구제하며 자연 자원을 파괴하지 않는 경제적인 성장 창출 방법을 의미한다.

1970년대에 기업과 정부에서 인구와 산업의 발전과 계속된 기술의 발전은 무한히 계속될 수 없고 환경을 파괴할 수 있다는 문제를 제기하면서 등장했으며 1987년 세계경제발전위원회(WCED)가 유엔 보고서를 통해 환경보호와 경제적 발전이 반드시 갈등 관계에 있는 것만은 아니라고 발표하면서 널리 퍼지게 되었고 '미래 세대가 그들의 필요를 충족시킬 능력을 저해하지 않으면서 현재 세대의 필요를 충족시키는 발전'으로 정의하였다.

2005년 〈세계정상회의 결과 문서(World Summit Outcome Document)〉에 따르면 '상호의존적이고 상호증진적인 지속 가능한 발전의 기둥'으로서의 경제적 발전, 사회적 발전, 환경 보호가 언급되어 있다.

지속가능한 발전은 지금 지구촌의 현재와 미래를 포괄하는 개념이므로 우리의 현재 욕구를 충족시키는 동시에 후속 세대의 욕구 충족을 침해하지 않는 발전을 의미하며 경제적 활력, 사회적 평등, 환경의 보존을 동시에 충족시키는 발전도 의미한다.

지속가능한 발전에서 발전은 현재와 미래 세대의 발전과 환경적 요구를 충족하는 방향으로 이루어져야 하기 때문에 환경보호가 발전의 중심적인 요소가 되어야 한다. 지속가능한 발전은 의식주만을 해결하는 상태를 바람직하다고 보지 않기 때문에 지속가능한 발전을 가능케 하는 기술에 대해서 관심을 가져야 하며 이를 가능하게 하는 기술을 지속가능한 기술(sustainable technology)이라고 정의할 수 있다.

(2) 지속가능한 발전의 범위

〈유네스코 세계 문화 다양성 선언(The Universal Declaration on Cultural Diversity, 2001)〉에서는 추가적인 개념으로서 자연에 있어서 생물 다양성이 중요하듯이 인간에게 있어서 문화다양성이 필요하다고 언급하였다. 문화다양성은 단순한 경제적 성장이 아닌, 보다 만족스러운 지적, 감정적, 윤리적, 정신적인 삶을 달성하기 위한 하나의 방법으로서의 근원이 된다는 것이다. 이러한 견해에 따르면 문화다양성이 지속 가능한 발전의 네 번째 영역이 된다. 지속 가능한 발전의 국제연합(UN) 분과는 다음과 같은 영역을 그 범주 안에 포함한다.

- 농업(Agriculture)
- 대기(Atmosphere)
- 생물 다양성(Biodiversity)
- 생물학 기술(Biotechnology)
- 능력 배양(Capacity – building)
- 기후 변화(Climate Change)
- 소비와 생산의 양상(Consumption and Production Patterns)
- 인구 통계(Demographics)
- 사막화와 가뭄(Desertification and Drought)
- 재해 감소 및 관리(Disaster Reduction and Drought)
- 교육과 자각(Education and Awareness)
- 에너지(Energy)
- 재정(Finance)
- 숲(Forests)
- 깨끗한 용수(Fresh Water)
- 건강(Health)
- 인간의 정착(Human Settlements)
- 지표(Indicators)
- 산업(Industry)
- 결론 도출과 참여를 위한 정보(Information for Decision Making and Participation)
- 통합된 결정(Integrated Decision Making)
- 국제법(International Law)
- 환경의 권리 부여를 위한 국제 협력(International Cooperation for Enabling Environment)
- 제도적인 협정(Institutional Arrangements)
- 토지 관리(Land Management)
- 주요 그룹(Major Group)
- 산악(Mountains)
- 국제적 지속 가능한 발전 전략(National Sustainable Development Strategies)
- 해양과 바다(Oceans and Seas)
- 빈곤(Poverty)
- 보건(Sanitation)
- 과학(Science)
- 소규모 군도(Small Islands)
- 지속 가능한 관광(Sustainable Tourism)
- 기술(Technology)
- 유해 화학 물질(Toxic Chemicals)
- 무역과 환경(Trade and Environment)
- 운송(Transport)
- 유해 폐기물(Hazardous Waste)
- 방사성 폐기물(Radioactive Waste)
- 고체 폐기물(Solid Waste)
- 물(Water)
- 지속 가능한 세계화(Sustainable Globalization)

지속가능한 발전은 다소 모호한 개념이며 이는 약한 지속, 강한 지속, 그리고 생태에 대한 철학을 포함한다. 서로 다른 개념은 또한 생태 중심주의와 문화 중심주의의 강한 긴장을 드러낸다. 그래서 이에 대한 개념은 약하게 정의되며, 정확한 정의에 대해서는 많은 논의가 이루어지고 있다.

(3) 지속가능한 기술

지속가능한 기술이란 자연과의 공생, 생태 효율을 지향하는 풍력 발전, 조력 발전, 태양열과 같은 기술을 말한다. 생태 효율을 지향하는 기술은 환경 친화형 설계(Design for Environment)로 에너지, 물질, 환경 요소를 투입하여 폐기물 배출의 절감을 가져오고 리사이클링 설계가 가능하다.

이러한 지속가능한 기술의 특징은 다음과 같다.

① 이용 가능한 자원과 에너지를 고려한다.
② 자원이 사용되고 그것이 재생산되는 비율의 조화를 추구한다.
③ 사용되는 자원의 질을 생각한다.
④ 자원이 생산적인 방식으로 사용되는지에 주의를 기울인다.

(4) 환경지속성

환경지속성은 영속적으로 환경의 역할을 올바르게 수행할 수 있는 능력으로 정의된다. 환경지속성을 위해서는 미래 세대의 복지를 위태롭게 하지 않으면서 현재 인류의 요구에 맞추어야 한다. 환경 지속성의 목표는 환경의 퇴보를 막는 것이다.

'지속할 수 없는 상태'는 자연 자본(자연 자원의 총량)이 보충될 수 있는 속도보다 빠르게 사용될 때 발생한다. 지속이 가능하려면 인류는 그 활동에서 자연적으로 보충될 수 있는 비율 내에서 자연 자원을 사용해야 한다.

원래 '지속 가능한 발전'이라는 개념은 '환경 수용력(Carrying Capacity)'의 개념과 얽혀 있다. 이론적으로 환경 퇴보가 장기적으로 지속되면 인류의 삶을 지탱할 수 없게 되고 이러한 전 지구적인 규모의 퇴보는 인류의 멸종을 초래할 수 있다.

(5) 자원 소비, 환경, 지속가능성의 관계

갱신 가능한 자원 소비	환경의 상태	지속가능성
자연 보충 능력 초과	환경의 퇴보	지속불가능
자연 보충 능력만큼	환경의 평형	평형 상태의 경제
자연 보충 능력 미만	환경의 재생	지속가능한 발전

4 〉 기술능력이란?

(1) 기술능력의 의미

기술능력은 직업에 종사하는 모든 사람들에게 필요한 능력으로 일상적으로 요구되는 수단, 도구, 조작 등에 관한 기술적인 요소들을 이해하고 적절한 기술을 선택하여 적용하거나 직장 생활에서 접하는 기술을 이해하고 효율적인 기술을 선택하여 적용하기 위해 필수적인 능력을 의미한다.

직업을 가진 모든 사람들에게는 기술능력이 요구된다. 여기서 말하는 기술이란 어떠한 직업을 가지고 있느냐에 따라서 달라지는데 예를 들어 타이어 회사에 다니는 사람에게 필요한 기술은 타이어를 잘 만드는 기술 능력이고, 교육 과정을 만드는 직업을 가진 사람에게 필요한 기술은 교육 과정 개발 기술 능력일 것이다. 이렇게 기술능력은 자신이 가진 직업에 따라 결정된다.

(2) 기술교양

기술능력의 영어 사전적 의미는 'Ability of Technique'와 'Capabilities'이고 이 기술능력을 넓은 의미로 확대하면 기술교양(Technical Literacy)이라는 개념으로 사용될 수 있다. Literacy의 뜻이 글을 읽고 쓸 줄 아는 능력이므로 Technique Literacy는 기술을 이해하고 사용할 줄 아는 능력이라 하겠다.

일반적으로 기술교양을 지닌 사람의 특징은 다음과 같다.

① 기술학의 특성과 역할을 이해한다.

② 기술체제가 설계되고 사용되며 통제되는 방법을 이해한다.

③ 기술과 관련된 이익을 가치화하고 위험을 평가할 수 있다.

④ 기술에 의한 윤리적 딜레마에 대해 합리적으로 반응할 수 있다.

즉, 기술교양은 기술을 사용하고 운영하며 이해하는 능력으로 모든 사람들이 광범위한 관점에서 기술의 특성과 기술적 행동, 기술의 힘, 기술의 결과에 대해 어느 정도의 지식을 가지는 것을 의미하며 본질적으로 그것은 실천적 문제(Practical Problem)를 해결할 수 있는 생산력, 체계, 환경을 설계하고 개발해야 할 때 비판적 사고를 가지는 것을 포함한다.

(3) 기술능력이 뛰어난 사람의 특징

① 실질적 해결이 필요한 문제를 인식한다.

② 인식된 문제를 위해 다양한 해결책을 개발하고 평가한다.

③ 실제적 문제를 해결하기 위해 지식이나 기타 자원을 선택하고 최적화하여 적용한다.

④ 주어진 한계 속에서 제한된 자원을 가지고 일한다.

⑤ 기술적 해결에 대한 효용성을 평가한다.

⑥ 여러 상황 속에서 기술의 체계와 도구를 사용하고 배울 수 있다.

탁월한 기술 능력을 가진 사람은 회사에 긍정적인 영향력을 줌으로써 자신의 성장뿐만 아니라 타인의 성장 또한 도모한다. 함께 성장하는 회사는 결국 매출 향상을 가져오고 더 많은 일자리를 창출하여 사회에 긍정적인 영향력을 행사한다.

다만, 기술능력이 뛰어나다는 것이 반드시 직무에서 요구되는 구체적인 기능을 소유하고 있다는 것만 의미하지는 않으며 기술능력을 학습하려면 직무의 구체화 기술을 위한 훈련 프로그램을 통해서가 아닌 전반적인 직업적 및 기술적 프로그램을 거쳐야 한다. 기술능력을 기르는 것은 보편적으로 체계를 개발하고 문제를 해결하고 인간적 능력을 확장시키기 위한 지식과 과정의 생성을 포함한다.

이것은 기술적 지식, 기술적 과정, 기술적 조건에 대해 이해하는 것이므로 기술능력이 뛰어난 사람은 적절한 체계를 선택하는 데 현명한 의사결정을 할 수 있고, 효과적으로 그것들을 활용할 수 있다.

(4) 기술능력의 중요성

일반적으로 기술능력은 제조업을 비롯한 기능기술직 종사자들에게만 해당될 것이라고 생각하기 쉽지만 결국 기술을 사회의 모든 체계에서 필요로 하는 분야라고 이해한다면 기술능력은 사회 모든 직업인이 지녀야 할 능력으로 이해할 수 있다.

5 〉 기술능력이 업무 성과에 미치는 영향

기술능력은 인간이 가진 지식을 체계적으로 만들어 무형적, 유형적으로 가시화시킴으로써 새로운 과학과 지식을 통해 필요한 유형물을 만들어 인간의 삶을 윤택하게 만든다.

따라서 끊임없는 도전과 개발을 통해 기술 혁신을 만드는 기술능력을 향상시키는 것이야말로 무엇보다 중요하다고 하겠다. 이러한 기술능력은 업무 성과에 중요한 영향을 미쳐 정량적 성과와 정성적 성과를 동시에 창출한다.

(1) 기술능력이 정략적 업무 성과에 미치는 영향
① 기술능력이 탁월한 20%의 직원이 회사 매출의 80%를 담당한다.
② 탁월한 기술능력이 있는 직원은 연봉과 직책이 높다.
③ 뛰어난 기술능력을 가진 사람은 자존감과 행복도가 높아 회사의 생산성 31%, 판매량 37%를 향상시킨다.
④ 기술능력자는 성공적으로 회사에 정착하여 이직률을 낮춤으로써 경제적인 손실을 줄인다.

(2) 기술능력이 정성적 업무 성과에 미치는 영향
① 기술능력자는 회사의 롤모델이 되어 다른 사람들의 성장을 도모한다.

② 기술능력이 탁월한 사람은 자신에 대한 자부심이 높아 긍정 정서를 많이 보유하고 있다. 긍정 정서는 타인에게 1단계 15%, 2단계 10%, 3단계 6%의 긍정적인 영향력을 줌으로써 활기찬 조직 문화를 만든다.

③ 탁월한 기술능력자는 훌륭한 결과물을 만들고 그 결과물을 다른 동료 직원에게 긍정적인 영향력을 줌으로써 회사의 전반적인 기술능력을 향상시킨다.

④ 탁월한 기술능력은 계속해서 새로운 기술을 창출할 가능성을 열어 준다.

6 〉 기술능력 향상을 위한 방법

현대 사회에서 직업을 가진 사람이라면 누구나 자신이 처음 가지고 있던 기술능력만으로 급작스럽게 변화하는 사회에 적절하게 대응하기 어려울 것이다. 만약 10~20년 전 배웠던 기술에서 아무런 발전이 없는 사람이라면 회사에서 필요한 인재로 성장하기 어려우며 어쩌면 불필요한 존재가 되어 타인에게 피해를 줄 수도 있을 것이다.

건강하고 행복한 성장을 하려면 지속적인 학습을 통해 새로운 기술을 습득함으로써 자신의 능력을 향상시켜야 한다. 자신에게 맞는 새로운 기술을 배우기 위해서는 전문 연수원을 통한 기술 과정 연수와 OJT를 활용한 직무 교육, 1:1 멘토링 교육, 인터넷을 활용한 e - Learning 교육, 교육 실무 중심으로 커리큘럼이 형성된 학교 등을 이용하면 된다.

(1) 전문 연수원을 통한 기술과정 연수

기술능력의 향상을 위해서 직장인 대상의 기획력, 스피치, 창의적 문제 해결력 등 직무에 맞는 교육 커리큘럼을 전문적으로 개발하는 전문 기관에 가서 교육을 받을 수도 있다. 또 사내 연수원에 강사를 직접 초빙해서 교육을 받는 것도 가능하다.

전문 연수원은 조직에 맞는 다양한 교육 프로그램을 자체적으로 개발하거나 외국의 선진화된 프로그램을 도입하는 경우도 있다. 이곳은 실력 있는 다양한 전문가들로 구성되어 있어 보다 체계적으로 교육을 받는 것이 가능하다.

전문 연수원을 통한 기술과정 연수의 장점은 다음과 같다.

① 연수 시설이 없어 체계적인 교육을 받기 어려운 회사의 경우 전문적인 교육을 통해 양질의 인재양성 기회를 제공한다.

② 각 분야의 전문가가 진행하는 이론을 겸한 실무중심의 교육을 실시할 수 있다.

③ 다년간에 걸친 연수 분야의 노하우를 가지고 체계적이고 현장과 밀착된 교육이 가능하다.

④ 최신 실습장비, 시청각 시설, 전산시설 등 교육에 필요한 각종 부대시설을 활용할 수 있다.

⑤ 산학협력인수 및 국내외 우수연수기관과 협력한 연수도 가능하다.

⑥ 연수비가 자체적으로 교육을 하는 것보다 저렴하며 고용보험환급을 받을 수 있어 교육비 부담이 적다.

반면 단점은 다음과 같다.

① 대부분 집합, 합숙 교육으로 별도로 시간을 내야 한다.

② 자사에 대한 이해가 없는 강사는 교육 진행이 어려울 수 있다.

③ 교육이 아닌 행사 위주의 워크숍으로 여기는 교육생들로 인해 학습 몰입도가 떨어질 수도 있다.

④ 교육 후 현장에서 추후 교육이 어렵다.

(2) e – Learning을 활용한 기술교육

e – Learning은 'Electronic Learning'의 약자로 정보 통신 기술을 활용한 교육이다. 디지털 기술의 발달로 컴퓨터, 카메라 등이 생기면서 동영상으로 강의를 촬영하거나 적절한 시각 자료를 활용하여 집에서 컴퓨터로 교육을 받는 것이 가능해졌으며 최근 몇 년 사이에는 노트북, 스마트폰 등을 이용하여 장소와 시간에 구애받지 않고 학습이 가능해졌다.

e – Learning을 활용한 기술교육의 장점은 다음과 같다.

① 정해진 시간과 장소에 모여 학습할 필요가 없고 컴퓨터만 인터넷에 연결되어 있다면 어디서든 학습이 가능하기 때문에 시간 및 공간적으로 독립적이다.

② 원하는 내용을 원하는 시간만큼 원하는 순서대로 학습하는 것이 가능하며 개개인의 요구에 맞게 개별화를 할 수 있기 때문에 스스로 학습을 조절하고 통제할 수 있다.

③ 비디오, 사진, 텍스트, 소리, 동영상 등 멀티미디어를 이용한 학습이 가능하다.

④ 이메일, 토론방, 자료실 등을 통해 의사교환과 상호작용이 자유롭다.

⑤ 업데이트를 통해 새로운 내용을 반영하기 쉽기 때문에 새로운 교육에 대한 요구나 내용을 신속하게 반영할 수 있어 교육에 소요되는 비용을 절감할 수 있다.

또한 단점은 다음과 같다.

① 스스로 정한 계획대로 학습이 제대로 이루어지지 않아 학습률이 떨어질 수 있다.

② 현장 실습이 중요한 콘텐츠는 이해도가 떨어질 수 있다.

③ 강사의 일방향 커뮤니케이션으로 학습 몰입도가 떨어질 수 있다.

④ 의문이 드는 사항에 대한 피드백을 바로 받을 수 없다.

⑤ 한번 제작된 이러닝 교육은 현재 트렌드에 맞게 수정, 보완이 어렵다.

(3) 상급학교 진학을 통한 기술교육

교육은 학창 시절에만 받는 것이 아니라 평생 교육이라는 개념이 자리 잡고 있으며 대학에서는 평생 교육원을 설립하여 직업인 및 취업준비생, 일반인 등을 대상으로 실무 중심 교육 및 자격증반을 설립하여 운영하고 있다.

또한 대학원에서는 실무에 적합한 학과들이 속속 개설되면서 회사에 다니는 중에도 자신의 기술 향상을 위해 전문학교에 진학하는 사람들도 많이 늘어나는 추세이다.

상급학교 진학을 통한 기술교육이 가지는 특징과 장점은 다음과 같다.

① 폴리텍대학, 인력개발원과 같은 실무중심 전문교육기관이나 전문대학, 대학 및 대학원과 같은 상급학교 진학을 통해 교육한다.

② 학문적이면서 최신 기술을 흐름을 반영한 기술교육이 가능하다.

③ 관련 산업체와 프로젝트 활동이 가능하기 때문에 실무 중심의 기술교육이 가능하다.

④ 관련분야에 종사하는 사람들과 함께 교육받기 때문에 인적 네트워크 형성에 도움이 되고 경쟁을 통하여 학습효과를 향상시킬 수 있다.

반면 단점은 다음과 같다.

① 원하는 시간과 장소에서 학습할 수 있다.

② 실무에 대한 이해가 없는 상태에서 진학 시 학습 부진으로 이어질 수 있다.

③ 업무 중에 별도로 시간을 내야만 하고 많은 노력이 필요하다.

④ 사전에 자신에게 맞는 수업인지 판단하기 어렵다.

(4) OJT를 활용한 기술교육

OJT(On the Job Traning)는 집합 교육의 한계를 극복하고자 업무를 진행하면서 직장 생활 중에 받는 교육 및 훈련을 의미한다. OJT는 직장 지도, 직장 훈련, 직무상 지도 등 업무에 필요한 지식과 기술 태도를 동시에 받을 수 있는 교육 방법 중의 하나이다.

OJT를 활용한 기술교육의 특징과 장점은 다음과 같다.

① 조직 안에서 피교육자인 종업원이 직무에 종사하면서 받게 되는 교육 훈련방법이다.

② 종업원이 업무 수행의 중단 없이 업무 수행에 필요한 지식, 기술, 능력, 태도를 교육 훈련받는다.

③ 모든 관리감독자는 업무 수행상의 지휘감독자이자 업무 수행 과정에서 부하직원의 능력향상을 책임지는 교육자여야 한다는 생각을 기반으로 한다.

④ 교육자와 피교육자 사이에 친밀감을 조성하며 시간의 낭비가 적고 조직의 필요에 합치되는 교육훈련을 할 수 있다.

⑤ 현장 중심의 실질적이고 집약적인 교육이 가능하다.

⑥ 교육과 함께 효과적인 조직 관리, 업무 관리가 자동적으로 이루어진다.

⑦ 교육자, 상사 또한 자기 계발의 기회가 된다.

⑧ 추후 교육이 가능하다.

⑨ 교재, 장소, 전문 강사가 필요하지 않아 비용이 절약된다.

반면 OJT의 단점은 다음과 같다.

① 교육자가 지도하는 교육의 질이 피교육자의 성장과 발전에 지나치게 많은 영향을 끼친다.

② OJT를 받는 이로 하여금 감시, 참견으로 여겨질 가능성이 있다.

③ 업무와 교육이 동시에 이뤄져 교육이 우선순위에 밀릴 수 있다.

④ 전문 강사가 아닌 일반인이 교육하기 때문에 체계적이지 않은 교육이 진행될 수 있다.

⑤ 교육 내용 이외의 지나친 사적인 이야기, 비교양적 언어로 받는 이에게 부정적인 정서를 줄 수 있다.

⑥ 업무 장소, 일상 지도 중심 교육으로 폭넓은 시야를 갖기 어렵다.

⑦ 개인의 성장보다 성과 중심의 교육으로 치우칠 수 있다.

(5) 멘토링을 통한 기술교육

'멘토링(Mentoring)'은 멘토보다 경험이 부족한 사람이 풍부한 경험과 지혜를 가진 신뢰할 수 있는 사람에게 1:1로 지도받는 교육 훈련을 말한다. 멘토라는 말은 그리스 신화에서 비롯되었는데 이타카 왕국의 왕 오디세우스는 트로이 전쟁에 참전을 하면서 친구에게 아들 텔레마코스를 맡겼는데 그 친구의 이름이 멘토였다.

멘토는 친구, 선생님, 상담자, 아버지 등 다양한 역할로 텔레마코스를 가르쳤고 오디세우스가 전쟁에서 돌아와 아들을 보니 전보다 지혜로워지고 용맹스러워져 있었다. 그 후 멘토는 '한 사람의 인생을 이끌어주는 지혜와 신뢰를 겸비한 지도자'라는 의미로 쓰이고 있으며 이들은 학교, 직장 등 다양한 곳에서 멘토링을 통해 후배 양성에 힘쓰고 있다.

이러한 멘토링이 멘티에게 주는 장점으로는 다음과 같다.

① 멘티가 조직에 신속하게 적응하도록 돕는다.

멘토로부터 상사와 동료와의 관계, 조직 생활에 대한 팁 등 전반적인 회사 생활에 필요한 조언 및 도움을 받을 수 있다.

② 멘티의 능력 및 경력 개발 도움을 준다.

현장에서 업무 수행 시 필요한 지식과 스킬을 즉각적으로 배울 수 있어 단기간에 업무 능력이 향상될 수 있다.

③ 심리적, 정신적 측면에서 개인적인 도움을 제공받는다.

다수가 교육하는 OJT와 달리 1:1 담임 시스템으로 믿고 의지할 수 있는 직장 선배를 얻을 수 있다.

또한 멘토링이 멘토에게 주는 장점도 있으며 이는 다음과 같다.

① 다양한 관점에서 조직을 학습하고 이해하는 계기가 된다.

　　멘티를 지도하면서 그동안 보지 못했던 조직의 새로운 모습을 학습할 수 있고 젊은 시대의 관점, 가치관 등을 이해할 수 있다.

② 조직과 직무에 대한 재학습으로 조직 몰입도가 향상된다.

　　신입 사원인 멘티를 지도하기 위해 조직과 직무에 대한 재학습을 하게 되어 저절로 조직에 대한 애사심과 로열티가 향상된다.

③ 리더십을 키울 수 있는 기회이다.

　　멘토링은 멘티의 신속한 조직 적응과 경력 개발을 위해 멘토 스스로 리더십을 배울 수 있는 계기를 마련할 수 있다.

7 〉〉 산업재해란?

(1) 산업재해의 정의

산업재해란 산업 활동 중에 일어난 사고로 인해 사망하거나 부상을 당하거나 유해 물질에 의한 중독 등으로 직업성 질환에 걸리거나 신체적 장애를 갖게 되는 것을 말하며 우리나라 산업안전 보건법에 따르면 근로자가 업무에 관계되는 건설물, 설비, 원재료, 가스, 증기, 분진 등에 의하거나 직업과 관련된 기타 업무에 의하여 사망 또는 부상당하거나 질병에 걸리게 되는 것을 산업 재해로 정의하고 있다.

근로자가 고용주에게 고용되어 임금을 목적으로 산업 활동을 수행하던 도중에 사고성 재해와 같은 사망, 부상으로 인해 신체적, 정신적 피해를 입은 것을 말한다. 직업병, 통근 재해, 업무상 질병, 업무상 재해 또한 산업 재해에 포함된다.

자본주의 사회가 시작되면서 대규모 공장들이 생겼고 그로 인해 산업 활동 중 많은 사고가 발생하며 산업 재해라는 개념도 등장하였다. 사고가 발생한 경우 그 가족들은 고용주에게 손해 배상을 청구하면서 산업 재해는 우리 사회에서 법률문제를 야기하였다.

한국은 일제 식민지 시절 열악한 근무 조건과 저임금, 장시간 노동에 시달리는 권리 없는 노동자들로 매년 산업 재해 횟수가 증가하였다가 해방 이후 1953년 5월 10일 대한민국 헌법에 따라 근로기준법이 제정 및 공표되었다.

(2) 산업재해가 끼치는 영향

① 개인에게 끼치는 영향

재해를 당한 본인 및 가족의 정신적 또는 육체적 고통, 일시적 또는 영구적인 노동력 상실, 본인과 가족의 생계에 대한 막대한 손실

② 기업에게 끼치는 영향

재해를 당한 근로자의 보상 부담, 재해를 당한 노동 인력 결손으로 인한 작업 지연, 재해로 인한 건물과 기계 및 기구 등의 파손, 재해로 인한 근로 의욕 침체와 생산성 저하

③ 국가에게 끼치는 영향

노동부 자료에 의하면 2003년 산재로 인한 경제적 손실액은 12조 4,000억 원에서 2005년 15조 1,000억 원, 2008년 17조 1,000억 원으로 매년 증가하는 추세이며 대한민국 산업 재해율은 2012년 기준 7.3명으로 OECD 국가 중 1위를 기록하였다.

8 〉 산업재해의 원인

(1) 일반적인 재해의 발생원인

① 자연 재해

자연 재해는 '천재'라고도 하며 기상재해와 지질재해로 나눌 수 있다. 기상재해에는 풍해, 수해, 설해, 해일, 뇌해, 한해, 냉해, 상해, 병충해 등이 포함되며 지진, 화산은 지질 재해에 속한다.

풍해, 수해, 병충해와 같은 자연재해는 매년 발생하여 산업 활동에 큰 지장을 주고 있지만 인간의 힘으로 저항할 수 없는 요소들이 많아 통제하기가 어려우며 자연재해를 사전에 예방하기 위해서는 선행 경험을 통해 학습된 상황을 바탕으로 미리 시설물을 구축하고 예방 교육을 통해 신속한 대처로 최대한의 피해를 줄여야 한다.

② 인위 재해

인위 재해는 '인재'라고도 하며 물리적 재해, 화학적 재해, 오염 재해, 특수 재해로 나눌 수 있다. 물리적 재해에는 교통사고, 기계사고, 시설물사고가 있다. 화학적 재해로는 화재사고가 대표적이고 모든 보험사에 화재 보험이 있을 정도로 피해 금액도 크다.

화학 공장에서 주로 문제가 되는 폭발사고도 이에 해당된다. 오염 재해로는 대기 오염, 수질 오염, 토양 오염이 있고 특수 재해로는 원전사고, 전염병, 소요 사태, 전쟁 등이 있다. 사업의 발달과 인간의 부주의, 기술상 하자로 발생하는 인위 재해는 많은 환경오염과 인명 피해를 야기하기 때문에 친환경 기술 개발과 철저한 교육으로 사전에 예방하여 건강한 산업 활동을 이어가야 한다.

(2) 산업재해의 근본적 원인

① 교육적 원인

조직에서 고용인들에게 제대로 된 안전 교육을 시켜 주지 않아 안전 지식이 부족한 상태에서 일을 하는 경우 산업 재해가 발생할 수 있으며 이런 상태는 안전 불감증이라고도 할 수 있다. 대표적인 예로 안전 지식의 불충분, 안전 수칙의 오해, 경험이나 훈련의 불충분과 작업관리자의 작업 방법 교육 불충분, 유해 위험 작업 교육 불충분 등이 있다.

② 기술적 원인

건물 및 기계 장치의 설계 불량, 구조물의 불안정, 재료의 부적합, 생산 공정의 부적당, 점검 정비 및 보존의 불량 등이 있다.

③ 작업 관리상 원인

경영자의 안전에 대한 미숙한 관리로 산업 재해가 일어나는 경우에 해당하며 이는 사전에 안전에 대한 목표와 계획을 수립하지 않고 정기적인 점검도 소홀하였기 때문이다. 이러한 예로는 안전 관리 조직의 결함, 안전 수칙 미지정, 작업 준비 불충분, 인원 배치 및 작업 지시 부적당 등이 있다.

(3) 산업재해의 직접적 원인

① 불안전한 행동

위험 장소 접근, 안전장치 기능 제거, 보호 장비의 미착용 및 잘못 사용, 운전 중인 기계의 속도 조작, 기계 및 기구의 잘못된 사용, 위험물 취급 부주의, 불안전한 상태 방치, 불안전한 자세와 동작, 감독 및 연락 잘못 등으로 인해 발생하며 이는 전체 재해 중 80%를 차지한다.

② 불안전한 상태

시설물 자체 결함, 전기 시설물의 누전, 구조물의 불안정, 소방기구의 미확보, 안전 보호 장치 결함, 복장 및 보호구 결함, 시설물의 배치 및 장소 불량, 작업 환경 결함, 생산 공정의 결함, 경계 표시 설비의 결함 등이 있다.

9 〉산업재해 방지 방법

(1) 산업재해의 예방 대책

안전한 작업 환경을 만들기 위해서는 철저한 안전 관리와 체계적인 원인 분석을 통해 사고를 미연에 방지해야 하며 산업재해를 예방하기 위한 대책은 다음과 같이 5단계로 구성된다.

① 안전 관리 조직

경영자는 교용인의 안전을 위해 안전 목표를 설정하고 안전 관리 책임자를 선정하며 안전 계획을 수립한 후 정기적으로 점검을 통해 이를 시행 및 감독해야 한다.

② 사실의 발견

관리자는 정기적으로 사고 조사, 안전 점검, 현장 분석, 작업자의 제안 및 여론 조사, 관찰 및 보고서 연구 등을 통하여 사실을 발견하는 안전 점검을 통해 위험 요소를 발견한다.

③ 원인 분석

재해의 발생 가능성이 있는 발생 장소, 재해 형태, 재해 정도, 관련 인원, 직원 감독의 적절성, 공구 및 장비의 상태 등을 정확히 분석하고 사실을 바탕으로 직간접적 원인을 탐색한다.

④ 기술 공고화

원인 분석을 통해 발견된 사항을 토대로 계획을 세워 적절한 시정책, 즉 기술적 개선, 인사 조정 및 교체, 교육, 설득, 공학적 조치 등을 선정하여 가장 효과적인 대책을 만든다.

⑤ 시정책 적용 및 뒤처리

작업 환경을 위해 안전에 대한 교육 및 훈련 실시, 안전시설과 장비의 결함 개선, 안전 감독 실시 등의 선정된 시정책을 적용하여 사고를 미연에 방지한다.

(2) 불안전한 행동 방지 및 상태 제거를 위한 방법

① 불안전한 행동 방지 방법

근로자의 불안전한 행동을 지적할 수 있는 안전 규칙 및 수칙을 제정하고 근로자 상호 간에 불안전한 생동을 지적하여 안전에 대한 이해를 증진시키며 정리, 정돈, 조명, 환기 등을 잘 수행하여 쾌적한 작업 환경을 조성한다.

② 불안전한 상태를 제거하는 방법

각종 기계설비 등을 안전성이 보장되도록 제작하고 항상 양호한 상태로 작동되도록 유지 관리를 철저히 해야 하며 기후, 조명, 소음, 환기, 진동 등의 환경 요인을 잘 관리하여 사고 요인을 미리 제거한다.

기술이해능력

1 〉 기술시스템

(1) 기술시스템의 특성

기술이 발전하면서 이전에는 없던 연관이 개별 기술들 사이에서 만들어지고 있는데 명확한 이해를 위해서 산업혁명의 예를 들어 설명하면 당시 증기기관은 광산에서 더 많은 석탄을 캐내기 위해서(광산 갱도에 고인 물을 더 효율적으로 퍼내기 위해) 개발되었고 그 용도에 사용되었는데, 이 증기기관이 광산에 응용되면서 석탄 생산이 늘었고 공장은 수력 대신 석탄과 증기기관을 동력원으로 이용했다.

이제 광산과 도시의 공장을 연결해서 석탄을 수송하기 위한 새로운 운송기술이 필요해졌고 철도는 이러한 필요를 충족시킨 기술이었으며 이렇게 광산기술, 증기기관, 공장 운송기술이 발전하면서 서로 밀접히 연결되는 현상이 나타난 것이다.

비슷한 발전은 철도와 전신의 경우에서도 볼 수 있는데 철도와 전신은 서로 독립적으로 발전한 기술이었지만 곧 서로 통합되기 시작했다. 우선 전신선이 철도를 따라 놓이면서 철도 운행을 통제하는 일을 담당했는데 이렇게 철도 운행이 효율적으로 통제되면서 전신은 곧 철도회사의 본부와 지부를 연결하고 상부의 명령이 하부로 효율적으로 전달하는 역할을 했으며 이는 회사의 조직을 훨씬 더 크고, 복잡하고, 위계적으로 만들었다. 때문에 철도회사는 전신에 더 많은 투자를 하고 전신 기술을 발전시키는 데 중요한 역할을 담당했다.

기술시스템의 개념에 대한 창시자는 토마스 휴즈(Thomas P. Hughes)로 그는 펜실베니아 대학에서 교수로 재직하면서 기술적 모멘텀(Technological Momentum), 기술 결정론(Technological Determinism), 기술 시스템(Large Technical Systems), 기술의 사회적 구성(Social Construction of Technology)과 기술의 역사를 연구하였다.

앞서 언급했듯이 강철, 전기, 기차, 자동차, 비행기, 전화, 라디오, 텔레비전, 컴퓨터 등은 19세기 후반과 20세기 초반에 기술시스템에 의해 발명되었기 때문에 현대 기술의 발전과 혁신을 이해하는 데 있어서 기술시스템은 매우 중요하다.

이렇게 기술이 연결되어 시스템을 만든다는 점을 파악하고 휴즈는 기술시스템이란 개념을 주장하였으며 특히 에디슨의 전력시스템이 발전하는 과정을 일반화하고 예로 들어 기술시스템의 특징을 설명하였다. 기술은 시스템을 파생시키고 조직화하여 기존 시스템과 밀접하게 상호 작용하면서 지속적으로 발전이 가능하다는 맥락에서 기술의 발전을 본 것이다.

기술시스템은 인공물의 집합체만이 아니라 회사, 투자회사, 법적 제도, 정치, 과학, 자연자원을 모두 포함하는 것이기 때문에 기술적인 것(The Technical)과 사회적인 것(The Social)이 공존하고 있으며 이러한 의미에서 사회기술시스템(Sociotechnical System)이라 불리기도 한다.

① **수직 연결**

전기 시스템은 전기의 발전과 형광등, 전기 주전자, 에어컨 텔레비전과 같이 수많은 전기 제품들의 발전을 가져왔다. 그리고 이런 전기 제품들의 제조, 판매 회사는 이곳에 투자하는 회사의 성장을 촉진시켰는데 이것이 바로 수직 연결의 예이다.

② **수평 연결**

수평 연결의 예로는 철도와 전신의 발전에서 찾아볼 수 있다. 이 둘은 독립적 기술이지만 서로에게 꼭 필요한 기술이다. 철도는 전신선이 있어야 움직일 수 있기 때문에 전신선의 발전은 철도의 발전에 중요한 영향을 준다.

이 때문에 철도 회사는 전신선의 발전을 위해 많은 투자와 노력을 쏟아 붓는다. 또 하나의 예로 타이어를 들 수 있는데 타이어는 그 자체로 독자적인 기술이지만 자동차의 기술과 연결되어 함께 발전하고 있다.

(2) 기술시스템의 발전단계

1단계	발명, 개발, 혁신의 단계	기술시스템이 탄생하고 성장
2단계	기술 이전의 단계	성공적인 기술이 다른 지역으로 이동
3단계	기술 경쟁의 단계	기술 시스템 사이의 경쟁
4단계	기술 공고화 단계	경쟁에서 승리한 기술시스템의 관성화

1단계는 기술이 발명되고 개발, 혁신으로 기술시스템이 탄생하는 단계이기 때문에 시스템을 디자인하고 초기 발전을 추진하는 기술자들의 역할이 중요하며 2단계는 성공적으로 발명된 기술이 다른 분야로 이동하여 확장되는 단계로 여기서도 기술자들의 역할이 중요한 반면 3단계에서는 기술 시스템 사이에서 경쟁이 일어나는 단계로 기업가들의 역할이 무엇보다 중요하게 부상하며 4단계에 이르러서는 승리한 기술시스템을 공고화하기 위한 단계로 자문 엔지니어와 금융 전문가의 역할이 중요해진다.

(3) 기술시스템의 발전이 중요한 이유

기술시스템의 발전은 과학, 정치, 경제, 사회 등 인류의 발전에 중요한 역할을 한다. 바퀴라는 기술이 발명되지 않아 자전거, 오토바이, 자동차, 기차 등과 연결된 기술 시스템을 만들지 못했다면 우리는 평생 우물 안의 개구리로 살았을 것이다.

기술시스템의 발전이 있었기에 서울과 부산을 2시간 30분 만에 갈 수도 있고 다른 나라와 무역을 하면서 선진화된 기술을 접하며 우리의 기술도 전파하여 좀 더 윤택한 삶을 살 수 있는 것이다. 이렇게 우리 삶에 중요한 기술을 건강하게 발전시키기 위해서는 많은 이들의 관심이 주목되어야 할 것이다.

2 〉 기술혁신

(1) 기술혁신의 개념

기술은 연구 개발을 통해 발전하며 이론의 형태로 진화하기도 하지만 이론을 체계화, 실용화하여 우리가 사용하는 도구, 제품으로 발전되기도 한다. 기업은 제품이나 서비스를 창출하는 과정에서 문제를 해결하기도 하고, 새로운 기술을 발견하기도 하며 기존의 방식을 업그레이드하기도 하는데 이런 과정을 '기술혁신(Technological Innovator)'이라고 한다.

기술혁신의 최초 관찰자 슘페터(Joseph A. Schumpeter, 1883~1950)는 기술혁신이 시대에 따라 불규칙적으로 일어나며 경제 활동에 크게 영향을 미쳐 공정, 시장, 재료 및 조직과 같은 생산 활동을 통해 신제품과 서비스를 창출하는 자본주의 경제 발전의 원동력이라고 하였다.

슘페터는 경제 발전을 가져오는 혁신의 종류를 순서대로 소비자에게 제품이 가기 전 단계인 신제품 도입, 다양하고 새로운 생산 방법의 도입, 새로운 시장 개척을 위한 새로운 자원 활동, 독점의 형성, 새로운 조직으로 설명하였다.

(2) 기술혁신과 의미가 유사한 용어

① 발명(Invention)

발명은 지식을 창의적으로 활용하여 과학과 기술을 발전시키는 요소이자 특허제도로 소유자의 권리를 사회적으로 보호해준다. 발명의 종류로는 물건의 발명, 방법의 발명, 물건을 생산하는 발명 등이 있다. 발명은 지식을 통해 재화나 공정을 창출하는 활동으로서 기술 혁신보다 좁은 의미로 사용된다.

② 개발(Development)

발명에 따른 결과물이 개발을 통해 상품화되지 못하면 설사 특허권을 얻었다고 해도 자본주의 사회에서 부를 창출할 수 없다. 따라서 기술 혁신 과정에서 개발은 가장 중요한 단계이며 발명의 결과를 상품화하는 과정이다.

③ 모방(Imitation)

기술 혁신보다 저렴한 비용으로 혁신된 제품과 유사한 제품을 개발하는 활동이다. 기술 혁신을 통해 신상품이 세상에 나오면 대개 모방 현상이 나타난다. 모방 제품은 선도 제품과 똑같은 기술을 사용할 수도 있고 발전된 기술로 더 좋은 제품으로 개발되기도 한다.

그래서 선도 제품을 개발한 최초 진입자보다 모방 제품을 개발한 후발 기업이 성공하는 사례도 있다. 하지만 잦은 모방 기술 혁신에 대한 투자 및 의욕 감퇴 등 여러 가지 문제점을 야기하기도 한다.

④ 확산(Diffusion)

혁신으로 개발된 신기술이 전 산업 부문으로 확대, 보급되는 것으로 모방과 같이 부정적인 의미가 포함된 것은 아니다. 기술의 확산은 모방에 의해서 나타나기도 하지만 기술 혁신자가 자발적으로 확산하는 경우가 많다. 하지만 너무 빠른 확산은 기술 혁신에 의한 이익을 감소시킬 수 있다는 점에 유의해야 한다.

(3) 기술혁신의 유형

기술혁신은 폭과 속도에 따라 급진적 혁신과 점진적 혁신으로, 대상에 따라 공정 혁신과 제품 혁신으로 구분한다.

① 급진적 혁신과 점진적 혁신

구분	급진적 혁신	점진적 혁신
개념	기존의 기술 시스템이 다른 시스템으로 전환되는 근본적인 변화	기술혁신 이후 보완적인 혁신으로 기존 기술 시스템을 개선
특징	불확실하게 불연속적으로 일어나며, 기초 과학이 발달된 나라에서 자주 나타나는 기술 주도(Technology Push)에 의하여 혁신되는 것	선진국에서는 신제품의 개발 후 표준화된 제품을 생산하는 공정 혁신 단계에서 활발히 나타나고, 개발 도상국에서는 선진국의 기술을 자국에 맞게 개선할 때 일어남
혁신 주도자	과학자, 기술자	기술 수요자, 시장

② 공정 혁신과 제품 혁신

구분	공정 혁신	제품 혁신
개념	새로운 공정을 선택하여 제품 생산 과정에서 비용을 감소하거나 동일한 공정에서 제품의 품질을 개선하는 것	기존의 제품을 향상시키거나 새로운 제품을 개발하는 것
특징	• 공정, 개량, 개선 등 주로 설비 부분에서 기술 개선이 일어나 생산성을 높임 • 제품이 안정화되는 단계에서 일어남	• 새로운 제품 생산으로 기능 향상이나 창출이 가능함 • 제품 자체의 기술 개선이 급진적으로 일어남
기술 체화 대상	특허, 설비	제품 자체 및 인력

(4) 기술혁신의 특성

기술혁신은 많은 사람들의 끊임없는 노력으로 인해 생성되고 발전되어 왔다. 하루가 다르게 변화하는 환경과 사회에서 침체되어 있는 기술은 사회적 딜레마, 부적절한 연계를 초래할 뿐이다. 우리가 살고 있는 시대에서 어떠한 기술이 필요한지 명확하게 인식하려면 기술혁신의 특징에 대해서 알아볼 필요가 있다.

① 기술혁신은 그 과정 자체가 매우 불확실하고 장기간의 시간을 필요로 한다.

새로운 기술을 개발하기 위한 아이디어의 원천이나 신제품에 대한 소비자의 수요, 기술개발의 결과 등은 예측하기 어려우므로 기술개발의 목표, 일정, 비용, 지출, 수익 등에 대한 사전계획을 세우기 어렵고 기술혁신의 성공이 사전의 의도나 계획보다는 우연에 의해 이루어지는 경우도 많으며 기업의 투자가 성과로 나타나기까지 비교적 장시간을 필요로 한다.

② 기술혁신은 지식 집약적인 활동이다.

인간의 개별적인 지능과 창의성, 상호학습을 통해 새로운 지식과 경험은 빠른 속도로 축적되고 학습되지만 기술개발에 참여한 기술자의 지식은 문서화되기 어렵기 때문에 다른 사람들에게 쉽게 전파될 수 없으므로 연구개발에 참가한 연구원과 기술자들이 그 기업을 떠나는 경우 기술과 지식의 손실이 발생하여 기술개발을 지속할 수 없는 경우가 종종 발생한다.

③ 기술혁신은 그 과정의 불확실성과 모호함으로 인해 기업 내에서 많은 논쟁과 갈등을 유발할 수 있다.

기술혁신은 기업의 기존 조직 운영 절차나 제품구성, 생산방식, 조직의 권력구조 자체에 새로운 변화를 야기함으로써 조직의 이해관계자 간의 갈등이 구조적으로 존재하는데 이 과정에서 조직 내에서 이익을 보는 집단과 손해를 보는 집단이 생길 수 있으며 이들 간에 기술개발의 대안을 놓고 상호대립하고 충돌하여 갈등을 일으킬 수 있다.

④ 기술혁신은 조직의 경계를 넘나드는 특성을 갖고 있다.

기술혁신은 연구개발 부서 단독으로 수행될 수 없으며 새로운 제품에 관한 아이디어는 마케팅 부서를 통해 고객으로부터 수집될 필요도 있고 구매 부서를 통해 원재료나 설비 공급업체로부터 얻어질 수도 있다. 또한 기술을 개발하는 과정에서도 생산부서나 상호의존성을 갖고 있어서 하나의 기술이 개발되면 그 기술이 다른 기술개발에 영향을 미칠 수도 있다.

(5) 기술혁신의 과정과 역할

기술혁신 과정	혁신 활동	필요한 자질과 능력
아이디어 창안 (Idea Generation)	• 아이디어를 창출하고 가능성을 검증 • 일을 수행하는 새로운 방법 고안 • 혁신적인 진보를 위한 탐색	• 각 분야의 전문지식 • 추상화와 개념화 능력 • 새로운 분야의 일을 즐김
챔피언 (Entrepreneuring or Championing)	• 아이디어의 전파 • 혁신을 위한 자원 확보 • 아이디어 실현을 위한 헌신	• 정력적이고 위험을 감수함 • 아이디어의 응용에 관심 • 열정적인 활동
프로젝트 관리 (Project Leading)	• 리더십 발휘 • 프로젝트의 기획 및 조직 • 프로젝트의 효과적인 진행 감독	• 아이디어와 프로젝트에 대한 지식 • 의사결정 능력 • 업무 수행 방법의 지식
정보 수문장 (Data Keeping)	• 조직 외부의 정보를 내부 구성원들에게 전달 • 조직 내 정보원 가능 • 체계적인 정보 관리	• 핵심 정보 파악 능력 • 높은 수준의 기술적 역량 • 원만한 대인 관계 능력
후원 (Sponsoring or Coaching)	• 혁신에 대한 격려와 안내 • 불필요한 제약에서 프로젝트 보호 • 혁신에 대한 자원 획득을 지원	• 위기 대처 능력 • 조직의 주요 의사결정에 대한 영향력 • 조직 시스템에 대한 정보

(6) 기술혁신이 우리 삶에 미치는 영향

기술혁신으로 인해 우리의 삶은 놀라울 정도로 윤택해지고 편리해졌다. 1879년 에디슨에 의해 전기가 본격적으로 가정에 보급되면서 인간은 밤에도 생산적인 일을 할 수 있게 되었으며 통신의 발달로 먼 친구에게 안부를 전할 수도 있고 자동차, 기차, 비행기 등 운송 수단의 발달로 무역과 기술의 보급이 활발하게 이루어지고 있다. 우리 삶에 긍정적인 영향력을 미친 성공적인 기술의 사례는 다음과 같다.

① 전기

전기의 시작은 기원전 600년경 그리스 철학자 탈레스가 정전기를 발견하면서 시작되었다. 그 후 2000년이 지난 뒤 영국의 과학자 길버트(William Giber, 1540~1603)에 의해 본격적으로 정전기에 대한 연구가 시작되면서 전기의 발전이 시작되었다.

제2차 산업혁명 당시 발명왕 에디슨이 백열등을 개발하면서 본격적인 전기의 시대가 열렸는데 에디슨은 전등을 개발하였을 뿐만 아니라 상업화하여 단순한 발명가의 차원을 넘은 '발명가 겸 기업가', '시스템 건설자'의 대표적인 인물로 불리고 있다.

② 통신

미국의 화가였던 모스(Samuel Morse, 1791~1872)가 1872년 전신기와 모스부호를 개발하면서 통신 기술의 개발이 시작되었다. 1890년대 기차 운행 수단에 불과하던 전신 시스템은 1897년 이탈리아 과학자 마르코니(Guglielmo M. Marconi, 1874~1937)가 무선 전신을 발명하면서 더욱 확산되었다.

전신을 넘어 전화의 개발은 인간의 삶에 많은 것을 바꾸어 놓았으며 전화기 발명가 벨 (Alexander G. Bell, 1847~1922)은 전화사를 설립하여 전화를 업무용에서 사교용으로까지 확대시키고 자동 다이얼 전화 시스템도 개발하였다.

1919년 암스트롱(Edwin H. Armstrong, 1890~1954)은 전국적으로 의사소통이 가능한 라디오를 개발하였고, 그 후 라디오 방송국이 생기기 시작하여 1942년에는 미국에 500개 정도의 라디오 방송국이 설립되었다.

통신 기술은 기술 혁신을 끊임없이 시도하여 오늘날 우리 삶에 없어서는 안 될 텔레비전을 개발하였으며 이후 영국, 미국, 소련 등 많은 나라에 텔레비전 방송국이 생기면서 새로운 직업들이 창출되었고 통신 기술의 혁신은 우리 삶에 없어서는 안 될 존재로 자리 잡게 되었다.

③ 컴퓨터

최초의 컴퓨터는 1954년 미국에서 제작한 에니악(ENIAC)으로 당시 국방, 산업 분야에서 쓰이다가 1960년대부터 IBM이 개발한 컴퓨터를 시작으로 범용화되기 시작하였다.

3 〉 기술의 실패

(1) '실패학'을 제창한 하타무라 요타로의 실패 원인 10가지

① 무지

아는 것이 없이 미련하고 어리석은 것

② 부주의

조심하지 아니하고 방심하는 것

③ 차례 미준수

순서를 지키지 않는 것

④ 오만

자신감이 넘쳐 태도나 행동이 거만한 것

⑤ 조사 및 검토 부족

사전에 미리 계획하지 않고 알아보지 않는 것

⑥ 조건의 변화

처음의 환경과 현재의 환경이 달라진 것

⑦ 기획 불량

체계적인 계획이 미흡한 것

⑧ 가치관 불량

건강하고 바른 가치관에서 벗어난 것

⑨ 조직운영 불량

　조직의 체계성이 미흡한 것

⑩ 미지

　해당 분야에 대한 지식이 없는 것

(2) 하타무라 요타로가 제시한 실패 관련 10가지 교훈

① 성공은 99%의 실패로부터 얻은 교훈과 1%의 영감으로 구성된다.

② 실패는 어떻게든 감추려는 속성이 있다.

③ 방치해 놓은 실패는 성장한다.

④ 엄청난 실패는 29건의 작은 실패와 300건의 실수를 저지른 뒤에 발생한다.

⑤ 실패는 전달되는 중에 항상 축소된다.

⑥ 실패를 비난, 추궁할수록 더 큰 실패를 낳는다.

⑦ 실패 정보는 모으는 것보다 고르는 것이 더 중요하다.

⑧ 실패에는 필요한 실패와 일어나선 안 될 실패가 있다.

⑨ 실패는 숨길수록 병이 되고 드러낼수록 성공한다.

⑩ 좁게 보면 성공인 것이 전체를 보면 실패일 수 있다.

(3) 기술적 실패와 실패한 기술

실패에 다양한 유형이 있듯이 역으로 기술이 성공하는 데에도 다양한 유형과 다른 이유들이 있는데 혁신적인 기술능력을 가진 사람들은 성공과 실패의 경계를 유동적인 것으로 만들어서 실패의 영역에서 성공의 영역으로 자신의 기술을 이동시킬 줄 안다.

실패 중에는 아무런 보탬이 되지 않는 실패도 있지만 기술자들이 반드시 겪어야 하는 실패도 있다. 우리의 기술문화는 지금까지 성공만을 목표로 달려온 경향이 있기 때문에 모든 실패를 나쁘게 생각하지만 이는 결코 올바른 태도가 아니다.

개개인은 연구 개발과 같이 지식을 획득하는 과정에서 항상 실패를 겪지만 이러한 실패는 용서받을 수 있고 오히려 바람직한 실패이다. 반대로 실패를 은폐하거나 과거의 실패를 반복하는 것은 어떤 의미에서도 바람직하지 않으며 특히 실패를 은폐하다 보면 실패가 반복될 수 있고 그러다가 커다란 재앙을 낳기도 한다.

(4) 실패에 대처하는 현명한 태도

① 실패한 사실에 대해서 인정하기

　사람이 어떤 일을 하다보면 매번 성공하기가 쉽지 않다. 어떻게 보면 성공보다 실패를 더 자주 경험할 수도 있다. 만일 실패를 했을 때 이를 인정하지 아니하면 그 과정에서 배운 것은 아예 없을 수도 있으므로 실패 사실을 인정하는 것부터가 성공의 시작이라고 하겠다.

② 실패를 숨기거나 은폐하지 않기

실패가 발생할 시 그 사실을 숨기고 아무런 대처를 하지 않는다면 더 큰 문제가 발생할 수 있다. 실패에 대해서 모든 사람들에게 다 알릴 필요는 없지만 함께 그 일을 하는 동료들에게 실패 사실을 알려서 현명한 대처법을 찾으려는 자세가 필요하겠다.

③ 실패를 통해 학습된 무기력에 빠지지 않기

학습된 무기력이란 계속되는 실패를 통해 무기력 자체를 학습하여 다른 일에도 무기력한 증상을 보이는 것을 말한다. 잦은 실패로 인해 무기력을 학습하여 다른 어떠한 것도 도전하지 않거나 시도하지 않는다면 성장할 수 없다.

④ 실패를 그냥 지나치는 것이 아니라 그 원인에 대하여 탐색하기

실패한 원인에 대해 알아보지 않고 그냥 지나친다면 다음에 같은 실수를 경험하게 될 가능성이 높다. 실패한 순간 그 이유와 원인에 대해서 정리하고, 만일 기술적인 원인이 있다면 적극적으로 해결하는 자세가 필요하겠다.

⑤ 실패를 통해 성공할 수 있는 교훈 찾기

에디슨이 2,339번의 실패를 통해 백열등에 사용되면 안 되는 90가지 재료를 발견하였다고 했듯이 어떤 일이든 그 안에서 배울 점은 항상 있기 마련이다.

4 〉 미래의 유망기술

(1) 전기전자정보공학분야

전기전자정보공학분야에서 유망한 기술로 전망되는 것은 지능형 로봇 분야로 지능형 로봇 분야의 장점은 인간과 로봇이 자연스럽게 서로를 인지하고 정서적으로 공감하며 상호 작용할 수 있다는 것이다.

타 분야에 대한 기술적 파급 효과가 큰 첨단 기술의 복합체인 지능형 로봇은 소득 2만 달러 시대를 선도할 미래 유망산업으로 발전할 것이라 예상되며 산업적 측면에서 자동차 산업 규모 이상의 성장 잠재력을 가지고 있다.

기술혁신과 신규투자가 유망한 신산업으로 최근에는 기술혁신과 사회적 패러다임의 변화에 따라 인간 공존, 삶의 질 향상을 이룩하기 위한 새로운 지능형 로봇의 개념이 나타났는데, 최근 IT 기술의 융복합화와 지능화 추세에 따라 점차 네트워크를 통한 로봇의 기능 분산, 가상공간 내에서의 동작 등 IT와 융합한 네트워크 기반 로봇의 개념을 포함하고 있다.

일본이 산업형 로봇 시장을 주도하였다면, IT기술이 접목되는 지능형 로봇은 우리나라가 주도

하기 위하여 국가 발전 전략에 따라 국가 성장 동력산업으로 육성하고 있다.

(2) 기계공학분야

기계공학분야에서 친환경 자동차 기술은 CO_2로 인한 환경오염을 방지하고, 화석연료의 고갈에 대비하여 새로운 대체에너지원을 찾고자 하는 기술이며 대표적인 것이 하이브리드 기술과 연료 전지 기술이다.

2030년경에는 점차 하이브리드나 연료전지 자동차가 전체 시장의 주류를 이루게 될 것으로 예상되는데 하이브리드 자동차 기술이란 엔진과 전기모터를 상황에 따라 효율적으로 사용하는 기술로 출발이나 가속을 하는 큰 힘이 필요할 때에는 엔진과 모터를 동시에 사용하고 감속 시는 모터의 동력인 배터리를 충전하여 출발이나 저속주행에 사용한다.

하이브리드 기술은 가솔린 엔진 차량에 비해 50~80% 연비를 향상시킬 수 있다는 장점이 있으며 모터의 동력이 연료전지의 전기에너지이기 때문에 엔진과 모터를 함께 사용한다면 연료전지 기술은 오직 모터만 사용한다.

연료전지는 차량에 적재된 수소와 외부 공기를 통해 유입되는 산소를 이용하여 전기에너지를 생성하기 때문에 연료전자를 이용할 때 나오는 배기가스는 수증기뿐으로 오염물질이 배출되지 않는 점은 혁신적인 장점이지만 수소탱크의 적재는 폭발의 위험과 대량생성의 제한성 등으로 인해 약점으로 인식되고 있다.

(3) 건설환경공업분야

건설환경공업분야에서 유망한 기술로 떠오르고 있는 것은 지속 가능한 건축 시스템으로 건축산업은 총 CO_2 배출량의 36%를 차지하는데, 이중 1/3은 건물의 신축과 개보수가 차지하고 있어 이 분야에서 CO_2 배출량을 줄이는 것은 생산업 활동을 위축시키지 않고 효율적으로 CO_2 배출량의 감소를 구현할 수 있는 좋은 방법 중 하나이다.

이러한 CO_2 배출량 저감을 위한 지속 가능한 건축시스템 기술은 장수명화가 가능하도록 건축물의 구조 성능이 향상되고, 리모델링이 용이하며, 건물 해체 시 구조부재의 재사용이 가능하여 친환경적이고 에너지 절약이 가능한 건축을 구현할 수 있는 건축시스템 기술이다.

(4) 화학생명공학분야

2020년 이른바 나노미터(nm : 10억분의 1m) 크기의 '혈관 청소용 나노로봇'이 등장하여 자동차 정비공이 수리하듯이 사람의 몸속 혈관에서 깨끗이 청소하고 손상된 부위를 수리했는데, 각 개인의 유전적 특징을 고려한 맞춤 의학 및 신약 개발을 가능하게 하거나 질병을 효과적으로 치료할 수 있고 몸 안을 헤엄치고 다니다가 특정 질병의 바이러스를 만나면 약물을 내보내 물리치는 것으로 이것을 약물 전달 시스템이라 한다.

기존의 항암제는 암세포뿐만 아니라 정상 세포에 대해서도 강한 독성을 나타내지만 이것은 암세포에만 선택적으로 작용하며 이 같은 약물 전달로 부작용을 최소화시키고 그 효능과 효과를 극대화시킨다.

2025년경에 등장하는 알약 형태의 바이오칩은 가정에서도 손쉽게 의료 서비스를 받을 수 있게 하며 이 약을 먹으면 그 사람의 선상 상태를 체크해 무선으로 병원에 검사 결과를 전송하고 장기가 노화되어 더 이상 구실을 못한다고 판단되면 자신의 줄기세포를 가지고 배양한 새 장기로 대체할 수 있다.

(5) 인공지능이 가져올 미래

인공지능이라는 새로운 눈의 탄생은 인류 역사상 처음으로 기계, 인간(시간, 공간, 경험), 사회(지능, 접속, 데이터) 세 영역에서 급격한 진화를 동시에 촉발시키고 있다. ICT에서 DNA 중심의 기하급수적인 양적 성장은 각 영역이 서로 맞물려 발전하면서 타 기술과의 융합을 통해 사회 시스템 전체를 뒤흔들 파괴력을 행사하고 있다.

전문가들은 기술이 미래 사회에서 노동 구조를 변화시키고 일자리를 재정의함으로써 제조 경제에서 서비스 경제로의 대전환을 초래할 것이라고 말한다. 반면에 이와는 대조적으로 대다수 기업과 정부의 기술 정책 입안자들에 의해 현재의 기술 발전 추세를 과거의 연장선상에서 선형적 진보로 인식하려는 시각도 존재한다.

미래 사회는 점점 더 연결되고 보다 똑똑해진 지능 사회로서 모든 것이 디지털 데이터로 정의되는 새로운 질서가 만들어질 것이고 향후 기술이 만들어낼 불연속적 궤적은 지금보다 빠른 속도로 발전할 것이며 양자 컴퓨터, 뇌 과학 등 또 다른 혁신의 커브에 도달할 전망이다. 미래 기술 혁신은 철기의 탄생, 내연 기관의 발명 등과 같은 과거 기술 변화량의 총합을 능가할 수도 있는 변혁을 가져올 것이다.

기술 진화와 사회 변화에 대한 적응, 대응력을 높이기 위해서는 신기술의 특성 및 파급력에 대한 개인적 이해와 사회적 동의인 ICT 문해력(Literacy)을 필수적으로 갖추어야 한다.

Chapter 03 기술선택능력

1 〉 기술선택

(1) 기술선택이란?

기술선택이란 기업이 어떤 기술을 외부로부터 도입하거나 자체 개발하여 활용할 것인가를 결정하는 것으로 기술을 선택할 경우 주어진 시간과 자원의 제약 하에서 선택이 가능한 대안들 중 최적이 아닌 최선의 대안을 선택하는 합리적 의사결정을 추구해야 한다.

(2) 기술선택을 위한 의사결정

회사에서 기술선택이란 조직의 발전을 위해 어떠한 기술을 개발할 것인지, 또 외부에서 어떤 기술을 도입할 것인지 등을 결정하는 것을 말한다. 기술을 선택하기 위해서는 많은 의사 결정들이 따르며 유형으로는 단독 결정과 집단 결정, 상향식 결정과 하향식 결정으로 나누어진다.

① 단독 결정

기술을 연구하는 연구자 스스로 대안을 선택하는 결정으로 결정권자가 최고 권위자여서 별다른 논쟁의 여지가 없는 경우 행해지며 신속한 결정으로 빠른 추진이 가능하지만 현대의 조직보다는 과거 조직에서 많이 사용하였던 결정 유형이다.

② 집단 결정

기술을 연구하는 사람과 전문가들이 모여서 행하는 결정으로 다수의 의견을 반영하고 참여의식을 부여하며 공동의 책임과 기술 개발에 대한 내적 동기를 강화시키지만 신중성, 수용성 등을 고려하여 다소 느리게 추진된다. 토론, 다수결, 투표 등의 방식이 있다.

③ 상향식 기술선택(Bottom Up Approach)

기업 전체의 차원에서 필요한 기술에 대한 체계적인 분석이나 검토 없이 연구자나 기술자들이 자율적으로 기술을 선택하는 것으로 기술 개발자들의 흥미를 유발하고 창의적인 아이디어를 활용할 수 있다는 장점이 있는 반면, 기술자들이 지식과 흥미만을 고려하여 기술을 선택할 경우 고객수요 및 서비스 개발에 부적합하거나 기업 간 경쟁에서 승리할 수 없는 기술이 선택될 수 있다는 단점이 있다.

④ 하향식 기술선택(Top Down Approach)

기술경영진과 기술기획담당자들에 의한 체계적인 분석을 통해 기업이 획득해야 하는 대상기술과 목표기술수준을 결정하는 것으로 기업이 직면한 외부 환경과 보유 자원의 분석을 통해 중장기적인 목표를 설정하고 이를 달성하기 위해 필요한 핵심고객층과 그들에게 제공하는 제품 및 서비스를 결정한 다음 사업전략의 성공적인 수행을 위해 필요한 기술들을 열거하여 각각의 기술에 대한 획득의 우선순위를 결정한다.

(3) 기술선택을 위한 우선순위 결정

① 제품의 성능이나 원가에 미치는 영향력이 큰 기술

② 기술을 활용한 제품의 매출과 이익 창출 잠재력이 큰 기술

③ 쉽게 구할 수 없는 기술

④ 기업 간에 모방이 어려운 기술

⑤ 기업이 생산하는 제품 및 서비스에 보다 광범위하게 활용할 수 있는 기술

⑥ 최신기술로 진부화될 가능성이 적은 기술

(4) 현명한 기술선택을 위한 절차

조직에서 기술의 선택은 중요하다. 조직의 생존 여부가 달려 있기도 하고 경쟁 사회에서 우위를 점할지 말지도 결정짓는다. 열심히 기술을 개발하고 발전시켰지만 공개 시점을 잘못 계산해서 선두 기업에게 밀릴 수도 있고 고객의 니즈에 적합하지 않아 많은 자본과 노력을 투자한 기술이 시장에서 불필요한 존재가 될 수도 있다.

따라서 기술을 개발하고 발전시키기 전에 핵심적으로 발전시켜야 할 기술을 현명하게 선택하는 일이 무엇보다 중요하겠다.

① **외부 환경 분석**

수요변화 및 경쟁자 변화, 기술 변화 등을 분석한다(고객 요구 분석, 기술 변화 추이, 경쟁업체 동향 등 시장 조사).

② **중장기 사업목표 설정**

기업의 장기버전, 중장기 매출목표 및 이익목표를 설정한다(조직의 목표와 비전 성립, 매출 및 이익 목표 설정).

③ **내부 역량 분석**

기술능력, 생산능력, 마케팅/영업능력, 재무능력 등을 분석한다(각 부서 인원과 역량 체크를 통한 기술, 생산, 재무 등 능력 분석).

④ 사업 전략 수립

사업 영역을 결정하고 경쟁 우위 확보 방안을 수립한다(사업의 영역 및 범위 설정, 기술 경쟁 방법 수립).

⑤ 요구기술 분석

제품 설계/디자인 기술, 제품 생산 공정, 원재료/부품 제조법을 분석한다(제품 재료 분석, 제품 설계 및 디자인 및 공정 과정 분석).

⑥ 기술전략 수립

핵심 기술 및 보조 기술 선택과 기술 획득 방법을 결정한다.

⑦ 핵심 기술 선택

현명한 기술 선택을 통한 체계적인 작업을 한다.

2 〉 벤치마킹

(1) 벤치마킹이란?

벤치마킹이란 특정 분야에서 뛰어난 업체나 상품, 기술, 경영 방식 등을 배워 합법적으로 응용하는 행위를 의미하며 단순한 모방과는 달리 우수한 기업이나 성공한 상품, 기술, 경영방식 등의 장점을 충분히 배우고 익힌 후 자사의 환경에 맞추어 재창조하는 것이다.

원래 이 말은 과거 건축물의 높이를 측정하기 위해 건축물 주변에 세워둔 쇠막대에 표시된 기준점을 벤치마크(Bench Mark)라고 한 데서 유래하였다.

① 벤치마킹의 개념

옛말에 어린아이에게도 배울 게 있다고 하였는데 배움은 스승과 책에서만이 아니라 모든 것으로부터 가능하다는 말이다. 벤치마킹은 동종 업계 경쟁자는 물론 다른 업계에 종사하는 전문가, 기업 등을 통해서도 할 수 있다.

성공적인 벤치마킹을 위해서는 자사의 수립 전략과 기술이 최고 수준인지, 미래에 가능성은 있는지, 잘 되는 기업은 무엇이 다른지, 잘 안 되는 기업의 원인은 무엇인지 등 사전에 철저한 계획과 조사가 이뤄져야 한다.

② 벤치마킹의 목적

벤치마킹은 현재 조직의 상태를 파악하고 회사의 발전을 위해 필요한 정보를 외부에서 수집, 조사해서 발전적인 조직을 만들고자 하는 미래 지향적인 활동이므로 정확한 목적과 목표 없이 벤치마킹을 시도한다면 아무런 소득 없이 시간과 비용을 낭비할 수 있다.

회사의 발전을 위해 업무 수행 방식, 과정, 기존 기술의 업그레이드 계획, 신기술 도입 등의 벤치마킹 기회가 포착되면 사전에 철저히 계획을 세워 시도해야 한다.

③ 효과적인 벤치마킹을 위한 내부 분석

벤치마킹은 '너 자신을 알라'는 개념에서 시작되는 것이 바람직하므로 우선 회사의 내부 전략과 보유 기술, 역량, 강점, 약점 등을 파악해서 정리하는 과정이 필요하다. 그리고 정리된 내용을 바탕으로 한 개선 사상을 다른 모범사례를 통해서도 벤치마킹해야 더 많은 것을 얻을 수 있다.

④ 스왓 분석(SWOT Analysis)

㉠ SO(강점 - 기회) 분석 : 회사 내부의 강점을 파악한 후 시장의 기회를 활용한다.

㉡ ST(강점 - 위협) 분석 : 회사의 강점을 활용하여 시장의 위험 요소에 대응한다.

㉢ WO(약점 - 기회) 분석 : 회사의 약점 관리를 통해 시장의 기회를 전략적으로 활용한다.

㉣ WT(약점 - 위협) 분석 : 회사의 약점이 될 시장의 위험 요소를 피한다.

S(Strength) 강점	W(Weakness) 약점
O(Opportunity) 기회	T(Threat) 위험

(2) 벤치마킹의 원칙

① 호혜성(Reciprocity)

성공적인 벤치마킹에서 가장 중요한 점은 호혜성으로 벤치마킹에 참여한 모든 회사가 서로 이익을 얻어 가지 못한다면 그 벤치마킹 자리는 핵심 정보가 없는 수박 겉핥기식 미팅에 지나지 않는다. 모두가 승리하는 '양자 승리(Win - Win)'를 하기 위해서는 벤치마킹의 목적을 분명하게 정하고 정보 범위, 자료 교환에 대한 명확한 합의가 이루어져야 한다.

② 유추(Analogy)

벤치마킹을 수행한 팀은 자신의 팀이나 부서, 회사로 돌아와서 얻은 교훈에 대해서 명확하게 전달하고 자사에 어떻게 응용하고 실행할 것인가에 대해서 설명할 수 있어야 하며 그러기 위해서는 사전에 자사와 벤치마킹 대상 회사에 대한 조사가 필요하다.

③ 측정(Measurement)

벤치마킹의 목적은 더 많은 성과를 올리는 데 있으므로 측정 시스템을 가지고 두 회사의 성과를 비교한다. 사용하는 측정 시스템이나 도구에 따라 결과가 다르게 나올 수 있기 때문에 양측 회사는 반드시 동일한 측정 시스템을 사용해야 한다.

④ 타당성(Validity)

벤치마킹에 참여한 회사들은 동일한 측정 시스템을 통한 검증된 자료를 원하므로 의견이나 직관, 가정에 의존한 자료들은 타당도와 신뢰도를 보장할 수 없기 때문에 정확한 프로세스를 거친 자료만이 위험을 줄일 수 있다.

(3) 벤치마킹의 종류

① 비교대상에 따른 분류

㉠ 내부 벤치마킹

같은 기업 내의 다른 지역, 타 부서, 국가 간의 유사한 활동을 비교 대상으로 하며 자료 수집이 용이하고 다각화된 우량기업의 경우 효과가 큰 반면 관점이 제한적일 수 있고 편중된 내부 시각에 대한 우려가 있다는 단점을 가지고 있다.

㉡ 경쟁적 벤치마킹

동일 업종에서 고객을 직접적으로 공유하는 경쟁기업을 대상으로 하며 경영 성과와 관련된 정보 입수가 가능하고 업무/기술에 대한 비교가 가능한 반면 윤리적인 문제가 발생할 소지가 있으며 대상의 적대적 태도로 인해 자료 수집이 어렵다는 단점이 있다.

㉢ 비경쟁적 벤치마킹

제품, 서비스 및 프로세스의 단위 분야에 있어 가장 우수한 실무를 보이는 비경쟁적 기업 내의 유사 분야를 대상으로 하며 혁신적인 아이디어의 창출 가능성은 높은 반면 다른 환경의 사례를 가공하지 않고 적용할 경우 효과를 보지 못할 가능성이 높다.

㉣ 글로벌 벤치마킹

프로세스에 있어 최고로 우수한 성과를 보유한 동일업종의 비경쟁적 기업을 대상으로 하며 접근 및 자료 수집이 용이하고 비교 가능한 업무/기술 습득이 상대적으로 용이한 반면 문화 및 제도적인 차이로 발생하는 효과에 대한 검토가 없을 경우 잘못된 분석결과가 발생할 가능성이 높다.

② 수행방식에 따른 분류

㉠ 직접적 벤치마킹

벤치마킹 대상을 직접 방문하여 수행하는 방법으로 직접 접촉하여 자료를 입수하고 조사하기 때문에 정확도와 지속가능한 점에서 장점이 있지만 벤치마킹 대상 선정이 어렵고 수행비용 및 시간이 과다하게 소요되며 Contact Point 확보에 어려움이 있다.

㉡ 간접적 벤치마킹

인터넷 및 문서형태의 자료를 통해서 수행하는 방법으로 벤치마킹 대상의 수에 제한이 없고 다양하며 비용 또는 시간적 측면에서 상대적으로 많이 절감할 수 있다는 장점이 있는 반면, 벤치마킹 결과가 파상적이며 정확한 자료의 확보가 어렵고 특히 핵심자료의 수집이 상대적으로 어렵다는 단점이 있다.

(4) 벤치마킹의 주요 단계

① 벤치마킹의 4단계 발전

1.계획단계	기업은 반드시 자사의 핵심 성공요인, 핵심 프로세스, 핵심 역량 등을 파악해야 하고 벤치마킹할 프로세스는 문서화되어야 하고 특성이 기술되어야 한다. 그리고 벤치마킹 파트너 선정에 필요한 요구조건도 작성되어야 한다.
2.자료 수집 단계	벤치마킹 프로세스의 자료 수집 단계에서는 내부 데이터 수집, 자료 및 문헌조사, 외부 데이터 수집이 필요하다.
3.분석단계	벤치마킹 프로세스 모델의 분석단계에서는 데이터 분석, 근본원인 분석, 결과예측, 동인판단 등의 업무를 수행해야 한다. 분석단계의 목적은 벤치마킹수행을 위해 개선 가능한 프로세스 동인들을 확인하기 위한 것이다.
4.개선단계	개선 단계의 궁극적인 목표는 자사의 핵심 프로세스를 개선함으로써 벤치마킹 결과를 현실화시키자는 것이다. 이 단계에서는 벤치마킹 연구를 통해 얻은 정보를 활용함으로써 향상된 프로세스를 조직에 적응시켜 지속적인 향상을 유도하여야 한다.

② 벤치마킹의 주요 단계

㉠ 범위 설정

상세 분야 결정/목표와 범위 결정/벤치마킹을 수행할 인력을 결정한다.

㉡ 측정범위 결정

상세분야에 대한 측정 항목 결정/측정 항목이 적정한가를 검토한다.

㉢ 대상 결정

비교 분석할 기업 · 기관 결정/벤치마킹할 타당성 검토/최종 대상 및 대상별 수행 방식을 결정한다.

㉣ 벤치마킹

직간접적 벤치마킹을 진행한다.

㉤ 성과차이 분석

벤치마킹 결과의 성과차이를 측정 항목별로 분석한다.

㉥ 개선계획 수립

성과 차이 원인 분석/개선을 위한 성과목표 결정/성과목표를 위한 개선계획을 수립한다.

㉦ 변화관리

개선 목표 달성을 위한 지속적 관리/개선 후 변화와 예상 변화를 비교한다.

3 〉 매뉴얼

(1) 매뉴얼의 정의

사전적인 의미로 매뉴얼은 어떤 기계의 조작 방법을 설명해 놓은 사용 지침서, 즉 '사용서', '설명서', '편람', '안내서'를 의미하며 자동차의 변속 기어를 '매뉴얼'이라고 한 데서 유래하였다. 자동차의 매뉴얼, 즉 기어는 시동을 건 뒤 1단에서 출발하는 것이 가장 좋다. 3단에서 첫 출발을 하려면 엔진이 멈추거나 엄청난 매연을 내고서야 겨우 전진할 수 있는데 이는 자신의 업무와 기업에서도 마찬가지로 아직 3단의 속도에 이르지 않은 채 3단 기어를 먼저 넣으면 무리가 따르는 법이다.

우리는 흔해 제품을 구입하게 되면 박스 안에 사용서, 설명서 등과 같은 매뉴얼을 볼 수 있는데 전자제품, 기계 등의 사용 설명서도 매뉴얼의 하나이고 회사에서는 업무에 해당되는 절차 등을 문서화한 것, 규정서나 안내서 등도 매뉴얼에 해당되며 업무 매뉴얼은 업무를 체계적으로 수행하기 위한 서류이기도 하지만 직원들 교육에도 많이 쓰이고 있다.

매뉴얼은 목적이 있는 책자이지 소설이 아니기 때문에 매뉴얼은 꼭 필요한 정보와 유용한 정보를 중심으로 구성되어야 하며 읽는 이가 이해하기 쉬운 언어로 만들어져야 한다.

(2) 매뉴얼의 종류

매뉴얼은 업무, 활동 기준에 대해서 기록한 문서로 품질 매뉴얼, 서비스 매뉴얼, 영업 매뉴얼, 운영 매뉴얼, 프랜차이즈 매뉴얼, 가맹점 매뉴얼, 사용자 매뉴얼, 관리 매뉴얼 등이 있다.

① 제품 매뉴얼

사용자를 위해 제품의 특징이나 기능 설명, 사용 방법과 고장 조치 방법, 유지 보수 및 A/S, 폐기까지 제품에 관련된 모든 서비스에 대해 소비자가 알아야 할 모든 정보를 제공하는 것으로 제품 사용자의 유형과 사용 능력을 파악하고 혹시 모를 사용자의 오작동까지 고려하여 만들어야 하며 제품의 의도된 안전한 사용과 사용 중 해야 할 일 또는 하지 말아야 할 일까지 정의해야 한다.

② 업무 매뉴얼

어떤 일의 진행 방식, 지켜야 할 규칙, 관리상의 절차 등을 일관성 있게 여러 사람이 보고 따라 할 수 있도록 표준화하여 설명하는 지침서로 프랜차이즈 점포의 경우 편의점 운영 매뉴얼, 제품 진열 매뉴얼 등이 있고 기업의 경우 부서 운영 매뉴얼, 품질 경영 매뉴얼 등이 있다.

(3) 매뉴얼이 주는 장점

① 제품 매뉴얼

㉠ 소비자가 스스로 제품의 사용 방법을 터득할 수 있다.

㉡ 사람이 아닌 글로 제품에 대한 설명을 대신해 시간과 비용이 절약된다.

㉢ 외국으로 수출 시 외국 바이어(Buyer)의 이해를 돕는 데 효율적이다.

㉣ 소비자에게 제품에 대한 신뢰를 제공할 수 있다.

② 업무 매뉴얼

　　㉠ 회사 업무의 표준화 작업이 가능하다.

　　㉡ 어느 정도 체계적인 업무가 가능하다.

　　㉢ 단순한 업무 교육에 시간을 낭비할 필요가 없다.

　　㉣ 사람이 많은 조직일수록 그 효과는 크다.

(4) 매뉴얼의 작성 단계

① 기획

제품 매뉴얼, 업무 매뉴얼은 제작 시 목적과 읽는 자 등을 고려하여 어떤 내용을 담을 것인지 미리 계획한다.

② 사용자 분석

해당 매뉴얼을 사용하는 사람에 따라 사용하는 단어나 문장이 달라질 수 있다.

③ 스토리보드 작성

전체적인 장과 절에 대한 커리큘럼을 작성하고 어떤 내용이 먼저 들어갈지 순서를 정한다. 사용자가 읽으면서 자연스럽게 업무나 제품에 대해 파악하는 것이 중요하다.

④ 작업 할당

일인 작가로 쓸 것인지 팀 작업으로 할 것인지 각자 작성 분량을 의논하여 정하고 마감 시점도 계획한다.

⑤ 자료 수집

제품 기능, 특성, 업무에 대한 팁 등 해당 매뉴얼 주제에 맞는 자료를 미리 수집한다.

⑥ 매뉴얼 제작

글쓰기, 레이아웃, 시각 자료, 편집과 수정을 거쳐 제작하고 인쇄하여 배포한다.

(5) 매뉴얼 작성을 위한 팁

① 내용이 정확해야 한다.

매뉴얼의 서술은 가능한 한 단순하고 간결해야 하며 비전문가도 쉽게 이해할 수 있어야 하고 내용 서술에 애매모호한 단어 사용을 금지해야 한다.

또한 매뉴얼 개발자는 제품에 대해 충분한 지식을 습득해야 하며 추측성 기능 설명은 문장을 애매모호하게 만들 뿐만 아니라 사용자에게 사고를 유발시켜 신체적 재산적 손실을 가져다 주므로 피해야 한다.

② 사용자가 알기 쉬운 문장으로 쓰여야 한다.

한 문장은 통상 단 하나의 명령 또는 밀접하게 관련된 몇 가지 명령만을 포함해야 하고 의미

전달을 명확하게 하기 위해서는 수동태보다는 능동태의 동사를 사용하며 명령을 사용함에 있어 약한 형태보다는 단정적으로 표현하고 추상적 명사보다는 행위동사를 사용한다.

③ 사용자에 대한 심리적 배려가 있어야 한다.

6하 원칙에 관련된 사용자의 질문들을 예상하고 사용자에게 답을 제공해야 하며 사용자가 한 번 본 후 더 이상 매뉴얼이 필요하지 않도록 배려하는 것도 필요하다.

④ 사용자가 찾고자 하는 정보를 찾을 수 있어야 한다.

사용자가 필요한 정보를 빨리 찾기 쉽도록 구성해야 하며 짧고 의미 있는 제목과 비고는 사용자가 원하는 정보의 위치를 파악하는 데 도움이 될 수 있다.

⑤ 사용하기 쉬워야 한다.

사용이 용이하도록 하는 것은 매뉴얼의 제작형태에 따라 달라진다.

4 >> 지식재산권

(1) 지식재산권이란?

지식재산권(Intellectual Property)은 인간의 창조적 활동 또는 경험 등을 통해 창출하거나 발견한 지식, 정보, 기술이나 표현, 표시 이외에 무형적인 것으로서 재산적 가치가 실현될 수 있는 지적 창작물에 부여된 권리를 말하며 지적소유권이라고도 한다.

(2) 지식재산권의 특징

① 국가 산업발전 및 경쟁력을 결정짓는 산업자본이다.

산업이 발전한 선진국은 지식재산권, 특히 산업재산권을 많이 확보하여 타인에게 실시 사용권을 설정하거나 권리자체를 양도하여 판매수입이나 로열티를 받을 수 있게 한다.

② 눈에 보이지 않는 무형의 재산이다.

지식재산권은 실체가 없는 기술상품으로서 상품과 같이 물체가 아니라 수출입이 자유로워 국경 이동을 통한 세계적인 상품으로 전파될 수 있다.

③ 지식재산권을 활용한 다국적기업화가 이루어지고 있다.

다국적기업화는 각국 경제의 상호관계를 긴밀하게 하여 기술 제휴 등의 협력을 기반으로 국가 간의 장벽을 허물어 세계화를 촉진하고 있다.

④ 연쇄적인 기술개발을 촉진하는 계기를 마련해주고 있다.

기술개발 결과에 대해 독점적 권리를 보장해 주고 특허를 통한 기술개발의 성과가 알려지면서 더 나은 기술개발을 촉진하는 계기를 만들어주고 있다.

(3) 지식재산권의 종류
① 산업재산권
산업 활동과 관련된 사람의 정신적 창작물(연구결과)이나 창작된 방법에 대해 인정하는 독점적 권리로 새로운 발명과 고안에 대하여 그 창작자에게 일정 기간 동안 독점 배타적인 권리를 부여하는 대신 이를 일반에게 공개해야 하며 일정 존속기간이 지나면 이용 및 실시하도록 함으로써 기술진보와 산업발전을 추구한다.

㉠ 특허
발명한 사람이 자기가 발명한 기술을 독점적으로 사용할 수 있는 권리로 대발명의 권리를 확보하는 것이라 할 수 있으며 설정등록일 후 출원일로부터 20년간 권리를 인정받을 수 있다. 특허제도는 발명을 보호, 장려하고 그 이용을 도모함으로써 기술의 발전을 촉진하여 산업발전에 이바지함을 목적으로 한다.

특허의 요건으로는 첫 번째 발명이 성립되어야 하고 두 번째 산업에 이용이 가능해야 하며 세 번째 새로운 것으로 진보적인 발명이여야 하고 네 번째 법적으로 특허를 받을 수 없는 사유에 해당하지 않아야 한다.

㉡ 실용신안
기술적 창작 수준이 소발명 정도인 실용적인 창작(고안)을 보호하기 위한 제도로서 보호대상은 특허제도나 다소 다르나 전체적으로 특허제도와 유사한 제도이다. 즉, 발명처럼 고도하지 않은 것으로 물품의 형상, 구조 및 조합이 대상이 되며 등록일로부터 출원 후 10년이다.

㉢ 의장
산업재산권법에서 말하는 의장이란 심미성을 가진 고안으로서 물품의 외관에 미적인 감각을 느낄 수 있게 하는 것으로 물품 자체에 표현되는 것으로 물품을 떠나서는 존재할 수 없기 때문에 물품이 다르면 동일한 형상의 디자인이라 하더라도 별개의 의장이 되며 보호기간은 설정등록일로부터 15년이다.

㉣ 상표
제조회사가 자사제품의 신용을 유지하기 위해 제품이나 포장 등에 표시하는 표장으로서의 상호나 마크로 배타적 권리보장 기간은 등록 후 10년이다.

② 저작권
법에 의하여 저작물의 저작자에게 부여하는 배타적인 권리로서 자신의 창작물을 공표하고, 이를 위해 어떠한 방법으로든 공개 배포 또는 전달하고, 저작물을 다른 이가 특정의 방법으로 사용하도록 허락할 수 있는 권리를 의미하며 저작권법에서는 보호받을 수 있는 저작물의 종류와 저작권을 구성하는 저작자의 권리의 행사 등에 관하여 일정한 제한을 두고 있다.

㉠ 협의의 저작권

저작 재산권만을 의미하며 영미법계 국가에서도 저작권이라고 하면 대체로 저작 재산권만을 의미한다. 보호기간은 사람이 저작자인 경우 저작물을 창작한 때로부터 시작되어 저작자가 살아있는 동안과 죽은 다음 해부터 50년간, 법인이나 단체가 저작자인 경우 공표한 다음 해부터 50년간이다.

㉡ 저작인접권

저작물을 일반 공중이 향유할 수 있도록 매개하는 자에게 부여한 권리로 배우, 가수, 연주자와 같은 실연자, 음반제작자 및 방송사업자에게 귀속되는데 실연자, 음반제작자 및 방송사업자는 저작물을 직접 창작하는 사람은 아니나 저작물의 해석과 재현에 기여할 뿐만 아니라, 이런 행위가 없다면 비록 완벽한 저작물이라도 충분히 일반 이용자에게 전달될 수 없기 때문에 저작권법에서 보호하는 것이다.

실연을 한 때, 그 음을 맨 처음 그 음반에 고정한 때, 방송을 한 때부터 발생하며 보호기간은 70년이다.

③ 신지식재산권

특허권, 저작권 등의 전통적인 지식재산권 범주로는 보호가 어려운 컴퓨터 프로그램, 유전자조작동식물, 반도체설계, 인터넷, 캐릭터산업 등과 관련된 지적재산권으로 정보기술 등 첨단기술의 급속한 발달로 인해 전통적인 지식재산권, 즉 산업재산권과 저작권으로 보호가 어렵거나 상당한 논란을 유발하는 신기술이 등장하면서 함께 등장하였다.

㉠ 첨단산업저작권

디지털 기술이 도입된 모든 저작물을 비롯하여 개인의 특별한 기술이나 예술작품 등에도 부여되는 권리로 법률상으로 규정된 바는 없으나 저작권의 방대한 범주 안에 포함되는 새로운 유형의 저작권으로 중요성이 부각되고 있다.

㉡ 산업저작권

산업에 이용가치가 있는 사물이나 기술 따위를 처음 발명하거나 개발한 사람에게 인정되는 저작권으로 주로 컴퓨터프로그램이나 인공지능 및 데이터베이스를 기반으로 한 개발품에서 적용된다.

㉢ 정보재산권

기획, 생산, 영업 따위와 같은 활동 전반과 관련된 정보에 대한 재산권으로 영업비밀, 멀티미디어, 뉴미디어 등의 경우가 이에 해당된다.

기술적용능력

1 〉 기술적용

(1) 기술적용의 형태

자신이 어떠한 직업에 종사하고 있느냐에 따라서 필요한 기술도 달라지는데 자신에게 맞는 기술을 파악하여 선택했다고 해서 모두 적용할 수 있는 것은 아니며 비슷한 효과를 내는 기술도 하나만 있는 것이 아니다.

그러므로 다양한 기술과 방법들 중에서 자신에게 맞는 기술을 선택하는 것이 중요하며 기술적용에 대한 유형은 다음과 같다.

① 그대로 적용

선택한 기술을 그대로 적용하는 경우 시간을 절약할 수 있고 쉽게 받아들여 적용할 수 있으며 비용 측면에서도 절감의 효과를 거둘 수 있으나 선택한 기술이 적합하지 않을 경우 실패로 돌아갈 수 있는 위험부담이 크다.

② 불필요한 요소 제거 후 적용

선택한 기술을 그대로 적용하되 불필요한 기술은 과감히 버리며 이 경우 시간을 절약할 수 있고 비용 측면에서도 절감 효과를 누릴 수 있어서 프로세스의 효율성을 기할 수 있지만 부적절한 기술을 선택할 경우 실패로 돌아갈 수 있다는 위험부담이 있으며 과감하게 버린 기술이 과연 불필요한가에 대한 문제점이 있을 수 있다.

③ 기술 분석 후 가공하여 적용

선택한 기술을 분석하고 가공하여 활용하는 경우 그대로 받아들여 적용하는 것보다는 시간적인 부담이 있을 수 있지만 자신의 직장에 대한 여건과 환경 분석 및 업무 프로세스의 효율성을 최대화할 수 있는 장점이 있다.

(2) 기술적용 시 고려사항

① 기술적용에 따른 비용이 많이 드는가?

좋은 기술이란 자신의 직업생활에서 반드시 요구됨과 동시에 업무 프로세스의 효율성을 높이고 성과를 향상시키면서 기술을 적용하는 데 요구되는 비용이 합리적이어야 한다.

② 기술의 수명 주기는 얼마인가?

기술을 적용하는 데는 비용과 함께 일정한 시간이 요구되는데 만약 그 기간 동안에 또 다른 새로운 기술이 등장하게 된다면 현재 활용하고 있는 기술의 가치는 떨어지게 되므로 현재 자신 또는 회사에서 적용하고자 하는 기술의 수명 주기를 고려하는 것은 매우 중요하다.

③ 기술의 전략적 중요도는 어느 정도인가?

새로운 기술의 도입은 대개의 경우 환경의 변화를 시도하거나 경영혁신을 꾀하기 위해 이루어지는 경우가 많기 때문에 회사의 전략과 얼마나 조합을 이루느냐를 판단하는 것은 매우 중요한 일이다.

④ 잠재적으로 응용 가능성이 있는가?

기술이라는 것은 보다 발전된 방향으로 변화하고자 하는 특성이 있기 때문에 끊임없이 연구하고 개발해야 하므로 현재 받아들이고자 하는 기술이 자신의 직장에 대한 특성과 회사의 비전과 전략에 맞추어 응용이 가능한지를 고려해야 한다.

2 ⟫ 기술경영자와 기술관리자의 능력

(1) 기술경영자란?

기업에서 최고 기술경영자는 CEO(Chief Executive Officer) 또는 CTO(Chief Technology Officer)라고 부르며 일본에서는 상품 차별화 경쟁으로 기술경영자가 최고경영자인 경우가 많으나 한국은 기업경영자와 기술경영자가 별도로 존재하는 경우가 대부분이다.

기술경영자는 회사에서 기술 부문을 담당하는 기술 대표 임원으로 회사 내의 모든 기술을 관리하고 총괄하는 책임자이다. 기술경영자는 리더로서 리더십, 대인관계, 경영능력, 전략적인 사고 등을 갖추어야 하겠지만 무엇보다 기술에 대한 전문적인 지식으로 사업과 기술의 조합을 연구하여 회사를 발전시켜 나가야 한다.

(2) 기술경영자의 중요성

금융 개혁과 시장 개방을 특징으로 하는 현대 자본주의 사회에서 기업은 시장에서 직접 자금을 조달하며 독자적인 기술로 승부하는데 이 같은 경쟁 사회에서 살아남기 위해 기업에는 앞선 기술이 필수 조건이므로 기술경영은 점점 더 중요해지고 있다.

기술경영은 기술만을 관리하는 것이 아니라 회사의 발전을 위해 핵심기술을 개발하고 전략적인 계획을 수립하는 것이기 때문에 기술경영이 가능한 사람이 최고경영자가 될 수 있는 추세로 변모하고 있다.

(3) 성공하는 기술경영자가 되는 방법

기술경영자는 독창적인 기술개발로 회사를 발전시키는 기술능력이 있어야 하며 리더로서 리더십을 발휘하고 대인 관계 능력도 함께 갖춘다면 더욱 뛰어난 기술개발과 경영으로 회사를 발전시켜 나갈 수 있을 것이다.

(4) 기술경영자에게 요구되는 능력

① 기술능력

기술경영자는 기술의 특성, 성격 등에 대한 이해를 바탕으로 전문적인 기술능력을 갖추어야 하고 업계 동향, 사업 환경 등 전반적인 상황을 이해하여 통합적, 발전적인 사고를 할 수 있어야 한다.

기술능력을 갖춘 기술경영자의 좋은 예는 다음과 같다.

㉠ 기술을 기업의 전반적인 전략 목표에 통합시키는 능력

㉡ 빠르고 효과적으로 새로운 기술을 습득하고 기존의 기술에서 탈피하는 능력

㉢ 효과적으로 평가할 수 있는 능력

㉣ 기술 이전을 효과적으로 할 수 있는 능력

㉤ 제품개발 시간을 단축할 수 있는 능력

㉥ 복잡하고 서로 다른 분야에 걸쳐 있는 프로젝트를 수행할 수 있는 능력

㉦ 조직 내의 기술 이용을 수행할 수 있는 능력

㉧ 기술 전문 인력을 운용할 수 있는 능력

② 리더십

기술경영자가 기업의 최고경영자가 되는 요즘에는 리더십 덕목이 기술 경영자에게 더욱 필요한 능력으로 떠오르고 있으며 리더십이란 조직이나 집단의 공통된 목표나 목적을 위해 구성원들의 자발적인 참여를 돕고 모두의 성장을 위해 긍정적인 영향력을 끼치는 것을 말한다. 리더십은 리더 자신이 인정하는 것이 아니라 리더를 따르는 구성원들이 인정할 때 생기는 것이다.

리더십을 갖추기 위해서는 다음과 같은 행동과 태도가 필요하다.

㉠ 공통의 목표와 비전을 정확하게 제시

ⓛ 미래 지향적인 생각과 태도

ⓒ 팀원들의 자발적인 동기 부여 촉진

ⓔ 책임지려는 태도와 자세

ⓜ 위험을 감지하고 감수하는 능력

ⓗ 일과 사람을 조화롭게 하는 능력

③ 대인관계능력

기술을 개발하고 관리하는 것 또한 사람이 하는 일이며 아무리 훌륭한 기술을 가지고 있더라
도 그것을 다루는 사람이 바르지 않는다면 나쁜 용도로 쓰일 수 있고 사회에 부정적인 영향
을 미칠 수 있다.

기술경영자는 대인관계능력을 갖추어 건강한 조직을 만들 필요성이 있으며 대인관계능력이
란 조직이나 집단에서 함께 일하고 생활하는 사람들, 즉 상사, 동료, 부하, 고객 등과 원만하
고 건강한 관계를 유지하는 능력을 말한다.

대인관계능력을 향상하기 위해서는 다음과 같은 행동과 마음가짐이 필요하다.

㉠ 개인의 차별성을 이해하고 인정한다.

ⓛ 선입견을 갖고 사람을 보지 않는다.

ⓒ 타인의 약점과 강점을 인정하고 신뢰한다.

ⓔ 타인을 존중하는 마음으로 대화한다.

ⓜ 감정을 앞세운 행동을 자제한다.

ⓗ 거짓말을 하지 않고 일관된 행동으로 신뢰를 확보한다.

ⓢ 밝게 인사하고 진심으로 행동한다.

ⓞ 자신의 일에 최선을 다하고 책임감 있는 모습을 보여준다.

(5) 기술관리자에게 요구되는 능력

① 기술을 운용하거나 문제를 해결할 수 있는 능력

② 기술직과 의사소통을 할 수 있는 능력

③ 혁신적인 환경을 조성할 수 있는 능력

④ 기술적, 사업적, 인간적인 능력을 통합할 수 있는 능력

⑤ 시스템적인 관점에서 인식하는 능력

⑥ 공학적인 도구나 지원방식을 이해할 수 있는 능력

⑦ 기술이나 추세를 이해할 수 있는 능력

⑧ 기술팀을 통합할 수 있는 능력

(6) 기술경영자에게 기술적 능력 외에 요구되는 행정능력

기술경영자에게는 기술적인 능력도 중요하지만 그 밖에 계획, 예산 관리, 일정 관리 등의 행정
능력 또한 중요하다.

① 다기능적인 프로그램을 계획하고 조직할 수 있는 능력

② 우수한 인력을 유인하고 확보할 수 있는 능력

③ 자원을 측정하거나 협상할 수 있는 능력

④ 타 조직과 협력할 수 있는 능력

⑤ 업무의 상태, 진행 및 실적을 측정할 수 있는 능력

⑥ 다양한 분야에 걸쳐 있는 업무를 계획할 수 있는 능력

⑦ 정책이나 운영 절차를 이해할 수 있는 능력

⑧ 권한 위임을 효과적으로 할 수 있는 능력

⑨ 의사소통을 효과적으로 할 수 있는 능력

3 〉 네트워크 혁명

(1) 네트워크의 기원

16세기 불어에서 네트워크(Network)라는 말은 여자들의 머리 장식에 쓰이는 그물 모양이나 레
이스 장식을 지칭하는 말로 쓰였으나 17세기 이후에는 피부 조직을 설명하기 위해서 네트워크
를 사용하여 유기체(Organism)라는 의미가 부여되었다.

산업 혁명 이후 네트워크의 개념은 크게 발전하면서 컴퓨터 기술과 통신 기술이 합쳐진 형태로,
지역적으로 떨어진 위치에서 컴퓨터 시스템 간 통신을 위한 소프트웨어와 하드웨어의 집합체라
는 의미로 쓰이기 시작하였다.

유선 통신의 역사를 보면 1800년경에 최초로 전지가 발명되고 전선을 통해 신호를 보내는 방
법이 연구되기 시작하였는데 사무엘 모스(Samuel Finley Breese Morse, 1791~1872)가 처
음 실질적인 연구 성과를 낸 데 이어 1897년 알렉산더 그레이엄 벨(Alexander Graham Bell,
1847~1922)이 최초로 전화기를 개발함으로써 통신 역사에 한 획을 그었고 그 후 전파가 개발
되어 라디오와 텔레비전이 생겨나 방송국이 설립되었다.

1940년 조지 스티비츠(George R. Stibitz)가 전화선을 연결해서 데이터를 입력하는 과정을 통
해 네트워크 컴퓨터는 시작되었으며 그 후 로버트 타일러(Rovert Taylor)가 100만 달러의 예산
을 투자하여 1965년 컴퓨터 네트워크 개발에 착수하였고 1983년 존 포스텔(John Postel)이 도
메인 이름 시스템을 개발하면서 1984년 네트워크는 폭발적으로 확장되었다.

(2) 네트워크의 4가지 특성

① 네트워크는 연결이다.

연결은 고립과 단절의 반대말로 연결이 없으면 네트워크란 존재할 수가 없으며 물리적으로 떨어진 것을 연결하고 가깝게 만드는 것이 네트워크이다. 실제로 네트워크에 연결 개념이 부여된 것은 18세기 말의 '교통 혁명' 때부터로 당시 영국과 프랑스를 비롯한 유럽에 철도가 건설되어 도시와 도시를 연결하는 인프라가 구축되었다.

지금의 네트워크가 가지는 기능적 의미, 즉 연결(Link)과 인접성(Proximity)의 개념은 바로 여기에 근원을 두고 있으며 이후 사람이나 제품의 물리적인 이동뿐만 아니라 수도, 가스 전기 공급에 이르기까지 여러 차원의 네트워크가 도시 전역에 구축되었고 이러한 연결성은 네트워크의 핵심적인 속성이 되고 있다.

페이스북의 CEO인 마크 저커버그는 인터넷 연결에 국한하여 연결은 인간의 권리라고 주장한다. 현재 SNS의 가치를 만드는 것은 네트워크의 규모로 그 규모는 사람들이 서로 얼마나 많이 연결되었는지, 그리고 서로 얼마나 많은 콘텐츠를 연결하고 상호작용하는지에 따라 결정된다. 각각의 친구는 또 누군가의 친구이며 그 누군가는 또 다른 누군가의 친구이다.

이처럼 네트워크는 노드(Node)들이 연결된 관계(Link)를 모두 포함하는 개념으로 연결 관점에서 보면 SNS는 추천을 통해 친구와 쉽게 연결될 수 있는 콘텍스트(Context)를, 뉴스피드를 통해 친구의 콘텐츠(Contents)와 쉽게 열결될 수 있는 콘텐츠를 제공하는 서비스라고 하겠다.

구글의 핵심 가치 역시 연결이다. 구글의 검색 엔진 페이지 랭크(Page Rank)는 30조 개가 넘는 웹페이지를 연결하고 있는데 이는 색인하는 문서의 수가 아니라 '연결된 대상'이 30조 개라는 뜻이다. 웹페이지 간의 연결된 관계(인링크와 아웃링크 관계)에 기반하여 어떤 문서가 더 중요한지 알아내는 원리가 지금의 구글을 만들었다고 해도 과언은 아니다.

② 네트워크는 열려있다.

연결은 하나의 네트워크에 국한되지 않고 열려있다. 다른 종류의 네트워크들이 쉽게 결합되기도 하고 다른 종류의 노드들이 하나의 네트워크를 구성할 수도 있으며 고정된 시작점이나 끝점이 없다. 특히 사람들의 참여가 노드와 링크를 구성하는 네트워크에서는 사람들이 움직이는 대로 여러 종류의 네트워크가 쉽게 연결되고 영향력을 확대할 수 있다. 다만, 사용자들이 자유롭게 이동할 수 있도록 길을 열어줘야 하고 이용자들은 네트워크의 열린 속성을 최대한 활용한다.

대표적으로 페이스북은 2006년부터 다양한 방식으로 API(Application Programming Interface)를 오픈했으며 경쟁 서비스라고 손사래를 치던 회사들도 지금은 모두 페이스북 계정으로 로그인이 되도록 하고 페이스북 친구 목록을 가져다 쓴다. 페이스북은 네트워크가 서로 연결될수록 가치가 높아진다는 것을 입증한 대표적인 사례이다.

예를 들어 우리들이 제공하는 SNS에 동영상 서비스를 준비한다고 가정했을 때 동영상을 쉽게 업로드하고 공유하고자 한다면 우리는 유튜브 동영상을 이용할 것인가, 막을 것인가? 유튜브는 여러분의 경쟁사인가, 협력사인가? 만약 여러분의 비즈니스가 '네트워크 사업'이라고 판단된다면 사용자들이 최대한 쉽고 편리하게 연결할 수 있는 방법을 택할 수밖에 없으며 그것이 경쟁사라도 예외가 될 수 없는 것이 네트워크 비즈니스이다.

네트워크의 개방성은 선택이 아니라 원래 주어진 것으로 이를 무시하는 순간 비즈니스 전략은 모순이 되고 네트워크는 진화를 멈추게 된다. 사용자를 서비스 안에 가두려고 하면 결과적으로 고립되는 것은 사업자이다.

③ 네트워크는 사회적이다.

네트워크 연결은 먼 것도 가깝게 만들고 가까운 것도 멀게 만든다. 지구는 좁아졌고 이웃은 멀어졌으며 네트워크는 필연적으로 사회관계에 영향을 미친다. 특히 18세기의 통신 혁명은 네트워크 개념을 사회적인 것으로 받아들이게 하는 결정적인 계기가 되었으며 이때부터 네트워크는 최초로 원거리 커뮤니케이션을 가능하게 하는 메커니즘을 지칭하게 되었다.

첫 번째 커뮤니케이션 네트워크인 우체국을 비롯하여 전화 등 텔레커뮤니케이션은 시공간의 제약을 해체하고 본격적으로 사회관계를 재구성하는 주체가 되었다.

이와 같이 철도, 전기, 통신 혁명과 함께 발전한 네트워크 개념은 태생적으로 시간 및 공간과 연결되어 있으며 그동안 물리적으로 불가능하다고 믿었던 것들이 새로운 기술의 출현과 네트워크 구축으로 가능해졌다. 사람들은 보다 쉽게 여러 도시를 여행할 수 있게 되었으며 새로운 유통 시장이 생성되고 문화는 발전하였다. 눈에 보이지 않는 네트워크가 시간을 앞당기고 공간을 확장시키면서 완전히 새로운 사회를 연 것이다. 네트워크가 오늘날 미래지향적 가치관을 포함하게 된 것은 당연한 결과이다.

저커버그는 구글이 소셜을 모른다고 지적한 적이 있는데 이는 소셜 기능을 몇 개 추가한다고 SNS가 되지 않는다는 뜻이다. 구글이나 저커버그가 소셜을 아는지는 각자가 판단할 일이지만 SNS는 말 그대로 네트워크 서비스이고 네트워크는 관계를 만들어야 살아남고 성장한다. 싸이월드가 한국에서 그랬던 전 세계 10억 사용자의 소통 도구가 된 페이스북은 분명히 우리의 사회관계를 변화시키고 있으며 대화하고 뉴스를 보고 일을 하고 물건을 사는 방식을 바꾸고 있다.

사회관계란 거창한 것이 아니며 산업 혁명이 도시를 만들고 계급을 바꾼 것도 사회관계의 변화지만 싸이월드가 디지털 카메라를 유행시키고 식당의 풍경을 바꾼 것 역시 같은 맥락이라고 할 수 있다.

예를 들어 구글플러스가 페이스북을 대체할 수 있을까? 궁금하다면 구글플러스의 네트워크가 지금 스스로의 사회관계를 바꾸고 있는지 자문해보면 된다. 사회관계는 네트워크를 진단하는 척도로 네트워크가 성장하려면 정보를 얻는 것으로는 부족하며 사회관계와 상호작용하는 습관을 변화시켜야 한다. 이 관점으로 보면 구글플러스는 약 1억 3,500만 명의 액티브 유저를 갖고 있는 서비스지만 시간이 훨씬 더 필요해 보인다.

네트워크에서 사람들은 자신이 가진 가치를 공유하고자 한다. 오늘 처음 뒤집기에 성공한 아기 동영상을 자랑하고 어제 본 영화에 대해 이야기하며 요즘 시청하고 있는 드라마의 OST 이야기도 나눈다. 일상이든 정보든 사람들이 공유하는 조각들이 모이면 그 네트워크가 지향하는 사회관계가 정의되고 네트워크가 함께 추구하는 가치가 된다.

그것을 성장시키는 네트워크가 시장에서 이기는 것으로 사용자가 공유하는 가치가 도태될 때 사회관계 역시 도태되고 네트워크도 도태한다.

④ 네트워크는 유기적이다.

네트워크가 사업자의 예측대로 또박또박 성장하는 일은 거의 없으며 물리적 재화와 달리 인터넷 서비스는 출시된 이후부터 진화를 시작하고 예측불허가 된다. 인스타그램은 위치 공유 서비스로 시작하였지만 사진 공유 서비스로 페이스북에 인수되었고 그루폰은 투자 모금 사이트로 시작해서 온라인 공동구매 사이트로 진화였으며 페이스북은 페이스매쉬(Facemash) 서비스로 시작하였지만 지금은 지인들의 연락처이자 업무 공간이며 공개된 일기장이다.

자신들이 만든 서비스인데도 어떻게 진화할지 예측하지 못하는 이유는 무엇이며 왜 예측이 어려운가?

네트워크는 구성 요소인 노드 하나하나가 생명력을 지닌 세포이자 유기체이기 때문에 열거 기능들의 작용으로 형태 변이를 계속하며 살아 움직인다. 프랑스의 신경생물학자 장 피에르 샹주(Jean Pierre Changeux)는 신경세포와 조직을 텔레커뮤니케이션 네트워크에 비유하여 설명하기도 하였으며 유기체의 관점에서 보면 인터넷 시장에서 사용자는 세포에 비유될 수 있고 사업자가 제공한 서비스는 세포가 움직이는 데 필요한 최소한의 규칙일 뿐이다.

세포가 모여서 서로 상호 작용하여 성장하고 형태 변이하며 도태하는 일련의 과정이 곧 네트워크를 만드는 과정이다. 우리가 만드는 콘텐츠와 댓글, 친구신청이 네트워크를 결정하는 것이다.

그렇기 때문에 사용자의 움직임은 네트워크의 진화 방향을 결정한다. 사업자에게는 사용자가 '왜', '무엇을' 위해 서비스를 사용하는지 알려주는 힌트들이 주어지며 네트워크를 성장시키는 유일한 방법은 이 사용 동기를 읽고(해석하고) 서비스를 지속적으로 개선하는 것뿐이다.

물론 대부분의 경우는 사업 방향을 수정하고 충분히 개선시킬 만큼의 시간도 주어지지 않으며 페이스북은 적절한 타이밍에 적절한 의사 결정을 하면서 성장을 계속해왔다. 하지만 페이스북도 역시 세포들이 살아있는 유기체이며 이는 언제고 형태가 바뀌고 늙거나 사라질지 모르는 불안전한 개체라는 뜻도 된다.

(3) 세상의 변화를 주도하는 네트워크

아침에 일어나 텔레비전과 인터넷을 통해 뉴스를 접해 보면 밤사이 세계 곳곳에서 수많은 사건 사고가 있음을 알 수 있는데 이처럼 수많은 정보가 오고 가면서 세상이 빠르게 변해 간다고 느껴지며 그 변화의 중심에는 사람과 사람을 연결시켜 주는 통신 네트워크가 있다.

네트워크 혁명은 1994년 정보 통신 기술의 발달로 네트워크가 보편화되면서 일반 시민들의 PC에 모뎀이 설치되고 인터넷이 상용화되면서 시작되었는데 사람과 사람이 인터넷을 통해 서로 연결됨으로써 새로운 상호작용이 생기기 시작하였고 사람들은 자신이 원하는 정보를 검색하거나 원하는 물건을 가장 저렴하게 구입하며 SNS를 통해 서로 연결되고 소통한다.

더 나아가 경제 활동, 사회 조직, 인간관계, 공동체, 정치, 언론, 문화 등 인터넷은 인간생활 모든 면에서 영향력을 행사하고 있다.

네트워크 혁명은 1990년대 이후 인터넷이 상용화되면서 시작되어 이제 그 역사가 20년 정도 되었지만, 전 세계 인구 71억 명 중 전체 42% 가량이 인터넷을 사용할 정도로 폭발적인 증가 추세를 보이고 있다.

(4) 네트워크 혁명의 특징

정보통신 네트워크가 전 지구적이기 때문에 네트워크 혁명 역시 본질적으로 전 지구적일 수밖에 없으며 사람이 연결되는 방식이 혁신적으로 바뀌는 네트워크 혁명의 사회는 연계와 상호의존으로 특징되는 사회다.

이러한 성숙한 사회에서는 이타적 개인주의라는 새로운 공동체 철학의 의미가 부각되는데 원자화된 개인주의나 협동을 배제한 경쟁만으로는 성공을 꿈꾸기 힘들기 때문이다.

네트워크를 풍성하게 만들고 그 열매를 같이 나누는 것이야말로 함께 사는 방식으로 기업과 기업 사이에, 개인과 공동체 사이에, 노동자와 기업가 사이에 새로운 창조적 긴장 관계가 만들어질 수 있다.

(5) 네트워크 혁명의 3가지 법칙

① 무어의 법칙

인텔의 설립자 고든 무어(Gorden Moore)가 처음 주장한 것으로 컴퓨터의 반도체 성능이 18개월마다 2배씩 증가한다는 법칙이며 컴퓨터의 성능은 거의 5년마다 10배, 10년마다 100배씩 개선된다는 내용도 포함된다. 이 법칙은 컴퓨터의 처리속도와 메모리의 양이 2배로 증가하고, 비용은 상대적으로 떨어지는 효과를 가져왔다.

② 메트칼피의 법칙

네트워크의 규모가 커짐에 따라 그 비용의 증가 규모는 점차 줄어들지만 네트워크의 가치는 기하급수적으로 증가한다는 법칙으로 미국의 3Com 사를 설립한 밥 메트칼피(Bob Metcalfe)의 이름에서 유래했으며 인터넷 비즈니스의 특징을 설명하는 중요한 키워드로 회자되는데 네트워크가 무한대로 확장되어 갈수록 비용절감의 효과를 크게 기대할 수 있기 때문이다. 즉, 생산량이 증가할수록 평균비용이 기하급수적으로 줄어들어 결국 거의 제로 수준에 접근하는 데 반해 그 가치는 급격하게 증가한다는 것이다.

③ 카오의 법칙

창조성은 네트워크에 접속되어 있는 다양성에 지수함수로 비례한다는 법칙으로 다양한 사고를 가진 사람들이 네트워크로 연결되면 그만큼 정보교환이 활발해져 창조성이 증가한다는 내용이며 법칙경영 컨설턴트 존 카오(John Kao)가 주장하였다.

(6) 네트워크 혁명의 역기능

디지털 격차(Digital Divide), 정보화에 따른 실업의 문제, 인터넷 게임과 채팅 중독, 범죄 및 반사회적인 사이트의 활성화, 정보기술을 이용한 감시 등이 네트워크 혁명의 대표적인 역기능으로 이러한 역기능의 발생요인은 네트워크가 원격으로 온라인 침투하기 용이하고 누구나 접근 가능한 개방시스템의 특성에 있다.

그러나 이러한 문제들이 반드시 인터넷 때문에 생겼다고 보기는 힘든데 그 전에도 정보 격차, 기술이 야기하는 실업 문제, TV 중독, 범죄자들 간의 네트워크 악용 등이 존재했기 때문이다.

문제는 인터넷이 사람들을 연결하고 정보의 유통을 용이하게 함으로써 이러한 역기능이 쉽게 결합되고 증폭된다는 데 있으며 네트워크의 순기능과도 잘 분리가 되지 않기 때문에 해결책을 찾기가 더욱 어렵기 때문에 네트워크의 역기능을 없애는 것은 쉬운 일이 아니며 이에 대한 심사숙고가 필요하다.

다행히 최근에는 네트워크의 역기능에 대한 대응으로 법적, 제도적 기반을 구축하는 한편 사회 전반에 걸쳐 정보화 윤리의식을 강화하고 있으며 정보 보호 기술 발전에 힘입어 암호화 제품과 시스템 보완관리 제품이 개발되고 관련 산업이 활성화되고 있다.

4 〉 기술 융합

(1) 기술 융합의 정의

기술 융합은 사회 전반의 관심사로 확산되는 추세이며 이러한 분위기를 결정적으로 촉발시킨 것은 2001년 12월 미국과학재단과 상무부가 학계, 산업계, 행정부의 과학기술 전문가들이 참여한 워크숍을 개최하고 작성한 〈인간 활동의 향상을 위한 기술의 융합(Converging

Technologies for Improving Human Performance)〉이라는 제목의 보고서로 이 보고서는 4
대 핵심기술인 나노기술(NT), 생명공학기술(BT), 정보기술(IT), 인지과학(Cognitive Science)
이 상호 의존적으로 결합되는 것(NBIC)을 융합기술(CT)이라 정의하였고 기술융합으로 르네상
스 정신에 다시 불을 붙일 때가 되었다고 천명하였다.

(2) 4대 핵심기술의 융합

① 제조, 건설, 교통, 의학, 과학기술 연구에서 사용되는 새로운 범주의 물질, 장치, 시스템

이를 위해서는 나노기술이 무엇보다 중요하며 정보기술 역시 그 역할이 막중한데 미래 산업
은 생물학적 과정을 활용하여 신소재를 생산하므로 재료과학 연구가 수학, 물리학, 화학, 생
물학에서 핵심이 된다.

② 나노 규모의 부품과 공정의 시스템을 가진 물질 중에서 가장 복잡한 생물 세포

나노기술, 생명공학기술, 정보기술의 융합연구가 필요하며 정보기술 중에서 가상현실(VR)
과 증강현실(AR) 기법은 세포 연구에 큰 도움이 된다.

③ 유비쿼터스 및 글로벌 네트워크 요소를 통합하는 컴퓨터 및 통신시스템의 기본 원리

나노기술이 컴퓨터 하드웨어의 신속한 향상을 위해 필요하며 인지과학은 인간에게 가장 효
과적으로 정보를 제시하는 방법을 제공한다.

④ 사람의 뇌와 마음의 구조와 기능

생명공학기술, 나노기술, 정보기술과 인지과학이 뇌와 마음의 연구에 새로운 기법을 제공하
며 NBIC 융합기술의 상호관계를 인지과학자가 생각하면 나노기술자가 조립하고, 생명공학
기술자가 실현하며 정보기술자가 조정 및 관리한다고 표현하고 있다.

Part **02**

문제편

기술능력

1 기술의 정의

| 정답 및 해설 p.190

01 다음은 기술의 의미에 관한 격언이다. 다음 중 아래 격언에서 말하는 기술에 대한 설명으로 가장 적합하지 <u>않은</u> 것은?

> 기술의 의미는 거대한 산의 형상과 같아서 보는 사람의 관점에 따라 서로 다른 정의를 내릴 수 있다.

① 물리적인 것 외에도 사회적인 것으로서 지적인 도구를 특정한 목적에 사용하는 지식체제
② 인간이 주위환경에 대한 통제를 확대시키는 데 필요한 지식의 적용
③ 재물이나 용역을 생산하는 원료, 생산 공정, 생산방법, 자본재 등에 관한 지식의 집합체
④ 보편적인 진리나 법칙의 발견을 목적으로 한 체계적인 지식
⑤ 과학이론을 실제로 적용하여 자연의 사물을 인간 생활에 유용하도록 가공하는 수단

02 다음 중 기술의 개념에 대해 바르게 설명하고 있는 것은?

① 기술의 의미는 명확하여 모든 사람의 관점에 상관없이 정의는 같다.
② 노하우는 이론적인 지식으로서 과학적인 탐구를 통해 습득된다.
③ 노와이는 흔히 특허권을 수반하지 않는 과학자, 기술자 등이 가지고 있는 체화기술에 해당된다.
④ 기술 중에서 경험적이고 반복적인 행위에 의해 얻어지는 것을 노와이라고 한다.
⑤ 기술은 원래 노하우의 개념이 강하였으나 시대가 지남에 따라 노하우와 노와이가 결합하게 되었다.

03 다음 중 기술에 대한 설명으로 적절하지 <u>않은</u> 것은?

① 기술은 직업 세계에서 필요한 기술적 요소로 구성되는 광의의 개념과 구체적 직무 수행 능력을 의미하는 협의의 개념으로 구분된다.

② 기술은 사회적 변화의 요인이며 사회적 요인은 기술 개발에 영향을 미친다.

③ 기술은 하드웨어와 소프트웨어를 모두 생산하는 과정이며 그것의 활용을 의미한다.

④ 기술은 인간에 의해 만들어진 비자연적인 대상, 또는 그 이상을 의미한다.

⑤ 기술은 물리적인 것뿐만 아니라 사회적인 것으로서의 지식체계로 정의하는 학자도 있다.

04 다음 중 기술의 특징으로 옳지 <u>않은</u> 것은?

① 기술은 하드웨어나 인간에 의해 만들어진 비자연적인 대상을 의미한다.

② 기술은 노하우(Know − how)를 포함한다.

③ 기술은 하드웨어를 생산하는 과정이다.

④ 기술은 조직에 발생하는 사건에 대처하기 위한 임시방편으로 필요하다.

⑤ 기술은 주위환경에 대한 통제를 확대시키는 데 필요한 지식의 적용이다.

05 기술은 영어로 테크놀로지(Technology), 스킬(Skill), 테크닉(Technique)으로 표현되는데 다음 용어들에 대한 설명으로 옳지 <u>않은</u> 것은?

① 테크놀로지는 공업 등의 과학 기술을 의미한다.

② 테크놀로지는 자연의 사물을 인간 생활에 유용하도록 가공하는 수단이다.

③ 스킬은 반복적인 경험과 훈련을 통해 만들어진 기량으로 전문가들만 가지고 있다.

④ 테크닉은 사물을 잘 다룰 수 있는 방법이나 능력이다.

⑤ 테크닉은 스킬이 향상된 것으로 전문적이라고 할 수 있을 만한 기량을 의미한다.

06 다음 제시된 빈칸에 공통적으로 들어갈 말로 가장 알맞은 것은?

> • 기술은 (   )이론을 실제로 적용하여 사물을 인간에게 유용하도록 가공하는 수단이다.
> • 20세기 중엽 이후 1970년대까지 기술은 (   )의 응용이라는 인식이 지배적이었는데 바니바 부시(V. Bush)는 1944년에 자신의 저서에서 (   )이/가 기술을 낳고 산업을 발전시킨다고 설명하였다.
> • 1970년대에 들어서 기술은 (   )와/과 같은 추상적 이론보다는 실용성, 효용성, 디자인을 강조한다고 생각하게 되었다.

① 과학   ② 지식
③ 가치   ④ 창조
⑤ 노동

07 지속가능한 발전과 지속가능한 기술에 대한 설명으로 적절하지 <u>않은</u> 것은?

① 지속가능한 발전은 WCED의 보고서에서 환경보호와 경제적 발전이 반드시 갈등 관계에 있는 것만은 아니라고 하면서 널리 퍼졌다.
② 지속가능한 발전은 우리의 현재가 아닌 후속 세대의 욕구 충족을 위한 개념이다.
③ 지속가능한 발전은 의식주만을 해결하는 상태를 바람직하다고 보지 않으며 이러한 지속가능한 발전을 가능하게 하는 기술을 지속가능한 기술이라고 한다.
④ 지속가능한 기술은 가급적 고갈되지 않는 자연 에너지를 활용하며 낭비적 소비 형태를 지양하고 환경효용을 추구한다.
⑤ 지속가능한 기술은 기술이 디자인될 때 사회적, 환경적 연관에 중심을 둔다.

08 다음 경영사례와 관련하여 괄호 안에 들어갈 용어는?

> 세계 5대 브랜드 중에 하나였던 코닥이 2012년 1월 19일 파산보호 신청을 했다. 결코 망할 것 같지 않았는데 망한 기업에 합류한 것이다. 사진으로 남기고 싶을 만큼 소중한 순간을 '코닥 모멘트(Kodak Moment)'라고 표현할 정도로 전 세계인에게 단순한 상품이 아닌 추억을 파는 기업이었던 코닥이 파산에 이르게 된 가장 큰 이유는 디지털 시대에 대비하지 못했기 때문이다. 그러나 코닥의 몰락이 그렇게 단순하지만은 않다. 디지털 시대의 도래에 위기감을 느낀 코닥도 기업을 살리기 위해 1990년대부터 많은 노력을 기울였지만 결구 모두 실패로 돌아갔다.

> 1987년의 세계경제발전위원회(WCED)의 보고서가 환경보호와 경제적 발전이 반드시 갈등 관계에 있는 것만은 아니라고 하면서 널리 퍼지게 되었다. 즉 지구촌의 현재와 미래를 포괄하는 개념으로 지금 우리의 현재 욕구를 충족시켰지만, 동시에 후속 세대의 욕구 충족을 침해하지 않는 발전을 의미하는 기술을 (   )이라고 정의할 수 있다.

① 미래형 기술
② 환경친화적 기술
③ 경제지양적 기술
④ 지속가능한 기술
⑤ 과학발전적 기술

09 다음 중 기업이 지속가능한 발전을 위해 행해야 할 내용으로 옳다고 여겨지는 사례를 모두 고른 것은?

> ㄱ. 기술적 효용과 더불어 환경적 효용을 추구한다.
> ㄴ. 환경에 대해 사전평가보다 사후처리방식으로 처리한다.
> ㄷ. 오염 예방을 위한 청정생산기술을 진단하고 컨설팅한다.
> ㄹ. 정부 및 환경단체와 연대하여 환경성평가 등의 실천 방안을 연구한다.

① ㄱ
② ㄴ, ㄹ
③ ㄱ, ㄴ, ㄷ
④ ㄱ, ㄷ, ㄹ
⑤ ㄴ, ㄷ, ㄹ

10 다음 중 지속가능한 기술의 특징으로 옳지 <u>않은</u> 것은?

① 이용 가능한 자원과 에너지를 고려한다.

② 자원이 사용되고 재생산되는 비율의 조화를 추구한다.

③ 효용성이 높은 에너지를 활용하는 기술이다.

④ 자원이 생산적인 방식으로 사용되는가에 주의를 기울이는 기술이다.

⑤ 사용되는 자원의 질을 생각하는 기술이다.

11 다음 중 지속가능한 개발 산업의 미래 유망 산업분야로 적절하지 <u>않은</u> 것은?

① 환경기술자   ② 화석연료개발자

② 녹색제품 마케터   ④ 태양광 설치 기술자

⑤ 자연보존 과학자

12 다음 중 4차 산업혁명을 이끄는 대표적인 기술로 적절하지 <u>않은</u> 것은?

① 사물인터넷(IoT)   ② 가상현실(VR)

③ 빅데이터   ④ 재생에너지

⑤ 인공지능(AI)

13 오늘날 인공지능을 선도하는 것은 분명 구글이지만 그 외의 회사들도 다양한 인공지능 기반 서비스를 구축해나가고 있다. 특히 최근 인공지능 클라우드 서비스의 구축 계획은 머신러닝과 클라우드 서비스 시스템을 결합한 것으로, 이용자의 편의성을 보다 더 극대화할 수 있을 것으로 평가되는데 이처럼 이용자의 편의성을 극대화시키고 이용자의 니즈를 실시간으로 충족시키는 차세대 기술과 무관한 것은?

① IoT   ② SaaS

③ Smart Farm   ④ Wearable Health Care

⑤ Smart Home

14 다음 어느 그룹의 기술 개발 사례에 대한 설명으로 옳은 것은?

○○ 그룹은 지속가능한 기술을 다수 개발했다. 우선 잉크, 도료, 코팅에 쓰이던 유기 용체를 물로 대체한 수용성 수지를 개발했다. 이 신제품은 휘발성 유기화합물의 배출이 없었기 때문에 대기오염 물질을 줄이는 친환경 제품으로 평가받으며 인쇄성, 전이성, 광택성이 우수하고 휘발분 함량이 낮아 거품 발생이 적기 때문에 작업성이 우수한 특징을 가지고 있다. 또한 2003년부터는 기존에 소각 처리해야 했던 석유화학 옥탄올 공정을 변경하여 폐수처리로 전환하고 공정 최적화를 통해 화약 제조 공정에 발생하는 총 질소의 양을 원칙적으로 감소시키는 공정 혁신을 이룸으로써 연간 4천 톤의 오염 물질 발생량을 줄였으며 60억 원의 원가도 절감했다.

① 새로운 자원 발전을 고려한 기술
② 효율적인 자원과 에너지를 고려한 기술
③ 극한의 자원생산량을 추구하는 기술
④ 다양한 자원을 요구하는 기술
⑤ 생산적인 방식으로 자원을 사용하는 기술

15 다음 중 과학의 정의에 대한 설명으로 알맞지 <u>않은</u> 것은?

① 과학은 자연 현상에 대한 법칙과 원리를 탐색하고 이를 체계적으로 분석하여 일정한 지식을 만드는 것이다.
② 16세기 이전의 과학은 자연에서 일어나는 현상에 대해 관찰하여 이성적인 판단을 기초로 한 자연 철학의 개념에 가까웠다.
③ 과학과 기술은 서로 다른 개념이다.
④ 기술은 독자적으로 발전하기도 하고 과학의 발전에 의해 발전하기도 한다.
⑤ 과학은 어떤 가정 위에서 일정한 인식목적과 합리적인 방법에 의해 세워진 광범위한 체계적 지식이다.

16 앞날을 예측하기 어려운 현재를 '동기 3.0시대'라고 칭하며 노와이와 노하우를 적절이 활용하여 새로운 것을 만들어 가는 기술을 보유한 인재를 필요로 한다는 이론은?

① 자기결정성 이론   ② 자기인식 이론
③ 자기통제성 이론   ④ 자기효능 이론
⑤ 자기유체 이론

17 A는 한 기업의 프로젝트 개발 및 평가 책임자이다. 어느 날 A는 환경보호와 경제적 발전이 반드시 갈등 관계에 있는 것이 아니라는 정부의 발표를 기사로 접하게 되었다. 정부는 후속 조치로 막대한 예산을 투입해 토양 청정화 기술을 지원할 계획이라고 한다. A가 이 지원 계획을 현재 추진 중인 프로젝트에 접목시켜 보려고 할 때, 다음 중 A가 선택할 만한 계획으로 적합한 것을 모두 고른 것은?

> ㉠ 현재 세대뿐만 아니라 미래 세대의 욕구 충족은 침해하지 않는 발전이 필요하다.
> ㉡ 환경적 요구를 충족하고 환경보호가 발전의 중심 요소가 되어야 한다.
> ㉢ 고갈되는 에너지를 최대한 활용하는 방향으로 추진해야 한다.
> ㉣ 자원의 재생산과 생산적 방식으로의 사용도 함께 고려해야 한다.

① ㉠   ② ㉡, ㉢
③ ㉠, ㉡, ㉢   ④ ㉠, ㉡, ㉣
⑤ ㉡, ㉢, ㉣

18 환경 지속성의 특징으로 알맞지 <u>않은</u> 것은?

① 환경 지속성의 목표는 환경의 퇴보를 막는 것이다.
② 자연 보충 능력만큼만 개발하면 환경은 평형 상태가 된다.
③ 자연 보충 능력이 초과되면 환경은 퇴보하여 지속 불가능해진다.
④ 환경 퇴보가 장기적으로 지속되면 인류의 삶을 지탱할 수 없다.
⑤ 평가항목 중에는 전반적인 국민소득, 과학기술능력, 국민보건, 환경규제, 민주화 정도, 생태 효율성, 국제사회 기여도 등이 포함된다.

19 다음에 제시된 기술의 예시로 옳지 <u>않은</u> 것은?

> 이 기술은 인간의 지능으로 할 수 있는 사고, 학습, 자기계발 등을 컴퓨터가 할 수 있도록 연구하는 컴퓨터 공학 및 정보기술의 한 분야로서, 컴퓨터가 인간의 지능적인 행동을 모방할 수 있도록 연구한다.

① 퀴즈쇼에서 사람을 이긴 'IBM왓슨'
② 도로의 정보를 학습해 주행하는 '자율 주행차'
③ 5분 만에 100여 벌의 옷을 입어 볼 수 있는 '피팅룸'
④ 인간과의 바둑 대결에서 승리한 '알파고'
⑤ 채팅을 통해 상담을 하는 '챗봇'

20 다음 중 노하우와 노와이에 대한 설명으로 옳지 <u>않은</u> 것은?

① 노하우는 경험과 탐구에 기초한 과학적, 이론적인 이론이다.

② 옛날에는 노와이보다는 이론적인 노하우를 강조하였으나 기술의 축적으로 차츰 노와이의 역할이 강조되었다.

③ 노하우는 기술의 성립과 작용 등 기술의 원리를 중심적으로 여기는 개념이다.

④ 노하우는 일반적으로 특허 등 지식재산권을 수반하기보다는 과학자, 기술자, 엔지니어 등이 체화하여 익힌 기술이다.

⑤ 테크닉으로서의 기술은 일반적으로 노하우를 가리킨다.

21 다음 중 지속가능한 기술과 관련된 설명으로 옳지 <u>않은</u> 것은?

① 현재보다 생산적인 방식으로 자원을 사용하는 데 노력하는 기술이다.

② 자원을 사용하고 사용한 자원을 가능한 재생산할 것을 추구하는 기술이다.

③ 자원과 에너지의 이용 가능한 한도를 고려한다.

④ 현재 연구, 개발된 대부분 기술의 수준과는 현격히 다른 양상을 띄어야 한다.

⑤ 기술의 환경친화성과 사회적 연관성을 고려한다.

01 다음 설명에 해당하는 것으로 인간에게 필요한 것으로 가장 적절한 것은?

> • 인간 행위의 혁신을 가져오며 지식의 생성능력을 포함하고 문제 해결을 위한 도구를 개발하는 인간의 능력을 확장시킨다.
> • 보편적으로 체계를 개발하고 인간적 능력을 확장시키기 위한 지식과 과정의 생성을 포함한다.

① 기술능력　　　　　　　　　　　② 일반상식
③ 전문능력　　　　　　　　　　　④ 인문교양
⑤ 관료제도

02 다음의 김규환 씨와 같이 기술능력이 뛰어난 사람의 특징으로 옳지 <u>않은</u> 것은?

> 대우중공업 김규환 명장은 고졸의 학력에도 불구하고 끊임없는 노력과 열정으로 국내 최다 국가기술자격증 보유, 5개 국어 구사, 업계 최초의 기술명장으로 인정받고 있다. 김규환 명장은 고졸이라는 학력 때문에 정식사원으로 입사를 하지 못하고 사환으로 입사를 시작하였다. 그러나 새벽 5시에 출근하여 기계 작업을 준비하는 등 남다른 성실함으로 정식 기능공, 반장 등으로 승진을 하여 현재의 위치에 오르게 되었다. 하루는 무서운 선배 한 명이 세제로 기계를 모두 닦아 놓으라는 말에 2,612개나 되는 모든 기계 부품을 분리하여 밤새 닦아 놓았다. 그 후에도 남다른 실력으로 서로 문제가 있는 다른 기계를 봐 달라고 하는 사람들이 점점 늘어났다. 또한, 정밀기계 가공 시 1℃ 변할 때 쇠가 얼마나 변하는지 알기 위해 국내의 많은 자료를 찾아보았지만 구할 수 없어 공장 바닥에 모포를 깔고 2년 6개월간 연구를 한 끝에 재질, 모형, 종류, 기종별로 X − bar(평균)값을 구해 1℃ 변할 때 얼마나 변하는지 온도 치수가공조건표를 만들었다. 이를 산업인력공단의 〈기술시대〉에 기고하였으며 이 자료는 기계 가공 분야의 대혁명을 가져올 수 있는 자료로 인정을 받았다.

① 인식된 문제를 위해 다양한 해결책을 개발하고 평가한다.
② 주어진 한계 속에서 제한된 자원을 가지고 일한다.
③ 기술적 해결에 효용성을 평가한다.
④ 전문 연수원을 통한 기술과정을 연수한다.
⑤ 실질적 해결이 필요한 문제를 인식한다.

03 다음에 제시된 A씨의 사례와 관련된 기술능력으로 가장 알맞은 것은?

A씨는 용접과 관련된 기술의 특성과 기술적 행동, 기술의 결과에 대해 일정 수준의 지식을 지니고 있다. 또한 용접과 관련된 문제 발생을 해결할 수 있는 생산력과 체제를 설계, 개발해야 할 때 요구되는 비판적 사고력도 갖추고 있다. 즉, A씨는 용접 기술을 사용하고 이를 운영하며, 이해하는 능력을 지니고 있는 것이다.

① 기술지능   ② 기술직관
③ 기술상식   ④ 기술감각
⑤ 기술교양

04 다음 기술능력과 관련된 설명에서 ㉠, ㉡에 들어갈 말로 옳은 것은?

㉠은 직업에 종사하기 위해 모든 사람들이 필요로 하는 능력이며 이것을 넓은 의미로 확대해 보면 ㉡이라는 개념으로 사용될 수 있으며 ㉠의 개념을 보다 구체화시킨 개념이라 볼 수 있다.

① ㉠ 기술이해능력, ㉡ 기술교양   ② ㉠ 기술이해능력, ㉡ 기술능력
③ ㉠ 기술교양, ㉡ 기술능력   ④ ㉠ 기술능력, ㉡ 기술교양
⑤ ㉠ 기술교양, ㉡ 기술이해능력

05 다음 중 기술능력에 대한 설명으로 가장 적절하지 <u>않은</u> 것은?

① 기술능력 양성은 직무의 구체화 기술을 위한 훈련 프로그램을 통해서 학습되어야 한다.
② 기술능력은 인간 행위의 혁신을 가져오며 문제 해결을 위한 도구를 개발하는 인간의 능력을 확장시킨다.
③ 기술교양을 지닌 사람은 기술적 과정과 혁신에 대해 비판적으로 조사하고 질문한다.
④ 기술능력은 반드시 기술직 종사자에게만 해당되는 것은 아니므로 이를 보다 확대하여 이해하는 것이 바람직하다.
⑤ 기술교양은 기술을 사용하고 운영하며 이해하는 능력이다.

06 다음 중 기술교양을 지닌 사람들의 특징으로 적절하지 <u>않은</u> 것은?

① 기술학의 특성과 역할을 이해한다.

② 기술체계가 설계되고 사용, 통제되는 방법을 이해한다.

③ 기술과 관련된 이익을 가치화할 수 있다.

④ 기술과 관련된 위험을 평가할 수 있다.

⑤ 기술에 대한 윤리적 딜레마에 구애받지 않고 자유로울 수 있다.

07 다음 중 기술교양을 지닌 사람들이 알아야 할 지식으로 옳지 <u>않은</u> 것은?

① 기술의 원천   ② 기술의 특징

③ 기술의 힘   ④ 기술의 대안

⑤ 기술의 결과

08 A는 한 전자회사의 기술연구팀에서 연구원으로 근무하고 있는데, 어느 날 인사팀으로부터 기술능력이 뛰어난 신입사원 한 명을 추천해 달라는 요청을 받았다. A는 신입사원의 추천에 앞서 먼저 추천서에 필요한 평가 항목을 결정하려 한다. 다음 중 A의 추천서 평가 항목에 들어갈 내용으로 적절하지 <u>않은</u> 것은?

① 실제 문제를 해결하기 위해 지식이나 자원을 최적화시킬 수 있는 사람인가?

② 주어진 문제에 대한 다양한 해결책을 개발하고 평가할 수 있는가?

③ 한계나 제약이 없는 경우 자원을 충분히 활용할 수 있는가?

④ 다양한 상황에서 기술 체계와 도구를 사용하고 배울 수 있는가?

⑤ 실질적 해결이 필요한 문제를 인식할 수 있는가?

09 신입사원 A가 다음과 같이 기술능력을 습득할 수 있는 방법으로 가장 적절한 것은?

> • 신입사원인 A는 본인의 직무와 관련된 장비에 대해 교육 훈련을 받을 필요가 있다.
> • A는 업무수행이 중단되는 일이 없이 업무수행에 필요한 지식, 기술, 능력, 태도를 훈련받을 수 있어야 한다.

① OJT   ② JIT

③ LMS   ④ OffJT

⑤ e - learning

10 다음 중 OJT(On the Job Training)에 대한 설명으로 옳지 <u>않은</u> 것은?

① OJT란 조직 안에서 종업원이 직무에 종사하면서 받게 되는 교육 훈련방법으로 직장훈련, 직장지도, 직무상 지도라고도 한다.

② 집합교육에 대한 반성에서 나온 것으로 업무수행이 중단됨이 없이 필요한 지식, 기술, 태도를 교육훈련 받는 것을 말한다.

③ 모든 관리자, 감독자는 업무수행상의 지휘감독자이자 직원의 능력향상을 위한 교육자이어야 한다는 생각을 기반으로 한다.

④ 지도자의 높은 자질이 요구되지 않으며 훈련 내용의 체계화가 용이하다는 장점을 지닌다.

⑤ 시간의 낭비가 적고 기업의 필요에 합치되는 교육훈련을 할 수 있다.

11 다음 중 OJT의 단점으로 적절한 것은?

① 교수자와 동료들 간의 직접적인 인간적 접촉이 상대적으로 적고 중도탈락률이 높다.

② 원하는 시간에 학습을 할 수 없고 일정 시간을 할애해야 한다.

③ 지도자의 높은 자질이 요구되며 교육훈련 내용의 체계화가 어렵다.

④ 현장 중심의 실무 교육이 힘들다.

⑤ 학습자 스스로가 학습을 조율하거나 통제할 수 없다.

12 회사의 자재팀에서 근무하는 A과장은 자재관리의 효율성 향상을 위해 회사에서 도입하고자 하는 관리시스템과 관련된 기술을 습득하려고 계획하고 있는데 무엇보다 이와 관련된 전산 관리 시스템을 배우는 데 관심을 두고 있다. 현재 A과장이 다음과 같은 근무 환경에 있다고 할 때 A가 선택할 수 있는 가장 적절한 기술 습득 방법은?

> • 주로 야간과 주말에 시간을 낼 수 있지만 퇴근 시간이나 근무일이 항상 일정한 것이 아니라 시간이 딱 고정되어 있지는 않다.
> • 전산 관련한 사전 지식이 조금 있어 필요한 부분만 집중적으로 학습할 필요가 있다.
> • 집이나 주변에 인터넷이 잘 연결되어 있어 관련 동영상이나 텍스트, 사진 등의 다양한 자료를 이용할 수 있으면 한다.

① 전문 연수원을 통한 기술과정 연수

② 상급학교 진학을 통한 기술교육

③ e – learning을 활용한 기술교육

④ OJT를 활용한 기술교육

⑤ 파견근무를 통한 기술교육

13 다음 제시문의 빈칸에 가장 알맞은 것은?

> ( )은/는 컴퓨터 온라인을 통하여 학생들의 성적과 진도는 물론 출석과 결석 등 학사 전반에 걸친 사항들을 관리하는 학습활동 지원 시스템이다. 따라서 ( )은/는 대학의 수강, 출석, 학점관리뿐 아니라 기업의 임직원 교육 및 평가에 이르기까지 다양한 분야에서 폭넓게 이용되고 있어 최근 다수의 회사에서 도입을 검토하고 있다.

① LMS
② OJT
③ JIT
④ e - learning
⑤ OffJT

14 다음 중 e - learning을 활용한 기술교육의 장점이 아닌 것은?

① 원하는 내용을 원하는 순서에 맞게 원하는 시간만큼 학습이 가능하며 개개인의 요구에 맞게 개별화와 맞춤화가 가능하므로 학습자 스스로가 학습을 조절 및 통제할 수 있다.
② 한 번 출판되면 새로운 내용을 반영하기 어려운 책에 비해 업데이트를 통해 새로운 내용을 반영하기 쉽기 때문에 현장 중심의 실무교육이 가능하다.
③ 정해진 시간, 장소에 모여서 학습을 할 필요가 없고 원하는 시간과 장소에서 컴퓨터만 연결되어 있다면 학습이 가능하므로 시간적, 공간적으로 독립적이다.
④ 비디오, 사진, 텍스트, 소리, 동영상 등 멀티미디어 자료를 이용한 학습이 가능하다.
⑤ 이메일, 토론방, 자료실 등을 통해 의사교환과 상호작용이 자유롭게 이루어질 수 있다.

15 다음 중 e - learning을 활용한 기술교육의 단점이 아닌 것은?

① 교육기관에서 정한 학습계획에 따라 학습이 제대로 이루어지지 않을 수 있다.
② 현장 실습이 중요한 콘텐츠는 이해도가 떨어질 수 있다.
③ 강사의 일방향 커뮤니케이션으로 학습 몰입도가 떨어질 수 있다.
④ 의문이 드는 사항에 대한 피드백을 바로 받을 수 없다.
⑤ 한번 제작된 교육 영상은 현재 트렌드에 맞게 수정 및 보완이 어렵다.

16 다음 중 e - learning 교육에 사용되는 도구가 아닌 것은?

① 노트북
② 스마트폰
③ 전자패드
④ 강의실
⑤ 동영상 사이트

17 기술능력 향상을 위한 방법 중 하나인 전문 연수원을 통한 기술과정 연수의 장점으로 적절하지 <u>않은</u> 것은?

① 연수 시설이 없는 회사의 경우 전문적인 교육을 통해 양질의 인재양성 기회를 제공한다.

② 각 분야의 전문가가 진행하는 이론을 겸한 실무중심의 교육을 실시할 수 있다.

③ 다년간의 연수 분야 노하우로 체계적이고 현장과 밀착된 교육이 가능하다.

④ 산학협력연수 및 국내외 우수연수기관과 협력한 연수도 가능하다.

⑤ 연수비를 해당 연수원으로부터 전액 지원받고 고용보험환급을 받아 교육비 부담이 적다.

18 기술능력 향상을 위한 방법 중 하나인 전문 연수원을 통한 기술과정 연수의 단점으로 적절하지 <u>않은</u> 것은?

① 대부분 집합 · 합숙 교육으로 별도의 시간을 내야 한다.

② 자사에 대한 이해가 없는 강사는 교육 진행이 어려울 수 있다.

③ 교육이 아닌 행사 위주의 워크숍으로 여기는 교육생들로 인해 학습 몰입이 떨어진다.

④ 교육 후 현장에서 추후 교육이 어렵다.

⑤ 별도의 연수 시설이 없는 회사는 숙소, 강의실, 강사, 전문장비 사용이 불가능하다.

19 기술능력 향상을 위한 방법 중 하나인 상급학교 진학을 통한 기술교육에서 진학할 수 있는 교육기관에 포함되지 <u>않는</u> 곳은?

① 폴리텍대학   ② 관련 산업체

③ 인력개발원   ④ 전문대학

⑤ 대학교

20 다음 중 기술능력이 정량적 업무 성과에 미치는 영향으로 옳지 <u>않은</u> 것은?

① 기술능력이 탁월한 20%의 직원이 회사 매출의 80%를 담당한다.

② 뛰어난 기술능력으로 인해 회사의 규모가 성장하고 일자리가 새롭게 생성된다.

③ 탁월한 기술능력이 있는 직원은 연봉과 직책이 높다.

④ 뛰어난 기술능력을 가진 사람은 자존감과 행복도가 높아 회사의 생산성 31%, 판매량 37%를 향상시킨다.

⑤ 기술능력자는 성공적으로 회사에 정착하여 이직률을 낮춤으로써 경제적인 손실을 줄인다.

21 다음 중 기술능력이 정성적 업무 성과에 미치는 영향으로 옳지 <u>않은</u> 것은?

① 기술능력자는 회사의 롤모델이 되어 다른 사람들의 성장을 도모한다.

② 기술능력이 탁월한 사람은 자신에 대한 자부심이 높아 긍정 정서를 많이 보유하고 있다.

③ 긍정 정서는 타인에게 1단계 6%, 2단계 10%, 3단계 15%의 긍정적인 영향력을 줌으로써 활기찬 조직 문화를 만든다.

④ 탁월한 기술능력자는 훌륭한 결과물을 만들고 그 결과물은 다른 동료 직원에게 긍정적인 영향력을 줌으로써 회사의 전반적인 기술 능력을 향상시킨다.

⑤ 탁월한 기술능력은 계속해서 새로운 기술을 창조할 가능성을 열어 준다.

22 다음 중 멘토링이 멘토에게 주는 장점으로 옳지 <u>않은</u> 것은?

① 다양한 관점에서 조직을 학습하고 이해하는 계기가 된다.

② 조직과 직무에 대한 재학습으로 조직 몰입도가 향상된다.

③ 리더십을 키울 수 있는 기회이다.

④ 심리적, 정신적 측면에서 개인적인 도움을 제공받는다.

⑤ 멘토의 업무에 대한 부담이 줄어든다.

23 다음 중 실무 전문학교를 통한 교육의 장점으로 옳지 <u>않은</u> 것은?

① 현재 업무에 직접적으로 필요한 직무 관련 전문 지식을 배울 수 있다.

② 원하는 시간과 장소에서 학습할 수 있다.

③ 업계의 다양한 사람들을 만나는 기회가 생겨 인적 네트워크 형성에 도움이 된다.

④ 공부를 하면서 학위 취득이 가능하다.

⑤ 관련 산업체와 프로젝트 형식의 교육이 가능하다.

24 다음 중 효과적인 OJT의 추진 방법으로 옳지 <u>않은</u> 것은?

① 우발적이 아닌 계획적으로 지도한다.

② 목표를 가지고 지도하면 보람이 있다.

③ 능동적인 커뮤니케이션으로 전환한다.

④ 설명의 요령을 익힌 다음 지도한다.

⑤ 끊임없는 칭찬을 통하여 성장을 유도한다.

01 산업재해의 기본 원인 중 다음의 예시에 해당하는 것은?

> • 안전 지식의 불충분
> • 유해 위험 작업 교육 불충분
> • 작업관리자의 작업 방법의 교육 불충분

① 교육적 원인
② 기술적 원인
③ 불안전한 행동
④ 불안전한 상태
⑤ 작업 관리상 원인

02 다음 산업재해의 원인 중 그 성격이 <u>다른</u> 것은?

① 작업 준비 불충분
② 구조물의 불안정
③ 생산 공정의 부적당
④ 점검 · 정비 · 보존의 불량
⑤ 재료의 부적합

03 다음 중 산업재해에 해당되지 <u>않는</u> 경우는?

① 휴가 중인 근로자가 무거운 물건을 들다 떨어뜨려 부상당한 경우
② 건축 현장에서 먼지나 분진 등으로 인해 질병이 발생한 경우
③ 새벽에 출근하던 중 뇌경색이 발생한 경우
④ 프레스 작업 중 근로자의 손가락이 절단된 경우
⑤ 서비스업에서의 과도한 감정노동으로 우울증이 발생한 경우

04 다음 중 산업재해로 볼 수 <u>없는</u> 경우는?

① 난연 첨가제를 생산하던 작업자가 관상동맥경화증에 걸린 경우
② 청소작업 중 화재사고로 청소하던 사람이 화상을 입은 경우
③ 중학교 신축공사장에서 비계가 무너져 지나가던 행인이 부상을 입은 경우
④ 수출입 컨테이너 문을 열었는데 내부 적재물이 쏟아져 근로자가 깔린 경우
⑤ 휴대용 액체질소 용기를 운송하던 중 질소에 의해 운전사가 질식한 경우

05 다음 내용에 해당하는 산업재해의 원인에 해당하는 것은?

> • 전기 시설물의 누전
> • 소방기구의 미확보
> • 작업 환경 및 생산 공정의 결함

① 교육적 원인   ② 작업 관리상 원인
③ 불완전한 행동   ④ 불완전한 상태
⑤ 기술적 원인

06 다음 괄호 안에 공통적으로 들어갈 알맞은 말은?

> (   )는 매년 발생하여 산업 활동에 큰 지장을 주고 있지만 인간의 힘으로 저항할 수 없는 요소들이 많
> 아 통제하기 어렵다. (   )를 사전에 예방하기 위해서는 선행 경험을 통해 학습된 상황을 바탕으로 미
> 리 시설물을 구축하고 예방 교육을 통해 신속한 대처로 최대한의 피해를 줄일 수 있다.

① 인위 재해   ② 자연 재해
③ 기상 재해   ④ 지질 재해
⑤ 화학 재해

07 다음 중 인위 재해에 대한 설명으로 알맞지 <u>않은</u> 것은?

① 인위 재해는 물리적 재해, 화학적 재해, 오염 재해, 특수 재해로 나눌 수 있다.
② 물리적 재해에는 교통사고와 기계사고, 시설물 사고가 있다.
③ 화학적 재해로는 화재 사고, 폭발 사고 등이 있으며 이는 비교적 복구금액이 적게 든다.
④ 오염 재해로는 대기 오염, 수질 오염, 토양 오염이 있다.
⑤ 사업의 발달과 인간의 부주의, 기술상 하자로 인해 발생한다.

08 다음 중 산업재해의 예방 대책이 순서대로 알맞게 연결된 것은?

① 안전 관리 조직 – 사실의 발견 – 원인 분석 – 기술 공고화 – 시정책 적용 및 뒤처리
② 안전 관리 조직 – 원인 분석 – 사실의 발견 – 기술 공고화 – 시정책 적용 및 뒤처리
③ 원인 분석 – 사실의 발견 – 기술 공고화 – 시정책 적용 및 뒤처리 – 안전 관리 조직
④ 원인 분석 – 사실의 발견 – 기술 공고화 – 안전 관리 조직 – 시정책 적용 및 뒤처리
⑤ 사실의 발견 – 원인 분석 – 기술 공고화 – 시정책 적용 및 뒤처리 – 안전 관리 조직

09 산업재해의 예방을 위해서는 불안전한 행동을 방지하거나 불안전한 상태를 제거해야 한다. 다음 제시된 내용 중에서 불안전한 행동을 방지하는 방법만을 모두 고르면?

> ㄱ. 각종 기계 설비 등을 안전성이 보장되도록 제작한다.
> ㄴ. 근로자의 불안전한 행동을 지적할 수 있는 안전규칙 및 안전수칙을 제정한다.
> ㄷ. 항상 양호한 상태로 작동되도록 유지 관리를 철저히 한다.
> ㄹ. 근로자 상호 간의 불안전한 행동을 지적하여 안전에 대한 이해를 증진시킨다.
> ㅁ. 정리, 정돈, 조명 환기 등을 잘 수행하여 쾌적한 작업 환경을 조성한다.
> ㅂ. 기후, 조명, 소음, 환기, 진동 등의 환경 요인을 관리하여 사고 요인을 미리 제거한다.

① ㄱ, ㄷ, ㅁ   ② ㄱ, ㄷ, ㅂ
③ ㄴ, ㄹ, ㅁ   ④ ㄴ, ㄹ, ㅂ
⑤ ㄷ, ㅁ, ㅂ

10 2016년 서울 지하철 2호선 구의역에서 정비업체 직원이 작업 도중 열차에 치여 사망하는 사고가 발생했다. 이와 같은 산업재해가 발생하지 않게 하기 위해서 다양한 측면의 대책을 수립하기 위해 산업재해의 원인을 고찰할 필요가 있다. 다음 중 그 원인으로 적절하게 설명되지 <u>않은</u> 것은?

① 교육적 원인 – 작업관리자 또는 작업의뢰자의 기본 안전수칙에 대한 숙지 및 실행 부족
② 기술적 원인 – 기계장치의 잦은 고장 및 점검 필요성
③ 작업 관리상 원인 – 작업 인원 배치 및 작업지시 부적당
④ 불안전한 행동 – 보호 장비 미착용, 감독 및 연락의 오류
⑤ 불안전한 상태 – 작업자의 정비 작업 미숙지

11 다음 뉴스의 ㉠~㉢을 재해의 예방 원칙과 바르게 짝지은 것은?

> • 앵커 : 오늘 페인트를 생산하는 공장에서 불이 나 많은 피해가 발생했다고요?
> • 기자 : 네, 그렇습니다. ㉠ 안전수칙만 준수했어도 일어나지 않았을 사고여서 더욱 안타까움을 주고 있습니다.
> • 소방관 : ㉡ 원료 보관 창고에서 용접 작업을 하다가 인화 물질에 불꽃이 튀어 화재가 발생한 것으로 추정됩니다.
> • 앵커 : 네, 빨리 사고를 수습하고 ㉢ 앞으로는 이런 사고가 발생하지 않도록 산업 안전 관리를 강화하는 방안을 마련해야겠습니다.

① ㉠ 예방 가능   ㉡ 손실 우연   ㉢ 원인 계기
② ㉠ 예방 가능   ㉡ 원인 계기   ㉢ 대책 선정
③ ㉠ 손실 우연   ㉡ 원인 계기   ㉢ 대책 선정
④ ㉠ 손실 우연   ㉡ 예방 가능   ㉢ 원인 계기
⑤ ㉠ 예방 가능   ㉡ 손실 우연   ㉢ 대책 선정

12 다음 중 분진이 많이 발생하는 작업장에서 지켜야 사항을 모두 고른 것은?

> ㄱ. 산소마스크를 착용한다.
> ㄴ. 작업장에 집진 장치를 설치한다.
> ㄷ. 작업 재료나 조작 방법을 변경한다.
> ㄹ. 작업장에 방음재와 차광막을 설치한다.
> ㅁ. 습식 작업 방법을 건식 작업 방법으로 전환한다.

① ㄱ, ㄹ   ② ㄱ, ㅁ
③ ㄴ, ㄷ   ④ ㄴ, ㅁ
⑤ ㄷ, ㅁ

13 다음과 같은 사고의 직접적인 원인을 바르게 짝지은 것은?

> 아파트 건설 공사 중 35층 높이에서 타워크레인의 줄이 끊어지면서 승강기 통로 제작용 철제 거푸집이
> 1층 바닥으로 떨어졌고 이 사고로 거푸집 안에서 거푸집 고정핀 제거 작업을 하던 근로자 3명이 숨졌다.
> 사고 조사 결과, 무게 5톤이 넘는 거푸집을 타워크레인에 매달 경우에는 4개의 로프를 사용해야 하는데
> 2개의 로프만 연결하여 거푸집의 무게 때문에 로프가 끊어져 일어난 것으로 드러났다.

	불안전한 행동	불안전한 상태
①	위험물 취급 부주의	보호구의 결함
②	보호구의 잘못 사용	생산 공정의 결함
③	불안전한 속도 조작	물체 배치의 결함
④	불안전한 상태 방치	작업 환경의 결함
⑤	불안전한 상태 방치	생산 공정의 결함

14 다음 내용은 고용노동부가 발표한 '산업재해 예방대책'에서 제시된 사고사망 재해 원인분석의 자료이다. (가), (나), (다) 안에 들어갈 사례가 바르게 나열된 것은?

> • 기술적 원인(약 37%) : 구조물 불량, 생산방법 부적당, (가) 등
> • 교육적 원인(약 20%) : 작업방법의 교육 불충분, 경험 미숙, (나) 등
> • 작업 관리적 원인(약 40%) : 작업준비 불충분, 작업수칙 미제정, (다) 등

	(가)	(나)	(다)
①	기계, 기구, 설비 불량	안전지식의 부족	인원배치 부적당
②	안전지식의 부족	인권배치 부적당	기계, 기구, 설비 불량
③	인원배치 부적당	기계, 기구, 설비 불량	안전지식의 부족
④	기계, 기구, 설비 불량	인원배치 부적당	안전지식의 부족
⑤	안전지식의 부족	기계, 기구, 설비 불량	인원배치 부적당

15 다음 산업 재해가 발생한 사건에 대해 세운 예방 대책 중 누락되어 보완되어야 할 단계의 내용은?

사고사례	○○공장 사출공정에서 사출형성기 추출 에러가 발생하자 재해자가 비상 정지 스위치를 작동시키지 않고 조작상태를 반자동으로 놓은 채 점검하던 중 협착되어 사망하였다.
재해예방대책	1단계 : 사출공정에 대한 안전 목표를 설정하고 안전 관리 책임자를 선정하며 안전 계획을 수립한 후 이를 시행 및 감독하게 한다. 2단계 : 사출공정에서의 각종 사고 조사, 안전 점검, 현장 분석을 작업자의 제안, 관찰 및 보고서 연구 등을 통하여 확인한다. 3단계 : 사출공정에서의 안전을 위한 적절한 시정책, 즉 기술적 개선, 인사 조정 및 교체, 교육, 설득, 공학적 조치 등을 선정한다. 4단계 : 사출공정의 안전 교육 및 훈련 실시, 안전시설과 장비의 결함 개선, 안전 감독 실시 등의 선정된 시정책을 적용한다.

① 안전 관리 조직　　　　　　　　② 사실의 발견
③ 원인 분석　　　　　　　　　　 ④ 기술 공고화
⑤ 시정책 적용 및 뒤처리

16 다음은 최근 이슈가 되고 있는 산업 재해에 대한 뉴스 기사의 일부이다. 뉴스에서 제시된 산업 재해의 원인으로 가장 적절한 것은?

> 〈△△의 등대, 잠들지 못하는 ○○업 종사자들〉
>
> △△지역에 위치한 ○○업의 대표적인 기업에서 올해 들어 직원 3명의 사망사고가 발생하였다.
> △△의 등대라는 단어는 잦은 야근으로 인해 자정에 가까운 시간에도 사무실에서 불빛이 환하게 밝혀져 있는 모습에서 나온 지금은 공공연해진 은어이다.
> 이처럼 계속된 과로사의 문제로 인해 작년 12월 고용노동부의 근로 감독이 이루어졌으나, 시정되지 못하고 있는 실정이다.
>
> － 하략 －

① 교육적 원인 : 충분하지 못한 OJT
② 기술적 원인 : 노후화된 기기의 오작동으로 인한 작업 속도 저하
③ 작업 관리상 원인 : 초과 근무를 장려하는 관리 운영 지침
④ 불안전한 행동 : 작업 내용 미저장/하드웨어 미점검
⑤ 불안전한 상태 : 시설물 자체 결함/복장 및 보호구의 결함

17 귀하가 제조회사에서 근무 중인 안전 관리팀의 팀장인 A팀장으로부터 아래의 메일을 받았을 때 회신을 해야 할 내용으로 적절하지 <u>않은</u> 것은?

> 수신 : ○○○
> 발신 : A팀장
> 이번에 우리 과에서 산업재해의 직접적인 2가지 주요한 원인인 불안전한 행동과 불안전한 상태에 대해서 사내 사례를 구분하고 정리할 예정입니다.
> 이미 불안전한 상태에 대한 사례들은 제가 이미 정리를 마쳤으니 오늘 오후까지 산업재해의 2가지 원인 중 하나인 불안전한 행동에 관련된 사례를 정리해서 보내주세요.

① 안전장치 기능을 제거한 것
② 기계, 기구를 잘못 사용한 것
③ 관리감독자에게 연락을 하지 못한 것
④ 시설물 자체의 근본적인 결함
⑤ 위험물의 취급 부주의 방지 및 유의

18 다음 각 사례에 해당하는 산업재해의 기본적 원인을 바르게 짝지은 것은?

> (가) 어젯밤 P화학의 약품 생산 공장에서 발생한 대형화재로 수십 명의 사상자가 발생하였으며 화재의 원인은 노후한 전기 설비로 인한 누전 때문인 것으로 추정되었다.
> (나) 최근 H자동차 생산업체에서 사전 안전 교육 없이 신규 입사자를 작업 현장에 투입하여 안전사고가 발생한 사실이 뒤늦게 알려져 많은 비난을 받았다.

	(가)	(나)
①	교육적 원인	기술적 원인
②	기술적 원인	작업 관리상 원인
③	기술적 원인	교육적 원인
④	작업 관리상 원인	기술적 원인
⑤	작업 관리상 원인	교육적 원인

19 산업재해의 예방 대책 중 원인 분석 단계에서 분석해야 하는 사항이 <u>아닌</u> 것은?

① 재해의 발생 장소
② 관련 인원
③ 직원 감독의 적절성
④ 공구 및 장비의 상태
⑤ 현장 분석

20 산업재해의 예방 대책 중 기술 공고화 단계에서 선정해야 하는 시정책이 <u>아닌</u> 것은?

① 기술적 개선
② 인사 조정 및 교체
③ 교육과 설득
④ 공학적 조치
⑤ 안전 감독 실시

21 최근 국내 전기설비 안전규격에 문제가 있다는 주장이 제기되고 있다. 일부 전기안전 전문가들은 차단기의 국내 전기설비 규격이 선진국에 비해 지나치게 낮다고 주장하기도 한다. 다음 중 세계 각국의 표준 규격과 차단기를 비교했을 때 표준 규격 국가와 차단기의 연결이 옳지 <u>않은</u> 것은?

〈국가 표준 규격〉

구분	ANSI	CSA	GOST	JIS	DVGW
국가	A	B	C	D	E
정전전압(V)	380, 460	220	460, 690	220	380
정격전류(A)	50~110	15~35	1000~1500	30~60	50~110
정격차단전류(kA)	2~5	1~5	50~70	2~3	5~10

〈차단기 종류〉

구분	EBS 103Fb	AN 13D	32GRhc	AF 50	ABE 103AF	AN 20E
정격전압(V)	220, 380	690	220	220	460	690
정격전류(A)	60, 70, 100	1250	15, 20, 30	30, 40, 50	60,75, 100	1600
정격차단전류(kA)	5	50	1.5	2.5	2.5	65

① A국 – ABE 103AF
② B국 – 32 GRhc
③ C국 – AN 20E
④ D국 – AF 50
⑤ E국 – EBS 103Fb

22 다음 중 산업재해를 일으키는 원인으로 가장 적절하지 <u>않은</u> 것은?

① 작업장 내 감독의 안전장치 점검 소홀
② 외부인의 잦은 출입으로 인한 작업장 정보 유출
③ 허술한 작업장 인력관리
④ 분기별 지속적인 안전관리교육 미실시
⑤ 보호 장비 미착용 등 안전 불감증의 확대

① 기술시스템과 기술혁신 | 정답 및 해설 p.201

01 다음 중 기술시스템에 관한 설명으로 가장 옳지 않은 것은?

① 개별 기술이 네트워크를 통해 기술시스템을 만드는 것은 과학에서는 볼 수 없는 독특한 특성
이다.

② 기술이 발전하면서 이전에 연관되어 있던 기술들은 개별 기술로 분리되는 현상이 뚜렷해지고
있다.

③ 기술시스템에는 기술적인 것과 사회적인 것이 결합해서 공존하고 있다는 점에서 사회기술시
스템이라 불리기도 한다.

④ 기술시스템의 사회적인 것에는 회사, 투자회사, 법적 제도, 정치, 과학, 자연자원이 모두 포함
된다.

⑤ 강철, 전기, 전선, 자동차, 전화, 컴퓨터 등은 19세기 후반과 20세기 초반에 기술 시스템에 의
해 발명되었다.

02 맨 처음으로 기술시스템이라는 개념을 주장한 사람으로 옳은 것은?

① 에디슨   ② 테슬라

③ 포드   ④ 벨

⑤ 휴즈

03 다음 설명에 해당하는 기술시스템의 특징으로 알맞은 것은?

> 기술시스템의 특징은 철도와 전신의 발전에서 찾아볼 수 있는데 이 둘은 독립적 기술이지만 서로에게 꼭 필요한 기술이다. 철도는 전신선이 있어야 움직일 수 있기 때문에 전신선의 발전은 철도의 발전에 중요한 영향을 주므로 철도 회사는 전신선의 발전에 많은 투자와 노력을 쏟아 붓는다. 또 하나의 예로 타이어는 그 자체로 독자적인 기술이지만 자동차의 기술과 연결되어 함께 발전하고 있다.

① 수직 연결
② 평행 연결
③ 수평 연결
④ 사선 연결
⑤ 직선 연결

04 다음 중 기술시스템의 발전단계를 순서대로 바르게 나타낸 것은?

① 기술 경쟁의 단계 → 기술 이전의 단계 → 발명, 개발, 혁신의 단계 → 기술 공고화 단계
② 기술 경쟁의 단계 → 기술 공고화 단계 → 기술 이전의 단계 → 발명, 개발, 혁신의 단계
③ 발명, 개발, 혁신의 단계 → 기술 이전의 단계 → 기술 경쟁의 단계 → 기술 공고화 단계
④ 발명, 개발, 혁신의 단계 → 기술 경쟁의 단계 → 기술 공고화 단계 → 기술 이전의 단계
⑤ 기술 이전의 단계 → 발명, 개발, 혁신의 단계 → 기술 경쟁의 단계 → 기술 공고화 단계

05 다음 중 기술시스템의 발전단계에 대한 설명이 올바르게 짝지어지지 않은 것은?

① 기술 공고화 단계 – 경쟁에서 승리한 기술시스템의 관성화
② 기술 공고화 단계 – 경쟁에서 승리한 기술시스템의 다각화
③ 기술 경쟁의 단계 – 기술 시스템 사이의 경쟁
④ 기술 이전의 단계 – 성공적인 기술이 다른 지역으로 이동
⑤ 발명, 개발, 혁신의 단계 – 기술시스템이 탄생하고 성장

06 기술시스템은 각 발전 단계별로 핵심적인 역할을 하는 사람들이 다르다. 다음 중 3단계에서 역할이 더욱 중요하게 부각되는 사람은?

① 기술자
② 기업가
③ 엔지니어
④ 금융전문가
⑤ 투자자

07 다음은 최근 과학기술원에서 진행 중인 '수로조사 기술연수' 자료이다. 사례에 해당하는 발전 단계 다음으로 발생할 발전 단계의 특징으로 적절한 것은?

> 한국은 지난 7월 3일부터 7월 28일까지 총 4주간 베트남, 바레인, 에콰도르, 필리핀, 쿠바 등 5개의 개발도상국 공무원 6명을 초빙하여 '수로조사 기술연수'를 실시한다고 밝혔다. 과학기술원은 지난 2006년부터 국제수로기구(IHO) 회원국 중 개발도상국 총 46개국 200여 명을 대상으로 우리나라의 최신 해양기술을 전수하는 사업을 실시해 왔다. 그중에서도 개발도상국 담당 공무원을 직접 초빙하여 진행하는 수로조사 기술연수는 국제수로기구에서 인증 받은 국제교육과정으로 2015년부터 3년간 총 20주 과정으로 구성되어 있다. 지난 2015년에는 해도에 대한 기초이론과 해도자료, 전자해도 등에 대해 교육을 실시하였으며 작년에도 해도간행을 위한 편집 및 편찬기술, 항해서지 편찬방안, 수로서비스 등 지리공간정보에 대해 교육을 실시하였다.

① 기술시스템이 자체적으로 개발됨
② 성공적인 기술이 다른 지역으로 이동함
③ 기술시스템 사이의 경쟁
④ 경쟁에서 승리한 기술시스템의 관성화
⑤ 세계를 선도하는 기술로 자리 잡음

08 다음 기술혁신의 사례를 보았을 때 기술혁신에 대한 특징으로 적절하지 않은 것은?

> 일본과 미국에 비해 반도체 분야에서 후발 주자로 뛰어든 삼성은 끊임없는 추격과 기술 개발을 통해 1992년 이후에는 메모리 분야에서 시장 점유율 세계 제1의 기업으로 성장하였다. 삼성은 초기에 64K D램의 개발에서 선진국과 6년 격차를, 양산에는 4년 격차를 보였다. 그러나 삼성은 16M, 64M D램의 개발과 양산에서는 선진국의 선도 기업과 동일한 시기에 이루어졌으며 256M, 1G D램부터는 선진국을 추월하여 64M, 256M, 1G D램을 세계 최초로 개발했다. 1993년 8인치 웨이퍼 양상 라인을 세계 최초로 완공한 삼성은 일본 오키 사에 싱크로너스 설계기술을 수출하는 등 기술 역수출의 예를 보여주었으며 지금은 삼성의 기술이 사실상의 세계 표준으로 결정되는 경우도 종종 발생하고 있다. 또한 2004년 삼성전자의 순이익은 매월 평균 1조가 넘어서 1년 순이익이 12조를 넘는 기염을 토했다. '삼성'이란 브랜드 네임은 이제 국제시장에서 소니를 앞지르고 있다.

① 기술혁신은 과정 자체가 불확실하고 장기간의 시간을 필요로 할 수 있다.
② 기술혁신을 위해 사내의 지식이 집약될 수 있도록 노력해야 한다.
③ 때로는 사내 조직 간의 경계를 넘나들면서 기술혁신을 도모할 필요가 있다.
④ 기술혁신 과정에서 불확실성과 모호함을 배제하고 기업 내에서는 논쟁과 갈등이 생기는 것을 인정해서는 안 된다.
⑤ 기술혁신의 성공이 사전의 의도나 계획보다는 우연에 의해 이루어지는 경우도 있음을 인정해야 한다.

09 다음 중 기술혁신의 특징으로 옳은 것은?

① 기술혁신은 사전에 체계적인 계획으로 확실한 진행이 가능하다.

② 기술혁신과정에서 생기는 지식은 문서로 보관이 가능하다.

③ 기술혁신으로 회사의 모든 집단이 이익을 창출할 수 있어 기업 내 평화를 이룰 수 있다.

④ 연구 개발 부서의 단독 수행이 아닌 타 부서와의 협업이 필요하다.

⑤ 기업의 투자 성과가 비교적 일찍 나타난다.

10 다음 중 기술혁신으로 인해 변화가 야기되는 기업의 분야가 <u>아닌</u> 것은?

① 기업의 조직 운영 절차

② 기업의 제품구성

③ 기업의 생산방식

④ 기업의 주력산업

⑤ 기업의 권력구조

11 다음 중 슘페터의 경제 발전을 가져오는 혁신 과정이 올바르게 나열된 것은?

① 새로운 생산방법 도입 → 새로운 자원 활동 → 신제품 도입 → 새로운 조직 실현 → 독점의 형성

② 새로운 생산방법 도입 → 새로운 조직 실현 → 새로운 자원 활동 → 신제품 도입 → 독점의 형성

③ 새로운 자원 활동 → 새로운 생산방법 도입 → 신제품 도입 → 독점의 형성 → 새로운 조직 실현

④ 신제품 도입 → 새로운 자원 활동 → 새로운 생산방법 도입 → 새로운 조직 실현 → 독점의 형성

⑤ 신제품 도입 → 새로운 생산방법 도입 → 새로운 자원 활동 → 독점의 형성 → 새로운 조직 실현

12 다음 중 기술혁신과 의미가 유사한 용어로 적절하지 <u>않은</u> 것은?

① 진화

② 발명

③ 개발

④ 모방

⑤ 확산

13 다음 중 기술혁신의 과정이 올바르게 나열된 것은?

① 아이디어 창안 → 프로젝트 관리 → 후원 → 정보 수문장 → 챔피언
② 아이디어 창안 → 후원 → 챔피언 → 프로젝트 관리 → 정보 수문장
③ 아이디어 창안 → 챔피언 → 프로젝트 관리 → 정보 수문장 → 후원
④ 아이디어 창안 → 정보수문장 → 챔피언 → 후원 → 프로젝트 관리
⑤ 아이디어 창안 → 프로젝트 관리 → 정보 수문장 → 챔피언 → 후원

14 다음의 언급된 내용과 관련한 단계에서 요구되는 기술혁신의 과정은?

> 아이디어의 전파가 이루어지며 혁신을 위한 자원 확보가 필요하고 아이디어 실현을 위한 헌신이 요구된다. 이 단계에서 필요한 자질과 능력은 정력적이고 위험을 감수할 수 있어야 하며 아이디어의 응용에도 관심이 많아야 한다.

① 프로젝트 관리   ② 후원
③ 챔피언   ④ 정보 수문장
⑤ 아이디어 창안

15 기술혁신의 과정 중 아이디어 창안의 혁신활동에 해당하는 것은?

① 아이디어 실현을 위한 헌신
② 프로젝트의 기획 및 조직
③ 조직 외부의 정보를 내부 구성원들에게 전달
④ 혁신에 대한 자원 획득을 지원
⑤ 혁신적인 진보를 위한 탐색

16 기술혁신의 과정 중 프로젝트 관리의 혁신활동에 해당하는 것은?

① 일을 수행하는 새로운 방법 고안
② 리더십 발휘
③ 혁신을 위한 자원 확보
④ 아이디어를 창출하고 가능성을 검증
⑤ 혁신에 대한 격려와 안내

17 기술혁신의 과정 중 정보 수문장의 혁신활동에 해당하는 것은?

① 조직 내 정보원 가능
② 아이디어의 전파
③ 프로젝트의 효과적인 진행 감독
④ 조직 내에서 수집된 정보 검증
⑤ 외부 아이디어를 내부 구성원들에게 전달

18 기술혁신의 과정 중 후원의 혁신활동에 해당하는 것은?

① 일을 수행하는 새로운 방법 고안
② 조직 외부의 정보를 내부 구성원들에게 전달
③ 혁신을 위한 조건 마련
④ 불필요한 제약에서 프로젝트 보호
⑤ 프로젝트를 위한 자원 확보

19 기술혁신의 과정 중 후원 과정에서 필요한 자질과 능력으로 적절한 것은?

① 각 분야의 전문지식
② 정력적이고 위험을 감수함
③ 조직의 주요 의사결정에 대한 영향력
④ 의사결정 능력
⑤ 원만한 대인 관계 능력

20 기술혁신의 과정 중 프로젝트 관리 과정에서 필요한 자질과 능력으로 적절한 것은?

① 추상화와 개념화 능력
② 업무 수행 방법의 지식
③ 새로운 분야의 일을 즐김
④ 아이디어의 응용에 관심
⑤ 높은 수준의 기술적 역량

21 다음 중 급진적 혁신의 개념으로 적절한 것은?

① 기존의 기술시스템이 다른 시스템으로 전환되는 근본적인 변화이다.

② 기술 혁신 이후 보완적인 혁신으로 기존의 기술시스템을 개선한다.

③ 새로운 공정은 선택하여 제품 생산 과정에서 비용을 감소한다.

④ 동일한 공정에서 제품의 품질을 개선한다.

⑤ 기존의 제품을 향상시키거나 새로운 제품을 개발한다.

22 다음 중 점진적 혁신의 특징으로 적절한 것은?

① 불확실하게 불연속적으로 일어난다.

② 기초 과학이 발달된 나라에서 자주 나타나는 기술 주도에 의하여 혁신된다.

③ 기존의 지식기반과 차별화되서 이루어진다.

④ 선진국에서는 신제품을 개발하기 전에 활발히 나타난다.

⑤ 개발도상국에서는 선진국의 기술을 자국에 맞게 개선할 때 일어난다.

23 다음 중 공정 혁신의 특징으로 적절한 것은?

① 제품이 불안정한 단계에서 일어난다.

② 새로운 제품 생산으로 기능 향상이나 창출이 가능하다.

③ 제품 자체의 기술 개선이 급진적으로 일어난다.

④ 설비 부분에서 기술 개선이 일어나 생산성을 높인다.

⑤ 공정에서의 관습, 조직, 방법을 되도록 유지한다.

24 다음 중 급진적 혁신의 혁신 주도자로 옳은 것은?

① 기술 수요자   ② 시장

③ 과학자   ④ 기업가

⑤ 제품 공급자

25 기술혁신이 우리 삶에 미치는 영향에 관하여 바르지 않은 것은?

① 기술혁신으로 인해 우리 삶은 윤택해지고 편리해졌다.

② 기술혁신으로 인해 우리는 밤에도 생산적인 일을 할 수 있게 되었다.

③ 기술혁신은 모든 면에서 긍정적인 영향력만 준다.

④ 무분별한 기술혁신은 환경오염의 주범이다.

⑤ 기술혁신으로 인한 운송 수단의 발달은 무역과 보급을 활발하게 한다.

26 에디슨이 백열등을 개발하여 본격적인 전기의 시대를 열면서 얻게 된 명칭은?

① 발명가 겸 기업가   ② 발명가 겸 과학자

③ 발명가 겸 선구자   ④ 시스템 지원자

⑤ 시스템 계획자

27 세계 최초로 무선 전신을 발명한 사람은?

① 모스   ② 마르코니

③ 와트   ④ 테슬라

⑤ 암스트롱

28 미국에서 제작한 세계 최초의 컴퓨터는?

① 에드삭   ② 에드박

③ 유니박   ④ 에니삭

⑤ 에니악

01 일본의 공학교수 하타무라 요타로는 기술 개발의 과정에서 발생하는 실패들을 발판삼아 성공으로 가기 위한 과정을 만들기 위해 실패학을 창시하였다. 다음 중 하타무라 요타로가 정리한 실패의 원인의 수는?

① 8가지   ② 9가지
③ 10가지   ④ 11가지
⑤ 12가지

02 다음 중 하타무라 요타로가 정리한 실패의 원인에 포함되지 않는 것은?

① 조사 및 검토 부족   ② 조건의 변화
③ 부정 및 비리   ④ 가치관 불량
⑤ 조작운영 불량

03 다음의 사례에 나타난 실패 원인에 해당하는 것을 모두 고르면?

A자동차 회사는 자사 브랜드의 인지도와 시장점유율만 믿고 최근 출시된 차량의 작은 불량을 간과하였다. 담당 부서는 이와 관련된 사항을 상급자에게 보고하지 않았고 언론 공개 시 회사 이미지에 부정적인 영향을 미칠까 우려하여 소비자의 반응도 적극적으로 확인 및 대응하지 않았다.
하지만 이후 동일한 불량으로 인한 소비자 불만이 급증하기 시작했고 급기야 이로 인해 심각한 대형 사고가 발생하면서 국내외 언론을 통해 이러한 내막이 공개되기에 이르렀다. 이로 인해 A회사는 막대한 이미지 타격을 입었음은 물론 손해 배상책임을 지게 되어 큰 손실을 입게 되었다.

| ㉠ 차례 미준수 | ㉡ 오만 |
| ㉢ 조사 및 검토 부족 | ㉣ 조직운영 불량 |

① ㉠   ② ㉢
③ ㉡, ㉣   ④ ㉡, ㉢, ㉣
⑤ ㉠, ㉡, ㉣

[04 – 05] 다음 사례에 대한 질문에 답하시오.

130년 역사를 지닌 '필름의 명가' 코닥은 조지 이스트먼이 설립하여 1980년대 세계 필름시장의 2/3를 지배하기도 했다. 코닥의 몰락을 가져온 디지털 카메라를 처음 개발한 회사는 역설적이게도 코닥 자신이었다.
코닥 카메라는 세계 최초로 1975년 스티븐 새슨이 디지털 카메라를 개발하였지만 이 기술로 돈을 벌지 못하였다. 이유는 디지털 시대가 도래 했지만 이 신기술에 대한 미온적 태도로 디지털 카메라를 무시했기 때문이다.
코닥은 즉석카메라에 집중했고 폴라로이드와 특허로 분쟁을 일으키기까지 하였다. 한편 디지털 카메라를 적극적으로 받아들인 일본의 소니, 캐논 등이 디지털 카메라로 진출하자 필름 카메라는 그 영역이 급속하게 축소되었다. 뒤늦게 코닥이 디지털 시장에 뛰어들었지만 상황을 바꾸기에는 역부족이었다.

04 다음 중 코닥이 실패한 원인으로 가장 적절한 것은?

① 기획 불량　　　　　　　　　　② 차례 미준수
③ 오판　　　　　　　　　　　　　④ 조직운영 불량
⑤ 부주의

05 지문에서 기술시스템의 발전 4단계에 해당하는 내용으로 옳지 않은 것은?

① 발명, 개발, 혁신의 단계 : 스티븐 새슨이 디지털 카메라를 개발하였다.
② 기술 이전의 단계 : 일본의 소니, 캐논 등이 디지털 카메라를 적극적으로 받아들였다.
③ 기술 경쟁의 단계 : 필름 카메라는 급속하게 축소되었고 코닥이 디지털 카메라 시장에 실패하였다.
④ 기술 공고화 단계 : 코닥은 즉석카메라 특허로 폴라로이드와 분쟁을 일으켰다.
⑤ 기술 공고화 단계 : 디지털 카메라가 필름 카메라를 밀어내고 카메라 시장의 지배자로 자리매김하였다.

06 다음 중 기술적 실패에 대한 의견을 제시한 것으로 가장 적절하지 <u>않은</u> 것은?

① 혁신적 기술능력을 가진 사람들은 실패의 영역에서 성공의 영역으로 자신의 기술을 이동시킬 수 있다.

② 실패 중에는 '에디슨식의 실패'도 있고 아무런 보탬이 되지 않는 실패도 있다.

③ 개인의 연구 개발처럼 지식을 획득하는 과정에서 겪는 실패는 바람직하지 못한 실패의 예라고 할 수 있다.

④ 기업의 실패가 회사를 위태롭게 할 수도 있지만 실패를 은폐하거나 또는 반복하는 것은 바람직하지 않다.

⑤ 모든 실패를 나쁘게 생각하는 것은 결코 올바른 태도가 아니다.

07 귀하는 개발팀에서 근무하며 실패를 거듭할 때마다 회사의 눈칫밥을 먹으면서도 과정에서의 실패로 기죽지 말자는 취지의 교훈을 마련해 두고 매일 아침 출근할 때마다 이를 읽으며 마음을 다 잡고 있다. 다음 중 귀하의 마음을 달래줄 만한 교훈으로 가장 적절하지 <u>않은</u> 것은?

① 성공은 99%의 실패에서의 교훈과 1%의 영감으로 얻어진다.

② 실패를 부끄럽게 생각해 감추지 말자. 감춰진 실패 중 성공의 열쇠가 숨겨져 있다.

③ 실패는 성공의 어머니이기 때문에 실패한 사람은 늘 지적하고 반성하게끔 해야 한다.

④ 실패를 통해 얻은 정보 속에서 상상을 초월한 거대한 성공의 씨앗이 숨겨져 있다.

⑤ 실패 중에는 성공을 위해 꼭 필요한 실패가 있기 마련이므로 작은 실패에 기죽지 말자.

08 다음 중 실패에 대한 태도로 옳지 <u>않은</u> 것은?

① 그래! 실패할 수도 있지. 실패한 사실을 인정하고 원인이 무엇인지 파악해 보자.

② 이번 실패에 대해서 모든 사람들에게 다 알릴 필요는 없지만 함께 일하는 동료들에게 알려야겠어.

③ 정말 중요한 프로젝트인데 실패해 버렸네. 다시 도전할 용기가 안 생긴다.

④ 이번 실패로 인해 많은 것을 배웠어. 다음에는 꼭 성공할 수 있을 것 같아.

⑤ 비록 이번에는 실패했지만 다음에 또 이 일을 할 때는 같은 실수를 반복해선 안 돼.

09 실패에 대처하는 현명한 태도로 적절하지 <u>않은</u> 것은?

① 실패한 사실에 대해서 인정하기
② 실패를 숨기거나 은폐하지 않기
③ 실패를 통해 학습된 무기력에 빠지지 않기
④ 실패에 대한 기억은 되도록 빨리 잊어버리기
⑤ 실패는 성공하는 과정 중 하나라고 인식하기

10 하타무라 요타로의 실패 원인 중 미지에 대한 설명으로 옳은 것은?

① 조심하지 않고 방심하는 것
② 사전에 미리 계획하지 않고 알아보지 않은 것
③ 체계적인 계획이 미흡한 것
④ 아는 것이 없이 미련하고 어리석은 것
⑤ 해당 분야에 대한 지식이 없는 것

11 다음 중 미래사회에 유망하다고 판단되는 기술로 가장 거리가 <u>먼</u> 것은?

① 나노 캡슐 기술   ② 컴퓨터 수리 기술
③ 친환경 자동차 기술   ④ 혈관 청소용 나노로봇 기술
⑤ 지속 가능한 건축 시스템 기술

12 다음 중 과학기술 중심의 미래 산업사회에서 각 산업분야별로 유망하다고 판단되는 기술을 <u>잘못</u>
연결한 것은?

① 전기전자정보공학분야 – 지능형 로봇 분야
② 기계공학분야 – 하이브리드 자동차 기술
③ 화학생명공학분야 – 화석에너지 산업
④ 건설환경공업분야 – 지속가능한 건축 시스템
⑤ 기계공학분야 – 연료전지 자동차 기술

13 미래사회에 유망하다고 판단되는 분야 중 다음 설명에 해당하는 분야는?

> 이 분야에서는 친환경 자동차 기술이 유망할 것으로 전망된다. 친환경 자동차 기술은 CO_2로 인한 환경오염을 방지하고 화석연료의 고갈에 대비하여 새로운 대체에너지원을 찾고자 하는 기술이다.
>
> 친환경 자동차 기술 중 대표적인 것은 자동차가 전체 시장의 주류를 이루게 될 것이다. 하이브리드 자동차 기술이란 엔진과 전기모터를 상황에 따라 효율적으로 사용하는 기술이다. 출발이나 가속을 하는 큰 힘을 필요로 할 때에는 엔진과 모터를 동시에 사용하고 감속할 때는 모터의 동력이 되는 배터리를 충전하여 출발이나 저속주행에 사용한다.
>
> 하이브리드 기술을 사용하면 가솔린 엔진 차량에 비해 50~80% 연비를 향상시킬 수 있다는 장점이 있다. 하이브리드 기술이 엔진과 모터를 함께 사용한다면 연료전지 기술은 오직 모터만 사용한다. 모터의 동력은 연료전지의 전기에너지다. 연료전지는 차량에 적재된 수소와 외부 공기를 통해 유입되는 산소를 이용하여 전기에너지를 생성한다.
>
> 연료전지의 이용에 따른 배기가스는 수증기뿐이라서 오염물질이 배출되지 않는 혁신적인 장점이다.
>
> 하지만 수소탱크의 적재는 폭발의 위험이 있고 대량생성의 제한성 등으로 인해 약점으로 인식되고 있다.

① 전기전자분야   ② 정보공학분야

③ 기계공학분야   ④ 건설환경공업분야

⑤ 화학생명공학분야

14 다음은 전기전자분야에서 미래사회에 유망하다고 판단되는 분야에 대한 글이다. 제시문의 괄호 안에 들어갈 적절한 단어를 고르면?

> 전기전자정보공학분야에서 유망한 기술로 전망되는 것은 (   ) 분야이다.
>
> (   )의 장점은 인간과 로봇이 자연스럽게 서로를 인지하고 정서적으로 공감하며 상호작용할 수 있는 것이다. 이제 로봇은 우리 생활에 도움을 주는 로봇에서 더 나아가 인간과 함께 살아가는 동반자적 역할을 하게 될 것이다.
>
> (   )는 소득 2만 달러 시대를 선도할 미래 유망산업으로 발전할 것이며 타 분야에 대한 기술직 파급효과가 큰 첨단 기술의 복합체이다. 산업적 측면에서 보아 (   ) 분야는 자동차 산업 규모 이상의 성장 잠재력을 가지고 있으며 기술 혁신과 신규투자가 유망한 산업으로 국내 로봇 산업은 2020년 국내 시장 규모 100조 원을 달성할 것으로 예측되고 있다. 최근에는 기술혁신과 사회적 패러다임의 변화에 따라 인간 공존, 삶의 질 향상을 이룩하기 위한 새로운 (   )의 개념이 나타나고 있다.
>
> (   )는 최근 IT기술의 유복합화, 지능화 추세에 따라 점파 네트워크를 통한 로봇의 기능 분산, 가상공간 내에서의 동작 등 IT와 융합한 네트워크 기반 로봇의 개념을 포함하고 있다.
>
> 일본이 산업형 로봇 시장을 주도하였다면 IT기술이 접목되는 (   )은 우리나라가 주도하기 위하여 국가 발전 전략에 따라 국가 성장 동력산업으로 육성하고 있다.

① 인간형 로봇   ② 지능형 로봇
③ 친환경 로봇   ④ 네트워크형 로봇
⑤ 산업형 로봇

15 다음은 정책 연구개발 보고서의 일부이다. 이와 관련된 우리나라 산업정책의 방향으로 적절하지 <u>않은</u> 것은?

> 현재 중국의 산업구조는 섬유, 의류 등의 산업에서 자동차, 전자 등의 기술 집약산업으로 급속히 고도화
> 되면서 앞으로 10년 후에는 한국과 중국의 기술격차가 1~2년 내로 좁혀질 것으로 전망된다.
> 특히 이동통신, 2차전지 등의 새로운 산업은 기술격차가 적어 중국의 추격에 대응하기 위해서는 국가의
> 전반적인 산업 경쟁력을 한 단계 높여 기술적 우위를 유지해야 할 것이다.
>
> – 한국 개발연구원(KDI) 보고서 중

① 고급 전문기술인력을 양성한다.
② 노동집약 산업에 투자를 확대한다.
③ 기술 개발을 통해 핵심부품을 국산화한다.
④ 에너지 저소비형 및 고부가가치산업을 육성한다.
⑤ 기술 경쟁력을 갖춘 벤처기업 등에 대한 지원을 강화한다.

16 전기전자정보공학분야에서 유망한 기술로 전망되는 지능형 로봇 분야의 장점으로 적절한 것은?

① 대량생산이 가능하다.
② 타 분야의 기술적 보안이 엄격하다.
③ 개발 비용이 저렴하다.
④ 인간과 정서적으로 공감할 수 있다.
⑤ 전자정보의 최신화를 스스로 할 수 있다.

17 신규투자가 유망한 신산업으로 나타난 지능형 로봇이 가진 개념으로 적절하지 <u>않은</u> 것은?

① 로봇과 인간과의 공존
② 삶의 질 향상
③ 네트워크를 통한 로봇의 기능 분산
④ 가상공간 내에서의 동작
⑤ 일상생활에서의 로봇의 영향력 확대

18 기계공학분야에서 하이브리드 및 연료전지 기술이 등장하게 된 배경으로 옳은 것은?

① 화석연료의 고갈을 위한 대비
② 친환경 자동차의 개발비용 감소화
③ 새로운 고성능 연료기술 개발
④ 화석연료에 대한 고객들의 부정적 인식
⑤ 정부의 하이브리드 및 연료전지 기술 지원정책

19 다음 중 하이브리드 자동차 기술에 대한 설명으로 옳지 <u>않은</u> 것은?

① 엔진과 전기모터를 상황에 따라 효율적으로 사용하는 기술이다.
② 출발이나 가속을 하는 큰 힘이 필요할 때 모터의 동력이 되는 배터리를 충전하여 출발이나 저속주행에 사용한다.
③ 가솔린 엔진 차량에 비해 50~80% 연비를 향상시킬 수 있다.
④ 모터의 동력이 연료전지의 전기에너지이다.
⑤ 엔진과 모터를 함께 사용한다면 연료전지 기술은 오직 모터만 사용한다.

20 연료전지가 전기에너지를 생성하는 원료로 옳은 것은?

① 이산화탄소   ② 질소와 탄소
③ 일산화탄소   ④ 수소와 산소
⑤ 메탄

21 건설환경공업분야에서 지속가능한 건축 시스템을 통해 배출량을 줄이고자 하는 기체는?

① 온실가스   ② 탄소
③ 질소   ④ 탄화수소
⑤ 이산화탄소

22 지속 가능한 건축시스템 기술이 건설환경공업분야에서 보여주는 효과로 옳지 <u>않은</u> 것은?

① 건축물의 구조 성능이 향상된다.
② 리모델링이 용이하다.
③ 건물 해체 시 구조부재의 재사용이 가능하다.
④ 친환경적이고 에너지 절약이 가능한 건축을 구현할 수 있다.
⑤ 개발제한구역에서의 건축이 가능하다.

23 혈관 청소용 나노로봇의 효과로 옳지 <u>않은</u> 것은?

① 사람의 혈관을 깨끗이 청소하고 손상된 부위를 수리한다.
② 개인이 가진 질병에 면역이 될 수 있도록 유전자를 변화시킨다.
③ 질병을 효과적으로 치료할 수 있다.
④ 특정 질병의 바이러스를 만나면 약물을 내보내 물리친다.
⑤ 암세포에게만 선택적으로 독성을 나타내어 부작용을 최소화시킨다.

24 알약 형태의 바이오칩이 보여주는 효과로 옳지 <u>않은</u> 것은?

① 가정에서도 손쉽게 의료 서비스를 받을 수 있다.
② 복용한 사람의 신상 상태를 체크해 무선으로 병원에 검사 결과를 전송한다.
③ 장기의 노화를 스스로 판단한다.
④ 장기가 더 이상 구실을 못한다고 판단되면 자신의 줄기세포를 가지고 배양한 새 장기로 대체
   할 수 있다.
⑤ 복용한 사람이 앓는 병에 대한 면역체계를 스스로 형성한다.

25 기계공학분야에서 하이브리드나 연료전지 자동차가 전체 시장의 주류를 이루게 될 것으로 예상
되는 연도는?

① 2030년경   ② 2040년경
③ 2050년경   ④ 2060년경
⑤ 2070년경

26 하이브리드 기술이 가솔린 엔진 차량에 비해 향상시킬 수 있는 연비의 크기는?

① 10~20%   ② 20~30%

③ 30~50%   ④ 50~80%

⑤ 60~90%

27 기존의 건축 산업에서 총 CO_2 배출량이 차지하는 비율은?

① 30%   ② 36%

③ 40%   ② 45%

⑤ 54%

28 화학생명공학분야에서 알약 형태의 바이오칩이 등장하리라고 예상되는 년도는?

① 2025년경   ② 2030년경

③ 2035년경   ④ 2040년경

⑤ 2045년경

1 기술선택 및 벤치마킹 방법

| 정답 및 해설 p.210

01 다음 중 기술선택에 대한 설명으로 알맞은 것은?

① 조직의 발전을 위해 어떠한 기술을 개발 또는 도입할 것인지에 대해서 결정하는 것이다.

② 기술선택을 위한 의사 결정은 한 사람에 의해서만 결정된다.

③ 기술선택은 내부 기술 개발에서만 이루어진다.

④ 기술선택은 외부의 기술을 도입하는 결정에만 쓰인다.

⑤ 기술을 선택할 경우 주어진 시간과 자원의 제약 하에서 선택이 가능한 대안들 중 최적인 것을 추구해야 한다.

02 다음 중 기술선택에 대한 설명으로 옳지 않은 것은?

① 연구자나 엔지니어들이 자율적으로 기술을 선택할 때는 실무를 담당하는 기술자들의 창의적인 아이디어를 활용할 수 있다.

② 기술경영진과 기술기획담당자에 의한 기술선택은 기업 전체 차원에서 필요한 기술에 대한 체계적인 분석이나 검토를 토대로 한다.

③ 기술선택을 위한 우선순위로는 제품의 성능이나 원가에 미치는 영향력이 큰 기술을 꼽을 수 있다.

④ 도입하고자 하는 기술을 그대로 받아들이기보다 업무와 기업에 맞는 기술로 변형하여 재창조하는 벤치마킹을 할 필요가 있다.

⑤ 기술선택을 할 때는 기술의 수명 주기나 전략적 중요도를 반드시 고려해야 한다.

03 다음 중 기술선택을 할 때 집단 결정을 함으로써 얻을 수 있는 효과가 <u>아닌</u> 것은?

① 다수의 의견을 반영할 수 있다.

② 신속한 결정으로 빠른 추진이 가능하다.

③ 참여 의식을 부여한다.

④ 결정에 참여한 사람들이 공동의 책임을 진다.

⑤ 기술 개발에 대한 내적 동기를 강화시킨다.

04 다음 중 상향식 기술선택에 대한 설명으로 적절하지 <u>않은</u> 것은?

① 기업 전체의 차원에서 필요한 기술에 대한 체계적인 분석과 검토를 필요로 한다.

② 연구자나 기술자들이 자율적으로 기술을 선택한다.

③ 기술 개발자들의 흥미를 유발하고 창의적인 아이디어를 활용할 수 있다.

④ 고객수요 및 서비스 개발에 부적합하다.

⑤ 기업 간 경쟁에서 승리할 수 없는 기술이 선택될 수도 있다.

05 다음 중 하향식 기술선택에 대한 설명으로 적절하지 <u>않은</u> 것은?

① 기업이 획득해야 하는 대상기술과 목표기술수준을 결정하는 것이다.

② 기업이 직면한 외부 환경과 보유 자원을 분석한다.

③ 단기적인 목표를 설정한다.

④ 목표 달성을 위해 필요한 핵심고객층과 그들에게 제공하는 제품 및 서비스를 결정한다.

⑤ 사업전략의 성공적인 수행을 위해 필요한 기술들을 열거하여 각각의 기술에 대한 획득의 우선순위를 결정한다.

06 다음 하향식 기술선택을 위한 전문가들의 회의에서 적절하지 <u>않은</u> 발언을 한 경우는?

① 체계적인 분석을 통해 기업이 획득해야 하는 대상기술과 목표기술수준을 결정하는 것이다.

② 중장기 사업목표 설정은 외부환경과 내부역량의 분석이 필요하다.

③ 중장기 사업목표 설정을 통해서 사업 전략을 수립해야 한다.

④ 사업 전략을 수립한 다음에 요구되는 기술을 분석해야 한다.

⑤ 핵심기술의 선택은 사업 전략을 수립하기 전에 구체화되어야 한다.

07 기술선택을 위한 의사결정에 관한 설명으로 옳지 <u>않은</u> 것은?

① 기술선택은 기업이 어떤 기술을 외부로부터 도입할 것인가를 결정하는 것으로 자체 개발을 통한 활용은 여기에 포함하지 않는다.

② 상향식 기술선택은 기업 전체 차원에서 필요한 기술에 대한 체계적 분석이나 검토 없이 자율적으로 선택하는 것이다.

③ 상향식 기술선택은 시장의 고객들이 요구하는 제품이나 서비스를 개발하는 데 부적합한 기술이 선택될 수 있다는 단점이 있다.

④ 하향식 기술선택은 기술경영진과 기획담당자들에 의한 체계적인 분석을 통해 대상기술과 목표기술수준을 결정하는 것이다.

⑤ 하향식 기술선택은 사업전략의 성공적인 수행을 위해 필요한 기술들을 열거하여 각각의 기술에 대한 획득의 우선순위를 결정한다.

08 다음 중 기술선택의 우선순위로 알맞지 <u>않은</u> 것은?

① 경쟁사가 모방하기 어렵고 쉽게 구할 수 없는 기술

② 미래의 사회를 이끌 수 있는 선진화된 기술

③ 기업의 성장뿐만 아니라 나라 발전에도 이로운 기술

④ 환경오염에 관계없이 뛰어난 기술

⑤ 이익 창출 잠재력이 큰 기술

09 다음 중 기술선택을 위한 우선순위 결정 요소로 적절하지 <u>않은</u> 것은?

① 쉽게 구할 수 있는 기술

② 매출과 이익 창출 잠재력이 큰 기술

③ 제품 및 서비스에 광범위하게 활용할 수 있는 기술

④ 최신 기술을 통해 진부화될 가능성이 적은 기술

⑤ 제품의 성능이나 원가에 미치는 영향력이 큰 기술

10 다음 중 기술선택을 위한 절차로 올바르게 나열된 것은?

① 중장기 사업목표 설정 → 외부 환경 분석 → 사업 전략 수립 → 내부 역량 분석 → 기술전략 수립 → 요구기술 분석

② 외부 환경 분석 → 중장기 사업목표 설정 → 내부 역량 분석 → 사업 전략 수립 → 요구기술 분석 → 기술전략 수립

③ 외부 환경 분석 → 내부 역량 분석 → 중장기 사업목표 설정 → 사업 전략 수립 → 기술전략 수립 → 요구기술 분석

④ 중장기 사업목표 설정 → 사업 전략 수립 → 내부 역량 분석 → 외부 환경 분석 → 요구기술 분석 → 기술전략 수립

⑤ 중장기 사업목표 설정 → 내부 역량 분석 → 외부 환경 분석 → 사업 전략 수립 → 요구기술 분석 → 기술전략 수립

11 기술선택을 위한 절차 중 내부 역량 분석 단계에서 분석해야 하는 요소가 아닌 것은?

① 기술능력 ② 생산능력
③ 영업능력 ④ 재무능력
⑤ 경영능력

12 기술선택을 위한 절차 중 요구기술 분석 단계에서 분석해야 하는 요소가 아닌 것은?

① 제품 설계 기술 ② 디자인 기술
③ 기술 단가 ④ 제품 생산 공정
⑤ 부품 제조법

13 다음 지문을 읽고 추론할 수 있는 성공한 기술이 되기 위해 해야 될 행동으로 적절하지 <u>않은</u> 것은?

> 인터넷이 처음 나왔을 때, 웹브라우저는 넷스케이프라는 브라우저가 장악하고 있었다. 그러나 MS사의 인터넷 익스플로러가 점점 시장 점유율을 높였고, 이제는 넷스케이프를 사용하는 사람은 거의 없다. 이 경우 넷스케이프는 실패한 기술이라 할 수 있다.
> 또한 PC가 처음 나왔을 때 애플의 매킨토시는 MS 운영체계를 사용하는 IBM PC보다 기술적으로 우수하다고 간주되었지만, 시장 경쟁에서 IBM에 밀렸다. 넷스케이프도 초기는 MS 익스플로러보다 우수하다고 간주되었지만 윈도우에 끼워 출시된 익스플로러의 물량 공세를 이겨내지 못했다.
> 여객기 콩코드도 엔지니어링 측면에서는 대단한 성공으로 간주되었지만 비행사와 승객으로부터 외면당했다.

① 상향식 기술 선택이 성공으로 가는 방법이다.
② 외부 환경 분석을 철저히 해야 한다.
③ 내부 역량 분석은 반드시 필요하다.
④ 제품의 매출과 이익 창출 잠재력이 중요하다.
⑤ 하향식 기술 선택이 적용되어야 한다.

14 어느 회사가 그간 주목할 만한 국제특허를 여러 차례 획득하고 본인이 주저자로 참여한 논문이 세계적인 학술지에 등재된 연구원도 있을 정도로 우수한 연구 성과를 이룩하였다. 그러나 이러한 성과에도 불구하고 회사의 매출은 기대에 못 미치는 수준으로 오히려 연구역량이 자사에 훨씬 미치지 못하는 경쟁사에 비해서도 다소 떨어지는 실정이다. 내부분석 결과 이러한 부정적 상황은 회사가 철저한 시장조사를 바탕으로 한 연구기획을 하지 못했기 때문으로 밝혀졌다. 다음 중 이러한 상황을 극복할 수 있는 대안으로 적절하지 <u>않은</u> 것은?

① 기술개발에 앞서 어떤 기술을 어떻게 할 것인지 기획하는 과정에서 외부 환경인 경쟁사의 역량과 시장상황에 대한 평가가 우선되어야 한다.
② 시장 소비자들의 요구 기술에 대해서 우선적인 분석이 필요하다.
③ 기술선택을 위해 우선순위를 먼저 세워야 한다. 이를테면 쉽게 구할 수 없는 기술을 개발하고자 하는 것인지, 또는 최신기술을 활용해 진부화될 가능성이 적은 기술인지 등을 따져야 한다.
④ 전문가로서의 팀원을 구성하며 팀원들의 전문성을 높일 수 있도록 충분한 연구교육지원을 해야 한다.
⑤ 기업의 보유 자원을 냉정하게 분석해 기업의 중장기적 사업목표를 선정하고 그에 따른 기술개발을 해야 한다.

15 다음의 기획안에 해당하는 기술선택단계는?

> 제목 : 2021년도 연구개발 기획안 보완내용
> 수신자 : 전략기획실 ○○○ 실장님, △△△ 과장님
> 참조 : 전략기획실 □□□ 사원
> --
> 안녕하십니까? 저는 연구기획팀 ◇◇◇ 대리입니다.
>
> 저희 팀에서 제출한 2021년도 연구개발 기획안 내용 중 보완할 내용이 있어서 다시 메일을 드리오니,
> 기존에 발송 드린 파일을 첨부한 파일로 갈음하여 사용 부탁드립니다.
> 아울러 저희가 추가로 보완한 내용은 자사의 전략 상품인 저소음 청소기 개발부분입니다.
> 이전 보고서에서는 Home Appliances R&D팀과 선행기술개발팀에 어떠한 기술개발을 요청해야할지 위
> 주로 작성하였는데, 저희가 생각해보니 이런 기술들은 타사에서도 충분히 개발 가능한 만큼 타 팀의 자
> 문을 구하여 기술, 마케팅, 원가 등 모든 측면에서 어떻게 타사 대비 더 좋은 성과를 얻을 수 있을지 고민
> 한 내용을 추가하였습니다.
> 그럼 확인 부탁드리며, 이와 관련하여 궁금한 점이 있으시다면 언제든지 제게 전화나 메일을 주십시오.
> 감사합니다.
>
> ◇◇◇ 대리 드림

① 외부 환경 분석　　　　　　　　　　② 중장기 사업목표 설정
③ 내부 역량 분석　　　　　　　　　　④ 사업 전략 수립
⑤ 요구기술 분석

16 다음 사례에서 하는 일을 가리키는 말은?

> A사는 세계 최고의 복사기 회사로 전체 매출의 90% 이상을 차지하고 있었는데 일본의 한 회사에서 복
> 사기가 낮은 가격을 무기로 시장에서 돌풍을 일으키게 되어 매출이 40%대로 추락하게 되었다.
> 이에 A사는 새롭게 떠오른 일본 회사와 제품을 참조해 자사 제품에 응용함으로써 생산성과 품질향상에
> 성공하였고 생산 비용도 절감함으로써 다시 시장 점유율을 끌어 올리게 되었다.

① 모방　　　　　　　　　　　　　　② 차용
③ 표절　　　　　　　　　　　　　　④ 인수
⑤ 벤치마킹

17 다음 중 벤치마킹에 대한 설명으로 적절하지 <u>않은</u> 것은?

① 벤치마킹은 단순한 모방과는 달리 우수한 기업이나 성공한 상품 등의 장점을 충분히 배워 자사의 환경에서 재창조하는 것을 말한다.

② 벤치마킹은 비교대상에 따라 내부 벤치마킹과 글로벌 벤치마킹, 경쟁적 벤치마킹과 비경쟁적 벤치마킹으로 구분된다.

③ 직접적 벤치마킹은 인터넷 및 문서형태의 자료를 통하여 수행하는 방법을 말한다.

④ 간접적 벤치마킹의 경우 결과가 피상적이며 정확한 자료 확보가 어렵다는 단점이 있다.

⑤ 벤치마킹은 쉽게 아이디어를 얻어 신상품 개발과 조직 개선의 기법으로 많이 사용된다.

18 다음 중 벤치마킹의 원칙으로 바르지 <u>않은</u> 것은?

① 호혜성이란 양쪽 모두 회사가 이익을 보기 힘든 구조를 의미한다.

② 벤치마킹을 수행한 팀은 자신의 팀이나 부서, 회사로 돌아와서 얻은 교훈에 대해서 명확하게 전달하고 회사에 어떻게 응용하고 실행할 것인가에 대해서 설명할 수 있어야 한다.

③ 사용하는 측정 시스템이나 도구에 따라 결과가 다르게 나올 수 있기 때문에 양측 회사는 반드시 동일한 측정 시스템을 사용해야 된다.

④ 의견이나 직관, 가정에 의존한 자료들보다 타당도와 신뢰도를 보장할 수 있는 자료를 기준으로 해야 한다.

⑤ 우수한 기업이나 성공한 상품, 기술, 경영방식 등의 장점을 충분히 배우고 익힌 후 자사의 환경에 맞추어 재창조한다.

19 다음 중 직접적 벤치마킹의 특징으로 바르지 <u>않은</u> 것은?

① 벤치마킹 대상을 직접 방문하여 수행한다.

② 직접 접촉하여 자료를 입수하고 조사한다.

③ 정확하고 지속가능하다.

④ 벤치마킹 대상을 선정하기 쉽다.

⑤ 수행비용 및 시간이 과다하게 소요된다.

20 다음 중 간접적 벤치마킹의 특징으로 바르지 <u>않은</u> 것은?

① 인터넷이나 다른 경로를 통해 벤치마킹 대상 회사의 자료를 검토하는 방식으로 한꺼번에 많은 대상을 조사할 수 있다.

② 시간을 효율적으로 쓰고 비용을 절감할 수 있다.

③ 자료에 대한 검증이 비교적 쉽다.

④ 피상적이고 정확한 자료 확보가 어려워 핵심 정보를 구하기 힘든 경우가 많다.

⑤ 벤치마킹 대상의 수에 제한이 없고 다양하다.

21 다음 중 내부 벤치마킹에 대한 설명으로 옳지 <u>않은</u> 것은?

① 같은 기업 내의 다른 지역, 타 부서, 국가 간의 유사한 활동을 비교 대상으로 한다.

② 자료 수집이 용이하다.

③ 다각화된 우량기업의 경우 효과가 크다.

④ 관점에 제한이 없다.

⑤ 편중된 내부 시각에 대한 우려가 있다.

22 다음 중 경쟁적 벤치마킹에 대한 설명으로 옳지 <u>않은</u> 것은?

① 동일 업종에서 고객을 간접적으로 공유하는 경쟁기업을 대상으로 한다.

② 경영 성과와 관련된 정보 입수가 가능하다.

③ 업무와 기술에 대한 비교가 가능하다.

④ 윤리적 문제가 발생할 소지가 있다.

⑤ 대상의 적대적 태도로 인해 자료 수집이 어렵다.

23 문화 및 제도적인 차이로 발생하는 효과에 대한 검토가 없을 경우 잘못된 분석결과가 발생할 가능성이 높은 벤치마킹은?

① 내부 벤치마킹　　　　　　　② 외부 벤치마킹

③ 경쟁적 벤치마킹　　　　　　④ 비경쟁적 벤치마킹

⑤ 글로벌 벤치마킹

24 다음 내용에서 A씨가 사용한 방법에 대한 설명으로 적절하지 <u>않은</u> 것은?

> 네덜란드 PTC+ 교육이 시작된 이래 현재까지 딸기 재배의 가장 성공적인 케이스로 꼽히는 A씨. 그는 자신의 지역에서 하이베드 딸기 재배의 선구자로 꼽히고 있다.
>
> 하이베드 딸기는 높은 침대에서 자란 딸기라는 뜻으로 작물을 관리하기 쉽게 작업자의 높이에 맞추어 베드를 설치하여 재배하는 방법이다. 따라서 일반 딸기들이 지상에서 토경 재배되는 것과는 달리 지상 80cm 위에서 양액재배를 하기 때문에 노동력이 적게 들고, 연작장애가 없고 위생적인 관리가 가능한 농법이다.
>
> 그러나 A씨는 네덜란드 PTC+에서 배워온 딸기 재배 기법을 단순 적용한 것이 아니라 우리나라 실정에 맞게 재배 기법을 변형하여 실시함으로써 고수익을 올린 것으로 유명하다. 그는 수개월간 노력 끝에 네덜란드의 기후, 토양의 질 등과는 다른 우리나라 환경에 적합한 딸기를 재배하기 위해 배양액의 농도, 토질, 조도시간, 생육기관과 당도까지 최적의 기술을 연구함으로써 국내 최고의 질을 자랑하는 딸기를 출하할 수 있게 되었다.

① 수행방식에 따른 분류에서 간접적 벤치마킹을 하였다.
② 비교대상에 따른 분류에서 글로벌 벤치마킹을 하였다.
③ 기술 습득이 상대적으로 용이하다.
④ 비경쟁적 방법이다.
⑤ 수행비용 및 시간이 과다하게 소요된다.

25 다음 중 벤치마킹의 4단계 발전의 순서로 옳게 나열된 것은?

① 계획단계 → 분석단계 → 자료 수집 단계 → 개선단계
② 계획단계 → 자료 수집 단계 → 분석단계 → 개선단계
③ 자료 수집 단계 → 계획단계 → 분석단계 → 개선단계
④ 자료 수집 단계 → 분석단계 → 개선단계 → 계획단계
⑤ 분석단계 → 자료 수집 단계 → 개선단계 → 계획단계

26 벤치마킹의 4단계 발전 중 계획단계에 대한 설명으로 옳지 <u>않은</u> 것은?

① 기업은 자사의 핵심 성공요인, 핵심 프로세스, 핵심 역량 등을 파악해야 한다.
② 벤치마킹할 프로세스는 문서화되어야 한다.
③ 벤치마킹할 프로세스의 특성이 기술되어야 한다.
④ 벤치마킹 파트너 선정에 필요한 요구조건이 작성되어야 한다.
⑤ 벤치마킹 파트너를 선정한 이유가 기술되어야 한다.

27 벤치마킹의 4단계 발전 중 분석단계에서 수행해야 하는 업무로 적절하지 <u>않은</u> 것은?

① 데이터 분석
② 근본원인 분석
③ 자료 및 문헌조사
④ 결과예측
⑤ 동인판단

28 다음 중 벤치마킹의 주요 단계의 순서로 옳게 나열된 것은?

① 대상 결정 → 범위 설정 → 측정범위 결정 → 개선계획 수립 → 성과차이 분석 → 변화관리 → 벤치마킹
② 범위 설정 → 대상 설정 → 측정범위 결정 → 성과차이 분석 → 변화관리 → 개선계획 수립 → 벤치마킹
③ 범위 설정 → 측정범위 결정 → 벤치마킹 → 대상 결정 → 개선계획 수립 → 변화관리 → 성과차이 분석
④ 대상 결정 → 범위 설정 → 측정범위 결정 → 개선계획 수립 → 벤치마킹 → 성과차이 분석 → 변화관리
⑤ 범위 설정 → 측정범위 결정 → 대상 결정 → 벤치마킹 → 성과차이 분석 → 개선계획 수립 → 변화관리

29 비용은 적게 들고 시장을 선도할 수 있는 기술을 개발할 계기를 마련하기 위해 벤치마킹사례 세미나를 개최했을 경우 세미나 자료로 등장할 벤치마킹 사례 중 올바르지 <u>않은</u> 것은?

① A회사는 미국에서 도입한 오렌지 재배 기법을 우리나라 실정에 맞게 재배 기법을 변형하여 실시해 고수익을 올렸다. 이는 미국과 다른 우리나라 환경에 적합하게끔 배양액의 농도, 토질, 조도시간 등을 연구해 이뤄낸 결과였다.

② B회사는 영업 3팀의 신입사원 육성방식에 매우 유명하다. 초짜 신입사원에게 혹독하지만 다양한 견문을 넓힐 수 있도록 과제를 내주고 실무 경험을 쌓을 수 있도록 배려하기 때문이다. 이러한 모습은 옆 부서인 인사 2팀의 입장에서도 영향을 끼쳐 신입사원 육성에 직접 나서게 했다. 다만, 부서 특성상 건물이나 실무 경험을 넓히기보다는 노무 관련 교육과 노무 관련 사례들을 제공해주고 인사실시 과정에 직접 참관토록 하는 방식으로 활용하게 되었다.

③ C카페는 자체 기술과 기술 개발인력이 많지 않아 다른 카페를 일일이 방문해 참고사례를 최대한 수집해오는 방식을 통해 지역사회 경쟁력을 확보하고자 노력했다. 그 결과 자체 연구 인력이 부족함에도 불구하고 매출 측면에서 좋은 성과를 달성할 수 있었다.

④ D고속은 고속버스를 운영하면서 고객들의 불만이 많이 접수된 차종에 대해 대대적인 변화를 기획했다. 특히 일본에서 생산된 한 차종은 다양한 옵션이 부가되었으면서도 저렴한 비용에

공급되어 국내에서 많은 판매량을 기록했는데 이 차종을 직접 수입해 고속버스 회사로서는 최초로 일선에 배치하는 모습을 보여 고객의 호평을 이끌어냈다.

⑤ E회사는 소규모 기업교육 회사다. 비록 회사의 규모나 사무실은 별 볼 일 없지만 미국의 F라는 회사가 현장교육에서 높은 사업결과를 내는 것을 보고 현장교육 커리큘럼을 벤치마킹하여 국내에 적극 도입해 좋은 성과를 낼 수 있었다.

30 벤치마킹을 수행방식에 따라 직접적 또는 간접적으로 분류할 시 다음 사례와 같은 벤치마킹 방식의 특징으로 <u>잘못</u> 설명한 것은?

> 〈서울로 7017〉은 서울시장에 2015년에 미국 방문 시 뉴욕 하이라인 파크를 보고 깊은 감명을 받은 이후, 서울시 공무원들이 세계 유사 사례를 직접 방문하고 벤치마킹하여 오늘날 〈서울로 7017〉로 탄생하게 되었다.
> 〈서울로 7017〉을 총괄 감독한 네덜란드 건축가 '비니마스'는 인터뷰에서 '서울로는 뉴욕의 하이라인 파크를 참고했지만 설치물 콘셉트부터 조형적 배치까지 모든 것을 하이라인 파크와는 다르게 의도적으로 변형하였다고 말했다. 애초에 폐기철로인 하이라인과 사용 중이던 자동차도로였던 서울역 고가도로는 근본적으로 다르기 때문이다.

① 필요로 하는 정확한 자료의 입수 및 조사가 가능하다.
② 짧은 시간에 다양한 벤치마킹 대상을 통해 적절한 모델을 수립할 수 있다.
③ Contact Point 확보로 벤치마킹의 이후에도 계속적으로 자료의 입수 및 조사가 가능하다.
④ 벤치마킹 수행과 관련된 비용 및 시간이 많이 소요된다.
⑤ 적절한 대상 선정에 한계가 있다.

31 제시된 다음 사례의 마지막 부분에 해당하는 벤치마킹의 단계로 적절한 것은?

> I사는 해외 3D프린터 사업이 확대되는 경향을 인지하였으나 자사 3D프린터의 정밀도가 개선되지 않아 타사의 제품모델을 벤치마킹할 것을 결정하였다. 이후 I사는 A과장에게 벤치마킹 과정을 일임하여 타사 3D프린터의 우수점을 분석하였고 이에 따라 A사의 3D프린터가 전문가를 겨냥한 정밀한 소재배열 기술과 마케팅으로 선전하고 있음을 알게 되었다. 이에 A과장은 V사의 제품을 벤치마킹할 것으로 정하고 V사와 직접적으로 기술제휴를 할 것을 I사에 건의하였다.

① 범위 결정
② 대상 결정
③ 벤치마킹
④ 성과 차이 분석
⑤ 변화 관리

32 다음 중 벤치마킹에 대한 설명으로 적절하지 <u>않은</u> 것은?

① 벤치마킹의 대상에 제한을 두지 않고 많은 수의 사례를 응용할 수 있다.

② 벤치마킹에 필요한 핵심적인 자료를 확보하는 데는 비교적 어렵다.

③ 벤치마킹 이후에도 Contact Point가 확보되어 있으므로 계속적으로 접촉하여 조사 및 참고가 가능하다.

④ 벤치마킹을 위해 확보할 수 있는 자료는 피상적이기 쉽다.

⑤ 탐색에 드는 시간과 비용이 상대적으로 저렴하다.

(2) 매뉴얼의 이용 방법
| 정답 및 해설 p.215

01 다음 중 매뉴얼에 대한 설명으로 옳지 <u>않은</u> 것은?

① 제품 박스 안에 들어있는 사용서, 설명서 등을 매뉴얼이라고 한다.

② 매뉴얼은 소설의 한 종류이다.

③ 직원들의 교육 목적으로도 많이 쓰인다.

④ 필요한 정보와 유용한 정보를 중심으로 구성되어야 한다.

⑤ 직원들을 위한 교육에도 널리 사용된다.

02 다음 중 매뉴얼에 대한 설명으로 옳지 <u>않은</u> 것은?

① 사전적 의미의 매뉴얼은 어떤 기계의 조작 방법을 설명해 놓은 사용 지침서를 의미한다.

② 제품 매뉴얼은 제품의 기능이나 사용방법, 고장 조치방법, 유지 보수 등 제품에 관련된 모든 서비스에 대해 소비자가 알아야 할 정보를 제공하는 것을 말한다.

③ 제품 매뉴얼은 사용자의 유형과 사용 능력을 파악하고 사용자의 오작동까지도 고려해 만들어져야 한다.

④ 업무 매뉴얼은 일의 진행 방식이나 관리상의 절차가 표준화되지 않도록 작성되어야 한다.

⑤ 업무 매뉴얼은 프랜차이즈 점포의 경우 '편의점 운영 매뉴얼', '품질 경영 매뉴얼' 등으로 사용될 수 있다.

03 다음 중 제품 매뉴얼에서 제공하는 정보가 <u>아닌</u> 것은?

① 제품의 특징　　　　　　　　　② 사용 방법
③ 고장 조치 방법　　　　　　　　④ 유지 보수
⑤ 제품 제조 과정

04 다음 중 업무 매뉴얼의 이점으로 옳지 <u>않은</u> 것은?

① 회사 업무의 표준화 작업이 가능하다.
② 소비자에게 제품에 대한 신뢰를 제공할 수 있다.
③ 어느 정도 체계적인 업무가 가능하다.
④ 단순한 업무 교육에 시간을 낭비할 필요가 없다.
⑤ 관리상의 절차에 일관성이 있다.

05 다음 중 매뉴얼의 작성 단계를 순서대로 나열한 것은?

① 기획 → 사용자 분석 → 스토리보드 작성 → 작업 할당 → 자료 수집 → 매뉴얼 제작
② 기획 → 사용자 분석 → 작업 할당 → 스토리보드 작성 → 자료 수집 → 매뉴얼 제작
③ 자료 수집 → 사용자 분석 → 스토리보드 작성 → 작업 할당 → 기획 → 매뉴얼 제작
④ 자료 수집 → 사용자 분석 → 스토리보드 작성 → 매뉴얼 제작 → 기획 → 작업 할당
⑤ 사용자 분석 → 기획 → 자료 수집 → 매뉴얼 제작 → 스토리보드 작성 → 작업 할당

06 다음 중 매뉴얼 작성을 위한 방법으로 적절하지 <u>않은</u> 것은?

① 매뉴얼 내용 서술에 애매모호한 단어 사용을 금지해야 하며, 추측성 기능의 내용 서술도 피해야 한다.
② 의미전달을 명확하게 하기 위해 수동태 동사를 사용하며 명령을 사용함에 있어서 단정적으로 표현하기보다 약한 형태로 표현해야 한다.
③ 사용자가 매뉴얼을 한번 본 후 더 이상 필요하지 않도록 빨리 외울 수 있게 배려하는 것이 필요하다.
④ 짧고 의미 있는 제목과 비고를 통해 사용자가 원하는 정보의 위치를 파악할 수 있도록 해야 한다.
⑤ 6하 원칙에 의거한 사용자의 질문들을 예상하고 사용자에게 답을 제공할 수 있어야 한다.

[07 – 08] 다음 에어컨 관리 매뉴얼의 내용을 토대로 물음에 알맞은 답을 고르시오.

〈사용 시 주의사항〉

1. 에어컨 필터에 먼지가 끼는 경우 냉방 효율이 떨어지고 전기가 많이 소모됩니다. 구입 후 가정에서는 1개월에 한 번씩, 식당에서는 2개월에 한 번씩, 기타 장소에서는 3개월에 한 번씩 청소해 주십시오.
2. 창문으로 햇빛이 들어오는 경우 커튼이나 블라인드로 막아주시면 실내 온도가 2℃ 정도 떨어집니다.
3. 필요 이상으로 설정온도를 낮추면 과도한 전기소모로 인해 전기요금이 많이 나올 뿐만 아니라 고장의 원인이 될 수 있습니다. 설정온도는 25~26℃가 적당합니다.
4. 사용 시 자주 전원을 켰다 끄기를 반복하지 않도록 주의해 주십시오. 이 경우 전기요금이 많이 나올 수 있습니다.
5. 냉방 시 열기기 사용을 삼가 주십시오.
6. 에어컨 바람을 막는 장애물이 없는 곳에 설치해 주십시오.

〈장기 미사용 시 보관방법〉

1. 공기청정 버튼을 눌러 에어컨 내부의 습기와 곰팡이를 제거합니다. 맑은 날 1시간 이상이 작업을 해야 합니다.
2. 주전원 스위치를 내리고 전기 플러그를 뽑습니다. 전원을 차단하면 실외기로 전기가 흐리지 않아 천재지변으로부터 안전을 지킬 수 있습니다.
3. 부드러운 천을 사용하여 실내기와 실외기를 깨끗하게 청소합니다.

〈A/S 신청 전 확인 사항〉

증상	확인 사항	조치 방법
운전이 전혀 되지 않음	주전원 스위치가 내려져 있지 않은가?	주전원 스위치를 올려 주세요.
	전압이 너무 낮지 않은가?	정격 전압 220V를 확인하세요.
	정전이 되지 않았는가?	다른 전기기구를 확인해주세요.
정상보다 시원하지 않음	희망 온도가 실내 온도보다 높지 않은가?	희망 온도를 실내 온도보다 낮게 맞추세요.
	제습 또는 공기청정 단독운전을 하고 있지 않은가?	냉방운전을 선택해주세요.
	찬 공기가 실외로 빠져나가고 있지 않은가?	창문을 닫고 창문의 틈새를 막아 주세요.
	햇빛이 실내로 직접 들어오지 않은가?	커튼, 블라인드 등으로 햇빛을 막아주세요.
	실내에 열을 내는 제품이 있는가?	열을 내는 제품과 같이 사용하지 마세요.
	실내기와 실외기의 거리가 너무 멀지 않은가?	배관 길이가 10cm 이상이 되면 냉방능력이 조금씩 떨어집니다.
	실외기 앞이 장애물로 막혀 있지 않은가?	실외기의 열교환이 잘 이루어지도록 장애물을 치워주세요.
찬바람이 연속으로 나오지 않음	제품을 정지한 후 곧바로 운전시키지 않았는가?	실외기의 압축기 보호 장치가 동작하였기 때문입니다. 약 3분 후에 찬바람이 나올 것입니다.
운전 정지 후에도 동작이 멈추지 않음	자동건조 기능이 설정되어 있지 않은가?	자동건조 기능 설정 시 운전 정지 후 약 3분간 송풍운전을 통해 제품 내부 습기를 제거해 줍니다.

실내기에서 물이 넘침	무거운 물건이 호스를 누르고 있지 않은가?	호스를 누르고 있는 물건을 제거해주세요.
	배수호스 끝이 물받이 연결부보다 높게 설치되어 있거나 호스가 꼬여 있는가?	배수호스는 물이 잘 빠지도록 물받이 연결부보다 반드시 낮게 설치해야 합니다.

07 여름철 전기 사용량이 과다하다는 통보를 받고 에어컨 관리를 통해 이를 해결하려고 할 때 취할 수 있는 조치로 적절하지 <u>않은</u> 것은?

① 실내 등이 켜진 곳에서는 블라인드를 친다.

② 필터 청소를 3개월에 한 번씩 실시한다.

③ 에어컨 실외기를 깨끗이 청소한다.

④ 직원들이 전원 On/Off 버튼을 자주 누르지 않도록 공고한다.

⑤ 에어컨 설정온도를 26℃ 정도에서 낮추지 않도록 유도한다.

08 에어컨의 냉방 효율이 떨어진다는 불만이 제기되었을 때 확인해야 할 사항으로 적절하지 <u>않은</u> 것은?

① 자동건조 기능이 설정되어 있는지 확인한다.

② 다른 열기기가 있는지 찾아본다.

③ 희망 온도와 실내 온도를 대조해 본다.

④ 실외기 앞에 장애물이 없는지 확인한다.

⑤ 배관 길이를 확인한다.

사용하기 전에 안전을 위한 주의사항

• 화기 및 난로와 같이 뜨거운 물건을 가까이 놓지 마세요.

• 장시간 사용하지 않을 경우에는 전원케이블을 빼세요.

• 습기, 먼지나 그을음 등이 많은 장소에 설치하지 마세요.

• 제품 청소 시에는 전용 세척제를 사용하세요.

• 책장이나 벽장 등 통풍이 되지 않는 장소 및 카펫이나 방석 위에 설치하지 마세요.

홈 네트워크에 스피커 연결하기

유선 네트워크를 사용하면 기기가 무선 주파수의 방해 없이 네트워크에 직접 연결되어 최적의 성능을 제공합니다. 무선 연결 시 무선 전파 간섭으로 네트워크 연결이 끊기거나 재생이 중지될 수 있으니 유선 연결사용을 권장합니다. 자세한 방법은 네트워크 기기의 설명서를 참조하세요.

준비 사항

• 가정에 공유기를 통한 네트워크 환경이 설치되어 있는지 확인하세요.

• 스피커와 스마트 기기가 동일한 공유기에 연결되어 있는지 확인하세요.

필수 기기

• 유/무선 공유기

• 스마트 기기(안드로이드 또는 iOS)

• 무선 공유기에 DHCP 서버가 활성화되어 있는지 확인하세요.

• 공유기와 스피커가 연결되지 않을 경우, 공유기의 설정에서 무선 격리 옵션이 '사용 안함'으로 설정되어 있는지 확인하세요.

홈 메뉴 살펴보기

스마트 기기에서 스마트 오디오 앱을 선택하세요.

[홈] 메뉴가 나타납니다.

1. 오늘은 이런 음악 어때요?

　추천 내용을 보려면 해당 부분을 선택하세요.

2. 스트리밍 서비스

　스트리밍 서비스 목록을 보여줍니다. 온라인 라디오와 음악을 즐길 수 있습니다. 지역에 따라 다르며 '편집'을 터치하여 변경할 수 있습니다.

3. 즐겨찾기

　즐겨 찾는 곡이 표시됩니다.

4. 자주 들은 음악

　이 스피커에서 가장 많이 재생된 곡이 표시됩니다.

5. 내 재생 목록

　재생 목록이 표시됩니다.

6. 타임라인

이 스피커에서 재생되었던 곡 리스트가 표시됩니다.

09 사용설명서를 읽고 오디오를 설치하였을 때 설명서의 내용을 따르지 <u>않은</u> 것은?

① 아이가 볼펜으로 낙서를 해서 오디오 앞부분을 알코올로 닦아냈다.

② 거실 오른쪽에 난로가 설치되어 있어 최대한 떨어진 왼쪽 편에 오디오를 설치하였다.

③ 한 달간 가족여행을 갈 예정이라 전원케이블을 빼두었다.

④ 오디오에 먼지가 앉아 먼지떨이개로 먼지를 제거하였다.

⑤ 바람이 잘 통하는 창문 옆에 오디오를 설치하였다.

10 홈 네트워크에 스피커를 연결하니까 연결이 끊기고 재생이 잘 되지 않는다. 확인해야 할 사항으로 옳지 <u>않은</u> 것은?

① 무선 공유기에 DHCP 서버가 활성화되어 있는지 확인한다.

② 스피커와 스마트 기기가 동일한 공유기에 연결되어 있는지 확인한다.

③ 유선 네트워크를 사용하면 전파 간섭으로 네트워크 연결이 끊기거나 재생이 중지될 수 있어 무선 네트워크 사용을 권장한다.

④ 가정에 공유기를 통한 네트워크 환경이 설치되어 있는지 확인한다.

⑤ 무선 격리 옵션의 설정 상태를 확인한다.

11 홈 메뉴에 대한 설명으로 옳지 <u>않은</u> 것은?

① 스마트 기기에서 오디오 앱을 실행하면 [홈] 메뉴가 나타난다.

② [즐겨찾기]에는 스피커에서 가장 많이 재생된 곡이 표시된다.

③ [스트리밍 서비스]에서는 온라인 라디오와 음악을 즐길 수 있다.

④ 스피커에서 재생되었던 곡 리스트를 보려면 [타임라인]을 확인한다.

⑤ [오늘은 이런 음악 어떠세요?]에서 추천 내용을 볼 수 있다.

[12 – 14] 사무실에서 사용하던 청소기가 고장이 나 로봇청소기를 구입하였다. 다음 사용설명서를 보고 물음에 답하시오.

주의사항

1. 물 또는 빗물이 튀는 곳이나 습기가 많은 곳에 설치하지 마세요.
   - 제품 충전 시 화재의 원인이 됩니다.
   - 환기가 잘 되는 곳에 설치하세요.
2. 본 제품은 220V 전용입니다. 사용 전 반드시 공급되는 전압을 확인하세요.
   - 제품 고장 또는 누전 시 감전의 원인이 됩니다.
3. 전원선을 무리하게 구부리거나 무거운 물건에 눌려 손상되지 않도록 주의하세요.
   - 전원선이 손상되어 감전 또는 상해의 원인이 됩니다.
4. 전원 플러그를 하나의 콘센트에 여러 개 동시에 사용하지 말고 반드시 15A 용량 이상의 콘센트를 사용하세요.
   - 콘센트의 이상 발열로 화재의 원인이 됩니다.
   - 차단기가 작동하여 전원이 꺼질 수 있습니다.

리모컨

- 리모컨으로 로봇청소기의 전원을 켜거나 끌 수 없습니다.
- 삼파장 형광등과 같은 특정 형광등 주변에서는 리모컨이 정상적으로 작동하지 않을 수도 있습니다.
- 로봇청소기와 리모컨 사이의 거리가 멀어질 경우 리모컨이 정상적으로 작동하지 않을 수도 있습니다. 로봇청소기와의 거리를 3m 이내로 유지하십시오.
- 여러 개의 리모컨 버튼을 동시에 누르면 리모컨이 정상적으로 작동하지 않을 수도 있습니다.
- 리모컨을 사용하지 않을 때에는 충전대에 있는 리모컨 거치대에 보관할 수 있습니다.
- 모드변경, 지정영역, 시간설정 버튼을 사용하려면 로봇청소기를 정지해야 합니다.

충전하기

- 충전 단자에 이물질이 묻어 있으면 제품이 정상적으로 충전되지 않을 수 있습니다. 부드러운 천을 사용하여 청소하십시오.
- 배터리가 완전히 방전된 상태에서 충전이 완료될 때까지 약 3시간 정도 걸립니다.
- 충전 시간은 배터리의 상태에 따라 달라질 수 있습니다.
- 로봇청소기의 주 전원 스위치가 꺼진 상태에서는 충전이 되지 않습니다.
- 충전대에서 청소를 시작하지 않거나 로봇청소기를 직접 들어서 옮긴 경우에는 로봇 청소기가 충전대를 찾는 시간이 길어질 수 있습니다.

고장 신고 전 확인사항

증상	원인	해결책
전원이 켜지지 않습니다.	• 로봇청소기의 전원 스위치가 꺼져있습니까? • 배터리가 완전히 방전되었습니까?	• 로봇청소기의 뒷면에 있는 전원 스위치를 켜십시오. • 로봇청소기를 수동으로 충전하십시오.

자동으로 전원이 꺼집니다.	• 로봇청소기가 충전중이지 않은 상태로 10분 이상 멈춰 있었습니까? • 로봇청소기가 장애물에 갇혀있는 상태로 10분 이상 멈춰 있었습니까?	• 로봇청소기가 충전중이지 않은 상태로 10분 이상 대기하면 전원이 자동으로 꺼집니다. 로봇청소기를 충전상태로 보관하십시오. • 로봇청소기 주변의 장애물을 정리한 후 사용하십시오.
충전되지 않습니다.	• 로봇청소기의 주 전원 스위치가 꺼져있습니까? • 충전대 주변에 장애물이 있습니까? • 충전대의 전원 램프가 꺼져 있습니까?	• 로봇청소기의 뒷면에 있는 주 전원 스위치를 켜십시오. • 충전대 주변에 있는 장애물을 치우십시오. • 충전대에 전원 플러그가 꽂혀 있는지 확인하십시오.
흡입력이 약해졌습니다.	• 흡입구에 이물질이 끼어있습니까? • 먼지통이 가득 차 있습니까? • 먼지통 필터가 막히지 않았습니까?	• 흡입구에 이물질이 있는지 확인하십시오. • 먼지통을 비우십시오. • 먼지통 필터를 청소하십시오.
소음이 심해졌습니다.	• 먼지통이 로봇청소기에 제대로 장착되어 있습니까? • 먼지통 필터가 먼지통에 제대로 장착되어 있습니까?	• 먼지통을 제대로 장착하십시오. • 먼지통 필터를 제대로 장착하십시오.
작동하지 않습니다.	• 로봇청소기의 주 원천 스위치가 꺼져 있습니까? • 배터리가 완전히 방전되었습니까?	• 로봇청소기의 뒷면에 있는 주 전원 스위치를 켜십시오. • 로봇청소기를 수동으로 충전하십시오.

12 먼지통 필터를 제대로 장착해서 청소기의 작동불량을 해결하였을 때 어떤 작동불량이 발생하였는가?

① 로봇청소기의 전원이 자동으로 꺼진다.
② 로봇청소기의 흡입력이 약해졌다.
③ 로봇청소기가 동작을 하지 않는다.
④ 로봇청소기의 소음이 심해졌다.
⑤ 로봇청소기가 충전이 되지 않는다.

13 로봇 청소기를 충전하는 방법에 대한 설명으로 옳지 않은 것은?

① 로봇청소기의 주 전원 스위치가 꺼진 상태에서는 충전이 되지 않는다.
② 배터리가 30% 정도 남아있는 상태에서 충전이 완료될 때까지는 약 3시간 정도 걸린다.
③ 청소기를 직접 들어서 옮긴 경우에는 충전기가 충전대를 찾는 시간이 길어질 수 있다.
④ 충전 단자에 이물질이 묻어 있으면 정상적으로 충전되지 않을 수 있다.
⑤ 충전 시간은 배터리의 상태에 따라 달라질 수 있다.

14 리모컨을 사용하는 방법에 대한 설명으로 옳지 <u>않은</u> 것은?

① 특정 형광등 주변에서는 리모컨이 정상적으로 작동하지 않을 수도 있다.

② 로봇청소기와 리모컨 사이의 거리가 멀어질 경우 리모컨이 정상적으로 작동하지 않을 수 있다.

③ 리모컨을 거치대에 보관하지 않고 사용할 시 정상적으로 작동하지 않을 수 있다.

④ 여러 개의 리모컨 버튼을 동시에 누르면 리모컨이 정상적으로 작동하지 않을 수 있다.

⑤ 로봇청소기와의 거리를 3m 이내로 유지해야 한다.

[15 – 16] 다음은 항공기가 출발 지연된 여러 원인을 나타낸 표이다. 표를 보고 이어지는 질문에 답하시오.

장비	• 항공기의 탑승구 도착지연 – 도착 지연 – 활주로의 출발선까지 항공기를 후진시키는 작업 지연
자재	• 항공기 수화물 적재 지연 • 연료 주입 지연 • 기내식 반입 지연
직원	• 탑승구 직원의 승객탑승 임무 수행 미숙 – 업무수행 직원 부족 – 기내 청소부 지각 – 탑승업무 수행직원의 동기 부여 부족
고객	• 초과부피 수화물을 소유한 승객이 체크인 카운터를 거치지 않고 통과
절차	• 늦게 도착한 승객탑승 허용 – 지각한 승객 보호 욕구 – 항공사 수익증대 욕구 – 혼란스러운 기내 좌석 선택
정보	• 항공기 출발에 관한 방송 미비 • 수화물 및 승객명세자료 도착 지연
기타	• 기상조건 • 항공기 체증

15 위 표를 봤을 때 항공기의 매뉴얼에 들어갈 수 있는 내용으로 적절하지 <u>않은</u> 것은?

① 출발 시간이 지나고 온 승객은 탐색하지 못한다.

② 항공기 출발 20분전에 출발에 관한 방송을 해야 한다.

③ 기상조건이 나쁘면 이륙할 수 있다.

④ 수화물에 관계없이 정해진 시간에 이륙해야 한다.

⑤ 모든 승객은 탑승 시 체크인 카운터를 거쳐야 한다.

16 위 표를 봤을 때 항공기가 지연되었을 때 매뉴얼을 만들면서 할 수 있는 말로 적절하지 <u>않은</u> 것은?

① 체크인하고 카운터를 통과하는 것이 상식 아닙니까? 자신만 생각하지 말고 다른 사람도 생각 하세요.

② 아직도 연료가 주입되지 않았다고요? 도대체 지금까지 뭐하고 있었던 겁니까?

③ 제시간에 출발하면 수행직원 모두 성과금이 나오니 인원이 부족하다고 하지 말고 모두 조금 만 더 힘냅시다.

④ 항공기를 아직 후진도 못시키고 있다니 지금까지 정비를 하지 않은 이유가 무엇입니까?

⑤ 출발 시간이 한참 지났는데 지각 승객 때문에 출발을 못한다니, 기장은 대체 뭐하는 사람입니까?

[17 – 18] 다음 카메라의 사용매뉴얼을 보고 이어지는 질문에 답하시오.

안전상의 주의

• 태양을 프레임 안에 넣지 마십시오.

태양이 프레임 안이나 가까이 있으면 카메라 안으로 초점이 모여 불이 붙을 수 있습니다.

• 뷰파인더를 통해 태양을 보지 마십시오.

뷰파인더를 통해 태양이나 다른 강한 광원을 볼 경우 영구적인 시력 손실을 초래할 수 있습니다.

• 분해하지 마십시오.

카메라의 내부 부품을 만지면 부상을 입을 수 있습니다. 오작동 시 공인 전문가만이 제품을 수리할 수 있습 니다. 사고로 제품이 파손되어 내부가 노출되었을 경우 배터리와 AC 어댑터를 제거한 다음 서비스 지점에 수리를 의뢰하여 주십시오.

• 적합한 케이블을 사용하십시오.

케이블을 입력 및 출력 잭에 연결할 때에는 제품 규정 준수를 위해 당사에서 제공하거나 판매하는 전용 케이 블만 사용하여 주십시오.

• 플래시를 사용할 때 주의하십시오.

플래시는 적어도 피사체에서 1m 정도 떨어져야 합니다. 유아를 촬영할 때는 특별한 주의를 기울여야 합니다.

• 액정 모니터를 만지지 마십시오.

모니터가 파손된 경우 모니터 액정이 피부에 닿거나 눈이나 입에 들어가지 않도록 주의하십시오.

터치스크린 사용

• 터치스크린

터치스크린은 정전기에 반응합니다. 그러나 스크린에 타사 보호 필름이 부착되어 있거나 손톱이나 장갑을 낀 손으로 만지면 반응하지 않을 수 있습니다. 무리하게 힘을 가하거나 날카로운 물체를 스크린에 대지 마십시오.

• 터치스크린 사용

손바닥이나 다른 손가락을 스크린의 다른 위치에 둔 상태에서 작동시키는 경우 예상과 같이 스크린이 동작 하지 않을 수 있습니다. 살짝 터치하거나, 손가락을 빠르게 움직이거나, 손가락이 스크린에 닿지 않았을 경우 동작을 인식 못 할 수도 있습니다.

• 터치 컨트롤 켜기 또는 끄기
  설정 메뉴의 터치 컨트롤 옵션을 사용하여 터치 컨트롤을 켜거나 끌 수 있습니다.

참조

• 설정 메뉴의 터치 컨트롤 옵션을 사용하여 전체화면 재생에서 다른 화상을 볼 수 있도록 손가락이 팅기는 방향을 선택할 수 있습니다.

17 다음 중 카메라의 주의사항을 숙지하지 못한 경우는?

① 모니터가 파손되어 액정이 손에 닿지 않도록 주의하고 수리를 의뢰하였다.

② 카메라가 갑자기 오작동하여 서비스 지점에 방문해 전문가에게 내부 부품을 수리하였다.

③ 사진을 더 가까이에서 찍기 위해 50cm 앞에서 플래시를 터트려 촬영하였다.

④ 화재의 위험을 우려하여 프레임 안에 태양을 넣지 않도록 주의하였다.

⑤ 케이블 입력 시 당사에서 제공하거나 판매하는 전용 케이블을 사용하였다.

18 다음 중 터치스크린이 작동하지 않을 때 확인해야 할 사항으로 옳지 않은 것은?

① 스크린에 타사 보호 필름이 부착되어 있는지 확인해본다.

② 최대한 힘을 주어 스크린을 다시 터치해본다.

③ 손가락을 천천히 움직여 본다.

④ 터치 컨트롤 옵션에서 터치 컨트롤이 꺼져있는지 확인해본다.

⑤ 손가락이 스크린에 위치한 상태를 확인해본다.

[19 – 21] 다음 전화사용 매뉴얼을 보고 이어지는 질문에 답하시오.

- 일반 전화걸기 : 회사 외부로 전화를 거는 경우 수화기를 들고 번호를 누르면 된다.
- 전화 타 직원에게 돌려주기 : 수화기를 들고 #버튼을 누른 후 원하는 직원의 내선번호를 누른다.
- 직원 간 내선통화 : 수화기를 들고 직원의 내선번호를 누른다.
- 전화 당겨 받기 : 수화기를 들고 *버튼을 2번 누른다.
- 재다이얼 : 재다이얼 버튼을 누르고 원하는 번호를 찾아 발신버튼을 누른다.
- 착신전환 : #버튼을 누르고 1664를 누른 후 받을 전화번호를 누른다.
- 통화대기 : 통화 도중 통화대기 버튼을 누르고 수화기를 내린다. 다시 통화하려면 수화기를 들고 통화대기버튼을 누른다.
- 외부전화로 돌려주기 : 통화중 #버튼을 누른 후 돌려줄 외부전화번호를 누른다.
- 단축 다이얼 : 단축 다이얼 버튼을 누른 후 원하는 번호를 누르고 1~9번호를 누른다.

19 매뉴얼의 내용과 관련하여 전화기를 만들 때 만들지 않아도 되는 버튼은?

① 단축 다이얼   ② *
③ 돌려주기   ④ 통화대기
⑤ 1664

20 매뉴얼을 보고 부족한 부분을 추가 수정할 때 적절하지 않은 수정은?

① 외부의 개인 전화로 돌려주는 방법
② 3자간 통화하는 방법
③ 내선 전화를 예약해 두는 방법
④ 해외로 전화를 거는 방법
⑤ 음성 메시지를 확인하는 방법

21 다음 상황 중 매뉴얼을 외우고도 실행이 불가능한 행동은?

① 급히 지방으로 출장갈 일이 있어서 회사로 오는 전화를 내 핸드폰으로 받을 때
② 상사의 허락을 맡아야 돼서 잠시 통화를 대기시킬 때
③ 상의가 필요하여 동료와 함께 통화를 해야 할 때
④ 다시 전화를 걸어야 하는 경우 필요한 번호를 저장시킬 때
⑤ 자신에게 잘못 걸린 전화를 원래 연락받아야 할 동료에게 돌려줄 때

펜&마우스를 사용해 주셔서 감사합니다.

펜&마우스는 윈도우 사용자 환경에 맞게 설계되어 있으며 별도의 소프트웨어 설치 없이 USB 포트에 연결해서 바로 사용할 수 있습니다. 모든 Windows(win 7 이상)와 MAC에서 편하게 사용하십시오.

구성물

펜, 충전기, 사용가이드, 전용패드

제품의 특징

• 일반마우스 기능
• 휴대가능
• 최대 5m 수신
• 레이저 포인트 기능
• 글자 포인트 및 색 조절 기능
• 스크롤 기능

사용법

일반 만년필같이 잡으면 되지만 일반적인 필기용 펜과 다르기 때문에 사용할 때에는 펜촉을 돌리지 마십시오.

마우스패드 사용

유리나 백지 또는 기타 빛이 많이 반사되는 재질을 제외한 모든 표면에서 사용이 가능합니다. 최적화된 기능을 사용하시기 위해서는 전용패드를 사용하셔야 합니다.

충전

• 최초 사용 시 전원을 끈 상태에서 12시간 이상 충전하여 사용해주세요. 충전기를 연결하면 최소 1시간 이상 은 충전을 해야 오래 사용하실 수 있습니다. 충전기를 연결하면 램프에 적색 불이 들어오며, 충전완료시 녹색 불이 들어옵니다.
• 충전 중에도 사용하실 수 있습니다.(일반 사용 때보다 배터리가 빠르게 소비됩니다.)
• 최대 48시간 동안 충전 없이 사용하실 수 있습니다.
• 오랜 시간 사용하지 않을 때는 전원을 꺼두시는 것이 좋습니다.

주의사항

• 습기나 먼지 또는 햇빛이 강한 곳에 보관하면 수명이 짧아집니다.
• 무리한 충격을 가하지 마십시오.
• 물에 넣으면 고장이 날 수 있습니다.
• 문제가 생기면 분해하지 말고 AS를 신청하세요.

서비스

구입 후 1년(품질보증기간) 기간에 정상적으로 사용하다가 이상이 생겼을 경우 무료로 새 제품을 교환해드립니다.

22 펜&마우스에 대한 설명으로 적절한 것은?

① 전용패드에서만 사용해야 한다.

② 펜&마우스를 연결하면 별도의 설치 없이 사용할 수 있다.

③ 마우스와 같이 사용해야만 한다.

④ Windows 10에서도 사용할 수 있다.

⑤ 일반적인 필기용 펜과 동일하다.

23 펜&마우스를 사용하다가 물에 빠졌을 때의 행동으로 옳은 것은?

① 방수 기능이 있기 때문에 말려서 사용하면 된다.

② 수분을 없애야 하기 때문에 햇빛이 강한 곳을 둔다.

③ 사용기관과 관계없이 AS를 신청한다.

④ 분해를 해서 부품을 하나씩 점검한다.

⑤ 물기를 닦은 후 본체를 손으로 강하게 한두 번 친다.

24 매뉴얼에 따라 펜&마우스를 사용할 때 한 행동으로 적절하지 <u>않은</u> 것은?

① 일반 만년필을 사용하듯 잡고 그림을 그렸다.

② 한동안 사용하지 못할 것 같아서 충전기를 연결하고 나갔다.

③ 4m 떨어진 방구석에 누워서 편하게 사용하였다.

④ 펜&마우스를 이용하여 글자의 색과 크기를 조절하였다.

⑤ 레이저 포인트를 사용하였다.

25 다음 커뮤니케이션 원칙 매뉴얼을 보고 위기 상황 시 할 수 있는 행동으로 <u>잘못된</u> 것은?

---

3 · 3 · 3 원칙 숙지

• 3시간 이내 위기대응팀 구성
• 3일간 긴급 대응 활동 전개
• 3주간 위기상황의 전후를 관찰하고 추가 대응 활동 전개

적극적인 커뮤니케이션

• 상황 발생 시 위기 대응팀 외의 다른 팀도 위기상황에 대비
• 기업에 악영향을 미치는 요소 발견 시 상급자에게 즉시 보고
• 상황 발생 후 외부인과 접촉 시 사전에 보고하고 만난 후 내용을 상세히 보고

사내 커뮤니케이션

• 언론의 빠른 보도에 신속히 정보 수집
• 긴급 상황 발생 시 네트워크, 방송 등을 이용하여 우선 알린 후 보고
• 상황 발생 시 근처의 사람에게 빠른 전달

---

① 나는 위기 대응팀이니 3주간은 이 문제에 대하여 유심히 살펴야겠다.

② 나는 위기 대응팀이 아니지만 위기상황을 숙지하고 만약을 대비해야겠다.

③ 이건 정말 긴급한 상황이니 상급자에게 최우선으로 알려야겠다.

④ 신문에서 이 상황을 보고 기업이 부도날 것이라고 하니 출처가 어디인지 조사해야겠다.

⑤ 기업 회계장부가 거짓으로 기록된 것을 발견했으니 즉시 사장님께 보고해야겠다.

26 다음 어떤 제품의 서비스 및 품질보증서 내용을 보고 서비스를 받으려고 할 때 적절하지 <u>않은</u> 행동은?

제품교환(교환 불가능 시 환불) – 보증기간 내

• 구입 후 1일 이내 자연 발생한 하자
• 구입 후 30일 이내 자연 발생한 하자로 중수리가 필요한 경우
• 제조구조상의 결함으로 수리가 불가능할 경우
• 동일한 고장으로 3회 이상 수리하였을 경우

무상수리(보증기간 : 출고일로부터 1년)

• 보증기간 내 정상적 사용으로 발생한 하자가 있는 경우

유상수리

• 보증기간 경과 후 발생한 성능불량 및 고장
• 사용자의 고의, 과실로 인한 고장
• 지정되지 않은 수리사가 개조, 변경한 경우
• 부품 수명 경과 후
• 천재지변으로 인한 고장

---

① 구입한지 6개월이 되고 4번째 같은 부품으로 인한 고장이 발생하면 무상으로 교환해준다.
② 구입한지 20일이 되고 이유 없이 고장 난 경우 무상수리만 받을 수 있다.
③ 구입한지 반나절 만에 사용하다 실수로 고장이 나면 교환할 수 없다.
④ 보증기간이 지난 후 자연 발생한 하자는 무상으로 수리를 받을 수 없다.
⑤ 사용자의 과실로 인한 고장은 유상수리만 받을 수 있다.

[27 - 28] 다음 자료를 보고 각 물음에 답하시오.

세탁물 종류에 따른 세탁 방법

1. 속옷과 양말

   속옷과 양말, 수건 등 몸에 닿는 면적이 작더라도 인체에 영향을 끼치는 소재의 제품들은 삶는 것이 좋다. 면 제품을 세탁할 때는 헹굼 시 살균제나 표백제를 약간 넣으면 빨래 냄새를 없앨 수 있다.

2. 패딩

   털이 뭉치거나 빠지지 않도록 울샴푸로 세탁한 뒤 말린 후 털이 한쪽으로 몰리지 않도록 손이나 옷걸이로 잘 두드려 준다. 부분적인 오염이 있다면 그 부분만 물세탁을 한다.

3. 코트

   두꺼운 모 소재는 건조 후 약간의 수축이 일어날 수 있기 때문에 드라이클리닝을 권장하지만 주기적으로 먼지를 털어주는 건만으로도 광택과 감촉을 유지하는 데 도움이 된다. 면이나 혼방 소재의 코트는 오염이 묻으면 깊숙이 침투하는 성질을 가지고 있어 자주 세탁하는 것이 좋다.

4. 침구류

   이불은 홑청과 속을 분리한 후 홑청은 세제를 풀어놓은 물에 담가 때를 불린 뒤 더러움이 유독 심한 부분은 솔로 닦아 애벌빨래를 한다. 세탁이 끝나고 탈수를 마치면 털어서 구김을 편 후 햇볕에 넣어 건조시킨다. 이 불솜은 청소기로 먼지를 제거한 뒤 햇볕에 넣어 세균과 진드기를 없앤다.

---

27 다음 중 세탁물 종류에 따른 세탁 방법으로 옳지 <u>않은</u> 것은?

① 패딩은 얼룩만 있다면 부분 물세탁하고 세탁 후에는 털이 뭉치지 않도록 손으로 잘 두드려 준다.

② 속옷과 양말은 구입 후 몇 개월 정도는 세탁을 가급적 줄이고 탈취제를 뿌려 냄새만 잡아 둔 뒤 단독 세탁한다.

③ 이불은 홑청과 속을 분리한 후 홑청은 따로 세탁하고 솜은 햇볕에 넣어 살균 건조한다.

④ 두꺼운 모 소재의 코트는 드라이클리닝을 하는 것이 좋다.

⑤ 이불솜은 청소기로 먼지를 제거한 뒤 햇볕에 넣어 세균과 진드기를 없앤다.

28 다음 중 이불 및 침구류를 세탁하는 방법에 대한 설명으로 옳은 것은?

① 이불은 겉과 속을 분리해서 솜은 햇볕에 살균시키고 겉은 10분 정도 세제를 풀어둔 물에 깨끗이 세탁한 다음 털어서 건조시킨다.

② 중성 세제나 고급 세제를 이용해 단독 세탁하고 탈수를 하지 않고 젖은 상태로 건조대에 걸어 둔다.

③ 이불은 세탁하지 않고 탈취제를 뿌려 냄새만 잡아주면 된다.

④ 드라이클리닝을 하는 것이 좋지만 솔로 꼼꼼하게 먼지만 털어줘도 괜찮다.

⑤ 탈수가 끝나면 곧바로 햇볕에 넣어 건조시킨다.

29 다음은 서버용 컴퓨터의 사용설명서이다. 컴퓨터를 사용하려고 하였으나 켜지지 않았을 때 이 문제를 해결하기 위해 취해야 할 행동으로 적절한 것은?

	증상	해결방법
하드웨어 문제	컴퓨터가 반응하지 않거나 포인터가 움직이지 않음	• 연결된 키보드 커넥터에서 연결 해제했다가 다시 연결하여 단단히 연결되었는지 확인 • Command 키와 Q 키를 동시에 눌러 현재 응용 프로그램을 종료 • Command 키와 마침표 키를 동시에 누르고 대화 상자가 나타나면 취소를 클릭
	컴퓨터가 켜지지 않거나 시동되지 않는 경우	• 전원 코드가 작동하는 전원 콘센트에 연결되어 있는지 확인 • 컴퓨터가 재시동될 때까지 Command 키 및 R 키를 눌러 컴퓨터를 재시동 • 컴퓨터가 여전히 시동되지 않는다면 PRAM을 재설정 • 그래도 재시동되지 않는다면 Shift 키를 누른 상태로 컴퓨터를 재시동
	상태표시줄이 깜빡거리고 컴퓨터가 시동되지 않는 경우	• PC 확장 카드 또는 기타 내부 부품을 설치했다면 올바르게 설치되어 있고 컴퓨터와 호환되는지 확인 • 한 번 짧게 깜빡인 후에 불빛이 오랫동안 꺼져 있을 때 유효한 메모리 없음 • 세 번 짧게 깜빡인 후에 불빛이 꺼져 있을 때 메모리 장애
소프트웨어 문제	응용 프로그램이 정지되거나 응답하지 않는 경우	Command – Option – Esc를 누르거나 메뉴에서 응용 프로그램 강제 종료
	소프트웨어 프로그램에 문제가 있는 경우	소프트웨어 업데이트를 사용하여 최신 드라이버, 버그 수정 및 기타 업데이트를 설치했는지 확인

① 현재 사용 버전의 버그가 수정되고 업데이트가 되었는지 확인한다.
② 메모리가 컴퓨터와 호환되는지 확인한다.
③ 키보드 커넥터를 연결 해제했다가 다시 연결해본다.
④ Command 키 및 R 키를 눌러본다.
⑤ 메뉴에서 응용 프로그램을 강제 종료한다.

[30 - 31] 다음 상황을 보고 각 물음에 답하시오.

[상황]

겨울이 되자 ◇◇ 기업은 임직원 건강을 염려해 온풍기를 구입하여 바로 각 사무실에 설치하였다. 그런데 3일 후, 해외영업팀 사무실에 설치된 온풍기가 고장이 나서 해외영업팀원들이 추위로 어려움을 겪게 되었다. 이에 해외영업팀의 팀장 A씨가 A/S 요청을 하기에 앞서 다음 사용설명서를 통해 온풍기를 살펴보기로 했다.

[제품 증상에 따른 조치사항]

증상	조치
큰 진동과 소음이 발생함	• 평평한 바닥에서 사용하도록 한다. • 제품 위에 무거운 물건을 올려놓지 않는다.
바람세기가 너무 약함	• 풍속 조절 상태를 강풍으로 변경한다. • 220V 전압을 사용한다. • 필터에 먼지가 많은지 확인하고 주 1회 이상 청소한다.
전혀 작동하지 않음	• 전원 스위치를 누른다. • 전원플러그를 콘센트에 꽂는다. • 필터를 결합한다. • 리모컨의 건전지를 교체한다.
따뜻한 바람이 나오지 않음	• 실내 온도가 32℃ 이상일 경우 송풍모드로 전환되므로 실내 온도를 30℃ 이하로 낮춘다. • 히터가 과열될 경우 송풍모드로 전환되므로 전원을 끄고 약 15분 후 재가동한다.

[보증기간에 따른 소비자 피해보상]

소비자 피해 유형		보상 및 처리	
구분	세부 유형	보증기간 이내	보증기간 이후
소비자 과실로 제품 고장이 발생한 경우	제품 수리가 가능한 경우	유상수리	유상수리
	제조사가 수리부품을 보유하고 있지 않아 수리가 불가능한 경우	소비자 유상수리 비용 부담 후 동일 제품 교환	정액 감가상각한 금액에 10% 가산하여 환급
정상적으로 사용했으나 제품 고장이 발생한 경우	구입 후 일주일 이내에 중요한 수리가 필요한 경우	동일 제품 교환, 구입가 전액 환불	–
	구입 후 1개월 이내에 주요 부품 수리가 필요한 경우	동일 제품 교환, 무상수리	–
	제품에 하자가 발생한 경우	무상수리	무상수리
	제품에 동일한 하자가 발생하여 2회 수리하였으나 하자가 다시 발생한 경우	동일 제품 교환, 구입가 전액 환불	정액 감가상각한 금액에 15% 가산하여 환급
	제품수리가 불가능한 경우		
	제조사가 수리 요청된 제품을 분실한 경우		
	구입 후 제품이 운송 또는 설치되는 과정에서 문제가 발생한 경우	동일 제품 교환	–

[소비자 과실로 인한 제품 고장으로 인정되는 경우]
- 천재지변(태풍, 홍수, 화재, 낙뢰, 해수, 지진, 가스 등)에 의해 고장이 발생한 경우
- 사용전압을 잘못 인가하여 고장이 발생한 경우
- 제품을 떨어뜨려 그 충격으로 파손 및 고장이 발생한 경우
- 제품 설치 후 이동 및 수송 과정에서 고장이 발생한 경우
- 제품 내에 이물질을 투입하여 고장이 발생한 경우
- 제조사 A/S 담당자가 아닌 다른 이가 수리 및 개조하여 고장이 발생한 경우
- 공업용 알코올, 시너, 니스, 벤젠, 아세톤 등 유기용제를 사용하여 제품의 외관이 손상된 경우

30 A씨가 온풍기 옆자리에 앉아있었던 B씨로부터 온풍기가 갑자기 작동을 멈췄다는 이야기를 들었을 때 해야 할 일로 적절하지 <u>않은</u> 것은?

① 사용전압이 220V인지 확인한다.
② 전원 스위치가 눌러져 있는지 확인한다.
③ 콘센트에 전원플러그가 제대로 꽂혔는지 확인한다.
④ 필터의 분리 여부를 확인한다.
⑤ 리모컨의 교체 여부를 확인한다.

31 A씨의 대처 때문에 잘 작동하던 온풍기가 일주일 후 다시 고장 나서 온풍기를 살펴보던 A씨는 내부에 클립이 들어가 있는 것을 확인하였다. A씨가 A/S를 요청했을 때 제조사가 처리해야 하는 보상은?

① 제품 구입 시 지불했던 금액을 모두 환불해 준다.
② 제품을 수리해 주고 수리비용을 징수한다.
③ 정액 감가상각한 금액에 15% 가산하여 환급해 준다.
④ 무료로 동일한 제품으로 교환해 준다.
⑤ 소비자가 유상수리 비용을 부담한 후 동일 제품으로 교환해 준다.

[32 – 33] 다음 상황을 보고 각 물음에 답하시오.

[상황]

지방공무원인 귀하는 △△구청 민원실에서 근무하고 있다. 많은 신입사원이 △△구청으로 발령되면서 귀하에게 신입사원을 대상으로 민원실 고객 응대 교육을 실시하는 업무가 부여되었다. 업무를 수행하기에 앞서 귀하는 민원실 고객 응대 매뉴얼을 확인하였다.

[민원실 고객 응대 매뉴얼]

방문민원 고객 응대 방법	
민원인 방문 시	• 항상 웃는 얼굴로 반갑게 먼저 인사한다. • "안녕하세요. 무엇을 도와드릴까요?"라고 하며 자리에 앉도록 권유한다.
민원 내용 경청 및 처리 시	• 모든 상황에서 깍듯하게 경어를 사용하며 민원인에 대해 예의를 갖춘다. • 바른 자세로 민원인의 눈을 응시하며 민원 내용을 끝까지 잘 경청한다. • 민원인이 화를 내더라도 절대 맞대응하지 않고 끝까지 침착하게 응대한다. • 민원인의 문의에 신속하고 정확하게 답변하며 자신감 있게 행동한다.
민원인에게 서류 기재 방법 안내 시	• 민원인과 눈을 맞추며 안내 내용을 어느 정도 이해했는지 확인한다. • 안내 내용 중 중요한 부분은 따로 메모하여 전달한다. • 서류에 줄을 긋거나 표시를 할 경우 성의 있게 한다. • 볼펜 끝으로 민원인 또는 서류를 가리키지 않는다.
담당자 부재 시	• "잠시 자리를 비우셨습니다. 죄송하지만 조금만 기다려 주십시오."라고 공손히 말하며 민원인에게 양해를 구한다.
민원 처리 중 또 다른 민원인이 창구 방문 시	• "끝나는 대로 바로 처리해 드리겠습니다. 앉으셔서 잠시만 기다려 주십시오."라고 공손히 말하며 민원인에게 양해를 구한다. • 또 다른 민원인이 서류에 기재해야 할 사항이 있을 경우 "먼저 서류를 작성해 주시면 바로 처리해 드리겠습니다."라고 하며 서류를 작성시킨다.
민원 처리로 민원인을 3분 이상 대기시킬 시	• "죄송합니다. 어떠한 사유로 처리가 조금 늦어지고 있으니 앉으셔서 잠시만 기다려 주십시오."라고 공손히 말하며 민원인에게 양해를 구한다.
민원실 또는 창구에서 업무 시 주의할 점	• 민원인 앞에서 동료와 잡담하지 않는다. • 사적인 전화로 민원인을 기다리게 하지 않는다. • 민원인이 창구로 다가왔음에도 불구하고 자기 일만 하지 않는다. • 민원인의 올바르지 않은 언행에 대해 맞대응하지 않는다. • 과자, 음료수 등 음식물을 섭취하지 않는다. • 하품을 하거나 크게 기지개를 켜지 않는다.
민원실 또는 창구에서 업무 시 지켜야 할 대화 예절	• 부정형은 긍정형으로 바꿔 말할 수 있도록 한다. 예) "불가능합니다." → "쉽지 않지만 노력하겠습니다." • 명령형보다는 권유형으로 바꿔 말할 수 있도록 한다. 예) "신분증 주세요." → "신분증 좀 주시겠습니까?" • 민원실 또는 창구를 방문한 모든 사람에게 존대어와 겸양어를 사용한다. • 대화 시 상황에 맞는 얼굴 표정을 지으며 민원인이 무관심하다고 느끼지 않도록 무표정하지 않는다.

최초 전화 수신 시	• 되도록이면 전화벨이 세 번 울리기 전에 수신할 수 있도록 한다. • "친절히 모시겠습니다. 민원실 ○○○입니다."라고 친절하게 말한다. • 전화를 늦게 수신할 경우 "전화를 늦게 받아 죄송합니다. 민원실 ○○○입니다."라고 친절하게 말한다.
민원 내용 경청 및 처리 시	• 민원 내용을 경청한 후 친절하게 업무를 처리한다. • 민원 내용의 요점을 메모하며 의문점이 있을 경우 질문을 한다. • 민원인의 문의에 답변할 경우 민원인이 쉽게 이해할 수 있도록 설명한다.
동료에게 걸려온 민원인의 전화 수신 시	• 가장 먼저 민원인에게 본인의 소속과 성명을 분명하게 밝힌다. • 전화 수신 중 담당자의 다른 업무가 끝나면 "잠시만 기다려 주시겠습니까? 담당직원 연결하겠습니다."라고 말하며 연결해준다. • 민원인이 다시 전화하겠다고 하면 전화를 끊은 후 담당자에게 민원인의 문의 사항을 빠르게 전달한다. • 다른 부서에 있는 담당자가 처리해야 할 업무일 경우 해당 담당자의 전화번호, 소속, 성명 등을 민원인에게 정확히 안내한다.
종료 인사 시	• "좋은 하루 되십시오." 또는 "전화해주셔서 감사합니다." 등과 같이 인사하며 민원인이 전화를 끊고 약 2~3초 후 수화기를 내려놓는다.

32 다음과 같은 직원들의 행동 중 고객 응대 매뉴얼에 어긋난 경우로만 묶은 것은?

A : 엄마를 따라 민원실에 방문한 유치원생에게 "무슨 일 때문에 왔니? 무엇을 도와줄까?"라고 하며 반갑게 인사를 건넸다.
B : 전화벨이 3번 울린 후 전화를 받아 "전화를 늦게 받아 죄송합니다. 민원실 ○○○입니다."라고 친절하게 말했다.
C : 서류 작성이 어려워 쩔쩔매고 있는 노인에 대해 허리를 숙인 채 눈높이를 맞춰 응대하고 중요한 내용을 메모하여 주었다.
D : 민원 처리 중 찾아온 다른 민원인을 발견하자 "끝나는 대로 바로 처리해 드리겠습니다."라고 하며 대기석으로 안내하였다.
E : 흥분해서 억지를 부리는 민원인을 향해 감정을 얼굴에 드러내지 않고 "억지 부리지 마세요. 그렇게 할 수 없습니다."라고 단호하게 입장을 밝혔다.

① A, B
② A, E
③ B, D
④ C, E
⑤ C, D

33 다음 중 민원인에게 서류 기재 방법 안내 시 응대하는 법으로 적절하지 <u>않은</u> 것은?

① 민원인과 눈을 맞추며 안내 내용을 어느 정도 이해했는지 확인한다.

② 안내 내용 중 중요한 부분은 따로 메모하여 전달한다.

③ 서류에 줄을 긋거나 표시를 할 경우 성의 있게 한다.

④ 볼펜 끝으로 민원인 또는 서류를 가리키지 않는다.

⑤ 또 다른 민원인이 서류에 기재해야 할 사항이 있을 경우 "먼저 서류를 작성해 주시면 바로 처리해 드리겠습니다."라고 하며 서류를 작성시킨다.

34 귀하가 근무하는 병원은 지난 20년간 쌓아온 고객 응대 노하우를 바탕으로 '불만고객 응대 매뉴얼'을 마련하였다. 다음 상황에서 귀하가 매뉴얼에 따라 고객을 응대할 때, 귀하의 행동으로 적절하지 <u>않은</u> 것은?

[상황]

44세 남성 환자가 허리 디스크 수술을 받았다. 그런데 수술 시 삽입한 고정핀이 미세하게 신경을 건드릴 가능성이 발견되었다. 당장 큰 문제가 발생한 것은 아니지만 혹시 모를 사태를 방지하기 위해 의료진은 재수술을 결정했다.

회복실에서 깨어난 환자는 3일 만에 다시 수술을 받아야 한다는 사실에 충격을 받았다. 환자의 동의가 있어야만 재수술이 가능한데 환자를 설득하는 것이 쉽지 않다. 심지어 환자의 가족은 수술이 잘못된 것이 아니냐고 화를 내며 수술을 집도한 담당 의사를 찾고 있다.

[병원 불만고객 응대 매뉴얼]

불만유형	• 실제로 해결을 원하는 경우 : 시트 교환, 약 교체 등을 실시한다. • 다른 것으로 보상을 원하는 경우 : 진료비를 환불해준다. • 담당자의 사과를 요구하는 경우 : 시차를 두고 담당자를 데리고 와서 사과시킨다. • 단순하게 불만을 이야기하는 경우 : 경청하며 맞장구를 쳐주고, 사과의 말을 전한다.
응대태도	• 대화상 우위를 점해도 결국 병원차원에서 보면 피해가 발생하므로 논쟁을 하지 않는다. • 변명을 하지 않고 환자들이 의학에 대해 잘 알지 못할 수 있으므로 상황에 대해 쉽고 상세하게 알려준다. • 환자가 불평을 하거나 불만을 제시하면 반드시 메모한다. • 더 이상 흠 잡히지 않게 예의를 갖춰 응대한다. • 금전적 변상이 따르는 경우에도 기꺼이 응대한다. • 감정 노출은 피하고 일보 후퇴하여 고객의 불만 및 요구를 냉정하게 검토한다.
5단계 응대요령	• 1단계 : 절차에 따른 형식적 응대 　- 경청하며 맞장구를 쳐준다. • 2단계 : 진심 어린 사과 　- 고객이 제시한 불만에 동의하며 사과의 말을 전한다. • 3단계 : 고객 입장을 고려한 공감 표현 　- "알았다.", "공감한다." 등의 표현을 통해 감정을 전달한다.

	• 4단계 : 해결책 제시 　– 고객의 불만 및 요구를 메모하여 해결책에 대한 실행 의지를 보여준다. 　– 고객의 불만에 대해 맞장구치며 시정하겠다는 의지를 보인다. • 5단계 : 고객 피드백 확인 　– 고객이 불만 처리 결과에 수긍하는지 확인한다. 　– 수긍하지 않을 경우 1단계로 돌아가 다시 고객 응대를 시작한다.
응대기술	• 장소이동 　– "제가 좀 더 편안한 곳으로 모셔도 될까요?"라고 하며 응대 장소를 변경한다. 　– 대화 중 "흥분하지 마세요.", "진정하세요." 등의 말은 오히려 역효과를 가져올 수 있다. • 분위기 전환 　"제가 마실 것을 준비해 오겠습니다."라고 하며 자리를 잠시 떴다 온다. 　거세게 불만을 표현하는 고객의 맥을 끊는다. • 응대자 교체 　일반적으로 처음 고객을 상대했던 직원보다 더 높은 직급의 직원으로 교체한다. 　메모를 하며 "죄송합니다. 저희 직원으로부터 말씀 다 들었습니다.", "제 불찰입니다. 다시 교육 　시키겠습니다."라고 말한다. ※ 주의사항 고객의 분노가 증폭될 경우 폭력 행사의 가능성이 있으므로 주변 기물을 치운다.

① 우선 환자와 그 가족의 이야기를 경청하며 동조한다.

② 환자의 가족을 따로 상담실로 모시고 음료수를 대접한다.

③ 가능한 빨리 담당 의사를 찾아 환자의 가족을 사과하게 한다.

④ 환자가 흥분하면 회복실에 있는 물건들을 빨리 치운다.

⑤ 환자의 말을 빠짐없이 메모하며 경청하는 모습을 보여준다.

[35 – 36] 세탁기를 구입한 후 아래의 제품설명서를 참고하여 직접 설치하고자 할 경우 이어지는
물음에 답하시오.

설치하기

1. 설치 장소 선정하기
   • 제품 설치 장소를 선정하십시오.
   　– 바닥이 단단하고 고른 장소에 설치하십시오. 설치 바닥이 고르지 않으면 진동과 소음의 원인이 됩니다.
   　– 제품과 벽면의 거리는 후면 10cm, 좌우 2cm, 상측 0.5cm 이상의 간격을 유지하여 설치하십시오. 제품
   　　전면은 세탁기 문을 열 수 있는 공간을 확보해야 합니다.
   • 운송용 고정 볼트 제거하기
   　– 스패너를 사용하여 제품 뒷면의 운송용 고정 볼트 4개를 제거한 후 제공되는 캡으로 구멍을 막으십시오.
   　– 이사 등으로 제품을 이동할 경우에는 제품의 보호를 위하여 고정 볼트로 다시 고정해야 하므로 버리지
   　　말고 보관하십시오.

※ 제품 운송 후 제품 뒷면의 운송용 고정 볼트를 제거한 후 수평을 맞추지 않으면 심한 소음과 진동이 발생하여 고장의 원인이 됩니다.

2. 수평 조절하기
 • 자동 높이 조절장치가 없는 경우
  – 4개의 수평 조정 다리와 바닥면과의 틈새를 확인한 후 스패너를 사용하여 수평을 맞추십시오.
  – 수평 조정 다리의 조정이 끝나면 조임 너트를 단단히 조이십시오.
 • 자동 높이 조절장치가 있는 경우
  – 제품 우측 후면의 자동 높이 조절장치의 높이가 2～5mm가 되도록 나머지 수평 조정 다리의 높이를 조정하십시오.
  – 자동 높이 조정장치가 바닥에서 들리거나 완전히 눌리지 않도록 주의하십시오.
  – 높이 조정을 위해서 자동 높이 조절 다리의 볼트를 풀어서 맞출 경우 고장의 원인이 됩니다. 자동 높이 조절장치가 바닥에서 들려 있는 경우는 대각선으로 반대쪽의 수평 조정 다리를 풀어서 자동 높이 조절장치가 압축되도록 조정하십시오. 자동 높이 조절장치가 바닥에 완전히 눌려 있는 경우 대각 방향에 있는 수평 조정 다리 2개를 똑같이 줄여서 자동 높이 조절장치가 이완되도록 하십시오.

관리하기

1. 겨울철 동결관리
 • 얼지 않게 하려면
  – 제품 하부의 서비스 커버를 여십시오.(모델에 따라 서랍을 열 수도 있습니다.)
  – 커버에 손잡이 모양이 있으면 손잡이를 아래로 누르면서 앞으로 당기십시오.
  – 잔수 제거용 호스를 빼내고 마개를 뽑아 제품 내부에 남아있는 물을 모두 빼내십시오. 물이 전부 빠지면 잔수 제거용 호스 마개와 서비스 커버를 다시 닫으십시오.
  – 배수 호스를 아래쪽으로 늘어뜨려서 호스 안의 물을 모두 빼내십시오. 배수 호스가 구부린 형태로 설치가 되면 호스 내부가 얼 수 있습니다.
  – 수도꼭지를 잠근 후, 냉수 측 급수 호스를 수도꼭지에서 분리하고 아래로 향하게 하여 물을 모두 빼내십시오.

2. 동결 확인
 • 잔수 제거용 호스를 빼내고 나서 마개를 열었을 때 물이 나오지 않으면 배수부를 확인하십시오.
 • 전원을 켜고 헹굼과 탈수를 선택한 후 동작/일시정지 버튼을 누르십시오.
 • 헹굼 시 세제통으로 물이 들어가는지, 탈수 시 배수 호스로 물이 빠지는지 반드시 확인하십시오.
 • 헹굼 동작 중 표시창에 'FF'가 표시되면 급수부와 배수부를 확인하십시오.
 • 서비스 커버를 열고 잔수 제거용 호스 마개를 열어 물을 완전히 빼내십시오.(물이 나오지 않으면 녹지 않은 것이므로 기다리십시오.)
 • 세탁통에서 물이 다 빠지면 잔수 제거 호스 마개를 닫고 헹굼과 탈수를 선택한 후 동작/일시정지 버튼을 누르십시오.
  – 헹굼 시 세제통으로 물이 들어가는지, 탈수 시 배수 호스로 물이 빠지는지 반드시 확인하십시오.

3. 동결되었을 경우에는 아래와 같이 조치하십시오.
 • 문을 열어 옷감을 꺼낸 후, 세탁통 내부의 고무 부분까지 따뜻한 물(50～60℃)을 넣고 문을 닫은 후 1～2시간 정도 기다리십시오.

- 부어놓은 물이 나오지 않으면 얼음이 다 녹지 않은 것이므로 기다리십시오.
4. 급수가 안 될 경우에는 아래와 같이 조치하십시오.
- 수도꼭지를 잠근 후 뜨거운 물수건으로 수도꼭지와 제품 급수 호스 양쪽 연결 부위를 녹이십시오.
- 급수 호스를 써서 50~60℃ 이하의 따뜻한 물에 담그십시오.

35 구매한 세탁기를 설치하기 전 매뉴얼을 참조할 때 반드시 확인해야 할 사항으로 적절하지 <u>않은</u> 것은?

① 자동 높이 조절장치가 바닥에서 들리거나 완전히 눌리지 않았는지 확인한다.
② 설치하고자 하는 바닥이 단단하고 고른지 확인한다.
③ 설치 시 제품 전면부에 문을 열 수 있는 공간이 있는지 확인한다.
④ 자동 높이 조절장치가 있는 제품인지 아닌지 확인한다.
⑤ 제품 운송 후 뒷면에 고정 장치가 잘 고정되어 있는지 확인한다.

36 세탁기를 설치한 후 처음 맞이하는 겨울을 대비하기 위해 점검하는 행동으로 적절하지 <u>않은</u> 것은?

① 잔수 제거용 호스를 빼내고 마개를 뽑아 제품 내부에 남아있는 물을 모두 빼낸다.
② 잔수 제거용 호스를 빼내고 마개를 뽑았을 때 호스가 구부린 형태로 올바르게 되어있는지 확인한다.
③ 잔수 제거용 호스를 빼내고 마개를 열었을 때 물이 나오지 않으면 배수부를 확인한다.
④ 만일 얼었다면 세탁통을 비우고 내부의 고무 부분까지 따뜻한 물을 넣고 문을 닫은 후 기다린다.
⑤ 부어놓은 물이 나오지 않으면 얼음이 다 녹지 않은 것이므로 기다린다.

[37 – 38] 다음 안전수칙 매뉴얼을 읽고 각 물음에 답하시오.

가정에서 주의해야 할 전기 안전수칙	
젖은 손은 감전의 우려가 큽니다.	전기는 물기가 있을 때 더욱 잘 통하므로 젖은 손으로는 전기기구를 만지지 말아야 합니다.
전기기구를 문어발식으로 사용하지 말아야 합니다.	한 개의 콘센트에 많은 전기기구를 연결하여 쓰면 한꺼번에 많은 전류가 흐르게 되어 화재의 위험이 있습니다.
누전차단기 이상 유무 동작시험을 해야 합니다.	• 월 1회 이상 시험단추를 눌러 정상적으로 작동되는지 확인하여 누전 시 발생될 수 있는 감전 사고나 화재 등에 대비하여야 합니다. • 누전차단기가 자주 동작한다고 해서 누전차단기를 제거하면 위험하니 반드시 전기공사업체의 확인/점검을 받은 후 안전하게 조치하여야 합니다.

콘센트에 완전히 접속하고 뽑을 때에는 플러그를 잡고 뽑아야 합니다.	• 플러그가 콘센트에 완전히 접속되지 않으면 접촉 불량으로 과열되어 화재 발생의 위험이 있습니다. • 코드를 뽑을 때는 반드시 플러그를 잡고 뽑아야지 전선을 잡아당기면 전선이 끊어지거나 합선이 될 우려가 있습니다.
불량 전기기구를 사용하지 맙시다.	불량 전기제품을 사용하면 누전이나 합선 등으로 인해 감전 및 화재의 위험성이 높습니다.(전자 또는 KS 표시품 사용)
세탁기 등 습기가 많은 창고의 전기기구는 반드시 접지하여야 합니다.	• 전기기구 외함 등을 통해 전류가 누전될 경우 누전차단기가 동작되어 감전 사고를 예방할 수 있습니다. • 접지가 곤란할 경우에는 꽂음 접속식 누전차단기를 구입 및 사용해야 합니다.
가정 내 기타 전기안전 수칙을 알아봅니다.	• 코드 　– 전기기구 외함 등을 통해 전류가 누전될 경우 누전차단기가 동작되어 감전 사고를 예방할 수 있습니다. 　– 접지가 곤란할 경우에는 꽂음 접속식 누전차단기를 구입 및 사용해야 합니다. • 전구 　전등 설비에 적정한 와트량이 사용되었는지 모든 전구를 확인해야 하며 적정 와트량보다 높은 전구는 바꾸어야 합니다. 만약 적정한 와트량을 모를 경우에는 제조회사에 확인하고 헐겁게 끼워진 전구는 과열될 수 있으므로 안전하게 끼워졌는지 확인해야 합니다. • 물과 전기는 상극 　– 전기기구는 싱크대. 욕조와 같이 물이 있는 근처에 두지 말아야 하며 물 근처에서 사용되는 전기기구를 사용하지 않을 때는 플러그를 빼두어야 합니다. 　– 전기기구가 물에 젖었을 때는 플러그를 뽑고 전문 수리공의 점검을 받기 전까지 사용해서는 안 됩니다. • 차단기 및 퓨즈 　– 차단기와 퓨즈는 회로에 맞게 적정규격이어야 합니다. 만약 적정규격을 모를 경우에는 전기기술자의 확인을 받아 규격표시를 합시다. 　– 적정규격 외에는 어떠한 것도 사용하면 안 됩니다. • 플러그 　각 콘센트에 적합한 타입의 플러그를 사용해야 합니다. 방에서 2구 콘센트에 3핀 플러그를 사용하게 될 때 접지 핀을 플러그로부터 분리하면 안 됩니다.(전기적 충격 위험 우려) 이에 대한 좋은 해결책은 2핀 어댑터를 사용하는 것입니다. 화재나 감전이 발생할 수도 있으므로 플러그가 콘센트에 잘 맞지 않을 때 억지로 끼우면 안 됩니다. 플러그는 콘센트에 안전하게 삽입되어야 하고 콘센트는 과부하가 되어서는 안 됩니다. • 콘센트 　콘센트의 플러그가 헐겁게 끼워져 있으면 과열로 인해 화재가 발생할 수 있으므로 꼭 확인해야 합니다. 파손된 것은 바꾸고 쓰지 않는 콘센트는 아이들이 손댈 수 없도록 커버를 해야 합니다.

37 다음 중 주어진 자료를 토대로 내용이 바른 것은?

① 정기적으로 누전차단기 작동여부를 점검해야 한다.

② 코드를 뽑을 때는 플러그와 전선을 잡고 뽑는다.

③ 샤워 후 드라이기를 만지는 정도는 괜찮다.

④ 한 개의 콘센트는 적당히 나누어 사용해야 한다.

⑤ 창고는 습기가 많으므로 세탁기를 두면 안 된다.

38 주어진 자료를 읽고 가정의 전기안전수칙을 만들 경우 옳지 <u>않은</u> 것은?

① 각종 장비 기구 및 전기용품을 싱크대 및 화장실에는 두지 말 것

② 전구는 와트량으로 확인해서 구매할 것

③ 전기기구를 구입할 때는 KS 인증표시가 있는 것을 구입할 것

④ 한 개의 콘센트에 많은 전기기구를 사용하지 말 것

⑤ 젖은 손으로 전기기구를 만질 때는 반드시 접지할 것

[39 – 40] 다음 국민안전처에서 제공하는 가스 안전수칙을 보고 각 물음에 답하시오.

[가스 사고 관련 생활 안전수칙]

1. 가스 사고를 예방하려면 어떻게 해야 할까요?
   - 평소 점검 방법
     - 비누나 세제로 거품을 내어 배관, 호스 등의 연결 부분을 수시로 점검하여 누출 여부를 살펴야 합니다.
     - 가스레인지는 항상 깨끗이 청소하여 버너의 불구멍이 막히지 않도록 합니다.
     - 취침 전에는 반드시 점화코크와 중간 벨브가 꼭 잠겨 있는지 확인하도록 합니다.
     - 아이들이 사용하지 못하도록 반드시 주의를 줍니다.
   - 가스 사용 전
     - 가스가 누출되지는 않았는지 냄새로 우선 확인합니다.
     - LPG는 바닥으로부터, 도시가스(LNG)는 천정으로부터 냄새를 맡아야 하며 불쾌한 냄새가 나면 가스가 새는 것입니다.
     - 가스 기구를 사용할 때에는 창문을 열어 신선한 공기로 충분히 실내를 환기해야 합니다.
     - 가스레인지 주위에는 가연성 물질(빨래, 분무기 등)을 가까이 두지 않습니다.
   - 가스 사용 중
     - 가스불을 켤 때는 불이 붙었는지 확인합니다.(불이 붙지 않은 상태로 점화코크가 열리면 가스가 누출될 수 있습니다.)
     - 파란 불꽃이 되도록 공기 조절기를 조절합니다.
     - 국물이 넘치거나 바람 때문에 불이 꺼지지 않았는지 옆에서 지켜보도록 하고 가능한 자리를 떠나지 않습니다.
   - 가스 사용 후
     - 가스 사용 후에는 연소기 코크와 중간 벨브를 꼭 잠가야 합니다.
     - 장기간 외출 시에는 용기 벨브도 잠그는 것이 안전합니다. 도시가스는 메인 벨브를 잠가야 하며 이사를 할 때는 도시가스관리사무소에 연락하여 필요한 조치를 취합니다.
2. 가스누출 발생 시 시민 대피요령
   - 환자 발생 시 응급조치 요령

- 가스를 대량 흡입했을 경우 안전한 곳으로 옮기고 호흡곤란 시 인공호흡, 산소호흡 등을 실시하고 피부에 묻어 동상 증상이 있을 때는 냉수 등으로 서서히 따뜻해지도록 해야 하며 피부에 화상을 입었을 경우에는 냉수 등으로 식히고 병원으로 후송해야 합니다.
- 전압기에서 가스방출 시 현장 및 조치요령
  - 전압기는 높은 압력의 가스를 사용하기 쉽게 낮은 압력으로 조정하는 장치로 공급과정에서 압력이 높을 경우 배관 파열 등을 방지하기 위하여 대기 중에 방출하여 분산시키는 것으로 전압기의 방출구는 높은 압력으로 나가게 되면서 '펑' 또는 '쉬'하는 소음이 발생합니다. 전압기의 방출구는 지상에서 5m 이상 높이로 설치되어 있고 방출된 가스는 공기보다 가벼워 대기에 확산되므로 폭발하거나 화재 위험은 없습니다.
  - 그러나 날씨가 흐리거나 바람의 영향으로 피해 우려가 있으므로 인근 지역 주택에서는 창문을 닫고 가스가 분산될 때까지 화기 사용을 금지해야 합니다.

3. 염소가스 인체 접촉 시 응급조치 요령
- 기침이 날 정도면 신선한 공기가 있는 곳에 눕혀 안정시키도록 합니다.
- 경증이면 청량음료수(박하수, 차, 커피, 소량의 알코올을 넣은 물 등)를 먹입니다.
- 중증이면 다음과 같은 응급조치 후 의사에게 보이도록 합니다.
  - 20℃ 정도의 실내에서 안정시키고 모포로 따뜻하게 하며 머리와 등을 높게 하여 바로 눕힙니다.
  - 액염으로 오염된 옷은 곧 벗깁니다.
  - 호흡이 곤란한 환자는 산소호흡을 시키며 이 방법을 2분간 하고 2분간 쉬는 방식으로 30분간 행합니다.
  - 호흡이 정지된 경우에는 압박법, 인공호흡을 합니다.
  - 눈이 충혈 또는 시력이 일시 감퇴할 때는 붕산수(3%)로 냉법을 쓰면 10분 이내로 회복합니다.

구분	조치사항
흡입	• 노출 지역으로부터 즉시 신선한 공기가 있는 곳으로 옮긴다. • 인공호흡이 필요하다면 실시한다. • 환기, 혈압, 호흡을 유지한다. • 화학적 조치를 취한다. • 의료인이 산소공급을 고려한다.
피부 접촉	• 신속히 오염된 옷을 벗고 환부를 최소한 15분 동안 따뜻한 물 혹은 비눗물로 씻어야 한다. • 따뜻한 물이 없을 때 담요로 상처 부위를 조심스럽게 싸고 즉시 의학적인 조치를 취한다. • 의사의 진단 없이 24시간 이내 연고를 바르지 말고 청결한 가재손수건으로 감싼다.
눈 접촉	• 즉시 다량의 물이나 생리식염수로 눈을 씻어 내면서 계속 소독한다. • 살균된 붕대로 감싸고 즉시 의학적인 조치를 취한다. • 의사의 지시가 없는 한 유제, 고약류를 비롯한 화학적인 중화 치료는 삼간다. • 3%의 포름산수를 사용하여 세안한다.
섭취	• 흡입량이 적으면 통풍이 잘 되는 곳으로 옮기고 체온을 유지한다. • 호흡이 멈추는 등 심한 경우에는 산소호흡을 한다. • 고통이 심하면 알코올 혹은 에테르 혼합액 증기를 흡입한다. • 환자가 자연히 토해내는 것은 좋으나 무리하게 토하게 하거나 위세척을 하지 않는다. • 우유나 다량의 물을 준다. • 무의식 상태이거나 음식을 삼킬 수 없는 사람에게 입을 통해서 어떤 것도 주지 말아야 한다. • 증상에 대한 지지요법을 실시한다. • 즉시 의학적인 조치를 취한다.

39 직장을 다니며 서울의 한 아파트에 자취하는 A는 가스 안전수칙을 보고 평소의 가스를 사용하던 습관을 고치기로 하였다. 다음 중 이를 고친 것으로 옳지 <u>않은</u> 것은?

① 가스레인지를 사용하기 전 천정에서부터 냄새가 나는지 확인한다.

② 가스레인지를 사용할 때 파란 불꽃이 일어나는 즉시 사용을 중지한다.

③ 가스 사용 후 연소기 코크와 중간 밸브를 잠갔는지 확인한다.

④ 장기간 외출 시 용기 밸브를 잠근다.

⑤ 가스 기구를 사용하기 전 창문을 연다.

40 가스 누출 사고가 발생하여 대피하는 도중에 염소 가스에 접촉한 인원을 발견했을 경우 취하지 말아야 하는 행동은?

① 의식이 있고 말을 또렷하게 하는 사람에게 소량의 커피를 먹였다.

② 눈에 가스가 들어갔다고 호소하는 사람에게 생리식염수로 계속해서 눈을 씻겨주었다.

③ 가스를 삼킨 사람에게 무리해서라도 토해내도록 조치하였다.

④ 피부가 가스에 접촉된 사람의 환부를 비눗물로 씻겨주었다.

⑤ 호흡이 정지된 사람에게 인공호흡을 실시하였다.

41 다음 주의사항을 보고 취할 수 있는 행동으로 옳지 <u>않은</u> 것은?

[복사기 사용 시 주의사항]

1. 작동환경
   - 작동 환경 조건은 다음과 같다.
     - 온도 : 50~90.5℉(10~32.5℃)
     - 습도 : 15~80%
   - 적합하지 않은 환경 조건은 이미지 품질에 영향을 미칠 수 있다.
   - 장비의 설치 장소는 다음과 같은 장소를 피해야 한다.
     - 창문 부근 또는 직사광선에 노출되는 장소
     - 진동이 있는 장소
     - 온도의 변화가 급격한 장소
     - 뜨거운 공기나 차가운 공기에 직접 노출되는 장소
     - 통풍이 잘 안 되는 장소
   - 바닥재가 기기의 받침대 바퀴에 비해 약한 경우에는 설치 후 옮길 때 바닥재가 손상될 수도 있다.
   - 복사 중에 약간의 오존 가스가 방출될 수 있지만 인체에 유해한 영향을 미칠 정도의 양은 아니다.
   - 기기를 환기가 잘 안 되는 실내에서 장시간 사용하거나 매우 많은 양을 출력할 때는 냄새로 인한 불쾌감을 느낄 수 있다.

---

2. 사용 시 주의사항
- 토너가 포함된 부품 소각 금지(위험한 불꽃으로 화상 우려)
- 토너가 포함된 부품은 어린이의 손이 닿지 않는 곳에 보관할 것
- 토너가 포함된 부품에서 토너가 쏟아진 경우에는 흡입 또는 섭취하거나 눈 및 피부에 닿지 않도록 주의할 것
  - 토너를 흡입한 경우에는 신선한 공기가 있는 곳으로 가서 다량의 물로 충분히 씻어내고 기침이 악화되면 의사와 상의할 것
  - 토너를 삼킨 경우에는 입 안을 물로 씻어낸 후 1~2잔의 물을 마셔서 삼킨 토너를 희석한 후 반드시 의사와 상의할 것
  - 토너가 눈에 들어간 경우에는 물로 완전히 씻어내고 계속 이물감이 느껴진다면 의사의 진료를 받을 것
  - 토너가 피부에 닿았다면 비눗물로 씻어낼 것
- 토너가 포함된 부품을 강제로 열거나 부수지 말 것

3. 기타 주의사항
- 소모된 토너 컨테이너 및 폐토너통은 대리점에 반납 요망(반납된 토너 컨테이너 및 폐토너통은 관련 규정에 따라 재활용되거나 처분)
- 기기를 보관할 때는 직사광선에 노출되지 않게 할 것
- 장비는 온도가 40℃ 이하로 유지되는 장소에 보관하고 온도 및 습도의 급격한 변화가 일어나지 않게 주의할 것
- 장비를 장시간 사용하지 않을 때는 카세트 및 수동급지대(다용도 급지대)에서 용지를 빼서 원래 포장지에 다시 넣고 재밀봉 요망

① '장시간 사용하였을 때는 창문을 열고 환기할 것'이라는 문구를 만들어 붙인다.
② 폐토너는 따로 수거하여 업자에게 판매하여 부서운영비로 활용한다.
③ '토너가 쏟아졌을 때는 피부에 닿지 않도록 유의할 것'이라는 문구를 만들어 붙인다.
④ 복사기 이동 시 통풍이 잘 되는 곳을 골라 설치한다.
⑤ 휴가철 등 장시간 사용하지 않을 때는 수동급지대의 용지를 빼놓는다.

42 다음 목차 내용을 담고 있는 매뉴얼을 작성하기 위한 방법으로 적절하지 <u>않은</u> 것은?

관리번호	관리분야	내용	비고
400			
400.1		포장 일반	
400.1.1		포장의 종류	
400.1.2		포장의 구성과 기능	
400.1.3	포장보수	포장 유지보수 개념	
400.1.4		포장의 파손유형 및 대표적 보수공법	
400.1.5		포장상태 조사 및 보수기준	
400.2		아스팔트 포장 보수	
400.2.1		콘크리트 포장 보수	
400.2.2			

① 작성된 포장보수의 내용이 정확해야 한다.

② 매뉴얼을 통해 포장보수하기가 쉬워야 한다.

③ 사용자의 측면에서 심리적 배려가 있어야 한다.

④ 작성 내용은 작성자 위주로 쉽게 이해되어야 한다.

⑤ 사용자가 찾고자 하는 정보를 쉽게 찾을 수 있어야 한다.

[43 – 44] 다음 에어드레서의 매뉴얼을 토대로 이어지는 물음에 답하시오.

〈사용 전 알아두기〉

사용 전 주의

• 에어드레서는 세탁 기능이 없습니다.

  – 이물질이 붙은 의류는 반드시 세탁 후 사용해 주세요.

• 음식물 조리 시 발생하는 기름 냄새로 오염된 의류는 세탁 후 사용을 권장합니다.

  – 기름성 냄새 물질에 오염된 의류는 냄새가 잘 제거되지 않을 수 있습니다.

• 옷장에 오래 보관된 의류나 찌든 냄새가 나는 물질이 묻은 의류는 사용 전에 한 번 세탁하여 사용하세요.

• 옷감 사이에 끼어있는 머리카락, 동물의 털 등은 제거되지 않을 수 있습니다.

• 실크 소재 의류는 미세먼지 코스만 사용 가능합니다. 스팀이 사용되는 코스는 사용하지 마세요.

• 사용 전에 항상 보푸라기 필터를 청소해 주세요.

• 에어드레서를 연속으로 사용 시 표시된 시간과 실제 동작 시간이 다를 수 있습니다.

• 안감 케어 옷걸이는 상의 110cm, 하의 100cm 이하의 의류, 바지 전용 걸이는 하의 108cm 이하의 의류 사용을 권장합니다.

  – 기장이 긴 의류를 넣을 경우 제트 스팀 입구를 막아 스팀에 의해 의류가 손상되지 않도록 좌, 우측의 옷걸이를 사용하세요.

  – 원피스, 스커트와 같이 긴 의류를 넣을 경우 선반을 빼고 의류가 바닥에 닿지 않도록 사용하세요.

동작 전

- 물보충통에 물이 채워져 있는지 확인하세요.
  - 물이 없으면 동작하지 않습니다.
- 첫 동작 중 물보충 메시지가 뜨면 한 번 더 물을 채워주세요.
- 물보충통에 물을 MAX 선까지 채우면 표준 코스 기준으로 약 4회 사용할 수 있습니다.
- 정수된 물을 사용하면 제품의 수명이 길어집니다.
- 물비움통이 비었는지 확인하세요.
  - 물비움통이 가득 차 있으면 동작하지 않으므로 반드시 비워주세요.
- 물비움통은 약 3회 이상 사용하면 물통을 비워주세요.
- 보푸라기 필터가 깨끗한지 확인하세요.
- 보푸라기 필터가 가득 차면 제품이 동작하지 않을 수 있으므로 사용 전 항상 청결하게 관리해 주세요.

동작 중

- 동작 중 설정을 변경하고 싶을 때는 동작/일시정지 버튼을 눌러 정지시킨 후 해당 버튼을 눌러 변경시킬 수 있습니다.
  - 동작 중 동작/일시정지 버튼을 누르면 터치 패널의 모든 불빛이 켜지고 설정된 코스의 불빛, 동작/일시정지 버튼은 점멸합니다.
- 동작 중 '보글보글' 물 끓는 소리와 '쉬~' 소리는 스팀을 만들기 위해 물을 끓이고 스팀을 분사하는 소리로 고장이 아닙니다.
- 동작 중 코스를 종료한 경우 반드시 건조 코스를 동작하여 내부를 건조시켜 주세요.
- 소요시간은 물의 온도 등 사용 환경에 따라 다소 차이가 날 수 있습니다.
- 의류나 의류와 관련 있는 엑세서리를 제품 내부 바닥에 두고 사용할 경우 제대로 건조되지 않거나 제품이 손상될 수 있습니다. 반드시 옷걸이나 선반을 이용해 주세요.

동작 후

- 동작 완료 후 에어드레서에서 가급적 의류를 빨리 꺼내어 보관해 주세요.
- 만약 의류를 오래 넣어두어야 한다면 예약 기능이나 청정보관 옵션을 활용하세요.
- 제품을 일주일 이상 사용하지 않을 경우 물통을 비워주세요.
- 동작 후 도어를 열었을 때 물방울이 한두 방울 떨어질 수 있습니다.
  - 떨어진 물방울은 청소용 융이나 마른 헝겊 등으로 닦아주세요.

43 에어드레서 제품의 사용과 관련하여 사용자에게 주의사항을 숙지시켰을 때, 다음 중 주의 사항에 대해 제대로 이해한 답변은?

① 이물질이 묻은 의류나 기름성 냄새 물질에 오염된 의류는 에어드레서를 사용 후 바로 세탁해야 합니다.

② 정수된 물을 사용하면 물 사용량을 절약할 수 있습니다.

③ 108cm가 넘는 긴 바지의 경우엔 바지 전용 걸이를 사용해야 합니다.

④ 동작 후 '보글보글' 물 끓는 소리가 나도 고장이 아니므로 안심해도 됩니다.

⑤ 기기 안에 의류를 오래 보관해야 할 경우엔 청정보관 옵션을 사용해야 합니다.

44 에어드레서가 종종 작동하지 않을 시 취할 수 있는 행동으로 가장 적절한 것은?

① 제트 스팀 입구를 막고 좌, 우측의 옷걸이를 사용하도록 권장한다.

② 의류나 액세서리가 옷걸이나 선반에 제대로 위치해 있는지 확인한다.

③ 에어드레서를 연속으로 사용하지 않도록 사용 시간을 정한다.

④ 물보충통 및 물비움통의 물의 양과 보푸라기 필터의 상태를 수시로 확인한다.

⑤ 청소용 융이나 마른 헝겊으로 떨어진 물방울을 닦고 건조 코스를 동작하여 내부를 건조시킨다.

45 아래의 제품설명서를 읽고 프로젝터 영상에 '신호 없음' 표시가 출력되는 원인을 파악하기 위해 반드시 확인해야 할 사항은?

• 정보기획팀에서는 새로운 프로젝터를 구매하였다. 정보기획팀에서는 새 프로젝터를 설치하기 위해 제품설명서를 참고하였다.

• 설치 방법에 따라 천장에 설치하기 전 미관상의 이유로 프로젝터를 플라스틱 케이스에 넣었다.

〈제품설명서 일부〉

(1) 설치방법

 • 통풍이 잘 되고 화기와 멀리 있는 장소에 프로젝터를 설치하십시오.

  − 기기 주변에 충분한 공간을 확보하지 않으면 프로젝터가 과열됩니다.

 • 전원을 연결하십시오.

  − 반드시 전용 콘센트를 사용하십시오.

 • 프로젝터가 작동하는 소리가 들릴 것입니다.

  − 정상 작동할 경우 검은 화면이 나타납니다.

(2) 주의사항

 • 전원은 반드시 교류 220V에 연결하십시오.

  − 반드시 전용 콘센트를 사용하십시오.

 • 프로젝터 주변을 자주 청소하십시오.

  − 먼지나 이물질로 인해 프로젝터의 통풍구가 막힙니다.

 • 천장에 설치할 시 프로젝터를 천장에 단단히 고정하십시오.

  − 프로젝터가 떨어져 고장 및 파손의 원인이 됩니다.

---

(3) A/S 신청 전 확인사항

현상	원인	조치방법
영상이 흐리거나 초점이 맞지 않음	스크린의 위치가 너무 가까움	스크린 영상의 초점을 조정하고 프로젝터와 스크린의 거리를 더 멀리 하십시오.
	렌즈에 먼지나 얼룩이 묻음	매뉴얼을 참고하여 렌즈를 청소하십시오.
프로젝터가 뜨거움	지나치게 오래 사용함	사용하지 않을 때는 잠시 꺼두십시오.
	통풍이 원활하지 않음	주변에 충분한 공간을 확보하십시오.
프로젝터에서 웅웅하는 큰 소리가 남	프로젝터가 흔들리는 장소에 있음	프로젝터보다 크기가 넓고 수평이 맞는 책상이나 선반에 설치하세요.
	통풍이 원활하지 않음	주변에 충분한 공간을 확보하십시오.
스크린 상에 '신호 없음' 표시가 나타남	연결되어있지 않은 영상기기가 선택됨	어떤 영상기기가 선택되었는지 확인 후 연결되어 있는 영상기기로 설정을 변경하십시오.
	영상기기와의 연결이 불량	프로젝터와 영상기기의 연결 상태를 확인한 후 영상기기의 입력신호를 바르게 선택하십시오.
프로젝터 스크린 상에 영상이 깜빡거리며 나타남	전원 케이블 연결 불량	프로젝터와 전원 케이블의 연결 상태를 점검하십시오.
	렌즈의 고장	렌즈 불량이므로 A/S센터에 연락하십시오.
화면의 기본 색상이 보라색으로 출력됨	프로젝터와 영상기기의 연결이 불량	프로젝터와 영상기기의 연결 상태를 확인한 후 영상 기기의 입력신호를 바르게 선택하십시오.

① 렌즈 청결 상태
② 전원 케이블 연결 상태
③ 프로젝터와 스크린 사이의 거리
④ 프로젝터와 영상기기 간의 연결 상태
⑤ 영상기기 설정 변경 여부

46 다음 중 비데의 수압이 약하게 되는 원인을 파악하기 위해 확인해야 할 적절한 것은?

설치방법
• 비데 본체의 변좌와 변기의 앞면이 일치되도록 전후로 고정시키십시오.
• 비데용 급수호스를 정수필터와 비데 본체에 연결한 후 급수밸브를 열어주십시오.
• 전원을 연결하십시오.
  – 반드시 전용 콘센트를 사용하십시오.
• 비데가 작동하는 소리가 들릴 것입니다.

주의사항

- 전원은 반드시 AC220V에 연결하십시오.
  - 반드시 전용 콘센트를 사용하십시오.
- 변좌에 걸쳐 앉지 말고 항상 중앙에 앉으며 변좌 위에 어떠한 것도 놓지 마십시오.
  - 착좌센서가 동작하지 않을 수도 있습니다.
- 정기적으로 수도필터와 정수필터를 청소 또는 교환해주십시오.
- 급수밸브를 열어 주십시오.

A/S 신청 전 확인 사항

현상	원인	조치방법
물이 나오지 않을 경우	급수밸브가 잠김	매뉴얼을 참고하여 급수밸브를 열어주세요.
	정수필터가 막힘	매뉴얼을 참고하여 정수필터를 교체하여 주세요 (A/S를 부르세요).
	본체 급수호스 등이 동결	더운 물에 적신 천으로 급수호스 등의 동결부위를 녹여주세요.
기능 동작이 되지 않을 경우	수도필터가 막힘	흐르는 물에 수도필터를 닦아주세요.
	착좌센서 오류	착좌센서에서 의류, 물방울, 이물질 등을 치워주세요.
수압이 약할 경우	수도필터에 이물질이 낌	흐르는 물에 수도필터를 닦아주세요.
	본체의 호스가 꺾임	호스의 꺾인 부분을 펴주세요.
노즐이 나오지 않을 경우	착좌센서 오류	착좌센서에서 의류, 물방울, 이물질을 치워주세요.
본체가 흔들릴 경우	고정 볼트가 느슨해짐	설치 볼트를 다시 조여주세요.
비데가 작동하지 않을 경우	급수밸브가 잠김	매뉴얼을 참고하여 급수밸브를 열어주세요.
	급수호스의 연결문제	급수호스의 연결 상태를 확인해주고 계속 작동하지 않는다면 A/S 상담실로 문의하세요.
변기의 물이 샐 경우	급수호스가 느슨해짐	급수호스 연결부분을 조여주고 계속 샐 경우 급수밸브를 잠근 후 A/S 상담실로 문의하세요.

① 급수밸브의 잠김 여부
② 수도필터의 청결 상태
③ 정수필터의 청결 상태
④ 급수밸브의 연결 상태
⑤ 고정 볼트의 조임 강도

[47 – 49] ○○공사에서 사내 컴퓨터에 프린터를 설치 중이다. 다음 프린터 설치 매뉴얼을 보고 이어지는 물음에 답하시오.

〈프린터 설치 매뉴얼〉

1. 관리자 계정으로 컴퓨터에 로그인합니다.
2. 제조사 홈페이지(http://www.printer.com/)에서 프린터 드라이버를 다운로드합니다.
3. 다운로드한 파일의 압축을 풉니다.
4. 무선 LAN을 통해 연결하는 경우 프린터를 드라이버에 연결합니다. 프린터 드라이버의 설치를 시작하기 전에 다운로드한 파일에 포함된 'MF/LBP Network Setup Tool'을 사용하여 네트워크 설정을 구성합니다.
5. USB를 통해 연결하는 경우 프린터를 끕니다. 프린터가 켜져 있는 상태로 프린터 드라이버를 설치하면 프린터가 인식되지 않을 수 있으므로 설치하기 전에 항상 프린터를 끄십시오.
6. 프린터 드라이버가 저장된 폴더를 엽니다.
   • 32비트 운영체제 : 다운로드한 파일의 [UFRⅡ] [korean] [32비트] 폴더
   • 64비트 운영체제 : 다운로드한 파일의 [UFRⅡ] [korean] [64비트] 폴더
   ※ 참고 : Window Vista/7/8/Server 2008/Server 2012의 32비트 버전을 지정해야 하는지 또는 64비트 버전을 지정해야 하는지 모를 경우 비트 아키텍처 확인을 참조하세요.
7. 'Setup.exe'를 더블 클릭합니다.
8. 사용권 계약을 읽고 [예]를 클릭하여 동의합니다.
9. 프린터 드라이버를 설치합니다.
10. [지금 컴퓨터를 다시 시작] 확인란을 선택하고 [다시 시작]을 클릭합니다.
11. 설치 결과를 확인합니다. 프린터 드라이버가 올바르게 설치된 경우 설치된 프린터에 대한 아이콘이 프린터 폴더에 표시됩니다(프린터 폴더 표시).
12. 아이콘이 표시되지 않는 경우 프린터 드라이버를 제거하고(프린터 드라이버 제거) 설치를 맨 처음부터 다시 반복합니다.

---

47 프린터 설치 시 매뉴얼을 읽고 이해한 내용으로 옳은 것은?

① 프린터 아이콘이 바탕화면에 표시되지 않으면 설치를 맨 처음부터 다시 반복한다.
② 프린터 설치를 위한 드라이버는 ○○공사 홈페이지에서 다운받을 수 있다.
③ 운영체제 버전과 상관없이 공통으로 드라이버를 받을 수 있다.
④ 컴퓨터가 오프라인 상태에서도 프린터 드라이버는 설치가 가능하다.
⑤ USB로 연결할 경우 드라이버 설치 전에 프린터를 꺼놔야 한다.

48 프린터 설치와 관련하여 FAQ를 작성할 시 잘못 작성한 내용은?

① Q : 프린터 드라이버는 어디에서 다운받으면 되나요?

　A : 프린터 드라이버는 프린터마다 제조사 홈페이지에서 다운받을 수 있습니다.

② Q : 프린터 드라이버 설치 후 인쇄가 되지 않습니다.

　A : 드라이버가 올바르게 설치되었는지, 프린터 폴더에 설치된 프린터의 아이콘이 있는지 확인해 보셔야 합니다.

③ Q : 사용권 계약을 하라는 창이 나오는 것은 무엇인가요?

　A : 프린터 드라이버를 사용하기 위한 의무사항들에 대한 설명을 읽었다는 동의사항입니다. 무시하고 넘어가면 됩니다.

④ Q : 사용하고 있는 윈도우 운영체제는 아무것이나 상관없나요?

　A : 사용하는 윈도우 운영체제 버전별 드라이버가 각기 다르니 해당 버전에 맞는 프린터 드라이버를 다운로드받아 설치해야 합니다.

⑤ Q : LAN으로 프린터를 연결하는 경우 그냥 드라이버만 설치하면 되나요?

　A : LAN으로 연결하여 프린터를 사용하는 경우 드라이버 설치 전에 'MF/LBP Network Setup Tool'을 사용하여 네트워크 설정을 구성해야 합니다.

49 프린터 설치와 관련하여 문제가 발생하였을 때 점검해 봐야 할 사항으로 적절하지 않은 것은?

① LAN으로 연결하여 설치한 경우 네트워크 환경 구성이 제대로 되어 있는지 확인한다.

② 운영체제 버전에 맞는 드라이버를 설치하였는지 확인한다.

③ 프린터 폴더에 프린터 아이콘이 정상적으로 등록되어 있는지 확인한다.

④ 프린터 토너가 정상적으로 장착되어 있는지 테스트 인쇄를 실행해 본다.

⑤ 관리자 계정으로 로그온되어 있는지 확인해 본다.

[50 – 51] 김치냉장고를 구입하자마자 냉장이 되지 않는 현상이 발생하였을 때 다음 김치냉장고 설명서를 보고 이어지는 물음에 답하시오.

〈제품 증상에 따른 조치 사항〉

증상	조치
소음과 악취	• 평평한 바닥에 있는지 확인한다. • 필터의 먼지 상태를 확인하고 필터가 눅눅한지 확인한다.
차가운 바람이 안 나옴	• 냉장 조절장치를 강으로 조절한 뒤 배기구를 확인한다. • 김치냉장고 상부에 오류 'FR'이 뜨는지 확인한다. • 후면에 있는 냉각수의 총량을 확인한다.
냉장이 되지 않음	• '온도 유지' 체크가 되어 있는지 확인한다. • '재가동' 모드로 설정되어 있는지 확인한다.
작동하지 않음	• 전원 코드가 제대로 꽂혀 있는지 확인한다. • 전원 스위치를 제대로 작동시킨다. • 상부 필터와 하부 필터 간의 결합 위치를 확인한다.

〈보증기간에 따른 소비자 피해 보상〉

소비자 피해 유형		보상 및 처리	
구분	세부 유형	보증기간 3년 이내	보증기간 3년 이후
정상적으로 사용했으나 제품 이상으로 인한 고장 발생	제품 수리가 가능한 경우	무상 수리	–
	제품 수리가 불가능한 경우	유상 수리비용 부담 후 일부 환금	정액 감가상각한 금액에 5% 가산해 환급
	구입 후 제품 운송 또는 설치 과정에서 문제가 발생한 경우	동일제품 교환	–
소비자 과실로 인한 고장	구입 후 일주일 이내	동일제품 교환, 환불	환불 시 기존의 금액에 20% 차감하여 환급
	구입 후 한 달 이내	동일제품 교환, 무상 수리	–
	제품 하자 발생	무상 수리	–
	제품 수리 불가능	제품 교환, 환불 불가	

50 다음 설명서에 따라 올바른 조치를 취한 것은?

① '온도 유지' 체크가 되어 있는지 확인한다.
② 냉장 조절장치를 강으로 조절한 뒤, 배기구를 확인한다.
③ 상부 필터와 하부 필터 간의 결합 위치를 확인한다.
④ 필터의 먼지 상태를 확인하고, 필터가 눅눅한지 체크한다.
⑤ 평평한 바닥에 있는지 먼저 확인한다.

51 원인 분석 후 15일간 잘 사용하였지만, 김치냉장고 위에 뜨거운 물을 쏟아 작동을 하지 않는 고
장이 발생하였을 때 A/S 신청 시 받을 수 있는 보상이나 처리는?

① 정액 감가상각한 금액에 5% 가산해 환급받을 수 있다.

② 수리 시 수리비를 일부 지원받을 수 있다.

③ 동일제품으로 교환이 가능하다.

④ 환불 시 기존의 금액 중 20%를 차감하여 환급받는다.

⑤ 유상 수리를 받을 수 있다.

[52 – 53] 사무실의 에어컨을 교체한 후 추후 문제가 생길 것을 대비해 교체한 에어컨의 문제 해결
법을 인트라넷에 게시하였을 때 이를 보고 이어지는 물음에 답하시오.

〈문제 해결법〉

1. 찬바람이 나오지 않아요.
   • 희망 온도를 현재 온도보다 낮게 조절하세요.
   • 온도가 높은 날에는 찬바람을 약하게 느낄 수 있습니다. 햇빛을 차단하거나 선풍기와 함께 사용하세요.
   • 먼지 필터를 확인해 보세요. 먼지 필터에 먼지가 많이 생기게 되면 공기흡입이 힘들어 배출구에서 나오는
     바람의 양이 줄어들고 찬바람도 멀리 갈 수 없어 냉방 성능 저하의 원인이 됩니다.
   • 실내기 주변의 장애물을 치워주세요. 실내기 흡입구 쪽 커튼 등의 가림막으로 인한 막힘이 있는지 확인해
     주세요.
   • 실외기 주변의 장애물을 치워주세요. 실외기 주변의 장애물로 인해 실외기의 뜨거운 열기가 배출되지 못
     할 때 실외기 온도가 상승하며 냉방성능이 떨어지게 됩니다.

2. 작동이 되지 않아요.
   • 전원 스위치를 확인해보세요. 전원 스위치가 내려져 있다면 전원 스위치를 올려주세요.
   • 정격 전압 220V가 맞는지 한국전력에 문의하세요.
   • 리모컨에 이상이 있는지 확인하세요. 건전지를 교환하거나 극성(+, −)에 맞게 다시 넣으세요. 리모컨의 건
     전지 액이 흘러내리면 건전지를 교환해주세요.
   • 냉각수 밸브를 확인해보세요. 냉각수 밸브가 잠겨 있는지 확인하고 다른 전기기구를 확인해보세요.
     – 전기가 들어오면 다시 작동시키세요.

3. 배출구에 이슬이 맺혔어요.
   • 실내 습도를 확인해보세요. 실내 습도가 높다면 공기 중의 습기가 이슬로 맺히는 자연스러운 현상이므로
     고장은 아니니 마른 수건으로 닦아주세요.

4. 이상한 소리가 나요.
   • 탈취 필터 및 살균 필터에 이물질이 끼어있는지 확인해보세요. 이물질이 끼어있다면 탈취 필터 및 살균필
     터를 청소하고 탈취 필터 분리 후 장착 시 스프링에 바르게 접촉되도록 하세요.

5. 이상한 냄새가 나요.
- 곰팡이 냄새가 나는 경우 주변을 환기하면서 청정운전을 2시간 정도 해주세요.
- 시큼한 냄새가 나는 경우 수건에 물을 조금 적셔 수시로 벽지를 닦아주시고 환기를 시켜주세요.
- 지린내가 나는 경우 에어컨의 물이 빠지는 배수 호스를 확인해주세요. 배수 호스의 끝부분에서 냄새가 역류하여 지린내가 날 수 있으므로 끝부분의 위치를 바꿔주세요.

6. 에어컨에서 물이 넘쳐요.
- 배수 호스가 막혔는지 확인해보세요. 배수 호스 안에 이물질이 있다면 제거해주세요.
- 배수 호스가 바닥보다 높게 설치되어있는지 확인해보세요. 바닥보다 높다면 배수 호스가 바닥에 닿게 설치해주세요.

52 다음 중 에어컨이 작동하지 않을 때 문제를 해결하는 방법으로 옳지 <u>않은</u> 것은?

① 전원 스위치가 내려져 있는지 확인한다.
② 정격 전압 220V가 맞는지 한국전력에 문의한다.
③ 리모컨의 건전지를 교환한다.
④ 냉각수 밸브가 잠겨있는지 확인해 본다.
⑤ 배수 호스가 막혔는지 확인한다.

53 에어컨에 문제가 생겨 에어컨의 탈취 필터 및 살균 필터를 청소함으로써 해결해야 하는 문제는?

① 찬바람이 나오지 않았다.
② 운전이 전혀 되지 않았다.
③ 배출구에 이슬이 맺혔다.
④ 이상한 소리가 났다.
⑤ 에어컨에서 물이 넘쳤다.

[54 – 55] 정가 2,800,000원인 카메라를 구매하여 사용하던 중 2일 만에 셔터가 작동하지 않는 고장이 발생하였다. 다음 카메라 설명서를 보고 이어지는 물음에 답하시오.

〈제품 증상에 따른 조치 사항〉

증상	조치
노출계 미작동	• 렌즈캡을 제거했는지 확인한다. • 렌즈 펌웨어를 업데이트한다. • 카메라 바디 펌웨어를 업데이트한다.
셔터 미작동	• 렌즈의 바디를 다시 체결한다. • 카메라 바디의 최고연사속도를 고려하여 사용한다.
짧은 배터리 사용 시간	• 와이파이, GPS 등 촬영에 필수적이지 않은 기능들의 설정을 Off로 변경한다. • 카메라 LCD 밝기 설정을 변경한다. • 배터리의 열화도를 확인한다.
메모리카드 미작동	• 카메라 바디가 인식할 수 있는 메모리카드인지 확인한다. • 메모리카드의 잔여용량이 있는지 확인한다.

〈보증기간에 따른 소비자 피해 보상〉

소비자 피해 유형		보상 및 처리	
구분	세부 유형	보증기간 이내	보증기간 이후
소비자 과실로 인한 고장 발생	제품 수리가 가능한 경우	유상 수리	유상 수리
	제품 수리가 불가능한 경우	유상 수리 비용 부담 후 동일 제품 교환	정액 감가상각한 금액에 25% 가산하여 환급
소비자 과실은 없으나 제품 이상으로 인한 고장 발생	구입 후 1개월 이내	동일제품 교환, 구입가 환불	–
	구입 후 3개월 이내	동일제품 교환, 구입가 환불	–
	제품 하자 발생	무상 수리	무상 수리
	제품 수리 불가능	환불	정액 감가상각한 금액에 15% 가산하여 환급
	구입 후 제품 운송 또는 설치 과정에서 문제가 발생한 경우	교환	–

54 위 설명서에 따라 올바른 조치를 취한 것은?

① 카메라 바디 펌웨어를 업데이트한다.

② 렌즈 펌웨어를 업데이트한다.

③ 와이파이, GPS 등 촬영에 필수적이지 않은 설정들을 꺼둔다.

④ 바디와 렌즈를 다시 체결한다.

⑤ 배터리의 열화도를 확인한다.

55 원인 분석 후 고쳐서 잘 사용하였지만 3일 후에 다시 셔터가 작동하지 않는 고장이 발생하였을 때 A/S를 신청하면 받을 수 있는 처리는?

① 무료로 동일제품 교환을 받을 수 있다.
② 유상 수리를 받을 수 있다.
③ 유상 수리 비용 부담 후, 동일제품 교환을 받을 수 있다.
④ 정액 감가상각한 금액에 25%를 가산하여 환급받을 수 있다.
⑤ 정액 감가상각한 금액에 15%를 가산하여 환급받을 수 있다.

56 다음 정전 대비 및 대처요령의 일부를 읽고 옳지 <u>않은</u> 것을 고르면?

〈예고 정전 시 대처요령〉

가전 종류	대처요령
전열기	전열기(다리미, 스토브 등)는 정전 시 플러그를 뽑아 둔다.
가정용 냉장고	미리 강냉으로 조정하여 냉기 손실을 방지하고 정전 중에는 가급적 문을 여닫지 않도록 한다.
대형냉장고, 냉동고	미리 드라이아이스를 준비하여 냉기를 보존한다.
컴퓨터 및 문서편집기	입력 중인 데이터가 지워질 수 있으므로 미리 저장한 후 종료한다.
가스누출경보기	겸용을 사용하여 안전에 주의한다.

〈불시 정전 시 대처요령〉

구분	대처요령
우리 집만 정전됨	• 옥내 배전반의 누전차단기 또는 개폐기 퓨즈의 이상 유무를 확인한다. • 옥내 설비에 이상이 있는 경우 전기공사업체에 의뢰하여 수리하고, 옥내 설비에 이상이 없는 경우 인근 전력공사에 연락한다.
이웃과 같이 정전된 경우	선로고장인 경우가 대부분이며 이때는 즉시 복구 작업에 임하므로 잠시 대기한다. 이 경우 많은 고객이 동시에 전화를 할 경우 통화체증이 발생하여 통화가 불가능하게 된다.
순간 정전 대비 요령	• 전동기를 많이 사용하는 공장의 경우 지연석방형 전자개폐기를 부설하는 것을 권장한다. • 지연석방형 전자개폐기 : 선로에 정전이 발생할 경우 1~5초 동안 부하회로 차단을 지연시켜 순간정전 피해를 어느 정도 경감시킬 수 있다.
불시 정전 대비사항	• 전력설비는 자연재해 등 예기치 못한 고장이 발생할 수 있으므로 비닐하우스(특용작물 재배), 양계장, 양어장, 농/수/축산물 저장 등 정전 시 피해가 예상되는 경우는 비상용 발전기 등 정전피해를 줄일 수 있는 시설을 갖춘다. • 컴퓨터 등 정밀기기를 사용하는 곳에서는 무정전 전원장치(U.P.S)를 설치하여 피해를 예방할 수 있다. • 경보기 등 정전을 감지할 수 있는 시설을 갖춘다. • 천재지변이나 전기설비 고장으로 인한 정전 피해에 대해서는 보상하지 않으므로 피해가 발생하지 않도록 사전 점검이 필요하다.

〈정전 감소 방안〉

• 전기가 통하는 상태에서 특수 공법으로 활선, 무정전 공사 시행

• 정전 구간 감소를 위한 구간별 개폐장치 확대설치

• 전기사용이 적은 심야시간에 전기공사 시행

• 노후전기설비의 점검 및 교체

• 같은 지역의 휴전공사를 한데 묶어 격월로 시행

① 전력 감소를 위해 전기사용이 적은 심야시간에 전기공사를 실시하는 방안이 있다.

② 순간적인 정전을 대비하기 위해 공장의 경우 지연석방형 저자개폐기를 부설하는 것이 권장된다.

③ 정전이 예고된 경우 전열기 플러그를 모두 뽑아 두고 냉장고는 미리 강냉으로 조정한다.

④ 우리 집에 정전이 되었다면 먼저 옥내 배전반을 확인한다.

⑤ 천재지병이나 전기설비 고장으로 인한 정전피해는 국가 차원에서 보장하고 있다.

3 기술을 보호할 수 있는 방법 | 정답 및 해설 p.223

01 다음 중 괄호 안에 들어갈 단어에 대한 특징으로 옳지 <u>않은</u> 것은?

( )은 무형의 자산으로 최근 급속한 정보 통신 및 교통의 발달과 더불어 전 세계로 쉽게 전파되어 다국적 기업화 등 각국 경제의 상호관계 촉진에 기여하고 있다. 중요한 것은 ( ) 분야는 먼저 등록하고 권리를 취득한 사람이 절대적으로 유리한 고지에 선다는 점이다.

한 시간 빠르게 권리를 획득한 것은 알렉산더 그레이엄 벨의 전화기 발명 사례가 좋은 예이다. 사실은 벨이 전화기를 발명하기 얼마 전에 이미 필립 라이스라는 사람이 전화기 발명에 성공했었다. 라이스는 전화기 발명에 대한 실험을 성공하였으나 그의 발명품은 인정을 받지 못했고 결국 라이스의 죽음과 함께 사장되고 말았다.

그로부터 2년 뒤 엘리사 글레인과 알렉산더 그레이엄 벨이라는 두 명의 전화기 발명가가 나타났다. 벨은 전동과 전자석의 연결에 따라 소리를 전류로 바꾸어 전할 수 있다는 아이디어로 전화기를 발명하여 워싱턴의 특허청에 특허를 출원하였다. 1876년 2월 15일 1시의 일이었다.

그런데 우연하게도 또 다른 전화기의 발명가 엘리사 글레인 역시 바로 그날 전화기의 특허를 출원하러 특허청에 갔다. 그러나 벨의 특허출원이 한 시간쯤 빨랐다는 특허청 접수계의 증언에 따라 벨에게 특허가 돌아갔다. 이처럼 ( )에서 2등은 없다.

① 국가 산업발전 및 경쟁력을 결정짓는 산업자본이다.

② 눈에 보이지 않는 무형의 재산이다.

③ 다국적 기업화를 억제하는 역할을 한다.

④ 연쇄적인 기술개발을 촉진하는 계기를 마련한다.

⑤ 수출입이 자유로워 국경 이동을 통한 세계적인 상품으로 전파될 수 있다.

02 다음 중 산업재산권에 대한 설명으로 옳지 않은 것은?

① 산업 활동과 관련된 사람의 정신적 창작물(연구결과)이나 창작된 방법에 대해 인정하는 독점적 권리이다.

② 새로운 발명과 고안을 대상으로 한다.

③ 창작자에게 일정 기간 동안 독점 배타적인 권리를 부여하는 대신 이를 일반에게 공개해야 한다.

④ 이용 및 실시에 제한이 없다.

⑤ 기술진보와 산업발전을 추구한다.

03 다음 중 산업재산권에 포함되는 것이 아닌 것은?

① 판권
② 특허
③ 실용신안
④ 의장
⑤ 상표

04 다음 중 특허의 권리가 설정등록일 후 출원일로부터 인정받을 수 있는 기간은?

① 10년
② 20년
③ 30년
④ 40년
⑤ 50년

05 다음 중 특허의 요건에 해당되지 않는 것은?

① 발명이 성립되어야 한다.

② 산업에 이용이 가능해야 한다.

③ 새로운 것으로 진보적인 발명이라야 한다.

④ 법적으로 특허를 받을 수 없는 사유에 해당하지 않아야 한다.

⑤ 수익성이 검증되어야 한다.

06 다음 중 어느 기업에서 새 프로젝트로 발명을 해서 특허를 받으려고 할 때 적절한 프로젝트는?

- 제○조(발명의 정의)

  '발명'이라 함은 자연법칙을 이용한 기술적 사상의 창작으로서 고도한 것을 말한다.

- 제○조(특허요건)

  '발명'은 그 발명이 속하는 기술 분야에서 산업상 이용이 가능하여야 한다.

- 제○조(식물발명특허)

  무성적으로 반복 생식할 수 있는 변종식물을 발명한 자는 그 발명에 대하여 특허를 받을 수 있다.

- 제○조(특허를 받을 수 없는 발명)

  공공의 질서 또는 선량한 풍속을 문란하게 하거나 공중의 위생을 해할 염려가 있는 발명에 대하여는 특허를 받을 수 없다.

- 제○조(특허를 받을 수 있는 자)

  특허청 직원 및 특허심판원 직원은 상고이나 유증의 경우를 제외하고는 재직 중 특허를 받을 수 없다.

---

① 독감 바이러스의 대량 생산방법

② 혈액과 소변을 이용한 데이터 수집 방법

③ 구구단을 이용한 집중력 향상 프로그램

④ 유성적으로 반복 생식할 수 있는 변종식물

⑤ 현직 특허청 직원이 발명한 자동 음성 인식 타자 시스템

07 다음 중 실용신안에 대한 설명으로 적절하지 <u>않은</u> 것은?

① 기술적 수준이 대발명 정도인 창작을 보호한다.

② 전체적으로 특허제도와 유사하다.

③ 짧은 기간 동안 신속하게 보호한다.

④ 자국의 국내산업 보호라는 목적 하에 탄생하였다.

⑤ 중소기업 간의 기술 경쟁을 촉진, 조정하는 역할을 한다.

08 다음 중 실용신안의 보호 대상이 <u>아닌</u> 것은?

① 물품의 형상   ② 물품의 구조

③ 물품의 조합   ④ 물품의 제조법

⑤ 일정한 형태를 가진 물품

09 다음 중 등록일로부터 출원 후까지 실용신안의 유효기간으로 옳은 것은?

① 5년　　　　　　　　　　　② 10년
③ 15년　　　　　　　　　　　④ 20년
⑤ 25년

10 다음 중 의장에 대한 설명으로 적절하지 <u>않은</u> 것은?

① 심미성을 가진 고안이다.
② 물품의 외관에 미적인 감각을 느낄 수 있게 하는 것이다.
③ 물품 자체에 표현되는 것이다.
④ 물품을 떠나서는 존재할 수 없다.
⑤ 물품이 달라도 디자인이 동일하면 같은 의장이 된다.

11 다음 중 설정 등록일로부터 의장의 보호기간으로 적절한 것은?

① 5년　　　　　　　　　　　② 10년
③ 15년　　　　　　　　　　　④ 20년
⑤ 30년

12 다음 중 상표에 대한 설명으로 적절하지 <u>않은</u> 것은?

① 제조회사가 자사제품의 신용을 유지하기 위해 사용한다.
② 제품이나 포장 등에 표시하는 표장으로서의 상호나 마크다.
③ 입체표지나 음향표지도 상표에 포함된다.
④ 상호와는 구분되는 개념이다.
⑤ 광고 및 재산적 기능도 한다.

13 다음 중 식별표지로서 상품으로 분류되는 것은?

① 기호　　　　　　　　　　　② 명칭
③ 품위　　　　　　　　　　　④ 품질
⑤ 효능

14 상표의 등록 후 배타적 권리보장 기간은?

① 5년   ② 10년

③ 15년   ④ 20년

⑤ 25년

15 다음 사례를 특허, 실용신안, 의장, 상표로 구분하여 바르게 연결한 것은?

(가) 미국의 조셉은 양이 장미넝쿨을 넘어가지 못하도록 철조망을 발명하였다.

(나) 잉크펜의 중앙에 홈을 내고 구멍을 뚫어 자연스럽게 글을 쓸 수 있었다.

(다) 성냥갑의 모양을 반달형, 맥주병형 등 다양한 디자인으로 창안하였다.

(라) 코카콜라 병의 빨간 글씨, 코닥필름 등의 노란색 등이 해당한다.

	특허	실용신안	의장	상표
①	(가)	(나)	(다)	(라)
②	(나)	(다)	(라)	(가)
③	(다)	(라)	(가)	(나)
④	(라)	(가)	(나)	(다)
⑤	(가)	(다)	(라)	(나)

16 다음 중 저작권에 대한 설명으로 적절하지 <u>않은</u> 것은?

① 법에 의하여 저작물의 저작자에게 부여하는 배타적인 권리다.

② 자신의 창작물을 공표하기 위해 제한된 법에 따라 공개 배포 또는 전달할 수 있는 권리다.

③ 저작물을 다른 이가 특정의 방법으로 사용하도록 허락할 수 있는 권리다.

④ 저작권법에서는 보호받을 수 있는 저작물의 종류와 저작권을 구성하는 저작자의 권리의 행사 등에 관하여 일정한 제한을 두고 있다.

⑤ 원저작물을 번역, 편곡, 변형, 각색 등의 방법으로 작성한 것을 2차적 저작물이라 한다.

17 다음 중 저작권의 객체에 해당하는 것은?

① 국가 또는 지방공공단체의 고시, 공고, 훈령, 그 밖의 이와 유사한 것

② 법원의 판결·결정·명령 및 심판이나 행정심판절차, 그 밖의 이와 유사한 절차에 의한 의결, 결정 등

③ 국가 또는 지방자치단체가 작성한 것

④ 편집물로서 그 소재의 선택 또는 배열에 창작성이 있는 것

⑤ 사실의 전달에 중점을 둔 시사보도

18 다음 중 협의의 저작권이 저작물을 창작한 때부터 시작하여 보호받을 수 있는 기간으로 적절한 것은?

① 10년간   ② 20년간
③ 30년간   ④ 40년간
⑤ 50년간

19 다음 중 저작인접권에 대한 설명으로 옳지 <u>않은</u> 것은?

① 저작물을 일반 공중이 향유할 수 있도록 매개하는 자에게 부여한 권리다.

② 제한, 양도, 등록 등이 대체로 저작재산권의 경우와 동일하게 취급된다.

③ 실연, 음반, 방송의 위에 존재한다.

④ 저작권법과 저작권 관련 국제 조약에 따라 보호를 받는다.

⑤ 실연을 하거나 방송을 한 후 4개월이 지나서야 효력이 발생한다.

20 다음 중 저작인접권에 귀속되는 사람으로 옳지 <u>않은</u> 것은?

① 배우   ② 가수
③ 연주자   ④ 음반배급자
⑤ 방송사업자

21 다음 중 저작인접권의 보호기간으로 적절한 것은?

① 50년   ② 60년
③ 65년   ④ 70년
⑤ 80년

22 다음 중 신지식재산권의 범주에 포함되는 것으로 옳지 <u>않은</u> 것은?

① 인공지능 기술   ② 컴퓨터 프로그램

③ 유전자조작동식물   ④ 반도체설계

⑤ 캐릭터산업

23 다음 설명에 해당하는 지적재산권으로 가장 적절한 것은?

> 산업적으로 이용할 수 있는 물품의 형상과 구조, 조합을 개량하여 실용성과 유용성을 높인 아이디어를 출원하여 부여받는 권리이다.

① 디자인권   ② 실용신안권

③ 저작권   ④ 의장권

⑤ 공업소유권

24 다음 산업재산권을 등록한 사례에서 각각의 사례와 산업재산권이 올바르게 연결된 것은?

> (가) 중국에서 판매할 '메이크업 브러쉬'에 태극문양과 Boot라는 로고를 새기고 등록했다.
> (나) 미국인 벤 카넬은 문이 열려있음에도 단열이 잘되고, 문이 닫혀있음에도 사람들이 쉽게 드나들 수 있도록 기존의 문을 구형화한 '회전문'을 최초로 발명하여 등록했다.
> (다) 동그란 우산을 비대칭으로 만들어 앞의 시야를 확보하고 등에 맨 가방이 비에 젖지 않도록 하는 비대칭 우산을 만들어 등록했다.
> (라) 노트북의 커버를 실버메탈로 만들고 끝부분을 물결 라운딩으로 디자인하여 등록했다.

	(가)	(나)	(다)	(라)
①	실용신안	특허	상표	의장
②	의장	실용신안	상표	특허
③	상표	실용신안	의장	특허
④	상표	특허	의장	실용신안
⑤	상표	특허	실용신안	의장

25 다음과 같은 기술 개발로 회사가 취득할 수 있는 산업재산권과 독점 기간을 바르게 짝지은 것은?

○○ 전자는 지상파 디지털멀티미디어방송(DMB)용 핵심 칩을 세계에서 처음으로 개발했다고 발표했다. 이 칩은 지상파 DMB 서비스의 영상과 음성을 저전력으로 실시간 처리하는 프로세서 칩이다.

	산업재산권	독점기간
①	의장권	20년
②	특허권	20년
③	특허권	15년
④	의장권	15년
⑤	의장권	10년

기술적용능력

1 기술적용과 기술경영자의 역할

| 정답 및 해설 p.226

01 다음 중 기술적용의 형태에 대한 설명으로 옳지 <u>않은</u> 것은?

① 선택한 기술을 그대로 적용하는 경우 시간과 비용이 증가한다.

② 선택한 기술이 적합하지 않을 경우 실패로 돌아갈 수 있는 위험부담이 크다.

③ 선택한 기술을 그대로 적용하되 불필요한 기술을 과감히 버리면 프로세스의 효율성을 기할 수 있다.

④ 과감하게 버린 기술이 과연 불필요한가에 대한 문제점이 있을 수 있다.

⑤ 선택한 기술을 분석하고 가공하여 활용하는 경우 업무 프로세스의 효율성을 최대화할 수 있다.

02 다음 중 기술적용의 방법으로 적절하지 <u>않은</u> 것은?

① 자신이 어떠한 직업에 종사하고 있느냐에 따라서 필요한 기술도 달라진다.

② 자신에게 맞는 기술을 선택했다고 해서 모두 적용할 수 있는 것은 아니다.

③ 비슷한 효과를 내는 기술은 반드시 하나이다.

④ 기술을 자신에게 맞게 가공할 수 있는 능력이 필요하다.

⑤ 자신에게 맞는 기술을 선택하는 것이 중요하다.

03 다음 중 기술적용의 팁으로 알맞지 <u>않은</u> 것은?

① 기술은 회사의 성장과 발전에 이익을 가져다주어야 한다.

② 기술의 수명 주기는 자사 환경에 비해 짧아야 한다.

③ 기술적용은 회사의 경영 혁신을 위해 전략적이어야 한다.

④ 기술은 미래지향적이어야 한다.

⑤ 기술은 자신의 직무에 반드시 필요해야 하고 비용, 업무 프로세스 측면에도 합리적이어야 한다.

04 다음 중 기술적용 시 고려사항으로 옳지 <u>않은</u> 것은?

① 기술적용에 따른 비용이 많이 드는가?

② 기술의 수명 주기는 얼마인가?

③ 기술의 변경 시 신속한 교체가 가능한가?

④ 기술의 전략적 중요도는 어느 정도인가?

⑤ 잠재적으로 응용 가능성이 있는가?

05 다음은 기술적용 시에 고려해야 할 사항을 설명한 내용이다. ㉠, ㉡에 적합한 기술적용 시 고려사항을 모두 바르게 연결한 것은?

> ㉠ 현재 자신의 직장생활에서 요구되는 기술이라 할지라도 단기간에 기술이 진보하거나 변화할 것이라고 예상되는 기술을 적용하는 것은 바람직하지 못하다.
> ㉡ 새롭게 받아들여 활용하고자 하는 기술이 단순한 기술인지, 아니면 가까운 미래에 또 다른 발전된 기술로 응용 가능성이 있는지를 검토하는 것은 매우 중요한 일이다.

① ㉠ – 기술 적용에 따른 비용이 많이 드는가?
　㉡ – 기술의 전략적 중요도는 어떻게 되는가?

② ㉠ – 기술 적용에 따른 비용이 많이 드는가?
　㉡ – 잠재적으로 응용 가능성이 있는가?

③ ㉠ – 기술의 전략적 중요도는 어떻게 되는가?
　㉡ – 기술의 수명 주기는 어떻게 되는가?

④ ㉠ – 기술의 수명 주기는 어떻게 되는가?
　㉡ – 기술의 전략적 중요도는 어떻게 되는가?

⑤ ㉠ – 기술의 수명 주기는 어떻게 되는가?
　㉡ – 잠재적으로 응용 가능성이 있는가?

06 다음 중 기술을 분석한 후 가공하여 적용하는 것에 대한 장점으로 적절한 것은?

① 기술을 적용하는 시간을 절약할 수 있다.

② 프로세스를 효율적으로 사용할 수 있다.

③ 위험을 감수해야 하는 부담이 적다.

④ 사용자에게 맞는 최적화된 기술을 사용할 수 있다.

⑤ 비용이 적게 든다.

07 다음 중 기술을 적용하는 모습으로 가장 바람직한 것은?

① 외국 기업의 기술은 항상 좋은 것이기 때문에 있는 그대로 받아들인다.

② 항상 앞서가는 동료가 선택한 기술은 다 좋을 것이므로 따라 선택한다.

③ 기술은 적용할 때 불필요한 부분이 있을 수 있지만 검증된 기술이라면 그대로 받아들인다.

④ 지금 우리가 하고 있는 기술이 가장 좋은 기술이기 때문에 다른 기술은 굳이 받아들일 필요가 없다.

⑤ 자신의 업무 환경, 발전 가능성, 업무의 효율성 증가, 성과 향상 등에 도움을 줄 수 있는 기술 인지 판단해보고 선택한다.

08 밑줄 친 ㉠, ㉡에 대한 대응 방향으로 바르게 짝지은 것은?

> 최근 한 의류업체가 소비시장 동향을 살펴본 결과, ㉠ 빠른 유행에 따른 패션 변화와 실용적이고 편안함을 추구하려고 하는 경향이 확산되고 있다. 또한 ㉡ 다양한 기능을 가진 제품이 새롭게 의류 시장을 주도하고 있다.

	㉠	㉡
①	유연 생산	신제품 개발
②	연속 생산	품질 관리 강화
③	계획 생산	제품의 정밀도 향상
④	주문 생산	디자인 설계 강화
⑤	주문 생산	품질관리 강화

09 다음 기업의 생산성 지수를 구하면?

> • 생산성 지수는 기업의 생산 요소 투입 대비 결과산출물에 대한 지수를 말한다.
> • 디지털 TV 부품을 생산하는 ○○기업이 2003년에 구입한 원재료 총액은 8억 원, 종업원 임금 총액은 6억 2천만 원, 기타 제 비용은 2억 8천만 원이었다. 이 기업의 1년간 총생산액은 34억 원이었다.

① 0.5 ② 1

③ 1.5 ④ 2

⑤ 2.5

10 다음 A기업의 생산 및 재고관리 사례에 대한 설명으로 옳은 것만을 모두 고른 것은?

> A기업은 공장에서 공구세트 2종류를 생산하여 대리점을 통해 판매하고 있다.
>
> | 구분 | 활동내용 |
> | --- | --- |
> | 제조작업장 | 공구생산 시 MRP 기법을 이용하여 자재를 관리하고 있음 |
> | 포장작업장 | 공구 세트별로 공구를 분류하고 담아서 포장하는데, 작업공정을 분류작업과 포장 작업으로 분업화함으로써 작업자의 숙련도를 높여 능률적으로 작업하고 있음 |
> | 대리점 | 정해진 기간마다 공구세트를 본사로 주문함 |

> ㄱ. 포장작업장에서는 생산합리화의 원칙 중 '전문화의 원리'를 적용하고 있다.
> ㄴ. 대리점의 공구세트에 대한 재고관리모형은 정량발주 모형에 해당한다.
> ㄷ. 제조작업장에서는 공구생산에 필요한 부품의 소요 수량과 소요 시기를 계획하는 방법을 이용하고 있다.

① ㄱ ② ㄴ

③ ㄱ, ㄷ ④ ㄴ, ㄷ

⑤ ㄱ, ㄴ, ㄷ

11 다음 A회사가 기술적용 시 고려해야 할 사항으로 옳은 것을 모두 고른 것은?

> A회사는 기계가공 제품을 생산한다. 최근 새로운 가공기술이 개발되어 구입 적용하고 싶지만, 소규모 주문자 맞춤형 제품 위주로 생산하는 관계로 신기술의 도입이 적절하지 않다는 판단을 하였다. 또한 이 기술을 익숙하게 활용할 수 있도록 적응하는 데에도 일정한 시간이 요구되는데, 단기간에 기술이 진보하거나 변화할 것이라고 예상되고 있다.

ㄱ. 비용	ㄴ. 수명 주기	ㄷ. 전략적 중요도	ㄹ. 잠재적 응용가능성

① ㄱ

② ㄱ, ㄴ

③ ㄱ, ㄴ, ㄷ

④ ㄴ, ㄷ, ㄹ

⑤ ㄱ, ㄴ, ㄷ, ㄹ

12 다음 어느 회사의 기술적용계획표에서 기술적용 시 고려해야 할 사항으로 적절하지 <u>않은</u> 것은?

기술적용계획표				
항목	평가			비교
	적절	보통	부적절	
① 시스템의 기술적용에 따른 비용이 예산 범위 내에서 가능한가?				
② 시스템의 수명 주기를 충분히 고려하여 잦은 교체를 피하였는가?				
③ 시스템은 기술적용의 목적에 부합하고 목적 달성에 효과적인가?				
④ 시스템이 향후 목적과 비전에 맞추어 잠재적으로 응용이 가능한가?				
⑤ 시스템은 현장 작업 담당자가 사용하기를 원하는가?				

13 다음 지문의 Y사장과 같이 기술적용 시 고려해야 될 것에 대한 설명으로 옳지 <u>않은</u> 것은?

> USB 저장 메모리를 생산하는 중소기업 Y사의 사장 L씨. 그는 최고의 품질을 만들어 내기 위해 고민하고 있다.
>
> 그가 고민하고 있는 것은 시간이 오래 걸리지만 안정성은 보장되고 견고한 종전의 방법을 그대로 고수할 것인지, 아니면 동종 업계에서 선두를 달리기 위해 품질은 조금 떨어지지만 시간을 절약하고 대량 생산을 할 수 있는 신기술을 적용할 것인지를 고민하고 있다.
>
> 그는 USB 저장 메모리를 생산하기 위한 기술을 적용하기 위해 관련 시장의 분위기, 원재료 가격 등 다양한 여건을 고려하고 있다.

① 기술적용에 따른 비용이 많이 들면 좋지 않다.
② 기술의 수명 주기가 단기간에 진보하거나 변화해야 한다.
③ 기술은 회사의 성과 향상에 도움이 된다.
④ 기술이 미래에 응용 가능성이 있는지를 검토해야 한다.
⑤ 기술의 전략적 중요도가 어느 정도인지 파악해야 한다.

14 다음 내용과 관련된 기술의 특징으로 옳은 것을 모두 고른 것은?

> • 기상과 자연조건에 영향을 많이 받는다.
> • 최근에는 중동 및 동남아 지역으로 도시 자체를 수출하기도 한다.
> • 간척사업, 개간사업 등 국토종합 개발 사업을 통해 사회발전에 이바지한다.

> ㄱ. 주문 생산 위주의 사업이다.
> ㄴ. 대표적인 기초 소재 산업이다.
> ㄷ. 경기부양 및 고용증대 효과가 큰 산업이다.
> ㄹ. 공해를 유발시키며 에너지를 과소비하는 산업이다.

① ㄱ, ㄴ   ② ㄱ, ㄷ
③ ㄴ, ㄷ   ④ ㄴ, ㄹ
⑤ ㄷ, ㄹ

15 다음 중 기술경영자에 대한 내용으로 알맞지 <u>않은</u> 것은?

① 기술경영자는 기술에 대한 전문적인 지식만을 가지고 있는 사람이다.

② 기술경영자는 회사에서 기술 부문을 담당하는 기술 대표 임원이다.

③ 기술경영자는 리더로서 리더십, 대인 관계, 경영 능력, 전략적인 사고를 갖추어야 한다.

④ 최고 기술 경영자를 CEO 또는 CTO라고 부른다.

⑤ 기술경영자는 회사 내의 모든 기술을 관리하고 총괄하는 책임자이다.

16 다음 중 기술경영자에게 요구되는 능력으로 적절하지 <u>않은</u> 것은?

① 기술을 기업의 전략 목표에 통합시키는 능력

② 기술을 효과적으로 평가할 수 있는 능력

③ 신제품 개발 시간을 단축할 수 있는 능력

④ 기술이나 추세에 대한 이해 능력

⑤ 기술 전문 인력을 운용할 수 있는 능력

17 다음 중 기술경영자에게 요구되는 능력으로 적절하지 <u>않은</u> 것은?

① 복잡하고 서로 다른 분야에 걸쳐 있는 프로젝트를 수행할 수 있는 능력

② 기술 이전을 효과적으로 할 수 있는 능력

③ 새로운 제품개발 시간을 연장할 수 있는 능력

④ 기술을 기업의 전반적인 전략 목표에 통합시키는 능력

⑤ 빠르고 효과적으로 새로운 기술을 습득하고 기존의 기술에서 탈피하는 능력

18 다음 중 기술경영자가 갖춰야 할 리더십의 행동으로 적절하지 <u>않은</u> 것은?

① 공통의 목표와 비전을 정확하게 제시

② 미래 지향적인 생각과 태도

③ 공과 사의 확실한 구분

④ 책임지려는 자세

⑤ 위험을 감지하고 감수하는 능력

19 다음 중 기술경영자가 보여주어야 할 대인 관계 능력으로 적절하지 <u>않은</u> 것은?

① 개인의 차별성을 이해하고 인정한다.

② 자신에게 소속된 사람들의 뜻을 최대한 대변한다.

③ 선입견을 갖고 사람을 보지 않는다.

④ 타인을 존중하는 마음으로 대화한다.

⑤ 일관된 행동으로 신뢰를 확보한다.

20 다음 회사의 구직자 공개 채용 공고문에서 채용하고자 하는 이로 가장 적절한 유형은?

○○회사 채용 공고

담당업무 : 〈상세요강〉 참조
고용형태 : 정규직/경력 3년 이상
전공 : 공학관련학과
최종학력 : 대학졸업
성별/나이 : 무관/30~40
급여조건 : 3,000 이상

〈상세요강〉

1. 직무상 요구되는 능력
  • 기술을 운용하거나 문제 해결을 할 수 있는 능력
  • 기술직과 의사소통을 할 수 있는 능력
  • 기술적, 사업적, 인간적인 능력을 통합할 수 있는 능력
  • 기술이나 추세에 대한 이해 능력
  • 기술팀을 통합할 수 있는 능력
2. 제출서류 : 이력서, 자기소개서(경력중심), 자격증 사본
3. 전형방법 : 이메일 지원자 중 서류전형 후 면접전형

---

① 엔지니어   ② 생산작업자

③ 현장기술자   ④ 기술경영자

⑤ 기술관리자

21 다음 중 기술관리자에게 요구되는 능력으로 적절하지 <u>않은</u> 것은?

① 기술을 운용하거나 문제를 해결할 수 있는 능력

② 현장직과 의사소통을 할 수 있는 능력

③ 혁신적인 환경을 조성할 수 있는 능력

④ 기술적, 사업적, 인간적인 능력을 통합할 수 있는 능력

⑤ 기술팀을 통합할 수 있는 능력

22 다음 중 기술적 능력 외에 기술경영자에게 요구되는 행정능력으로 적절하지 <u>않은</u> 것은?

① 다기능적인 프로그램을 계획하고 조직할 수 있는 능력

② 우수한 인력을 유인하고 확보할 수 있는 능력

③ 제품개발 시간을 단축할 수 있는 능력

④ 타 조직과 협력할 수 있는 능력

⑤ 정책이나 운영 절차를 이해할 수 있는 능력

23 기술경영자와 기술관리자 중 기술경영자에게 필요한 능력이 <u>아닌</u> 것은?

① 기술적, 사업적, 인간적 능력을 통합할 수 있는 능력

② 기술을 전반적인 전략 목표에 통합시키는 능력

③ 기술을 효과적으로 평가할 수 있는 능력

④ 기술 전문 인력을 운용할 수 있는 능력

⑤ 조직 내의 기술 이용을 수행할 수 있는 능력

24 다음의 설명을 통해 확인할 수 있는 기술경영자로서 바람직한 역량으로 바른 것은?

> K는 산간벽촌의 가난한 가정에서 태어나 중학교만 졸업한 후 상경해서 청계천의 작은 공장에서 기술을 배우며 살아갔다. 그러던 중 K가 재직 중이던 회사가 외국계 기업에 인수되어 회사에는 외국의 선진기술들이 새롭게 도입되었다.
>
> K는 이에 대한 적응이 남달라서 직급이 높은 관리자들조차도 새로운 기술의 활용법에 대해서는 K에게 물어보는 상황에 이르렀다. 신기술에 대한 K의 이러한 남다른 적응력은 금세 외국인 경영진의 눈에 들어오게 되었고 K는 빠른 승진을 거듭해 이제는 최고기술경영자로 성장하게 되었다.
>
> 이와 같은 K의 사례는 학벌 등에 편견을 두지 않는 회사의 채용철학을 형성하는 기반이 되었다.

① 새로운 기술을 습득하고 기존의 기술과 융합시키는 능력
② 기존의 기술을 빠르게 포기할 수 있는 추진력
③ 외부 조직의 기술을 우선적으로 적용하고자 하는 선구자적 자질
④ 기술전문 인력을 선발하는 능력
⑤ 외국 근로자들과 의사소통을 할 수 있는 능력

25 철강업체의 선박용점기술팀 부장으로 일하고 있는 귀하는 기술경영자로서의 성장을 목표로 삼고 있지만, 사실 기술경영자가 어떤 사람인지 잘 알지 못한다. 이에 따라 성공한 기술경영자의 사례를 통해 기술경영자의 능력을 배우기로 했다. 다음 빌 게이츠의 사례에서 귀하가 배울 수 있는 기술경영자의 능력으로 가장 적절한 것은?

> 지금의 마이크로소프트사를 만든 것은 Windows 이전에 MS - DOS이었다.
> 1981년 당시 세계 최대의 컴퓨터 회사인 IBM은 후에 IBM PC로 불리게 되는 퍼스널 컴퓨터 개발에 착수하였으며 마이크로소프트사에서 8086용 CP/M 개발을 의뢰했다.
> 이에 빌 게이츠는 시에틀 컴퓨터사가 독자적으로 개발한 86 - DOS의 판권을 구입한 후 IBM PC용으로 보완하여 PC - DOS를 만들어냈으며, 이후 마이크로소프트사는 자사상표인 MS - DOS라는 이름으로 이를 시장에 내놓았다.
> 사용자들은 너도나도 IBM - PC를 사용하기를 원했고, IBM - PC에서 사용할 수 있는 유일한 OS는 거의 MS - DOS뿐이었다.

① 빠르고 효과적으로 새로운 기술을 습득하고 기존의 기술에서 탈피하는 능력
② 복잡하고 서로 다른 분야에 걸쳐 있는 프로젝트를 수행할 수 있는 능력
③ 조직 내의 기술 이용을 수행할 수 있는 능력
④ 기술을 기업의 전반적인 전략 목표에 통합시키는 능력
⑤ 기술 이전을 효과적으로 할 수 있는 능력

26 다음 사례를 통해 알 수 있는 기술경영자의 가장 중요한 덕목은?

> 현재 H회사에서 근무 중인 A씨는 회사 설립 및 확장 단계에서 신생 스타트업기술 등 새로운 기술을 습득해 이를 사내기술과 접목하는 등의 우수한 퍼포먼스를 보여서 스카웃되었다. 그는 이러한 능력을 지속적으로 발휘 및 성장시켜 현재는 기술경영자로 재직중이다.

① 변화와 새로운 환경에 적응하는 능력
② 인재를 발견하고 전문인력을 채용하는 능력
③ 새로운 기술을 습득하고 적용하는 능력
④ 임원 및 간부를 관리하는 능력
⑤ 우수한 포트폴리오와 발표 능력

❷ 네트워크 혁명과 기술융합

| 정답 및 해설 p.230

01 정보통신혁명이 우리 사회를 바꾼 방식으로 다음 설명에 해당하는 가장 적절한 것은?

> 이것은 1990년대 이후 사람과 사람을 연결하는 방법, 정보를 교환하는 방법, 교환한 정보를 지식으로 만드는 방법, 가장 값싼 물건을 찾는 방법, 주문을 하는 방법, 새로운 거래선을 찾는 방법, 광고를 하고 소비자를 끄는 방법, 친구와 애인을 사귀는 방법 등에 혁명적인 변화를 가져오게 했다.

① 컴퓨터기술   ② 나노기술
③ 로봇기술   ④ 산업혁명
⑤ 네트워크 혁명

02 다음 중 네트워크의 특성으로 바르지 않은 것은?

① 네트워크는 연결이며 페이스북, 구글 등의 핵심 가치이다.
② 네트워크는 열려있어 다른 종류의 네트워크들이 쉽게 결합하기도 하고 다른 종류의 노드들이 하나의 네트워크를 구성할 수도 있다.
③ 네트워크는 사적인 공간이기 때문에 사회적으로 많은 영향력은 없다.
④ 네트워크는 구성 요소인 노드 하나하나가 생명력을 지닌 세포, 유기체이다.
⑤ 네트워크는 사람들이 서로 자신의 가치를 공유하고자 한다.

03 다음 중 네트워크 혁명에 대한 설명으로 바르지 <u>않은</u> 것은?

① 이타적 개인주의라는 새로운 공동체 철학이 발생했다.

② 새로운 경제구조의 도래에 따른 구조적 실업 문제도 발생하고 있다.

③ 사회의 연계와 상호의존으로 특징된다.

④ 모두가 네트워크 혁명의 혜택을 누리고 있어 지구적 평등이 증대되고 있다.

⑤ 정보기술을 이용한 감시가 발생해 개인의 자유가 억압당할 수도 있다.

04 다음 중 무어의 법칙에 대한 설명으로 바르지 <u>않은</u> 것은?

① 인텔의 설립자가 처음 주장하였다.

② 마이크로칩에 저장할 수 있는 데이터의 양이 24개월마다 2배씩 증가한다는 법칙이다.

③ 컴퓨터의 성능은 거의 5년마다 10배, 10년마다 100배씩 개선된다는 내용도 포함된다.

④ 컴퓨터의 처리속도와 메모리의 양이 2배로 증가한다.

⑤ 컴퓨터의 비용은 상대적으로 떨어지는 효과를 가져왔다.

05 다음 중 메트칼프의 법칙에 대한 설명으로 바르지 <u>않은</u> 것은?

① 네트워크의 규모가 커짐에 따라 그 비용의 증가 규모는 점차 줄어든다.

② 네트워크의 가치는 기하급수적으로 감소한다.

③ 인터넷 비즈니스의 특징을 설명하는 중요한 키워드로 회자된다.

④ 네트워크가 무한대로 확장되어 갈수록 비용절감의 효과를 기대할 수 있다.

⑤ 평균비용이 거의 제로 수준에 접근하는 것을 목표로 한다.

06 다음 중 카오의 법칙에 대한 설명으로 바른 것은?

① 창조성은 네트워크에 접속되어 있는 다양성에 지수함수로 반비례한다는 법칙이다.

② 다양한 사고를 가진 사람들이 네트워크로 연결되면 창조성이 증가한다는 내용이다.

③ 오늘날에는 크게 주목받지 못하는 법칙이다.

④ 반도체 메모리의 용량이 1년마다 2배씩 증가한다.

⑤ 대형사고가 발생하기 전 그와 관련된 수많은 징후들이 존재한다는 법칙이다.

07 다음 중 네트워크 혁명의 역기능에 해당하는 내용으로 바르지 <u>않은</u> 것은?

① 디지털 격차

② SNS 중독

③ 선정적 광고

④ 정보기술을 이용한 감시

⑤ 사이버 범죄

08 다음 제시된 설명이 의미하는 네트워크 혁명의 법칙은?

> 이 법칙이 가져올 세상은 네트워크 시대의 복잡성 해결에 대한 압력이 증대하여 단품 위주의 서비스 제공에서 토탈 솔루션(Total Solution) 제공에 대한 요구가 증대할 것이며, 제품 판매 후에도 지속적인 요금 징수가 가능한 사업의 증가로 유지보수형 서비스의 발생을 촉진할 것이다.

① 무어의 법칙

② 메트칼프의 법칙

③ 카오의 법칙

④ 코어스의 법칙

⑤ 암달의 법칙

09 다음 중 올바른 정보화 사회의 이해에 대한 설명 중 거리가 <u>먼</u> 것은?

① 정보화 사회에서는 에너지 자원 절약형 시스템을 구축하려는 욕구로 말미암아 에너지 소비가 많은 산업이 축소되는 우려가 있다.

② 정보화 사회에서는 인간이 소화해 낼 수 없을 만큼의 정보가 무질서 무체계적으로 유통되며 이로 인하여 정보 과잉이 우려된다.

③ 정보화 사회에서의 국제화는 각 국가의 특성 있는 가치관이나 고유문화를 사라지게 하고 전통문화를 잠식할 수 있는 우려가 있다.

④ 새로운 매체 기술과 뉴미디어 소유 격차에 의해 파생된 정보유통의 불평등 현상이 초래될 우려가 있다.

⑤ 단순히 정보의 양만 많을 뿐만 아니라 정보의 질과 양의 2가지 측면에 있어 부족함이 없이 생산 및 유통되는 사회이어야 한다.

10 다음 중 네트워크의 역기능에 대한 대응으로 적절하지 <u>않은</u> 것은?

① 법적, 제도적 기반 구축

② 정보화 윤리의식 강화

③ 정보의 민영화 촉진

④ 시스템 보완관리 제품 개발

⑤ 암호화 관련 사업 활성화

11 2001년 12월 미국과학재단과 상무부가 학계, 산업계, 행정부의 과학기술 전문가들이 참여한 워크숍을 개최하고 작성한 〈인간 활동의 향상을 위한 기술의 융합(Converging Technologies for Improving Human Performance)〉이라는 제목의 보고서에서 4대 핵심기술이 상호 의존적으로 결합되는 것(NBIC)을 융합기술(CT)이라 정의하였고 기술융합으로 르네상스 정신에 다시 불을 붙일 때가 되었다고 천명하였다. 다음 중 여기서의 4대 핵심기술에 해당되지 않는 것은?

① 나노기술(NT)
② 생명공학기술(BT)
③ 우주항공기술(ST)
④ 인지과학(Congitive science)
⑤ 정보기술(IT)

12 다음 중 4대 핵심기술의 융합에 속하는 것으로 적절하지 않은 것은?

① 제조, 건설, 교통, 의학, 과학기술 연구에서 사용되는 새로운 범주의 물질, 장치, 시스템
② 나노 규모의 부품과 공정의 시스템을 가진 물질 중에서 가장 복잡한 생물 세포
③ 유비쿼터스 및 글로벌 네트워크 요소를 통합하는 컴퓨터 및 통신시스템의 기본 원리
④ 사람의 뇌와 마음의 구조와 기능
⑤ 금융업에서 확산되고 있는 전자 거래 시스템

13 다음 중 미래 산업에서 신소재를 생산할 때 재료과학 연구가 핵심이 되는 학문이 아닌 것은?

① 기계공학
② 수학
③ 물리학
④ 화학
⑤ 생물학

14 다음 중 뇌와 마음의 연구에 새로운 기법을 제공하는 학문이 아닌 것은?

① 생명공학기술
② 의학기술
③ 나노기술
④ 정보기술
⑤ 인지과학

15 다음 융합기술의 설명에 가장 적절한 것은?

> 생명공학기술에서 이것을 이용하면 우리 몸의 혈관 등을 돌아다니면서 진단, 치료하는 미세로봇도 만들수 있다. 이 기술과 정보통신기술이 융합하면서 탄소나노튜브를 이용한 디스플레이 장치, 여러 숫자를 한꺼번에 처리할 수 있는 양자 컴퓨터, 플라스틱 덮개나 페인트처럼 칠할 수 있도록 만든 나노 태양전지 등이 개발되었다.

① 정보기술   ② 나노기술
③ 에너지기술   ④ 환경공학기술
⑤ 의학기술

16 다음 첨단 신기술간 상승적 결합을 통해 미래사회의 목표달성을 위한 과학기술적 한계를 극복하는 우리나라 융합기술의 범위를 나타낸 것에서 (가)~(다)에 들어갈 단어로 적절한 것은?

> (가) : 컴퓨터, 반도체, 무선이동통신, 디스플레이, 인터넷 등
> (나) : 유전체학, 단백체학, 분자생물학, 세포공학
> (다) : 나노재료, 나노구조, 나노소자, 나노공정 등

	(가)	(나)	(다)
①	IT	BT	NT
②	BT	CT	AT
③	NT	IT	KT
④	ET	BT	CT
⑤	CT	IT	NT

17 다음 융합기술의 활용목적별 분류를 바르게 고른 것은?

(가) 이종 신기술 또는 신기술과 학문이 결합하여 새로운 기술을 창조하거나 융합기술을 촉진하는 유형
(나) 경제, 사회, 문화적 수요에 따른 신산업, 서비스 구현을 위해 이종기술 제품/서비스가 결합하는 유형
(다) 신기술과 기존 전통산업이 결합하여 현재의 시장 수요를 충족시킬 수 있는 산업 및 서비스를 고도화하는 유형

	(가)	(나)	(다)
①	원천기술창조형	산업고도화형	신창업창출형
②	신산업창출형	원천기술창조형	산업고도화형
③	산업고도화형	원천기술창조형	신산업창출형
④	원천기술창조형	신산업창출형	산업고도화형
⑤	신산업창출형	산업고도화형	원천기술창조형

Part 03

정답 및 해설

CHAPTER 1 **기술능력**

01 기술의 정의

01 ④	02 ⑤	03 ③	04 ④	05 ③	06 ①	07 ②	08 ④	09 ③	10 ③
11 ②	12 ④	13 ②	14 ⑤	15 ③	16 ①	17 ④	18 ②	19 ③	20 ③
21 ④									

01 정답 ④

보편적인 진리나 법칙은 보는 사람의 관점에 따라 다르게 정의를 내릴 수 없으며 누구나 모두 진리라고 말할 수 있고 적용받을 수 있는 것들이다.

기술의 의미

• 물리적인 것뿐만 아니라 사회적인 것으로서 지적인 도구를 특정한 목적으로 사용하는 지식체계
• 인간이 주위환경에 대한 통제를 확대시키는 데 필요한 지식의 적용
• 제품이나 용역을 생각하는 원료, 생산공정, 생산방법, 자본재 등에 관한 지식의 집합체

02 정답 ⑤

기술은 노하우와 노와이로 구별할 수 있으며 노하우가 경험적이고 반복적인 행위에 의해 얻어지는 것이라면 노와이는 이론적인 지식으로서 과학적인 탐구에 의해 얻어진다. 본래 기술은 노하우의 성격이 강하였으나 시간이 흘러감에 따라 노하우와 노와이의 개념이 서서히 결합하게 되었으며 현대적인 기술은 주로 과학을 기반으로 하는 기술(Science – Based Technology)이 되었다.

① 기술의 의미는 보는 사람의 관점에 따라 서로 다른 정의를 내릴 수 있다.
② 노하우는 경험적이고 반복적인 행위에 의해 얻어지는 채화된 기술이다.
③ 노와이는 어떻게 기술이 성립하고 작용하는지에 관한 원리적 측면에 중심을 둔 개념이다.
④ 노와이는 이론적인 지식으로서 과학적인 탐구에 의해 얻어진다.

기술의 특징

• 하드웨어나 인간에 의해 만들어진 비자연적인 대상 혹은 그 이상을 의미한다.
• 기술은 '노하우(Know – how)'를 포함한다. 즉, 설계 및 생산하고 사용하기 위해 필요한 정보, 기술, 절차를 갖는 데 노하우가 필요하다.
• 기술은 하드웨어를 생산하는 과정이다.
• 기술은 인간의 능력을 확장시키기 위한 하드웨어와 그것의 활용을 뜻한다.
• 기술은 정의 가능한 문제를 해결하기 위해 순서화되고 이해 가능한 노력이다.

03 정답 ③

기술은 하드웨어만을 생산하는 과정으로 인간의 능력을 확장시키기 위한 하드웨어와 그것의 활용을 뜻한다.

04 정답 ④

기술은 조직에 발생하는 사건에 대처하기 위한 임시방편으로 필요한 것이 아니라 정의가 가능한 문제를 해결하기 위해 순서화되고 이해 가능한 노력으로서 필요하다.

05 정답 ③

스킬은 스스로 훈련하고 반복적인 경험을 통해 만들어진 기량, 즉 경험적인 지식을 의미하며 일반인도 가질 수 있는 것으로 테크닉은 그런 스킬들이 향상되어서 갖추어진 전문적인 기량을 의미한다.

기술을 의미하는 영단어

- 테크놀로지(Technology) : 공업을 포함한 과학 기술
- 스킬(Skill) : 스스로 훈련하고 반복적인 경험을 통해 만들어진 기량과 지식
- 테크닉(Technique) : 스킬들이 향상되어서 갖추어진 전문적 기량

06 정답 ①

- 기술은 과학이론을 실제로 적용하여 자연의 사물을 인간 생활에 유용하도록 가공하는 수단이라 정의한다.
- 20세기 중엽 이후 1970년까지는 기술이 과학의 응용이라는 인식이 지배적이었는데 제2차 세계대전 동안 미국의 군사 연구를 총괄 지휘했던 바니바 부시(V. Bush)는 1944년에 쓴 〈과학, 그 끝없는 개척자〉에서 과학이 기술을 낳고 기술이 산업을 발전시킨다고 설명하였다.
- 1970년대 들어와서는 기술도 과학과 마찬가지로 지식이라는 시각으로 변화하였는데 기술은 과학과 같이 추상적인 이론보다는 실용성과 효용성, 디자인을 강조하고 과학은 그 반대로 추상적 이론, 지식을 위한 지식, 본질에 대한 이해를 강조한다고 생각하게 되었다.

07 정답 ②

지속가능한 발전은 지금 지구촌의 현재와 미래를 포괄하는 개념이므로 지금 우리의 현재 욕구를 충족시키지만 동시에 후속 세대의 욕구 충족을 침해하지 않는 발전을 의미한다. 이러한 지속가능한 발전은 경제적 활력과 사회적 평등, 환경의 보존을 동시에 충족시키는 발전을 의미하며 지속가능한 발전에서 발전은 현재와 미래 세대의 발전과 환경적 요구를 충족하는 방향으로 이루어져야 하므로 환경보호가 발전의 중심적인 요소가 되어야 한다.

지속가능한 발전을 위한 노력

- 환경적 차원의 노력
  - 자원 고갈과 환경오염 방지
  - 인간과 자연의 공존 모색
  - 환경 관련 정책 마련
  - 국제적 차원의 대외협력
- 경제적 차원의 노력
  - 생산자의 친환경 생산 기술 개발

- 소비자의 친환경 제품 사용 및 쓰레기 배출 최소화
- 사회적 차원의 노력
  - 생명체의 권리 존중
  - 공동체 의식 형성
  - 국가 간의 불평등 해결

08 정답 ④

지속가능한 발전을 가능하게 하는 기술을 지속가능한 기술이라고 정의할 수 있다.

09 정답 ③

지속가능한 발전에서 발전은 현재와 미래 세대의 발전과 환경적 요구를 충족하는 방향으로 이루어져야 하기 때문에 환경보호가 발전의 중심적인 요소가 되어야 하므로 환경에 대한 사전평가가 매우 중요하다.

환경성평가의 실천 방안을 위해 정부 및 환경단체와 연대하는 것은 기업에서 하는 역할에 속하지 않는다.

10 정답 ③

지속가능한 기술이란 태양 에너지와 같이 고갈되지 않는 자연 에너지를 활용하는 기술이므로 효용성은 높지만 고갈이 되기 쉬운 연료 에너지를 활용하는 기술이라 할 수 없다.

지속가능한 기술의 특징

- 이용 가능한 자원과 에너지를 고려한다.
- 자원이 사용되고 그것이 재생산되는 비율의 조화를 추구한다.
- 자원의 질을 생각한다.
- 자원이 생산적인 방식으로 사용되는지 주의를 기울인다.

11 정답 ②

화석연료개발은 석탄 석유와 같은 에너지 연료를 개발하는 것이므로 미래의 지속가능한 개발 산업 분야가 아니다.

12 정답 ④

4차 산업혁명은 인공지능(AI), 사물인터넷(IoT), 가상현실(VR), 빅데이터 등이 주도하는 차세대 산업혁명으로 실제와 가상이 통합돼 사물을 자동적·지능적으로 제어할 수 있는 가상 물리 시스템의 구축이 기대되는 산업상의 변화를 의미하며 재생에너지는 3차 산업혁명의 기반이 되는 원동력이다.

① 생활 속 사물들을 유무선 네트워크로 연결해 정보를 공유하는 환경으로 각종 사물들에 통신 기능을 내장해 인터넷에 연결되도록 하고 사람과 사물, 사물과 사물 간의 인터넷 기반 상호 소통을 이루는 것이며 이를 통해 가전제품, 전자기기는 물론 헬스케어, 원격검침, 스마트홈, 스마트카 등 다양한 분야에서 사물을 네트워크로 연결해 정보를 공유할 수 있다.

② 컴퓨터로 만들어 놓은 가상의 세계에서 사람이 실제와 같은 체험을 할 수 있도록 하는 최첨단 기술로 머리에 장착하는 디스플레이 디바이스인 HMD를 활용해 체험할 수 있다.

③ 데이터의 생성량, 주기, 형식 등이 방대한 데이터로 각종 센서와 인터넷의 발달로 데이터가 급증하면서 등장하였으며 초대용량의 데이터 양(Volume), 다양한 형태(Variety), 빠른 생성 속도(Velocity) 등을 특징으로 한다.

⑤ 인간의 인식 판단, 추론, 문제해결, 언어나 행동지령, 학습기능과 같은 인간의 두뇌작용과 같이 컴퓨터 스스로 추론, 학습, 판단하면서 작업하는 시스템으로 컴퓨터의 한 분야로서는 철학이나 심리학과는 달리 지능 자체에 관심을 갖기보다 이것을 어떻게 이해하고 컴퓨터로 구축하느냐에 더 관심을 두며 프로그래밍된 순서 안에서만 작업하는 기존의 컴퓨터시스템과 달리 인공지능을 좀 더 유연한 문제 해결을 지원하는 데 도움이 된다.

13 정답 ②

SaaS는 소프트웨어의 기능 중 유저가 필요로 하는 것만을 서비스로 배포해 이용이 가능하도록 한 소프트웨어의 배포형태이며 소프트웨어의 기능 중 유저가 필요로 하는 것만을 서비스로 배포해 이용이 가능하도록 한 소프트웨어의 배포형태이기 때문에 외부에서도 자동화시스템을 이용하여 내부의 환경을 변화시키는 차세대 기술인 나머지와 무관하다고 할 수 있다.

③ 농업기술에 정보통신기술(ICT)을 접목해 과수원, 비닐하우스 등에서 스마트폰, PC 등 IT기기를 통해 작물의 생육 환경을 적정하게 원격 제어하고 빅데이터를 기반으로 최적의 환경을 유지하는 농장을 뜻한다.

⑤ 가전제품을 비롯해 에너지 소비 장치(수도, 전기, 냉난방 등), 보안기기(도어락, 감시카메라 등) 등 다양한 분야에서 모든 것을 통신망으로 연결해 모니터링하고 제어할 수 있는 기술을 말하며 스마트폰이나 인공지능 스피커가 사용자의 음성을 인식해 집 안의 모든 사물인터넷 기기를 연결하고 사용자의 특성에 따라 자동으로 작동하거나 원격으로 조종할 수 있다.

14 정답 ⑤

제시된 내용은 지속가능한 기술에 대한 사례로 ⑤를 제외한 나머지는 모두 이에 해당되지 않는다.

15 정답 ③

기술은 독자적으로 발전하기도 하고 과학에 의해 발전되기도 하므로 과학과 기술은 그 상관관계가 크다고 할 수 있다.

16 정답 ①

데시(Decy)와 라이언(Ryan)의 자기결정성 이론에 따르면 인간이 생존을 위해 고군분투하던 약 5만 년 전 초기 시대는 '동기 1.0세대'이고 당근과 채찍 등 보상과 처벌의 욕구가 동기로 움직였던 산업혁명 시대는 '동기 2.0세대'이며 앞날을 예측하기 어려운 현재를 '동기 3.0세대'라 지칭하는데 이 시대에는 주도적으로 업무를 추진하고 이끌어 가는 사람이 가장 중요하게 여겨지므로 오늘날에 요구하는 인재는 노와이와 노하우를 적절히 활용하여 끊임없이 새로운 것을 만들어 가는 기술을 보유한 사람이다.

17 정답 ④

㉠ 지속가능한 발전은 지금 지구촌의 현재와 미래를 포괄하는 개념으로 우리의 현재 욕구를 충족시키지만 동시에 후속 세대의 욕구 충족을 침해하지 않는 발전을 의미한다.

㉡ 지속가능한 발전은 경제적 활력과 사회적 평등, 환경의 보존을 동시에 충족시키는 발전을 의미하며 현재와 미래 세대의 발전과 환경적 요구를 충족하는 방향으로 이루어져야 하므로 환경보호가 발전의 중심적인 요소가 되어야 한다는 것이다.

㉢ 지속가능한 발전은 자원의 재생산뿐만 아니라 그것이 얼마나 생산적인 방식으로 사용되는지도 고려하는 것을 의미한다.

© 지속가능한 발전을 가능하게 하는 지속가능한 기술은 화석 에너지와 같은 고갈되는 에너지를 활용하는 것이 아니라 환경을 고려하여 태양에너지와 같이 고갈되지 않는 자연에너지를 활용하는 기술을 의미하므로 지속가능한 발전과 어울리지 않는다.

18 정답 ②

자연 보충 능력만큼만 개발하면 환경은 재생되며 지속가능한 개발이 가능하다.

19 정답 ③

제시된 설명은 인공지능에 대한 것으로 ③은 인공지능이 아닌 가상현실(AR)에 해당한다.

20 정답 ③

기술의 성립과 작용 등 기술의 원리를 중심적으로 여기는 개념은 노와이에 해당한다.

노하우와 노와이의 차이점

• 노하우 : 만들어진 도구나 기법을 잘 다루는 능력을 말하는 것으로 주로 과학자, 엔지니어 등이 습득에 의해서 형성한 특허권이 수반되지 않은 기술을 의미한다.
• 노와이 : 과학적인 탐구이자 이론적인 지식을 바탕으로 하는 과학 기술 개념에 더 가깝다.

21 정답 ④

지속가능한 기술은 향후 발전 및 개발의 여지가 상당한 분야이지만 현재 개발되어있는 기술들과 유리된 분야는 아니다. 다만 새로운 기술을 개발하는 경우 기술의 환경적, 사회적 영향을 중심적으로 고려해야 할 것이다.

02 기술능력이 뛰어난 사람과 기술능력 향상 방법

01 ①	02 ④	03 ⑤	04 ④	05 ①	06 ⑤	07 ④	08 ③	09 ①	10 ④
11 ③	12 ③	13 ①	14 ②	15 ①	16 ④	17 ⑤	18 ⑤	19 ②	20 ②
21 ③	22 ④	23 ②	24 ⑤						

01 정답 ①

기술능력은 직업에 종사하기 위해 모든 사람들이 필요로 하는 능력으로 이것을 넓은 의미로 확대해 보면 기술교양이라는 개념으로 사용될 수 있으며 기술교양의 개념을 보다 구체화시킨 개념으로 볼 수 있다.

02 정답 ④

주어진 사례는 기술능력이 뛰어난 사람에 대한 사례에 해당하며 이러한 기술능력이 뛰어난 사람이 보유한 특징 중 전문 연수원을 통한 기술과정 연수는 이에 포함되지 않는다.

기술능력이 뛰어난 사람의 능력 및 특징
- 실질적 해결을 필요로 하는 문제를 인식한다.
- 인식된 문제를 위해 다양한 해결책을 개발하고 평가한다.
- 실제적 문제 해결을 위한 지식이나 자원을 선택 및 최적화시키며 이를 적용한다.
- 주어진 한계 속에서 제한된 자원을 가지고 일한다.
- 기술적 해결에 대한 효용성을 평가한다.
- 여러 상황 속에서 기술의 체계와 도구를 사용하고 배울 수 있다.

03 정답 ⑤

기술교양은 폭넓은 관점에서 기술의 특성과 기술적 행동, 기술의 힘, 기술의 결과에 대해 일정 수준의 지식을 모든 사람들이 가지는 것을 의미한다. 이는 실천적 문제를 해결할 수 있는 생산력과 체계 환경을 설계 및 개발해야 할 때 비판적 사고를 갖게 되는 것을 포함한다. 즉 기술교양을 갖춘 사람은 기술학의 특성과 역할을 이해하고 기술관련 이익을 가치화하고 위험을 평가할 수 있으며 기술과 관련한 윤리적 딜레마에 합리적으로 반응할 수 있는 능력을 지닌 사람이다.

기술교양을 지닌 사람의 특징
- 기술학의 특성과 역할을 이해한다.
- 기술체계가 설계되고 통제되는 방법을 이해한다.
- 기술과 관련된 이익을 가치화하고 위협을 평가할 수 있다.
- 기술에 의한 윤리적 딜레마에 대해 합리적으로 반응할 수 있다.

04 정답 ④

기술교양은 모든 사람들이 광범위한 관점에서 기술의 특성, 기술적 행동, 기술의 힘, 기술의 결과에 대해 어느 정도 지식을 가지는 것을 의미하며 기술능력은 직장생활에서 기본적으로 필요한 기술의 원리 및 절차를 이해하는 능력을 말한다.

05 정답 ①

기술능력이 뛰어나다는 것이 반드시 직무에서 요구되는 구체적인 기능을 소유하고 있다는 것만을 의미하지는 않으므로 결국 기술능력을 기르기 위해서는 직무의 구체화 기술을 위한 훈련 프로그램을 통해서가 아니라 전반적인 직업적, 기술적 프로그램을 통해서 학습되어야 할 것이다. 각 개인은 구체적인 일련의 장비 중 하나를 수리하는 사람으로서 전문가가 될 필요는 없으며 적절한 체계를 선택하는 데 현명한 의사결정을 할 수 있고 효과적으로 활용할 수 있어야 한다.

06 정답 ⑤

기술교양을 지닌 사람들은 기술에 의한 윤리적 딜레마에 대하여 합리적으로 반응할 수 있을 뿐이지 그 딜레마에 구애받지 않은 채 자유롭게 행동하는 일을 하는 것까지는 무리가 있다.

07 정답 ④

기술 교양은 직업을 가진 모든 사람들에게 필요한 것이며 이들은 기술의 원천, 기술의 특징, 기술의 힘, 기술의 사용 방법, 기술의 결과에 대해 지식을 가지고 실질적인 문제에 적절하게 대응하여 문제를 해결할 수 있어야 한다.

08 정답 ③

기술능력이 뛰어난 사람은 주어진 한계 속에서 제한된 자원을 가지고 일할 수 있는 사람을 말한다. 따라서 한계나 제약이 없는 경우 충분한 자원 활용이 가능한가는 적절한 평가 항목으로 보기 어렵다.

09 정답 ①

OJT란 조직 안에서 피교육자인 종업원이 직무에 종사하면서 받게 되는 교육 훈련방법으로 피교육자인 종업원의 업무수행이 중단되는 일이 없이 업무수행에 필요한 지식, 기술, 능력, 태도를 훈련받는 것을 말한다.

Tip

기술능력 향상방법
- 전문 연수원을 통한 기술과정 연수
- e – learning을 활용한 기술교육
- 상급학교 진학을 통한 기술교육
- OJT를 활용한 기술교육

10 정답 ④

OJT는 지도자의 높은 자질이 요구되며 교육훈련 내용의 체계화가 어렵다는 단점이 있다. 이에 따라 OJT의 대상은 비교적 기술직을 대상으로 하지만 관리직이나 전문직에도 점점 적용시켜나가고 있다.

Tip

OJT를 활용한 기술교육

조직 안에서 피교육자인 종업원이 직무에 종사하면서 받게 되는 교육 훈련방법으로 피교육자인 종업원이 업무 수행의 중단 없이 업무 수행에 필요한 지식, 기술, 능력, 태도를 훈련받는 것을 말하며 직장훈련, 직장지도, 직무상 지도라고도 한다.

모든 관리감독자는 업무 수행상의 지휘감독자이자 업무 수행 과정에서 부하직원의 능력향상을 책임지는 교육자라는 생각을 기반으로 하므로 교육자와 피교육자 사이에 친밀감을 조성하여 시간의 낭비가 적고 조직의 필요에 합치되는 교육훈련을 할 수 있다.

11 정답 ③

OJT는 상급자 또는 감독관이 직접 현장에서 교육하는 것이므로 해당 지도자의 높은 자질이 요구되며 그때마다 일어나는 직무성격이나 사업특성에 따라서 교육이 진행되기 때문에 교육훈련 내용의 체계화가 어렵다.

① e – Learning의 단점에 해당한다.
②, ④ 상급학교 진학의 단점에 해당한다.
⑤ 전문 연수원의 단점에 해당한다.

12 정답 ③

A과장은 야간이나 주말에 시간을 낼 수 있지만 시간이 일정한 것은 아니다. 또한 교육이 필요한 부분을 집중적으로 학습하는 것이 중요하며 주변에 컴퓨터가 잘 연결되어 있어 관련 자료를 이용할 수 있었으면 하는 상태이다. 이러한 경우 기술 습득 방법 중 e – learning을 활용한 기술교육이 가장 효율적이며 이를 통한 기술교육은 원하는 시간과 장소에서 인터넷을 통해 자유롭게 학습할 수 있고 개인의 요구에 따른 학습의 개별화, 맞춤화가 가능하며 비디오나 사진, 텍스트, 동영상 등을 이용한 학습이 가능하다는 장점이 있다.

① A과장의 퇴근 시간과 근무일이 일정하지 않으므로 집합과 합숙 교육을 위해 별도로 시간을 내야 하는 전문 연수원을 통한 기술과정 연수는 적절하지 않다.
② 상급학교 진학의 단점은 원하는 시간과 장소에서 학습을 할 수 없다는 것이므로 A과장의 조건에서는 어울리지 않는다.
④ A과장이 회사 업무와 관련된 사전 지식이 이미 있다고 하였으므로 업무 현장에서 교육자로부터 관련 기술을 교육받는 OJT와는 어울리지 않는다.
⑤ 야간과 주말에만 시간을 낼 수 있다고 하였으므로 언제 어떤 시간에 관계없이 관련 현장으로 내려가야 하는 파견근무와는 맞지 않는다.

13 정답 ①

LMS(Learning Management System)는 가르치는 사람이나 학습을 관리하는 사람이 학생들의 공부 이력과 장단점, 출결사항 등 학사에 관한 전반적 사항을 평가해 관리하는 학습 관리 시스템을 말한다. 따라서 온라인 학습이 원활하게 이루어지기 위해서는 이 학습 관리 시스템의 역할이 중요하다고 할 수 있다.

14 정답 ②

e – learning은 현장 중심의 실무 교육이 불가능하다.

e – learning의 장점

- 정해진 시간과 장소에 모여서 학습할 필요가 없고 컴퓨터만 인터넷에 연결되어 있다면 언제 어디서든 학습이 가능하며 시간 공간적으로 독립적이다.
- 원하는 내용을 원하는 시간만큼 원하는 순서대로 학습하는 것이 가능하며 개개인의 요구에 맞게 개별화 및 맞춤화할 수 있어 학습자 스스로 학습을 조절하고 통제할 수 있다.
- 멀티미디어를 이용한 학습이 가능하다.
- 의사교환과 상호작용이 자유롭게 이루어질 수 있다.
- 업데이트를 통해 새로운 내용을 반영하기 쉽기 때문에 새로운 교육에 대한 요구나 내용을 신속하게 반영할 수 있어 교육에 소요되는 비용을 절감할 수 있다.

15 정답 ①

e – learning은 교육자 스스로 학습계획을 세우는 것이 특징이지만 이렇게 스스로 정한 계획대로 학습이 제대로 이루어지지 않아 학습률이 떨어질 수 있다는 단점이 있다.

e – learning의 단점

- 스스로 정한 계획대로 학습이 제대로 이루어지지 않아 학습률이 떨어질 수 있다.
- 현장 실습이 중요한 콘텐츠는 이해도가 떨어질 수 있다.
- 강사의 일방향 커뮤니케이션으로 학습 몰입도가 떨어질 수 있다.
- 의문이 드는 사항에 대한 피드백을 바로 받을 수 없다.

16 정답 ④

e – learning은 온라인 교육으로 현장 실습에 부적절하다.

17 정답 ⑤

전문 연수원을 통한 기술과정 연수가 고용보험환급을 받음으로써 교육비 부담이 적은 것은 사실이지만 연수비를 해당 연수원으로부터 전액 지원을 받을 수는 없고, 대신 연수비가 자체적으로 교육을 하는 것보다 저렴하기 때문에 교육비 부담이 적게 든다.

전문 연수원을 통한 기술과정 연수의 장점

- 연수 시설이 없어 체계적인 교육을 받기 어려운 회사의 경우 전문적인 교육을 통해 양질의 인재양성 기회를 제공한다.
- 각 분야의 전문가가 진행하는 이론을 겸한 실무중심의 교육을 실시할 수 있다.
- 다년간에 걸친 연수 분야의 노하우를 가지고 체계적이고 현장과 밀착된 교육이 가능하다.
- 교육에 필요한 각종 부대시설을 활용할 수 있다.
- 국내외우수기관과 협력한 연수도 가능하다.
- 연수비가 자체적이므로 교육을 하는 것보다 저렴하며 고용보험환급을 받을 수 있어 교육비 부담이 적다.

18 정답 ⑤

전문 연수원은 별도로 연수 시설이 없는 회사라도 숙소, 강의실, 강사, 전문 장비 사용이 가능하다.

전문 연수원을 통한 기술과정 연수의 단점

- 대부분 집합, 합숙 교육으로 별도로 시간을 내야 한다.
- 자사에 대한 이해가 없는 강사는 교육 진행이 어려울 수 있다.
- 교육이 아닌 행사 위주의 워크숍으로 여기는 교육생들로 인해 학습 몰입도가 떨어질 수도 있다.
- 교육 후 현장에서 추후 교육이 어렵다.

19 정답 ②

관련 산업체는 상급학교 진학을 통한 기술교육 과정에서 프로젝트 활동을 할 수 있는 곳이지 폴리텍대학, 인력개발원과 같은 전문교육기관이나 전문대학, 대학교, 및 대학원과 같은 상급학교처럼 진학할 수 있는 곳은 아니다.

20 정답 ②

뛰어난 기술능력은 직원이 회사의 매출을 크게 성장시키도록 독려하고 직원의 연봉과 직책을 높이며 이직률을 낮추는 효과를 만들지만 회사의 규모를 성장시키고 일자리를 새롭게 생성하는 것과는 별개의 문제이다.

기술능력이 정량적 업무 성과에 미치는 영향

- 기술능력이 탁월한 20%의 직원이 회사 매출의 80%를 담당한다.
- 탁월한 기술능력이 있는 직원은 연봉과 직책이 높다.
- 뛰어난 기술능력을 가진 사람은 자존감과 행복도가 높아 회사의 생산성 31%, 판매량 37%를 향상시킨다.
- 기술능력자는 성공적으로 회사에 정착하여 이직률을 낮춤으로써 경제적인 손실을 줄인다.

21 정답 ③

기술 능력이 탁월한 사람들이 많이 보유한 긍정 정서는 타인에게 1단계 15%, 2단계 10%, 3단계 6%의 긍정적인 영향력을 줌으로써 활기찬 조직 문화를 만든다.

기술능력이 정성적 업무 성과에 미치는 영향

- 기술능력자는 회사의 롤모델이 되어 다른 사람들의 성장을 도모한다.
- 기술능력이 탁월한 사람은 자신에 대한 자부심이 높아 긍정 정서를 많이 보유하고 있다.
- 탁월한 기술능력자는 훌륭한 결과물을 만들고 그 결과물을 다른 동료 직원에게 긍정적인 영향력을 줌으로써 회사의 전반적인 기술능력을 향상시킨다.
- 탁월한 기술능력은 계속해서 새로운 기술을 창출할 가능성을 열어 준다.

22 정답 ④

④는 멘토링이 멘티에게 주는 장점으로 다수가 교육하는 OJT와 달리 멘티는 멘토링을 통해 1 : 1 담임 시스템으로 믿고 의지할 수 있는 직장 선배를 얻을 수 있다.

멘토링이 멘토에게 주는 장점

- 다양한 관점에서 조직을 학습하고 이해하는 계기가 된다.
- 조직과 직무에 대한 재학습으로 조직 몰입도가 향상된다.
- 리더십을 키울 수 있는 기회이다.

23 정답 ②

실무 전문학교를 통한 교육은 특정 교육기관으로 교육자가 해당 시간에 직접 찾아가 교육을 받는 것이므로 원하는 시간과 장소에서 학습할 수 없다.

24 정답 ⑤

OJT를 효과적으로 추진하기 위해선 칭찬도 중요하지만 꾸중을 하지 않으면 정서적인 유대가 이루어지지 않기 때문에 철저히 칭찬하고 꾸짖는 것을 통하여 진정한 성장을 유도하는 것이야말로 후배 지도의 기본적인 자세이다.

CHAPTER 1 **기술능력**

03 산업재해 방지 방법

01 ①	02 ①	03 ①	04 ③	05 ④	06 ②	07 ③	08 ①	09 ③	10 ⑤
11 ②	12 ③	13 ④	14 ①	15 ③	16 ③	17 ④	18 ③	19 ⑤	20 ⑤
21 ③	22 ②								

01 정답 ①

산업재해의 교육적 원인으로는 안전 지식의 불충분, 유해 위험 작업 교육 불충분, 작업관리자의 작업 방법의 교육 불충분, 안전 수칙의 오해, 경험이나 훈련의 불충분 등이 있다.

② 기술적 원인 : 건물 및 기계 장치의 설계 불량, 구조물의 불안정, 재료의 부적합, 생산 공정의 부적당, 점검정비 및 보존의 불량
③ 불안전한 행동 : 위험 장소 접근, 안전장치 기능 제거, 보호 장비의 미착용 및 잘못 사용, 운전 중인 기계의 속도 조작, 기계 및 기구의 잘못된 사용, 위험물 취급 부주의, 불안전한 상태 방치, 불안전한 자세와 동작, 감독 및 연락 잘못
④ 불안전한 상태 : 시설물 자체 결함, 전기 시설물의 누전, 구조물의 불안정, 소방기구의 미확보, 안전 보호 장치 결함, 복장 및 보호구 결함, 시설물의 배치 및 장소 불량, 작업 환경 결함, 생산 공정의 결함, 경계 표시 설비의 결함
⑤ 작업 관리상 원인 : 안전 관리 조직의 결함, 안전 수칙 미지정, 작업 준비 불충분, 인원 배치 및 작업 지시 부적당

Tip

산업재해의 원인

기본적인 원인	직접적인 원인
교육적 원인	불안전한 행동
기술적 원인	
작업 관리상 원인	불안전한 상태

02 정답 ①

①은 작업 관리상 원인에 해당한다.

①을 제외한 나머지는 모두 기술적 원인에 해당한다.

03 정답 ①

산업재해란 근로자가 업무에 관계되는 시설물, 설비, 원재료, 가스, 증기 등에 의하거나 작업 또는 그 밖의 업무로 인하여 사망 또는 부상하거나 질병에 걸리는 것을 말하므로(산업안전보건법 제2조 제1호) 휴가 중인 근로자가 부상당한 경우는 업무와 관계되는 일이 아니기 때문에 산업재해로 볼 수 없다.

04 정답 ③

보기의 지나가던 행인은 중학교 신축공사장의 업무와 관계된 근로자가 아니기 때문에 중학교 신축공사장의 사고로 인한 산업재해로 보기 어렵다.

05 정답 ④

전기 시설물의 누전, 소방기구의 미확보, 안전 보호 장치 결함, 생산 공정의 결함 등은 모두 산업 재해의 직접적 원인 중 불안전한 상태에 해당한다.

06 정답 ②

자연재해는 '천재'라고도 하며 기상재해와 지질재해로 나눌 수 있고 기상재해로는 풍해, 수해, 설해, 해일, 뇌해, 한해, 냉해, 상해, 병충해 등이 있으며 지진, 화산은 지질재해에 속한다. 자연재해는 매년 발생하여 산업 활동에 큰 지장을 주고 있지만 인간의 힘으로 저항할 수 없는 요소들이 많아 통제가 어렵기 때문에 이를 사전에 예방하기 위해서는 선행 경험을 통해 학습된 상황을 미리 시설물로 구축하고 예방 교육을 통해 신속한 대처로 최대한의 피해를 줄여야 한다.

① 인위재해는 '인재'라고도 하며 물리적 재해, 화학적 재해, 오염재해, 특수재해로 나눌 수 있다. 물리적 재해에는 교통사고, 기계사고, 시설물사고가 있다. 화학적 재해로는 화재사고가 대표적이고 모든 보험사에 화재 보험이 있을 정도로 피해 금액도 크다.
화학 공장에서 주로 문제가 되는 폭발사고도 이에 해당된다. 오염재해로는 대기 오염, 수질 오염, 토양 오염이 있고 특수재해로는 원전사고, 전염병, 소요 사태, 전쟁 등이 있다. 사업의 발달과 인간의 부주의, 기술상 하자로 발생하는 인위 재해는 많은 환경오염과 인명 피해를 야기하기 때문에 친환경 기술 개발과 철저한 교육으로 사전에 예방하여 건강한 산업 활동을 이어가야 한다.

07 정답 ③

화학적 재해는 복구비용이 많이 든다.

08 정답 ①

산업 재해의 예방 대책은 안전 관리 조직 − 사실의 발견 − 원인 분석 − 기술 공고화 − 시정책 적용 및 뒤처리의 순서로 이루어진다.

09 정답 ③

불안전한 행동	• 근로자의 불안전한 행동을 지적할 수 있는 안전 규칙 및 안전 수칙을 재정한다. • 근로자 상호간의 불안전한 행동을 지적하여 안전에 대한 이해를 증진시킨다. • 정리, 정돈, 조명, 환기 등을 잘 수행하여 쾌적한 작업 환경을 조성한다.
불안정한 상태	• 각종 기계 설비 등을 안전성이 보장되도록 제작하고, 항상 양호한 상태로 작동되도록 유지 관리를 철저히 해야 한다. • 기후, 조명, 소음, 환기, 진동 등의 환경 요인을 잘 관리하여 사고 요인을 미리 제거한다.

10 정답 ⑤

교육적 원인, 기술적 원인, 작업 관리상 원인은 기본적 원인에 해당되고 불안전한 행동과 불안전한 상태는 직접적인 원인에 해당되며 작업자의 정비 방법 미숙지는 교육적 원인에 포함되는 사항이다.

11 정답 ②

㉠은 예방이 가능했었다는 말이고 ㉡은 화재가 발생한 원인을 알 수 있기 때문에 원인 계기에 해당하며 ㉢은 대책 선정을 촉구하는 의미이다.

12 정답 ③

ㄴ. 집진 장치는 먼지를 모으는 장치이므로 분진이 많이 발생하는 작업장에서 근로자들을 보호하는 데 적합하다.
ㄷ. 분진이 많이 발생하지 않는 다른 방법이 있는지 살펴보는 행동으로 작업 재료나 작업장의 조작 방법을 변경하는 일 역시 포함되므로 분진이 발생하는 작업장에서 지켜야 할 사항에 포함된다.

ㄱ. 산소마스크는 용접에서 사용되는 도구이므로 분진이 많이 발생하는 작업장과는 관련성이 없다.
ㄹ. 방음재와 차광막은 분진을 예방하는 일과 관련이 없다.
ㅁ. 건식 작업 방법을 사용할수록 분진은 더 많이 발생한다.

13 정답 ④

거푸집 안이 위험한 상태임에도 불구하고 위험 사실을 알리지 않은 채 근로자들이 계속 근무하게 하도록 해서 발생한 사고이기 때문에 불안전한 상태를 방치한 행동에 해당하고 4개의 로프를 사용해야 하는 작업 환경에서 2개의 로프만 연결되어 있었으므로 작업 환경에 결함이 있는 불안전한 상태에 해당한다.

14 정답 ①

기술적 원인에 해당하는 것은 기계, 기구, 설비 불량이고 교육적 원인에 해당하는 것은 안전지식의 부족이며 작업 관리적 원인에 해당하는 것은 인원배치 부적당이다.

15 정답 ③

1단계는 안전 관리 조직, 2단계는 사실의 발견, 3단계는 기술 공고화, 4단계는 시정책 적용 및 뒤처리에 해당되므로 원인 분석이 해당 예방 대책에서 누락되어 있다.

16 정답 ③

기사의 내용에서는 야근문화로 인해 발생한 과로사를 다루고 있으므로 산업재해의 기본 원인 중 작업 관리상 원인에 포함되며 안전 수칙의 미지정, 안전 관리 조직의 결함, 작업 준비 불충분, 인원배치 및 작업 지시 부적당 등이 이에 속한다.

17 정답 ④

해당 메일에서 A팀장은 불안전한 행동에 포함되는 사례를 요구하고 있으며 ④는 불안전한 행동이 아닌 불안전한 상태에 포함된다.

18 정답 ③

노후한 전기 설비로 인한 누전으로 화재가 일어난 것은 기술적 원인에 해당하고 사전 안전 교육이 없이 신규 입사자를 작업 현장에 투입하여 안전사고가 발생한 것은 교육적 원인에 해당한다.

19 정답 ⑤

현장 분석은 사실의 발견 단계에서 적용되는 방법이다.

20 정답 ⑤

안전 감독 실시는 시정책 적용 및 뒤처리 단계에서 적용되는 시정책이다.

21 정답 ③

C국의 경우 국가 표준 규격의 정격전류가 '1000~1500'인데 비해 차단기 'AN 20E'의 정격전류는'1600'으로 국가 표준 규격의 전류범위보다 높다. 따라서 'AN 20E'는 C국에 적합하지 않으며 C국에 적합한 차단기는 'AN 13D'이다.

① A국의 정격전압은 4600이고 ABE 103AF의 정격전압 역시 460이다.
② B국의 정격전압과 정격전류는 각각 220과 150이고 32GRhc의 정격전압과 정격전류 역시 각각 220과 15, 20, 30이다.
④ D국의 정격전압과 정격전류는 각각 220, 30이고 AF 50의 정격전압과 정격전류 역시 각각 550과
⑤ E국의 정격전압은 3800이고 EBS 103Fb의 정격전압 역시 380이다.

22 정답 ②

보안상 정보 유출은 단일 사업뿐 아니라 산업사회에 지대한 악영향을 끼칠 수 있는 사고이지만 산업재해의 원인으로까지 이어지지는 않는다.

01 기술시스템과 기술혁신

01 ② 02 ⑤ 03 ③ 04 ③ 05 ② 06 ② 07 ③ 08 ④ 09 ④ 10 ④
11 ⑤ 12 ① 13 ③ 14 ③ 15 ⑤ 16 ② 17 ① 18 ④ 19 ③ 20 ②
21 ① 22 ⑤ 23 ④ 24 ③ 25 ③ 26 ① 27 ② 28 ⑤

01 정답 ②

기술이 발전하면서 이전에는 없던 연관이 개별 기술들 사이에서 만들어지고 있다. 산업혁명 당시 발전한 광산기술과 증기기관, 운송기술 등이 서로 밀접히 연결되는 현상이 나타났으며 철도와 전신이 서로 독립적으로 발전한 기술이었지만 곧 통합되기 시작해 서로의 기술을 발전시키는 데 중요한 역할을 담당했다는 점 등에서 알 수 있다.

02 정답 ⑤

토마스 휴즈는 미국 펜실베니아대학교에서 교수로 재직하면서 기술적 모멘텀, 기술 결정론, 기술 시스템, 기술의 사회적 구성, 기술의 역사를 연구하였고 이 과정에서 기술이 연결되어 시스템을 만든다는 기술시스템의 개념을 최초로 주장하였으며 특히 에디슨의 전력시스템이 발전하는 과정을 일반화하고 예로 들어 기술시스템의 특징을 설명하였다.

03 정답 ③

철도와 전신의 발전에서 찾아볼 수 있는 기술시스템의 특징은 수평 연결이다.

04 정답 ③

기술시스템은 기술시스템이 탄생하고 성장하는 발명, 개발, 혁신의 단계 → 성공적인 기술이 다른 지역으로 이동하는 기술 이전의 단계 → 기술시스템이 경쟁하는 기술 경쟁의 단계 → 경쟁에서 승리한 기술시스템의 관성화 단계인 기술 공고화 단계를 거치며 발전한다.

기술시스템의 발전 4단계
- 발명, 개발, 혁신의 단계 : 기술시스템이 탄생하고 성장. 기술자의 역할 중요
- 기술 이전의 단계 : 성공적인 기술이 다른 지역으로 이동, 기술자의 역할 중요
- 기술 경쟁의 단계 : 기술시스템 사이의 경쟁, 기업가의 역할 중요
- 기술 공고화 단계 : 경쟁에서 승리한 기술시스템의 관성화, 자문 엔지니어, 금융전문가의 역할 중요

05 정답 ②

기술 공고화 단계는 기술시스템이 경쟁하는 기술 경쟁의 단계에서 최종적으로 승리한 기술시스템이 공고한 위치를 다지기 위해 관성화를 거치는 단계이다.

06 정답 ②

기술시스템의 발전 단계 중 3단계인 기술시스템의 경쟁 단계에서는 기업가의 역할이 더 중요하게 부각된다.

① 1단계인 발명, 개발, 혁신 단계와 2단계인 기술 이전 단계에서는 시스템을 디자인하고 초기 발전을 추진하는 기술자들의 역할이 중요하다.
③, ④ 4단계에서는 시스템이 공고해지므로 자문하는 엔지니어와 금융전문가의 역할이 중요해진다.
⑤ 투자자는 기술시스템 발전 단계에 아무 역할을 하지 않는다.

07 정답 ③

개발도상국 총 46개국 200여 명을 대상으로 우리나라의 최신 해양기술을 전수하는 사업을 실시해왔다는 내용은 기술 이전의 단계에 해당하고 이 다음으로는 기술 경쟁의 단계가 진행되며 다른 기술들과 경쟁이 일어나는 특징이 있기 때문에 ③이 적절하다.

① 발명, 개발, 혁신의 단계에 해당한다.
② 기술 이전의 단계에 해당한다.
④ 기술 공고화 단계에 해당한다.
⑤ 기술시스템의 발전단계와 관계없는 내용이다.

08 정답 ④

기술혁신 과정에서 불확실성과 모호함을 배제하고 기업 내에서는 논쟁과 갈등이 생기는 것을 인정해서는 안 된다는 것은 기술혁신에 대한 특징에 포함되지 않는다.

09 정답 ④

기술혁신은 연구개발 부서 단독으로 수행될 수 없으며 새로운 제품에 관한 아이디어는 마케팅 부서를 통해 고객으로부터 수집될 필요도 있고 구매 부서를 통해 원재료나 설비 공급업체로부터 얻어질 수도 있다. 또한 기술을 개발하는 과정에서도 생산부서나 상호의존성을 갖고 있어서 하나의 기술이 개발되면 그 기술이 다른 기술개발에 영향을 미칠 수도 있다.

① 기술혁신은 예측하기 힘든 불확실한 과정이다.
② 기술혁신의 결과로 생긴 지식은 문서화하기 어렵다.
③ 기술혁신에는 이해관계가 얽혀 있기 때문에 많은 논쟁과 갈등이 뒤따른다.
⑤ 기업의 투자가 성과로 나타나기까지 비교적 장시간을 필요로 한다.

Tip

기술혁신의 특징
• 기술혁신은 그 과정 자체가 매우 불확실하고 장기간의 시간을 필요로 한다.
• 기술혁신은 지식 집약적인 활동이다.
• 혁신 과정의 불확실성과 모호함은 기업 내에서 많은 논쟁과 갈등을 유발할 수 있다.
• 조직의 경계를 넘나든다.

10 정답 ④

기술혁신은 기업의 기존 조직 운영 절차나 제품구성, 생산방식, 조직의 권력구조 자체에 새로운 변화를 야기함으로써 조직의 이해관계자 간의 갈등이 구조적으로 존재하는데 이 과정에서 조직 내에서 이익을 보는 집단과 손해를 보는 집단이 생길 수 있으며 이들 간에 기술개발의 대안을 놓고 상호대립하고 충돌하여 갈등을 일으킬 수 있다.

11 정답 ⑤

슘페터는 기술혁신을 최초로 관찰한 사람으로 기술혁신이 시대에 따라 불규칙적으로 일어나고 경제 활동에 크게 영향을 미쳐 공정, 시장, 재료 및 조직과 같은 생산 활동을 통해 신제품과 서비스를 창출하는 자본주의 경제 발전의 원동력이라고 하였으며 이러한 경제 발전을 가져오는 혁신과정을 신제품 도입 → 새로운 생산방법 도입 → 새로운 자원 활동 → 독점의 형성 → 새로운 조직 실현의 순서로 구분하였다.

12 정답 ①

기술혁신과 의미가 유사한 용어로는 발명, 개발, 모방, 확산을 들 수 있으며 진화는 이에 포함되지 않는다.

기술혁신과 의미가 유사한 용어
• 발명(Invention) : 지식을 창의적으로 활용하여 과학과 기술을 발전시키는 요소이자 특허제도로 소유자의 권리를 사회적으로 보호해준다.
• 개발(Development) : 발명에 따른 결과물이 개발을 통해 상품화되지 못하면 설사 특허권을 얻었다고 해도 자본주의 사회에서 부를 창출할 수 없으므로 기술 혁신 과정에서 가장 중요한 단계이며 발명의 결과를 상품화하는 과정이다.
• 모방(Imitation) : 기술 혁신보다 저렴한 비용으로 혁신된 제품과 유사한 제품을 개발하는 활동이다.
• 확산(Diffusion) : 혁신으로 개발된 신기술이 전 산업 부문으로 확대, 보급되는 것으로 모방에 의해서 나타나기도 하지만 기술 혁신자가 자발적으로 확산하는 경우가 많다.

13 정답 ③

기술혁신의 과정은 아이디어 창안 → 챔피언 → 프로젝트 관리 → 정보 수문장 → 후원의 순서로 진행된다.

Tip

기술혁신의 과정과 역할

- 아이디어 창안(Idea Generation) : 아이디어를 창출하고 가능성을 검증, 일을 수행하는 새로운 방법 고안, 혁신적인 진보를 위한 탐색
- 챔피언(Entrepreneuring or Championing) : 아이디어의 전파, 혁신을 위한 자원 확보, 아이디어 실현을 위한 헌신
- 프로젝트 관리(Project Leading) : 리더십 발휘, 프로젝트의 기획 및 조직, 프로젝트의 효과적인 진행 감독
- 정보 수문장(Data Keeping) : 조직 외부의 정보를 내부 구성원들에게 전달, 조직 내 정보원 가능, 체계적인 정보 관리
- 후원(Sponsoring or Coaching) : 혁신에 대한 격려와 안내, 불필요한 제약에서 프로젝트 보호, 혁신에 대한 자원 획득을 지원

14 정답 ③

정력적이고 위험을 감수할 수 있으며 아이디어의 응용에 관심 많은 자질과 능력을 필요로 하는 과정은 챔피언이다.

① 프로젝트 관리에서는 아이디어와 프로젝트에 대한 지식, 의사 결정 능력, 업무 수행 방법의 지식 등을 필요로 한다.
② 후원에서는 위기 대처 능력, 조직의 주요 의사결정에 대한 영향력, 조직 시스템에 대한 정보 등을 필요로 한다.
④ 정보 수문장에서는 핵심 정보 파악 능력, 높은 수준의 기술적 역량, 원만한 대인 관계 능력 등을 필요로 한다.
⑤ 아이디어 창안에서는 각 분야의 전문지식, 추상화와 개념화 능력, 새로운 분야의 일을 즐기는 능력 등을 필요로 한다.

15 정답 ⑤

아이디어 창안의 과정에서는 아이디어를 창출하고 가능성을 검증, 일을 수행하는 새로운 방법 고안, 혁신적인 진보를 위한 탐색과 같은 혁신 활동이 이루어진다.

① 챔피언 과정에서 이루어진다.
② 프로젝트 관리 과정에서 이루어진다.
③ 정보 수문장 과정에서 이루어진다.
④ 후원 과정에서 이루어진다.

16 정답 ②

프로젝트 관리 과정에서는 리더십 발휘, 프로젝트의 기획 및 조직, 프로젝트의 효과적인 진행 감독과 같은 혁신 활동이 이루어진다.

①, ④ 아이디어 창안 과정에서 이루어진다.
③ 챔피언 과정에서 이루어진다.
⑤ 후원 과정에서 이루어진다.

17 정답 ①

정보 수문장 과정에서는 조직 외부의 정보를 내부 구성원들에게 전달, 조직 내 정보원 가능과 같은 혁신 활동이 이루어진다.

② 챔피언의 혁신 활동에 해당한다.
③ 프로젝트 관리의 혁신 활동에 해당한다.
④, ⑤ 정보 수문장의 혁신 활동에 해당한다.

18 정답 ④

후원 과정에서는 혁신에 대한 격려와 안내, 불필요한 제약에서 프로젝트 보호, 혁신에 대한 자원 획득 지원과 같은 혁신활동이 이루어진다.

① 아이디어 창안의 혁신활동에 해당한다.
② 정보 수문장의 혁신활동에 해당한다.

19 정답 ③

후원 과정에서 필요한 자질은 조직의 주요 의사결정에 대한 영향력을 갖추는 것이다.

① 아이디어 창안 과정에서 필요하다.
② 챔피언 과정에서 필요하다.
④ 프로젝트 관리 과정에서 필요하다.
⑤ 정보 수문장 과정에서 필요하다.

20 정답 ②

프로젝트 관리 과정에서 필요한 자질과 능력은 의사결정 능력과 업무 수행 방법의 지식이다.

①, ③ 아이디어 창안 과정에서 필요하다.
④ 챔피언 과정에서 필요하다.
⑤ 정보 수문장 과정에서 필요하다.

21 정답 ①

기존의 기술시스템이 다른 시스템으로 전환되는 근본적 변화는 급진적 혁신에 대한 개념이다.

② 점진적 혁신에 대한 개념이다.
③, ④ 공정 혁신에 대한 개념이다.
⑤ 제품 혁신에 대한 개념이다.

22 정답 ⑤

점진적 혁신은 기술혁신 이후 보완적인 혁신으로 기존의 기술시스템을 개선하는 것이며 개발도상국에서는 선진국의 기술을 자국에 맞게 개선할 때 일어난다.

①, ② 급진적 혁신의 특징이다.
③ 점진적 지식은 기존의 지식기반 위에서 이루어지고 제품이나 서비스를 지속적으로 개선한다.
④ 선진국에서 점진적 혁신은 신제품이 개발된 후 표준화된 제품을 생산하는 공정 혁신 단계에서 활발히 나타난다.

급진적 혁신과 점진적 혁신
• 급진적 혁신 : 기존의 기술 시스템이 다른 시스템으로 전환되는 근본적인 변화로 불확실하게 불연속적으로 일어나며, 기초 과학이 발달된 나라에서 자주 나타나는 기술 주도(Technology Push)에 의하여 혁신된다.
• 점진적 혁신 : 기술혁신 이후 보완적인 혁신으로 기존 기술 시스템을 개선하는 것이며 선진국에서는 신제품의 개발 후 표준화된 제품을 생산하는 공정 혁신 단계에서 활발히 나타나고, 개발도상국에서는 선진국의 기술을 자국에 맞게 개선할 때 일어난다.

23 정답 ④

공정 혁신은 공정, 개량, 개선 등 주로 설비 부분에서 기술 개선이 일어나 생산성을 높인다.

① 공정 혁신은 제품이 안정화되는 단계에서 일어난다.
②, ③ 제품 혁신에 대한 특징이다.
⑤ 공정 혁신은 공정에서의 묵은 관습, 조직, 방법 따위를 완전히 바꾸어서 새롭게 한다.

공정 혁신과 제품 혁신
• 공정 혁신 : 새로운 공정을 선택하여 제품 생산 과정에서 비용을 감소하거나 동일한 공정에서 제품의 품질을 개선하는 것으로 공정, 개량, 개선 등 주로 설비 부분에서 기술 개선이 일어나 생산성을 높이며 제품이 안정화되는 단계에서 일어난다.
• 제품 혁신 : 기존의 제품을 향상시키거나 새로운 제품을 개발하는 것으로 새로운 제품 생산으로 기능 향상이나 창출이 가능하며 제품 자체의 기술 개선이 급진적으로 일어난다.

24 정답 ③

급진적 혁신의 혁신 주도자는 과학자와 기술자이다.

①, ② 점진적 혁신의 혁신 주도자에 해당한다.

25 정답 ③

기술혁신은 부정적인 영향도 주기 때문에 양날의 칼과 같다.

26 정답 ①

에디슨은 전등을 개발하였을 뿐만 아니라 상업화하여 단순한 발명가의 차원을 넘어 '발명가 겸 기업가', '시스템 건설자'로 불리게 되었다.

27 정답 ②

세계 최초로 무선 전신을 발명한 사람은 마르코니이다.

28 정답 ⑤

최초의 컴퓨터는 1954년 미국에서 제작한 에니악으로 국방, 산업 분야에서 쓰였다.

02 실패한 기술과 미래의 유망기술

01 ③ 02 ③ 03 ④ 04 ③ 05 ④ 06 ③ 07 ③ 08 ③ 09 ④ 10 ⑤
11 ② 12 ③ 13 ③ 14 ② 15 ② 16 ④ 17 ⑤ 18 ① 19 ② 20 ④
21 ⑤ 22 ⑤ 23 ② 24 ⑤ 25 ① 26 ④ 27 ② 28 ①

01 정답 ③
하타무라 요타로가 정리한 실패 원인은 총 10가지로 다음과 같다.
1. 무지
2. 부주의
3. 차례 미준수
4. 오만
5. 조사 및 검토 부족
6. 조건의 변화
7. 기획 불량
8. 가치관 불량
9. 조직운영 불량
10. 미지

02 정답 ③
부정 및 비리는 하타무라 요타로가 정리한 실패의 원인에 포함되지 않는다.

03 정답 ④
ⓒ 회사가 자사의 브랜드 인지도와 시장점유율만 믿고 작은 불량을 간과한 것은 오만에 해당한다.
ⓒ 불량을 간과하고 소비자의 반응도 적극적으로 확인 및 대응하지 않은 것은 조사 및 검토가 부족했음을 의미한다.
ⓔ 관련 사항을 상급자에게 보고하지 않았고 부정적 이미지를 우려하여 반응하지 않은 것은 조직운영의 불량이라 할 수 있다.

ⓖ 차례 미준수는 일을 처리함에 있어 순서를 지키지 않는 것으로 위의 사례에서는 해당되지 않는다.

04 정답 ③
코닥은 주력 업종인 필름 카메라를 스스로 잡아먹는 디지털 카메라로 신제품을 낼 필요가 없다는 오판을 하고 즉석카메라를 선택하여 결국 몰락하게 되었다.

05 정답 ④
기술 공고화 단계는 경쟁에서 승리한 기술 시스템의 관성화를 뜻하기 때문에 즉석카메라 특허 분쟁은 관련이 없다.

06 정답 ③
개개인은 연구 개발과 같이 지식을 획득하는 과정에서 항상 발생하는 실패는 용서받을 수 있으며, 오히려 바람직한 실패에 해당한다.

① 혁신적인 기술능력을 가진 사람들은 성공과 실패의 경계를 유동적인 것으로 만들어 실패의 영역에서 성공의 영역으로 자신의 기술을 이동시킬 줄 안다.
② 실패에는 기술자들이 반드시 겪어야 하는 '에디슨식의 실패'도 있고 아무런 보탬이 되지 않는 실패도 존재한다. 우리의 기술문화는 지금까지 성공만을 목표로 달려온 경향이 있어 모든 실패를 다 나쁜 것으로 보는데, 이는 올바른 태도가 아니다.
④ 실패를 은폐하거나 과거의 실패를 반복하는 것은 어떤 의미에서도 바람직하지 않으며 실패를 은폐하다보면 실패가 계속 반복될 수 있고 결국 실패는 커다란 재앙을 초래하기도 한다.
⑤ 우리의 기술문화는 지금까지 성공만을 목표로 달려온 경향이 있기 때문에 모든 실패를 나쁘게 생각하지만 이는 결코 올바른 태도가 아니다.

07 정답 ③

실패한 사람은 늘 지적하고 반성하게끔 해야 한다는 말은 부정적인 표현에 해당하며 오히를 칭찬을 해주는 게 문제의 상황에서 도움이 된다.

08 정답 ③

실패를 통해 학습된 무기력에 빠지지 않는 것이 중요하다.

09 정답 ④

실패에 대해 깊게 고민하거나 기억하지 않고 그냥 빠르게 잊어버린다면 다음에 같은 실수를 경험하게 될 가능성이 높기 때문에 실패한 순간 그 이유와 원인에 대해 정리하고 만일 기술적인 원인이 있다면 적극적으로 해결하는 자세가 필요하다.

실패에 대처하는 현명한 태도
- 실패한 사실에 대해서 인정하기
- 실패를 숨기거나 은폐하지 않기
- 실패를 통해 학습된 무기력에 빠지지 않기
- 실패의 원인에 대하여 탐색하기
- 실패를 통해 성공할 수 있는 교훈 찾기

10 정답 ⑤

미지는 해당 분야에 대한 지식이 없는 것을 뜻하는 말이다.

① 부주의에 해당한다.
② 조사 및 검토 부족에 해당한다.
③ 조직운영 불량에 해당한다.
④ 무지에 해당한다.

11 정답 ②

미래 사회에 유망할 것으로 예측되는 기술로는 전기전자정보공학분야에 지능형 로봇, 기계공학분야에 친환경 자동차, 건설환경공학 분야에 지속가능한 건축 시스템 기술, 화학생명공학분야에 혈관 청소용 나노로봇 등이 있으며 컴퓨터 수리 기술은 점차 컴퓨터가 소형화, 첨단화, 일체화되면서 수리도 힘들고 가전제품처럼 소모품의 형태로 사용되고 있다.

12 정답 ③

화학생명공학분야의 미래 첨단산업사회에서 유망한 기술로 떠오르고 있는 것은 재생에너지 산업이다. 화석에너지는 석탄, 석유, 천연가스 같은 지하 매장 자원을 에너지원으로 이용하는 것으로 재생이 불가능하고 매장량이 한정되어 있으며 대기오염 등 환경오염의 원인물질이라는 단점을 지닌다.

미래의 유망기술
- 전기전자정보공학분야 : 지능형 로봇, T기술의 융복합화와 지능화, 네트워크를 통한 로봇의 기능 분산, 가상공간 내에서의 동작
- 기계공학분야 : 친환경 자동차 기술, 하이브리드 기술, 연료전지 기술
- 건설환경공업분야 : 지속 가능한 건축 시스템 기술
- 화학생명공학분야 : 혈관 청소용 나노로봇, 약물 전달 시스템

13 정답 ③

제시된 내용은 친환경 자동차 기술과 관련된 것으로 이는 기계공학분야에 해당된다.

14 정답 ②

관련 내용에서는 인간과 로봇이 함께 동반자적인 역할을 하며 살아간다고 설명하였으므로 지능형 로봇이 괄호의 단어에 해당된다.

15 정답 ②

중국의 산업구조가 그동안 세계시장에서 강세를 보였던 우리나라의 기술집약산업과 동일한 형태로 급속히 고도화되고 있으며 머지않아 우리나라와 그 격차를 좁힐 것이기 때문에 이에 대응하기 위해서는 국가의 전반적인 산업경쟁력을 한 단계 높여야 한다고 하였으므로 노동집약 산업에 투자를 확대한다는 것은 이를 위한 산업정책 방향과 어울리지 않는다.

16 정답 ④

지능형 로봇 분야의 장점은 인간과 로봇이 자연스럽게 서로를 인지하고 정서적으로 공감하며 상호 작용할 수 있다는 것이다.

17 정답 ⑤

기술혁신과 신규투자가 유망한 신산업으로 최근에는 기술혁신과 사회적 패러다임의 변화에 따라 인간 공존, 삶의 질 향상을 이룩하기 위한 새로운 지능형 로봇의 개념이 나타났는데, 최근 IT기술의 융복합화와 지능화 추세에 따라 점차 네트워크를 통한 로봇의 기능 분산, 가상공간 내에서의 동작 등 IT와 융합한 네트워크 기반 로봇의 개념을 포함하고 있다.

18 정답 ①

기계공학분야에서 친환경 자동차 기술은 CO_2로 인한 환경오염을 방지하고, 화석연료의 고갈에 대비하여 새로운 대체에너지원을 찾고자 하는 기술이며 대표적인 것이 하이브리드 기술과 연료전지 기술이다.

19 정답 ②

하이브리드 자동차 기술이란 엔진과 전기모터를 상황에 따라 효율적으로 사용하는 기술로 출발이나 가속을 하는 큰 힘이 필요할 때에는 엔진과 모터를 동시에 사용하고 감속 시는 모터의 동력이 되는 배터리를 충전하여 출발이나 저속주행에 사용한다.

20 정답 ④

연료전지는 차량에 적재된 수소와 외부 공기를 통해 유입되는 산소를 이용하여 전기에너지를 생성하기 때문에 연료전자를 이용할 때 나오는 배기가스는 수증기뿐으로 오염물질이 배출되지 않는 점은 혁신점인 장점이지만 수소탱크의 적재는 폭발의 위험과 대량생성의 제한성 등으로 인해 약점으로 인식되고 있다.

21 정답 ⑤

건설환경공업분야에서 유망한 기술로 떠오르고 있는 것은 저속 가능한 건축 시스템으로 이 분야에서 CO_2(이산화탄소) 배출량을 줄이는 것은 생산업 활동을 위축시키지 않고 효율적으로 CO_2 배출량의 감소를 구현할 수 있는 좋은 방법 중 하나이다.

22 정답 ⑤

CO_2 배출량 저감을 위한 지속 가능한 건축시스템 기술은 장수명화가 가능하도록 건축물의 구조 성능이 향상되고, 리모델링이 용이하며, 건물 해체 시 구조부재의 재사용이 가능하여 친환경적이고 에너지 절약이 가능한 건축을 구현할 수 있는 건축시스템 기술이다.

23 정답 ②

혈관 청소용 나노로봇은 각 개인의 유전적 특징을 고려한 맞춤 의학 및 신약 개발을 가능하게 할 수는 있지만 개인의 유전자까지 변화시키는 기능은 없다.

24 정답 ⑤

알약 형태의 바이오칩은 가정에서도 손쉽게 의료 서비스를 받을 수 있게 하며 이 약을 먹으면 그 사람의 선상 상태를 체크해 무선으로 병원에 검사 결과를 전송하고 장기가 노화되어 더 이상 구실을 못한다고 판단되면 자신의 줄기세포를 가지고 배양한 새 장기로 대체할 수 있다.

25 정답 ①

기계공학분야에서 점차 하이브리드나 연료전지 자동차가 전체 시장의 주류를 이루게 될 것으로 예상되는 시기는 대략 2030년 경이다.

26 정답 ④

하이브리드 기술은 가솔린 엔진 차량에 비해 50~80% 연비를 향상시킬 수 있다는 장점이 있으며 모터의 동력이 연료전지의 전기 에너지이기 때문에 엔진과 모터를 함께 사용한다면 연료전지 기술은 오직 모터만 사용한다.

27 정답 ②

기존의 건축 산업은 총 CO_2 배출량의 36%를 차지하는데, 이중 1/3은 건물의 신축과 개보수가 차지하고 있어 이 분야에서 CO_2 배출량을 줄이는 것은 생산업 활동을 위축시키지 않고 효율적으로 CO_2 배출량의 감소를 구현할 수 있다.

28 정답 ①

알약 형태의 바이오칩이 등장하리라고 예상되는 년도는 2025년 경이다.

01 기술선택 및 벤치마킹 방법

01 ①	02 ⑤	03 ②	04 ①	05 ③	06 ⑤	07 ①	08 ④	09 ①	10 ②
11 ⑤	12 ③	13 ①	14 ④	15 ④	16 ⑤	17 ③	18 ①	19 ④	20 ③
21 ④	22 ①	23 ⑤	24 ①	25 ②	26 ⑤	27 ③	28 ⑤	29 ④	30 ②
31 ②	32 ③								

01 정답 ①

기술선택이란 조직의 발전을 위해 어떠한 기술을 개발 또는 도입할 것인지에 대해서 결정하는 것을 의미한다.

② 기술선택을 위한 결정에는 한 사람에 의해서 결정되는 단독 결정과 여러 연구자와 전문가들이 결정하는 집단결정이 있다.

③, ④ 기술선택은 내부에서 기술을 개발하거나 외부에서 새로운 기술을 도입하는 결정 모두에 쓰인다.

⑤ 기술을 선택할 경우 주어진 시간과 자원의 제약 하에서 선택이 가능한 대안들 중 최적이 아닌 최선의 대안을 선택하는 합리적 의사결정을 추구해야 한다.

02 정답 ⑤

기술의 수명 주기나 전략적 중요도를 고려하는 것은 기술적용 시 해야 하는 고려사항이다.

03 정답 ②

집단 결정은 신중성과 수용성 등을 고려하여 다소 느리게 추진된다.

 Tip

단독 결정과 집단 결정

• 단독 결정 : 기술을 연구하는 연구자 스스로 대안을 선택하는 결정으로 결정권자가 최고 권위자여서 별다른 논쟁의 여지가 없는 경우 행해지며 신속한 결정으로 빠른 추진이 가능하지만 현대의 조직보다는 과거 조직에서 많이 사용하였던 결정 유형이다.

• 집단 결정 : 기술을 연구하는 사람과 전문가들이 모여서 행하는 결정으로 다수의 의견을 반영하고 참여 의식을 부여하며 공동의 책임과 기술 개발에 대한 내적 동기를 강화시키지만 신중성, 수용성 등을 고려하여 다소 느리게 추진된다. 토론, 다수결, 투표 등의 방식이 있다.

04 정답 ①

상향식 기술선택은 기업 전체의 차원에서 필요한 기술에 대한 체계적인 분석이나 검토 없이 연구자나 기술자들이 자율적으로 기술을 선택하는 것이다.

05 정답 ③

하향식 기술선택은 기업이 직면한 외부 환경과 보유 자원의 분석을 통해 중장기적인 목표를 설정한다.

06 정답 ⑤

핵심기술의 선택은 사업 전략이 수립된 후 구체화하는 것이다.

 Tip

상향식 기술선택과 하향식 기술선택

• 상향식 기술선택 : 기업 전체의 차원에서 필요한 기술에 대한 체계적인 분석이나 검토 없이 연구자나 기술자들이 자율적으로 기술을 선택하는 것으로 기술 개발자들의 흥미를 유발하고 창의적인 아이디어를 활용할 수 있다는 장점이 있는 반면, 기술자들이 지식과 흥미만을 고려하여 기술을 선택할 경우 고객수요 및 서비스 개발에 부적합하거나 기업 간 경쟁에서 승리할 수 없는 기술이 선택될 수 있다는 단점이 있다.

• 하향식 기술선택 : 기술경영진과 기술기획담당자들에 의한 체계적인 분석을 통해 기업이 획득해야 하는 대상기술과 목표기술수준을 결정하는 것으로 기업이 직면한 외부 환경과 보유 자원의 분석을 통해 중장기적인 목표를 설정하고 이를 달성하기 위해 필요한 핵심고객층과 그들에게 제공하는 제품 및 서비스를 결정한 다음 사업전략의 성공적인 수행을 위해 필요한 기술들을 열거하여 각각의 기술에 대한 획득의 우선순위를 결정한다.

07 정답 ①
기술선택이란 기업이 어떤 기술을 외부로부터 도입하거나 자체 개발하여 활용할 것인가를 결정하는 것으로 기술을 선택하는 데 따른 의사결정은 크게 상향식 기술선택과 하향식 기술선택의 두 가지로 구분한다.

08 정답 ④
기술발전이 환경오염보다 우선순위가 될 수는 없다.

기술선택을 위한 우선순위 결정
• 제품의 성능이나 원가에 미치는 영향력이 큰 기술
• 기업이 생산하는 제품 및 서비스에 보다 광범위하게 활용할 수 있는 기술
• 매출과 이익 창출 가능성이 큰 기술
• 쉽게 구할 수 없는 기술
• 모방이 어려운 기술

09 정답 ①
쉽게 구할 수 있는 기술이 아닌 쉽게 구할 수 없고 기업 간에 모방이 어려운 기술이 우선순위 결정 요소로 적절하다.

10 정답 ②
기술선택을 위한 절차는 외부 환경 분석 → 중장기 사업목표 설정 → 내부 역량 분석 → 사업 전략 수립 → 요구기술 분석 → 기술 전략 수립의 순서로 이루어진다.

11 정답 ⑤
기술선택을 위한 절차의 내부 역량 분석 단계에서는 기술능력, 생산능력, 마케팅/영업능력, 재무능력 등을 분석한다.

12 정답 ③
기술선택을 위한 절차의 요구기술 분석 단계에서는 제품 설계/디자인 기술, 제품 생산 공정, 원재료/부품 제조법을 분석한다.

13 정답 ①
상향식 기술선택은 시장의 고객들이 요구하는 제품이나 서비스를 개발하는 데 부적합한 기술이 선택되거나 경쟁 기업과의 경쟁에서 밀리는 기술이 선택될 수 있으며 지문에서는 기술이 뛰어나지만 경쟁에서 밀린 사례이므로 하향식 기술 선택이 성공한 기술선택으로 적절하다.

14 정답 ④
해당 문제에서 나타난 원인은 철저한 시장조사를 바탕으로 한 연구기획을 하지 못한 것이므로 기술선택의 절차 중 외부 환경 분석과 내부 역량 분석이 적절히 이루어져야 하며 이에 대한 대안으로 전문가로서의 팀원을 구성하는 것이 시장조사를 위한 대안으로 될 수는 없다.

15 정답 ④

기획안 내용의 중간에서 기술, 마케팅, 원가 등 모든 측면에서 어떻게 타사 대비 더 좋은 성과를 얻을 수 있을지 고민했다고 하였으므로 사업의 영역을 결정하는 사업 전략 수립의 단계에 해당한다.

① 고객 요구 분석, 기술 변화 추이, 경쟁 업체 동향 등 시장 조사 등이 이루어지지 않았으므로 외부 환경 분석이라 할 수 없다.
② 조직의 목표와 비전 성립, 매출 및 이익 목표 설정이 보이지 않으므로 중장기 사업목표 설정이라 할 수 없다.
③ 각 부서 인원과 역량 체크를 통한 기술, 생산, 재무 등 능력 분석이 이루어지지 않았으므로 내부 역량 분석이라 할 수 없다.
⑤ 제품 재료 분석, 제품 설계 및 디자인 및 공정 과정 분석을 하고 있지 않으므로 요구기술 분석이라 할 수 없다.

16 정답 ⑤

벤치마킹이란 특정 분야에서 뛰어난 업체나 상품, 기술, 경영 방식 등을 배워 합법적으로 응용하는 것을 의미한다. 단순한 모방과는 달리 우수한 기업이나 성공한 상품, 기술, 경영 방식 등의 장점을 충분히 배우고 익힌 후 자사의 환경에 맞추어 재창조하는 것이다. 쉽게 아이디어를 얻어 신상품을 개발하거나 조직 개선을 위한 새로운 출발점의 기법으로 많이 이용된다.

17 정답 ③

직접적 벤치마킹은 벤치마킹 대상을 직접 방문하여 수행하는 것으로 간접적 벤치마킹은 인터넷 및 문서형태의 자료를 통해서 수행하는 방법이다.

18 정답 ①

성공적인 벤치마킹에서 가장 중요한 점은 호혜성이며 호혜성은 벤치마킹에 참여한 모든 회사가 서로 이익이 되는 것을 얻어 가는 것을 말한다.

밴치마킹의 원칙

• 호혜성 : 벤치마킹의 목적을 분명하게 정하고 정보 범위, 자료 교환에 대한 명확한 합의가 이루어져야 한다.
• 유추 : 벤치마킹을 수행한 팀은 자신의 팀이나 부서, 회사로 돌아와서 얻은 교훈에 대해서 명확하게 전달하고 자사에 어떻게 응용하고 실행할 것인가에 대해서 설명할 수 있어야 하며 그러기 위해서는 사전에 자사와 벤치마킹 대상 회사에 대한 조사가 필요하다.
• 측정 : 사용하는 측정 시스템이나 도구에 따라 결과가 다르게 나올 수 있기 때문에 양측 회사는 반드시 동일한 측정 시스템을 사용해야 한다.
• 타당성 : 벤치마킹에 참여한 회사들은 동일한 측정 시스템을 통한 검증된 자료를 원하므로 의견이나 직관, 가정에 의존한 자료들은 타당도와 신뢰도를 보장할 수 없기 때문에 정확한 프로세스를 거친 자료만이 위험을 줄일 수 있다.

19 정답 ④

직접적 벤치마킹은 정확도와 지속가능한 점에서 장점이 있지만 벤치마킹 대상 선정이 어렵고 수행비용 및 시간이 과다하게 소요된다.

20 정답 ③

간접적 벤치마킹은 인터넷과 문서자료 등을 바탕으로 하므로 자료에 대한 검증이 어렵다.

수행방식에 따른 벤치마킹

• 직접적 벤치마킹 : 벤치마킹 대상을 직접 방문하여 수행하는 방법으로 직접 접촉하여 자료를 입수하고 조사하기 때문에 정확도와 지속가능한 점에서 장점이 있지만 벤치마킹 대상 선정이 어렵고 수행비용 및 시간이 과다하게 소요된다.
• 간접적 벤치마킹 : 인터넷 및 문서형태의 자료를 통해서 수행하는 방법으로 벤치마킹 대상의 수에 제한이 없고 다양하며 비용 또는 시간적 측면에서 상대적으로 많이 절감할 수 있다는 장점이 있는 반면, 벤치마킹 결과가 파상적이며 정확한 자료의 확보가 어렵고 특히 핵심자료의 수집이 상대적으로 어렵다는 단점이 있다.

21 정답 ④

내부 벤치마킹은 자료 수집이 용이하고 다각화된 우량기업의 경우 효과가 큰 반면 관점이 제한적일 수 있고 편중된 내부 시각에 대한 우려가 있다는 단점을 가지고 있다.

22 정답 ①

경쟁적 벤치마킹은 동일 업종에서 고객을 직접적으로 공유하는 경쟁기업만을 대상으로 한다.

23 정답 ⑤

글로벌 벤치마킹은 프로세스에 있어 최고로 우수한 성과를 보유한 동일업종의 비경쟁적 기업을 대상으로 하며 접근 및 자료 수집이 용이하고 비교 가능한 업무/기술 습득이 상대적으로 용이한 반면 문화 및 제도적인 차이로 발생하는 효과에 대한 검토가 없을 경우 잘못된 분석결과가 발생할 가능성이 높다.

 Tip

비교대상에 따른 벤치마킹

- 내부 벤치마킹 : 같은 기업 내의 다른 지역, 타 부서, 국가 간의 유사한 활동을 비교 대상으로 하며 자료 수집이 용이하고 다각화된 우량기업의 경우 효과가 큰 반면 관점이 제한적일 수 있고 편중된 내부 시각에 대한 우려가 있다는 단점을 가지고 있다.
- 경쟁적 벤치마킹 : 동일 업종에서 고객을 직접적으로 공유하는 경쟁기업을 대상으로 하며 경영 성과와 관련된 정보 입수가 가능하고 업무/기술에 대한 비교가 가능한 반면 윤리적인 문제가 발생할 소지가 있으며 대상의 적대적 태도로 인해 자료 수집이 어렵다는 단점이 있다.
- 비경쟁적 벤치마킹 : 제품, 서비스 및 프로세스의 단위 분야에 있어 가장 우수한 실무를 보이는 비경쟁적 기업 내의 유사 분야를 대상으로 하며 혁신적인 아이디어의 창출 가능성은 높은 반면 다른 환경의 사례를 가공하지 않고 적용할 경우 효과를 보지 못할 가능성이 높다.
- 글로벌 벤치마킹 : 프로세스에 있어 최고로 우수한 성과를 보유한 동일업종의 비경쟁적 기업을 대상으로 하며 접근 및 자료 수집이 용이하고 비교 가능한 업무/기술 습득이 상대적으로 용이한 반면 문화 및 제도적인 차이로 발생하는 효과에 대한 검토가 없을 경우 잘못된 분석결과가 발생할 가능성이 높다.

24 정답 ①

A씨는 벤치마킹 대상을 직접 방문하여 수행하는 직접적 벤치마킹을 하였다.

25 정답 ②

벤치마킹의 4단계 발전은 계획단계 → 자료 수집 단계 → 분석단계 → 개선단계의 순서로 이루어진다.

 Tip

벤치마킹의 4단계 발전

- 계획단계 : 기업은 반드시 자사의 핵심 성공요인, 핵심 프로세스, 핵심 역량 등을 파악해야 하고 벤치마킹할 프로세스는 문서화되어야 하며 특성이 기술되어야 한다.
- 자료 수집 단계 : 벤치마킹 프로세스의 자료 수집 단계에서는 내부 데이터 수집, 자료 및 문헌조사, 외부 데이터 수집이 필요하다.
- 분석단계 : 데이터 분석, 근본원인 분석, 결과예측, 동인판단 등의 업무를 수행해야 하며 벤치마킹 수행을 위해 개선 가능한 프로세스 동인들을 확인하는 데 목적이 있다.
- 개선단계 : 자사의 핵심 프로세스를 개선함으로써 벤치마킹 결과를 현실화하는 데 목적이 있으며 벤치마킹 연구를 통해 얻은 정보를 활용함으로써 향상된 프로세스를 조직에 적응시켜 지속적인 향상을 유도하여야 한다.

26 정답 ⑤

벤치마킹 4단계 발전의 계획단계에서 벤치마킹 파트너를 선정한 이유는 기술되지 않는다.

27 정답 ③

자료 및 문헌조사는 자료 수집 단계에서 이루어져야 하는 업무이다.

28   정답 ⑤

벤치마킹의 주요 단계는 범위 설정 → 측정범위 결정 → 대상 결정 → 벤치마킹 → 성과차이 분석 → 개선계획 수립 → 변화관리의 순서로 이루어진다.

 Tip

벤치마킹의 주요 단계

• 범위 설정 : 상세 분야 결정/목표와 범위 결정/벤치마킹을 수행할 인력을 결정한다.
• 측정범위 결정 : 상세분야에 대한 측정 항목 결정/측정 항목이 적정한가를 검토한다.
• 대상 결정 : 비교 분석할 기업 · 기관 결정/벤치마킹할 타당성 검토/최종 대상 및 대상별 수행 방식을 결정한다.
• 벤치마킹 : 직간접적 벤치마킹을 진행한다.
• 성과차이 분석 : 벤치마킹 결과의 성과차이를 측정 항목별로 분석한다.
• 개선계획 수립 : 성과 차이 원인 분석/개선을 위한 성과목표 결정/성과목표를 위한 개선계획을 수립한다.
• 변화관리 : 개선 목표 달성을 위한 지속적 관리/개선 후 변화와 예상 변화를 비교한다.

29   정답 ④

④는 일본에서 생산된 차종을 직접 수입해서 최초로 일선에 배치한 것이기 때문에 그 기술력을 바탕으로 더 좋은 버스를 만드는 등의 행위가 아니므로 벤치마킹의 사례라 할 수 없다.

30   정답 ②

주어진 사례에서는 서울시 공무원들이 미국을 직접 방문했다고 하였으므로 직접적 벤치마킹에 해당하며 ②의 짧은 시간에 다양한 벤치마킹 대상을 통해 적절한 모델을 수립하는 것은 간접적 벤치마킹에 해당한다.

31   정답 ②

사례의 마지막 부분에서 벤치마킹할 제품을 최종적으로 결정하고 해당 회사와 직접적으로 기술제휴를 할 것을 건의하고 있으므로 직간접적 벤치마킹을 수행하기 직전의 단계에 해당하며 이는 벤치마킹의 대상을 결정하는 단계이다.

32   정답 ③

Contact Point가 확보되어 계속적인 자료 입수 및 조사가 가능한 것은 직접적 벤치마킹이다.

02 매뉴얼의 이용 방법

01 ②	02 ④	03 ⑤	04 ②	05 ①	06 ②	07 ③	08 ①	09 ①	10 ③
11 ②	12 ④	13 ②	14 ③	15 ④	16 ③	17 ③	18 ②	19 ③	20 ①
21 ③	22 ④	23 ③	24 ②	25 ③	26 ②	27 ②	28 ①	29 ④	30 ①
31 ②	32 ②	33 ⑤	34 ③	35 ⑤	36 ②	37 ④	38 ⑤	39 ②	40 ③
41 ②	42 ④	43 ⑤	44 ④	45 ⑤	46 ②	47 ⑤	48 ③	49 ④	50 ①
51 ③	52 ⑤	53 ④	54 ④	55 ①	56 ⑤				

01 정답 ②

매뉴얼은 상상을 바탕으로 쓴 소설이 아니라 사실을 바탕으로 쓴 설명서, 안내서이다.

02 정답 ④

업무 매뉴얼은 어떤 일의 진행 방식이나 지켜야 할 규칙, 관리상 의 절차 등을 일관성 있게 여러 사람이 보고 따라할 수 있도록 표 준화하여 설명하는 지침서를 말한다.

Tip

매뉴얼의 종류

- 제품 매뉴얼 : 사용자를 위해 제품의 특징이나 기능 설명, 사용 방법과 고장 조치 방법, 유지 보수 및 A/S, 폐기까지 제품에 관 련된 모든 서비스에 대해 소비자가 알아야 할 모든 정보를 제 공하는 것으로 제품 사용자의 유형과 사용 능력을 파악하고 혹 시 모를 사용자의 오작동까지 고려하여 만들어야 하며 제품의 의도된 안전한 사용과 사용 중 해야 할 일 또는 하지 말아야 할 일까지 정의해야 한다.
- 업무 매뉴얼 : 어떤 일의 진행 방식, 지켜야 할 규칙, 관리상의 절차 등을 일관성 있게 여러 사람이 보고 따라 할 수 있도록 표 준화하여 설명하는 지침서로 프랜차이즈 점포의 경우 편의점 운영 매뉴얼, 제품 진열 매뉴얼 등이 있고 기업의 경우 부서 운 영 매뉴얼, 품질 경영 매뉴얼 등이 있다.

03 정답 ⑤

제품 매뉴얼은 사용자를 위해 제품의 특징이나 기능 설명, 사용 방법과 고장 조치 방법, 유지 보수 및 A/S, 폐기까지 제품에 관련 된 모든 서비스에 대해 소비자가 알아야 할 모든 정보를 제공하는 것으로 제품 제공 과정에 대한 설명까지는 제조하지 않는다.

04 정답 ②

소비자에게 제품에 대한 신뢰를 제공하는 것은 제품 매뉴얼의 이 점이다.

05 정답 ①

매뉴얼의 작성 단계는 기획 → 사용자 분석 → 스토리보드 작성 → 작업 할당 → 자료 수집 → 매뉴얼 제작의 순서로 이루어진다.

Tip

매뉴얼의 작성 단계

- 기획 : 제품 매뉴얼, 업무 매뉴얼은 제작 시 목적과 읽는 자 등 을 고려하여 어떤 내용을 담을 것인지 미리 계획한다.
- 사용자 분석 : 해당 매뉴얼을 사용하는 사람에 따라 사용하는 단어나 문장이 달라진다.
- 스토리보드 작성 : 전체적인 장과 절에 대한 커리큘럼을 작성 하고 어떤 내용이 먼저 들어갈지 순서를 정하며 사용자가 읽으 면서 자연스럽게 업무나 제품을 파악하는 것이 중요하다.
- 작업 할당 : 일인 작가로 쓸 것인지 팀 작업으로 할 것인지 각 자 작성 분량을 의논하여 정하고 마감 시점도 계획한다.

- 자료 수집 : 제품 기능, 특성, 업무에 대한 팁 등 해당 매뉴얼 주제에 맞는 자료를 미리 수집한다.
- 매뉴얼 제작 : 글쓰기, 레이아웃, 시각 자료, 편집과 수정을 거쳐 제작한다.

06 정답 ②

매뉴얼은 사용자가 알기 쉬운 문장으로 써야 하는데 의미전달을 명확히 하기 위해서는 수동태보다 능동태 동사를 사용하며 명령형은 약한 형태보다는 단정적으로 표현해야 한다.

매뉴얼 작성을 위한 방법
- 내용이 정확해야 한다.
- 사용자가 알기 쉬운 문장으로 쓰여야 한다.
- 사용자에 대한 심리적 배려가 있어야 한다.
- 사용자가 찾고자 하는 정보를 쉽게 찾을 수 있어야 한다.
- 사용하기 쉬워야 한다.

07 정답 ③

부드러운 천을 사용하여 실외기를 깨끗하게 청소하는 것은 〈장기 미사용 시 보관방법〉에 해당한다. 실외기 청소를 통해서 전기 사용량이 줄어든다고 보기는 어렵다.

08 정답 ①

자동건조 기능은 운전 정지 후의 동작과 관련된 내용이므로 에어컨의 냉방 효율과는 직접적인 관련이 없다. 자동건조 기능은 운전 정지 후 일정시간 동안 송풍운전을 가동하여 제품 내 습기를 제거해 주는 기능이다.

09 정답 ①

오디오 사용 설명서를 참고하면 제품 청소 시에는 전용 세척제를 사용하라고 했기 때문에 알코올이나 락스 등을 사용하여 세척하지 않는다.

10 정답 ③

유선 네트워크를 사용하면 기기가 무선 주파수 방해 없이 네트워크에 직접 연결되어 최적의 성능을 제공한다. 무선 연결 시 무선 전파 간섭으로 네트워크 연결이 끊기거나 재생이 중지될 수 있어 유선 연결사용을 권장한다고 하였다.

11 정답 ②

[즐겨찾기]에는 즐겨 찾는 곡이 표시되고 스피커에서 가장 많이 재생된 곡은 [자주 들은 음악]에 표시된다.

12 정답 ④

먼지통의 필터를 제대로 장착하거나 먼지통을 제대로 장착함으로써 청소기의 불량을 해결할 수 있는 증상은 로봇청소기의 소음이 심해졌을 경우이다.

① 로봇청소기가 충전중이지 않거나 장애물에 갇혀있는 상태로 10분 이상 멈춰 있었던 경우로 로봇청소기를 충전상태로 보관하거나 로봇청소기 주변의 장애물을 정리한 후 사용함으로써 해결한다.
② 흡입구에 이물질이 끼어있거나 먼지통이 가득 차 있는 경우로 흡입구에 이물질이 있는지 확인하거나 먼지통을 비우고 그 필터를 청소해야 한다.
③ 주 원천 스위치가 꺼졌거나 배터리가 완전히 방전된 경우로 뒷면에 있는 주 전원 스위치를 키거나 수동으로 충전해야 한다.
⑤ 주 전원 스위치가 꺼져있거나 충전대 주변에 장애물이 있거나 충전대의 전원 램프가 꺼져 있는 경우로 뒷면에 있는 주 전원 스위치를 키거나 충전대 주변에 있는 장애물을 치우고 충전대에 전원 플러그가 꽂혀 있는지 확인해야 한다.

13 정답 ②

사용설명서를 참고하면 배터리가 완전히 방전된 상태에서 충전이 완료될 때까지 약 3시간 정도 걸린다.

14 정답 ③

리모컨을 사용하지 않을 때에는 충전대에 있는 리모컨 거치대에 보관할 수 있지만 리모컨의 작동과 관련이 있는 것은 아니다.

15 정답 ④

정보 부분에 수화물 및 승객명세자료 도착 지연이 있기 때문에 수화물이 늦게 오면 제시간에 출발하지 못하고 항공기가 지연된다. 그렇기 때문에 수화물이 늦게 와도 정해진 시간에 이륙해야 한다는 것은 매뉴얼의 내용으로 적절하지 못하다.

16 정답 ③

직원 부분에서 탑승업무 수행직원의 동기 부여 부족이라고 하였기 때문에 매뉴얼과 성과금에 대한 내용은 작성되지 않았다.

① 고객 부분을 봤을 때 매뉴얼에 작성되었을 말로 적절하다.
② 자재 부분을 봤을 때 매뉴얼에 작성되었을 말로 적절하다.
④ 장비 부분을 봤을 때 매뉴얼에 작성되었을 말로 적절하다.
⑤ 절차 부분을 봤을 때 매뉴얼에 작성되었을 말로 적절하다.

17 정답 ③

사람의 눈 가까이에서 플래시를 터트리면 일시적으로 눈이 안 보일 수 있다. 플래시는 적어도 피사체에서 1m 정도 떨어져야 하고 유아를 촬영할 때는 특별한 주의를 기울여야 한다.

18 정답 ②

스크린에 무리하게 힘을 가하거나 날카로운 물체를 대지 않는다. 타사 보호 필름이 부착되어 있거나, 손톱이나 장갑을 낀 손으로 터치하거나, 살짝 터치하거나, 너무 빠르게 움직여 손가락이 스크린에 닿지 않았을 경우 동작을 인식하지 못 할 수 있다.

19 정답 ③

돌려주기는 #버튼을 누른 후 번호를 누르기 때문에 돌려주기 버튼은 필요가 없다.

① 단축 다이얼을 하려면 단축 다이얼 버튼을 누른 후 원하는 번호를 누르고 1~9번을 누른다.
② 전화를 당겨 받을 때 필요하다
④ 통화대기를 하려면 통화 도중 통화대기 버튼을 누르고 수화기를 내린다.
⑤ 착신전환을 할 때 필요하다.

20 정답 ①

외부의 개인 전화로 돌려주는 방법은 이미 외부전화로 돌려주기라는 이름으로 매뉴얼에 언급되어 있다.

21 정답 ③

매뉴얼에 3자간 통화를 위한 방법은 작성되지 않았다.

22 정답 ④

펜&마우스는 모든 버전의 Windows와 MAC에서 사용이 가능하다.

① 유리나 백지 또는 기타 빛이 많이 반사되는 재질을 제외한 모든 표면에서 사용이 가능하지만 최적화된 기능을 사용하려면 전용패드가 있어야 한다.
② USB 포트에 연결해야만 바로 사용할 수 있다.
③ 일반마우스의 기능을 이미 갖추고 있기 때문에 마우스와 같이 사용하지 않아도 된다.
⑤ 일반적인 필기용 펜과 다르기 때문에 사용할 때에는 펜촉을 돌리지 말아야 한다.

23 정답 ③

서비스에 해당하지 않더라도 문제가 생기면 분해하지 말고 A/S를 신청하라고 주의사항에 적혀있으며 무상 서비스를 받지 못하더라도 A/S를 신청하는 것이 옳다.

① 물에 넣으면 고장이 날 수 있으므로 방수 기능이 없다.
② 햇빛이 강한 곳에 보관하면 수명이 짧아진다.
④ 문제가 생기면 분해하지 말고 A/S를 신청해야 한다.
⑤ 무리한 충격을 가하지 말아야 한다.

24 정답 ②

오랜 시간 사용하지 않을 때에는 전원을 꺼두는 것을 권장하였으므로 충전기를 연결하고 나간 것은 적절한 행동이 아니다.

25 정답 ③

매뉴얼에서 긴급 상황 발생 시 네트워크, 방송 등을 이용하여 우선 알린 후 보고해야 한다고 되어있다.

① 3·3·3 원칙 숙지에 나와 있다.
②, ⑤ 적극적인 커뮤니케이션에 나와 있다.
④ 사내 커뮤니케이션에 나와 있다.

26 정답 ②

구입 후 30일 이내 자연 발생한 하자로 중수리가 필요한 경우에는 제품 교환이 가능하며 이유 없는 고장은 자연 발생이고 구입한 지 20일로 30일 이내이기 때문에 중수리가 필요하다면 제품을 교환할 수 없다. 중수리가 아니라면 무상수리를 받을 수 없다.

27 정답 ②

속옷과 양말 등 몸에 닿아 인체에 끼치는 영향을 무시할 수 없는 면 소재의 제품을 삶아서 자주 세탁하는 것이 좋다.

28 정답 ①

이불은 홑청과 속을 분리한 후 홑청은 세제를 풀어놓은 물에 담가 때를 불린 뒤 더러움이 유독 심한 부분은 솔로 닦아 애벌빨래를 한다. 세탁이 끝나고 탈수를 마치면 털어서 구김을 편 후 햇볕에 널어 건조시킨다. 이불솜은 청소기로 먼지를 제거한 뒤 햇볕에 널어 세균과 진드기를 없앤다.

②, ⑤ 세탁이 끝나고 탈수를 마친 다음 털어서 구김을 편 후 햇볕에 널어 건조시킨다.
③ 탈취제를 뿌리라는 내용은 언급되어 있지 않다.
④ 이불솜은 청소기로 먼지를 제거한 뒤 햇볕에 널어 세균과 진드기를 없앤다.

29 정답 ④

문제의 컴퓨터를 사용하려고 하였으나 켜지지 않는 문제는 하드웨어 문제의 컴퓨터가 켜지지 않거나 시동되지 않는 경우에 해당하므로 전원 코드가 작동하는 전원 콘센트에 연결되어 있는지 확인, 컴퓨터가 재시동 될 때까지 Command 키 및 R 키를 눌러 컴퓨터를 재시동, PRAM 재설정, Shift 키를 누른 상태로 컴퓨터 재시동 등의 방법으로 해결한다.

① 소프트웨어 프로그램에 문제가 있는 경우 해결하는 방법이다.
② 상태표시줄이 깜빡거리고 컴퓨터가 시동되지 않는 경우 해결하는 방법이다.
③ 컴퓨터가 반응하지 않거나 포인터가 움직이지 않는 경우 해결하는 방법이다.
⑤ 응용 프로그램이 정지되거나 응답하지 않는 경우 해결하는 방법이다.

30 정답 ①

문제는 전혀 작동하지 않는 증상에 해당하며 220V 전압을 사용하는 것은 바람세기가 너무 약할 때의 조치이다.

31 정답 ②

문제는 소비자 과실로 제품 고장이 발생한 경우이지만 제품 수리가 가능하기 때문에 A/S 시 제품을 수리해 주고 수리비용을 징수하는 유상수리를 제공한다.

① 정상적으로 사용했으나 제품 고장이 발생하였을 때 보증기간 이내에 제품에 동일한 하자가 발생하여 2회 수리하였으나 하자가 다시 발생한 경우, 제품수리가 불가능한 경우, 제조사가 수리 요청된 제품을 분실한 경우 해당한다.

③ 정상적으로 사용했으나 제품 고장이 발생하였을 때 보증기간 이후에 제품에 동일한 하자가 발생하여 2회 수리하였으나 하자가 다시 발생한 경우, 제품수리가 불가능한 경우, 제조사가 수리 요청된 제품을 분실한 경우 해당한다.

④ 정상적으로 사용했으나 제품 고장이 발생하였을 때 구입 후 제품이 운송 또는 설치되는 과정에서 문제가 발생한 경우 해당한다.

⑤ 소비자 과실로 제품 고장이 발생했지만 보증기간 이내에 제조사가 수리부품을 보유하고 있지 않아 수리가 불가능한 경우 해당한다.

32 정답 ②

A는 유치원생에게 반말을 쓰며 응대하였고 E는 흥분한 민원인에게 맞대응을 하였으므로 고객 응대 매뉴얼에 어긋난다고 할 수 있다.

B : 전화를 늦게 수신할 경우 "전화를 늦게 받아 죄송합니다. 민원실 ○○○입니다."라고 친절하게 말한다.

C : 민원인과 눈을 맞추며 안내 내용을 어느 정도 이해했는지 확인하고 안내 내용 중 중요한 부분은 따로 메모하여 전달한다.

D : 민원 처리 중 또 다른 민원인이 창구 방문 시 "끝나는 대로 바로 처리해 드리겠습니다. 앉으셔서 조금만 기다려 주십시오."라고 공손히 말하며 민원인에게 양해를 구한다.

33 정답 ⑤

⑤는 민원 처리 중 또 다른 민원인이 창구 방문 시 응대하는 방법이다.

34 정답 ③

환자가 담당자의 사과를 요구하는 경우 가능한 한 시차를 두고 담당자를 사과시키도록 한다.

35 정답 ⑤

설치 장소를 선정하는 부분에서 이사 등으로 제품을 이동할 경우에는 제품의 보호를 위하여 고정 볼트로 다시 고정해야 하므로 버리지 말고 보관하라고 했지만 그 다음에 제품 운송 후 제품 뒷면의 운송용 고정 볼트를 고정하는 것이 아닌 제거한 후 수평을 맞추라고 했으므로 적절하지 않다.

36 정답 ②

겨울철 동결관리의 내용에서 배수 호스를 아래쪽으로 늘어뜨려서 호스 안의 물을 모두 빼낼 시 배수 호스가 구부린 형태로 설치가 되면 호스 내부가 얼 수 있다고 하였으므로 호스를 구부리면 안 된다.

37 정답 ④

한 개의 콘센트에 많은 전기기구를 연결하여 쓰면 한꺼번에 많은 전류가 흐르게 되어 화재의 위험이 있으므로 적당히 나누어 사용해야 한다.

① 누전차단기 이상 유무 동작시험을 해야 할 시 월 1회 이상 시험 단추를 눌러 정상적으로 작동되는지 확인한다.

② 코드를 뽑을 때 전선을 잡고 뽑으면 단선과 감전의 위험이 있다.

③ 샤워 후 젖은 손으로 드라이기를 만지면 감전의 우려가 있다.

⑤ 습기가 많은 창고에 세탁기를 둘 경우 접지를 하면 해결된다.

38 정답 ⑤

접지는 기계가 하는 것이다.

39 정답 ②

가스레인지를 사용할 때는 빨간 불꽃일 때 공기 조절기를 조절해서 파란 불꽃이 되도록 한다.

40 정답 ③

환자가 염소 가스를 섭취했을 시 환자가 자연히 토해내도록 하는 것은 좋으나 무리하게 토하게 하거나 위세척을 하지는 않아야 한다.

41 정답 ②

소모된 토너 컨테이너 및 폐토너통은 대리점에 반납하기를 요망하고 있다.

42 정답 ④

매뉴얼은 작성된 내용이 정확하고 사용하기 쉬워야 하며 사용자의 심리적 배려가 있어야 하고 사용자가 알기 쉽게 쉬운 문장으로 쓰여야 하며 사용자가 찾고자 하는 정보를 쉽게 찾을 수 있어야 한다.

43 정답 ⑤

동작 후 부분에서 만약 의류를 오래 넣어두어야 한다면 예약 기능이나 청정보관 옵션을 활용하라고 언급되어 있다.

① 이물질이 묻은 의류나 기름성 냄새 물질에 오염된 의류는 세탁 후 에어드레서를 사용해야 한다.
② 정수된 물을 사용하면 제품의 수명이 길어진다.
③ 바지 전용 걸이는 하의 108cm 이하의 의류 사용을 권장한다.
④ 동작 중에 대한 설명이다.

44 정답 ④

동작 전 부분에서 보푸라기 필터가 가득 차면 제품이 동작하지 않을 수 있으므로 사용 전 항상 청결하게 관리해야 한다고 언급되어 있다.

① 사용 전 기장이 긴 의류를 넣을 경우의 주의사항이다.
② 의류나 엑세서리를 제품 내부 바닥에 두고 사용할 경우 제대로 건조되지 않거나 제품이 손상될 수 있다고는 했지만 작동이 되지 않는다고 하지는 않았다.
③ 에어드레서를 연속으로 사용한다고 해서 작동이 되지 않는다는 언급은 없다.
⑤ 동작 후 도어를 열었을 때 물방울이 한두 방울 떨어질 때 취하는 행동이다.

45 정답 ⑤

'신호 없음'에 대한 원인으로 연결되지 않은 영상기기가 선택되어 있을 경우가 있으므로 어떤 영상기기가 선택되었는지 확인 후 연결되어 있는 영상기기로 설정을 변경해야 한다.

①, ③ 영상이 흐리거나 초점이 맞지 않을 때 확인해야 할 사항이다.
② 프로젝터 스크린 상에 영상이 깜빡거리며 나타날 때 확인해야 할 사항이다.
④ 화면의 기본 색상이 보라색으로 출력될 경우 확인해야 할 사항이다.

46 정답 ②

수압이 약할 경우에 대한 원인으로 수도필터에 이물질이 끼는 것과 본체의 호스가 꺾인 것이 제시되어 있으므로 이를 해결하기 위해선 수도필터의 청결 상태나 본체의 호스 상태를 확인하는 방법이 적절하다.

①, ③ 물이 나오지 않을 경우 확인해야 할 사항이다.
④ 급수밸브의 연결 상태를 확인해야 하는 이상 현상은 없다.
⑤ 본체가 흔들릴 경우 확인해야 할 사항이다.

47 정답 ⑤

매뉴얼의 5번에서 USB를 통해 연결하는 경우 프린터를 꺼야 하며 프린터가 켜져 있는 상태로 프린터 드라이버를 설치하면 프린터가 인식되지 않을 수 있다는 사실을 확인할 수 있다.

① 프린터 폴더에 아이콘이 표시되지 않을 경우 프린터 드라이버를 먼저 제거하고 나서 설치를 맨 처음부터 다시 반복해야 한다.
② 프린터 설치 드라이버는 제조사 홈페이지에서 다운로드할 수 있다.
③ 32비트와 664비트 운영체제에서만 설치가 가능하다.
④ 오프라인 상태에서도 프린터 드라이버를 사용할 수 있다는 언급은 없다.

48 정답 ③

매뉴얼의 8번을 참고하면 사용권계약에 '동의'를 하고 다음 단계로 진행하도록 되어 있다.

49 정답 ④

프린터 설치와 토너의 정상 장착 여부는 관계가 없으므로 토너의 장착 여부를 확인하고 테스트 인쇄를 해보는 것은 적절하지 않으며 프린터가 정상적으로 설치가 되지 않았다면 테스트 인쇄조차 불가능할 것이다.

50 정답 ①

냉장이 되지 않는 경우 '온도 유지' 체크가 되어 있는지 확인하거나 '재가동' 모드로 설정되어 있는지 확인해야 한다.

② 차가운 바람이 나오지 않을 경우 취해야 할 조치이다.
③ 작동하지 않을 경우 취해야 할 조치이다.
④, ⑤ 소음과 악취가 날 경우 취해야 할 조치이다.

51 정답 ③

소비자 과실로 인한 고장이고 구입 후 한 달 이내에 발생한 일이므로 동일제품으로 교환 또는 무상 수리가 가능하다.

① 정상적으로 사용했으나 제품 이상으로 인한 고장 발생이 보증기간 3년 이후 일어났을 때 받을 수 있는 보상이다.
② 제품 수리가 불가능한 경우 받을 수 있는 보상이다.
④ 소비자 과실로 인한 고장이 보증기간 3년 이후 일어났을 때 받을 수 있는 보상이다.
⑤ 피해 보상 항목에 나와있지 않는 내용이다.

52 정답 ⑤

배수 호스가 막혔는지 확인하는 것은 에어컨에서 물이 넘칠 때의 해결방법이다.

53 정답 ④

탈취 필터 및 살균 필터를 청소하는 것은 이상한 소리가 날 때의 해결방법이다.

① 희망 온도를 현재보다 낮게 조절하거나 햇빛 차단 혹은 선풍기와 함께 사용하고 먼지 필터 확인 및 실외기 주변의 장애물을 치워야 한다.
② 전원 스위치를 확인하거나 정격 전압 220V가 맞는지 한국전력에 문의하고 리모컨 이상 확인 및 냉각수 밸브를 확인해야 한다.
③ 실내 습도를 확인해야 한다.
⑤ 배수 호스가 막혔는지, 바닥보다 높게 설치되었는지 확인해야 한다.

54 정답 ④

셔터가 작동하지 않는 문제를 겪고 있기 때문에 렌즈와 바디를 다시 체결함으로써 셔터 미작동 문제에 대한 조치를 취할 수 있다.

①, ② 노출계가 미작동 시 해야 하는 조치이다.
③, ⑤ 배터리 사용시간이 짧을 경우 해야 하는 조치이다.

55 정답 ①

카메라를 구매한 지 2일 만에 처음 문제가 발생하였고 문제를 고
쳐도 3일 후에 또 다시 문제가 발생하였다. 따라서 구입 후 한 달
이내에 발생한 제품 이상으로 인한 문제이기 때문에 동일제품 교
환 또는 구입가 전액 환불을 받을 수 있다.

② 소비자 과실로 인한 고장이 발생했을 때 수리가 가능한 경우
   받을 수 있다.
③ 소비자 과실로 인한 고장이 발생했을 때 수리가 불가능한 경우
   받을 수 있다.
④ 소비자 과실로 인한 고장이 수리가 불가능하고 보증기간이 지
   났을 경우 받을 수 있다.
⑤ 소비자 과실은 없으나 제품 이상으로 인한 고장 발생 시 제품
   수리가 불가능하고 보증기간이 지났을 경우 받을 수 있다.

56 정답 ⑤

천재지변이나 전기설비 고장으로 인한 정전 피해에 대해서는 보
상하지 않으므로 피해가 발생하지 않도록 사전 점검을 해야 한다.

기술을 보호할 수 있는 방법

03

01 ③	02 ④	03 ①	04 ②	05 ⑤	06 ②	07 ①	08 ④	09 ②	10 ⑤
11 ③	12 ③	13 ①	14 ②	15 ①	16 ②	17 ④	18 ⑤	19 ⑤	20 ④
21 ④	22 ①	23 ②	24 ⑤	25 ②					

01　정답 ③

괄호 안에 들어갈 단어는 지식재산권으로 전 세계적으로 지식재산권을 활용한 다국적 기업화가 이루어지고 있으며 다국적 기업화는 각국 경제의 상호관계를 긴밀하게 하여 기술 제휴 등 협력을 기반으로 국가 간 장벽을 허물어 세계화를 촉진시키고 있다.

 Tip

지식재산권의 특징
- 국가 산업발전 및 경쟁력을 결정짓는 산업자본이다.
- 눈에 보이지 않는 무형의 재산이다.
- 지식재산권을 활용한 다국적기업화가 이루어지고 있다.
- 연쇄적인 기술개발을 촉진하는 계기를 마련해주고 있다.

02　정답 ④

산업재산권은 일정 존속기간이 지나야만 이용 및 실시할 수 있다.

03　정답 ①

산업재산권에는 특허, 실용신안, 의장, 상표가 속하며 판권은 이에 속하는 개념이 아니다.

 Tip

산업재산권의 종류
- 특허 : 발명한 사람이 자기가 발명한 기술을 독점적으로 사용할 수 있는 권리로 대발명의 권리를 확보하는 것이라 할 수 있다.
- 실용신안 : 기술적 창작 수준이 소발명 정도인 실용적인 창작 (고안을 보호하기 위한 제도로서 보호 대상은 특허제도나 다소 다르나 전체적으로 특허제도와 유사한 제도이다.
- 의장 : 심미성을 가진 고안으로서 물품의 외관에 미적인 감각을 느낄 수 있게 하는 것으로 물품 자체에 표현된다.

- 상표 : 제조회사가 자사제품의 신용을 유지하기 위해 제품이나 포장에 표시하는 표장이다.

04　정답 ②

특허는 설정등록일 후 출원일로부터 20년간 권리를 인정받을 수 있다.

05　정답 ⑤

특허의 요건으로는 첫 번째 발명이 성립되어야 하고 두 번째 산업에 이용이 가능해야 하며 세 번째 새로운 것으로 진보적인 발명이라야 하고 네 번째 법적으로 특허를 받을 수 없는 사유에 해당하지 않아야 한다.

06　정답 ②

혈액과 소변을 이용한 데이터 수집 방법은 자연법칙이 이용되고 이를 이용한 데이터 수집은 기술적 사상의 창작인 발명에 해당하며 데이터 수집 방법은 산업상 이용이 가능할 수 있기 때문에 특허를 받을 프로젝트로 적절하다.

 오답해설

① 독감 바이러스는 공중의 위생을 해할 염려가 있기 때문에 특허를 받을 수 없다.
③ 구구단은 자연법칙이 아니기 때문에 발명에 해당하지 않는다.
④ 무성적으로 반복 생식할 수 있는 변종식물에만 특허가 허용된다.
⑤ 특허청 직원 및 특허심판원 직원은 재직 중 특허를 받을 수 없다.

07 정답 ①

실용신안은 인간 생활에 유용한 새로운 물품을 창작하였지만 특허 부여에 필요한 기술적 진보 또는 발명의 고도성 기준에 달하지 못한 소(小)발명을 짧은 기간 동안 간이, 신속하게 보호하기 위하여 입법화된 것이다.

08 정답 ④

실용신안에서 보호하고 있는 대상은 공간적으로 일정한 형태를 가져 상거래의 대상이 되는 물품과 그 물품의 형상, 구조 및 조합이 포함되며 물품이라 하더라도 일정한 형태가 없는 물품이나 물품의 제조법은 실용신안 보호대상에서 제외된다.

09 정답 ②

실용신안의 유효기간은 등록일로부터 출원 후 10년이다.

10 정답 ⑤

의장은 물품이 다르면 동일한 형상의 디자인이라 하더라도 별개의 의장이 된다.

11 정답 ③

의장의 보호기간은 설정 등록일로부터 15년이다.

12 정답 ③

상표는 평면적으로 시각에 호소하는 것에 한정되어 입체표지나 음향표지는 상표가 아닌 것으로 되어 있으나 외국에서는 이것도 포함하여 상표로서 보호하는 나라도 있다.

13 정답 ①

상표는 그 상품을 타 업자의 상품과 식별하기 위하여 사용하는 기호, 문자, 도형 또는 이들을 결합한 것으로 상품의 식별표지로서 상품의 명칭, 생산지, 판매지, 품위, 품질, 효능 등은 상표가 아니지만, 오랫동안의 사용에 따라 상품의 식별력을 구비하게 된 경우에는 상표로 인정될 수 있다.

14 정답 ②

상표의 배타적 권리보장 기간은 등록 후 10년이다.

15 정답 ①

산업재산권이란 특허권, 실용신안권, 의장권 및 상표권을 총칭하며 산업 활동과 관련된 사람의 정신적 창작물(연구결과)이나 창작된 방법에 대해 인정하는 독점적 권리이다. 산업재산권은 새로운 발명과 고안에 대하여 그 창작자에게 일정기간동안 독점 배타적인 권리를 부여하는 대신 이를 일반에게 공개하여야 하며 일정 존속기간이 지나면 이용 및 실시하도록 함으로써 기술진보와 사업발전을 추구한다.

16 정답 ②

저작권은 법에 의하여 저작물의 저작자에게 부여하는 배타적인 권리로서 자신의 창작물을 공표하고, 이를 위해 어떠한 방법으로든 공개 배포 또는 전달하고, 저작물을 다른 이가 특정의 방법으로 사용하도록 허락할 수 있는 권리를 의미한다.

17 정답 ④

편집물로서 그 소재의 선택 또는 배열이 창작성이 있는 것은 편집저작물이라 하여 독자적 저작물의 객체로 분류되지만 ④를 제외한 나머지는 모두 저작권의 객체가 아니다.

18 정답 ⑤

협의의 저작권에서 보호기간은 사람이 저작자인 경우 저작물을 창작한 때로부터 시작되어 저작자가 살아있는 동안과 죽은 다음 해부터 50년간, 법인이나 단체가 저작자인 경우 공표한 다음 해부터 50년간이다.

19 정답 ⑤

저작인접권은 실연을 한 때와 그 음을 맨 처음 그 음반에 고정한 때, 방송을 한 때부터 발생한다.

20 정답 ④

저작인접권은 배우, 가수, 연주자와 같은 실연자, 음반제작자 및 방송사업자에게 귀속된다.

21 정답 ④

저작인접권은 실연을 한 때, 그 음을 맨 처음 그 음반에 고정한 때, 방송을 한 때부터 발생하며 보호기간은 70년이다.

22 정답 ①

신지식재산권은 특허권, 저작권 등의 전통적인 지식재산권 범주로는 보호가 어려운 컴퓨터 프로그램, 유전자조작동식물, 반도체설계, 인터넷, 캐릭터산업 등과 관련된 지적재산권이다.

신지식재산권의 범주

- 첨단산업저작권 : 디지털 기술이 도입된 모든 저작물을 비롯하여 개인의 특별한 기술이나 예술작품 등에도 부여되는 권리로 법률상으로 규정된 바는 없으나 저작권의 방대한 범주 안에 포함되는 새로운 유형의 저작권으로 중요성이 부각되고 있다.
- 산업저작권 : 산업에 이용가치가 있는 사물이나 기술 따위를 처음 발명하거나 개발한 사람에게 인정되는 저작권으로 주로 컴퓨터프로그램이나 인공지능 및 데이터베이스를 기반으로 한 개발품에서 적용된다.

- 정보재산권 : 기획, 생산, 영업 따위와 같은 활동 전반과 관련된 정보에 대한 재산권으로 영업비밀, 멀티미디어, 뉴미디어 등의 경우가 이에 해당된다.

23 정답 ②

실용신안권은 산업적으로 이용할 수 있는 물품의 형상과 구조, 조합을 개량하여 실용성과 유용성을 높인 아이디어를 출원하여 부여받는 권리이다.

24 정답 ⑤

(가)에서 로고는 상표에 해당하고 (나)에서 나오는 최초는 대발견이기 때문에 특허에 해당하며 (다)에서는 우산을 최초로 발명하지 않았지만 우산의 일부 기능을 개선한 소발명이기 때문에 실용신안에 해당하고 (라)에서 디자인은 의장에 해당한다.

25 정답 ②

세계에서 처음으로 개발한 것은 대발견에 해당되며 이에 적용되는 산업재산권은 특허권이다. 특허권의 독점기간은 20년이다.

지식재산권의 독점기간

- 특허 : 출원일로부터 20년
- 실용신안 : 출원일로부터 10년
- 의장 : 설정 등록일로부터 15년
- 상표 : 설정 등록일로부터 10년

01 ①	02 ③	03 ②	04 ③	05 ⑤	06 ④	07 ⑤	08 ①	09 ④	10 ③
11 ⑤	12 ⑤	13 ②	14 ②	15 ①	16 ④	17 ③	18 ③	19 ②	20 ⑤
21 ②	22 ③	23 ①	24 ①	25 ①	26 ③				

01 정답 ①

선택한 기술을 그대로 적용하는 경우 시간을 절약할 수 있고 쉽게 받아들여 적용할 수 있으며 비용 측면에서도 절감의 효과를 거둘 수 있으나 선택한 기술이 적합하지 않을 경우 실패로 돌아갈 수 있는 위험부담이 크다.

 Tip

기술적용의 형태

• 그대로 적용 : 비용 측면에서도 절감의 효과를 거둘 수 있으나 선택한 기술이 적합하지 않을 경우 실패로 돌아갈 수 있는 위험부담이 크다.

• 불필요한 요소 제거 후 적용 : 선택한 기술을 그대로 적용하되 불필요한 기술은 과감히 버리며 이 경우 시간을 절약할 수 있고 비용 측면에서도 절감 효과를 누릴 수 있어서 프로세스의 효율성을 기할 수 있지만 부적절한 기술을 선택할 경우 실패로 돌아갈 수 있다는 위험부담이 있으며 과감하게 버린 기술이 과연 불필요한가에 대한 문제점이 있을 수 있다.

• 기술 분석 후 가공하여 적용 : 그대로 받아들여 적용하는 것보다는 시간적인 부담이 있을 수 있지만 자신의 직장에 대한 여건과 환경 분석 및 업무 프로세스의 효율성을 최대화할 수 있는 장점이 있다.

02 정답 ③

비슷한 효과를 내는 기술은 반드시 하나가 아닌 여러 가지가 있을 수 있다.

03 정답 ②

기술의 수명 주기는 자사 환경에 비해 길어야 한다.

04 정답 ③

기술적용 시 고려사항은 다음과 같다.
1. 기술적용에 따른 비용이 많이 드는가?
2. 기술의 수명 주기는 얼마인가?
3. 기술의 전략적 중요도는 어느 정도인가?
4. 잠재적으로 응용 가능성이 있는가?

05 정답 ⑤

㉠ 기술적용 시 고려해야 할 사항 중 '기술의 수명 주기는 어떻게 되는가?'에 대한 내용이다. 기술을 익숙하게 활용할 수 있도록 적응하는 데에도 일정한 시간이 요구되는데, 그 기간 동안에 또 다른 새로운 기술이 등장하게 된다면 현재 활용하고 있는 기술의 가치는 떨어지게 될 것이다.

㉡ 기술적용 시 고려할 사항 중 '잠재적 응용 가능성이 있는가?'에 대한 내용이다. 현재 받아들이고자 하는 기술이 자신의 직장에 대한 특성과 회사의 비전 및 전략에 맞추어 응용 가능한가를 고려해보는 것이 필요하다.

06 정답 ④

기술을 분석한 후 가공하여 적용하는 기술은 철저하게 기술을 분석하고 자신에게 맞게 가공하여 적용하므로 사용자인 자신에 맞게 특별 가공되어 최적화된 기술을 사용할 수 있다.

 오답해설

① 기술을 그대로 적용하는 것에 대한 장점이다.
② 불필요한 요소를 제거한 후 적용하는 것에 대한 장점이다.
③ 기술 분석 후 가공하여 사용하는 것에 대한 설명이 아니다.
⑤ 기술 분석 후 가공하여 적용하는 일은 시간과 비용이 가장 많이 든다.

07 정답 ⑤

가장 바람직한 기술적용의 모습은 자신에게 도움을 줄 수 있는 기술인지를 판단해보고 선택하는 것이다.

① 외국 기업의 기술이라고 해서 항상 우리에게 적합하다고 할 수는 없다.
② 앞서가는 동료가 선택한 기술이라도 검증을 거치고 나서 사용해야 한다.
③ 검증된 기술이라도 불필요한 부분은 제외시켜야 한다.
④ 다른 기술이 우리 기술보다 좋지 않더라도 필요한 부분이 생길 수도 있다.

08 정답 ①

㉠ 유행이 오래갈 경우 하나의 공장에서 그 제품만 계속 생산해내면 되지만 유행이 빠르게 변화할 경우 유연 생산을 해야 한다.
㉡ 새로운 제품이 시장을 주도할 경우 신제품 개발을 해야 한다.

09 정답 ④

투입이 8억 원, 종업원 임금 6억 2천만 원, 기타 제 비용 2억 8천만 원이 들어 총 17억 원이 들어갔다. 여기서 1년간 총생산액이 34억이고 17억×2=34억이므로 생산성 지수는 20이다.

10 정답 ③

ㄱ. 전문화의 원리에서 전문화는 특정 영역의 업무만 계속해서 반복적으로 하면서 숙련도를 높이는 과정으로 A기업의 포장작업장에서는 작업공정을 분업화하여 숙련도를 높였다고 하는 설명과 일치한다.
ㄷ. 기법이란 모든 현장에서 그곳에 맞는 대처를 하는 것으로 제조 작업장에서 부품의 소요 수량과 시기를 계획하는 방법을 이용한다는 것이 이에 해당한다.

ㄴ. 정량발주 모형에서 정량은 정해진 양대로 발주하는 것이지만 A기업의 대리점에서 정해진 기간마다 주문한 것은 정기주문에 해당한다.

11 정답 ⑤

문제의 상황에서 A회사가 기술적용을 하려면 ㄱ, ㄴ, ㄷ, ㄹ이 모두 중요하다.

12 정답 ⑤

기술적용 시 고려할 사항으로는 비용, 수명주기, 전략적 중요도, 잠재적 응용 가능성이 있다.

13 정답 ②

기술이 단시간에 진보하거나 변화하는 것은 좋지 않으며 기술을 적용하는 동안 신기술이 등장한다면 배우던 기술의 가치가 떨어지기 때문에 수명 주기를 항상 고려해야 한다.

14 정답 ②

문제에 언급된 기술은 건설, 토목에 해당하므로 주문 생산 위주이고 경기부양 및 고용증대가 큰 산업에 해당한다.

15 정답 ①

기술경영자는 기술에 대한 전문적인 지식뿐만 아니라 리더로서 리더십, 대인 관계, 경영 능력, 전략적인 사고도 갖추어야 한다.

16 정답 ④

기술이나 추세에 대한 이해 능력은 중간급 매니저라 할 수 있는 기술관리자에게 요구되는 능력이다.

기술경영자에게 필요한 능력
• 기술을 기업의 전반적 전략 목표에 통합시키는 능력
• 빠르고 효과적으로 새로운 기술을 습득하고 기존의 기술에서 탈피하는 능력
• 기술을 효과적으로 평가할 수 있는 능력
• 기술 이전을 효과적으로 할 수 있는 능력
• 새로운 제품 개발 시간을 단축할 수 있는 능력

- 크고 복잡하고 서로 다른 분야에 걸쳐 있는 프로젝트를 수행할 수 있는 능력
- 조직 내의 기술 이용을 수행할 수 있는 능력
- 기술 전문 인력을 운용할 수 있는 능력

17   정답 ③
새로운 제품개발 시간을 연장하는 것이 아닌 단축할 수 있는 능력이다.

18   정답 ③
기술경영자가 갖춰야 할 리더십의 행동으로는 공통의 목표와 비전을 정확하게 제시, 미래 지향적인 생각과 태도, 팀원들의 자발적인 동기 부여 촉진, 책임지려는 태도와 자세, 위험을 감지하고 감수하는 능력, 일과 사람을 조화롭게 하는 능력이 있다.

19   정답 ②
자신에게 소속된 사람들의 뜻을 최대한 대변하는 일은 기술경영자에게 필요한 대인 관계 능력에 포함되지 않는다.

기술경영자가 대인관계능력을 향상하기 위한 행동과 마음가짐
- 개인의 차별성을 이해하고 인정한다.
- 선입견을 갖고 사람을 보지 않는다.
- 타인의 약점과 강점을 인정하고 신뢰한다.
- 타인을 존중하는 마음으로 대화한다.
- 감정을 앞세운 행동을 자제한다.
- 거짓말을 하지 않고 일관된 행동으로 신뢰를 확보한다.
- 밝게 인사하고 진심으로 행동한다.
- 자신의 일에 최선을 다하고 책임감 있는 모습을 보여준다.

20   정답 ⑤
기술관리자에게 요구되는 능력으로는 기술을 운용하거나 문제 해결을 할 수 있는 능력, 기술직과 의사소통을 할 수 있는 능력, 혁신적인 환경을 조성할 수 있는 능력, 기술적, 사업적, 인간적인 능력을 통합할 수 있는 능력 등이 있다.

21   정답 ②
기술관리자는 현장직이 아닌 기술직과 의사소통을 할 수 있어야 한다.

기술관리자에게 요구되는 능력
- 기술을 운용하거나 문제를 해결할 수 있는 능력
- 기술직과 의사소통을 할 수 있는 능력
- 혁신적 환경을 조성할 수 있는 능력
- 기술적, 사업적, 인간적인 능력을 통합할 수 있는 능력
- 시스템적인 관점에서 인식하는 능력
- 공학적 도구나 지원방식에 대한 이해 능력
- 기술이나 추세에 대한 이해 능력
- 기술팀을 통합할 수 있는 능력

22   정답 ③
제품개발 시간을 단축할 수 있는 능력은 행정능력이 아닌 기술경영자에게 반드시 요구되는 능력이다.

기술경영자에게 기술적 능력 외에 요구되는 행정능력
- 다기능적인 프로그램을 계획하고 조직할 수 있는 능력
- 우수한 인력을 유인하고 확보할 수 있는 능력
- 자원을 측정하거나 협상할 수 있는 능력
- 타 조직과 협력할 수 있는 능력
- 업무의 상태, 진행 및 실적을 측정할 수 있는 능력
- 다양한 분야에 걸쳐 있는 업무를 계획할 수 있는 능력
- 정책이나 운영 절차를 이해할 수 있는 능력
- 권한 위임을 효과적으로 할 수 있는 능력
- 의사소통을 효과적으로 할 수 있는 능력

23 정답 ①

기술적, 사업적, 인간적 능력을 통합할 수 있는 능력은 기술관리자에게 요구되는 능력이다.

24 정답 ①

K의 회사가 외국계 기업에 인수되었을 때 K는 적응력이 남달라서 새로운 기술들을 쉽고 빠르게 익혔으므로 경영진의 눈에 들어 최고경영자로 성장할 수 있었기 때문에 새로운 기술을 습득하고 기존의 기술과 융합시키는 능력에 해당된다.

25 정답 ①

마이크로소프트사가 8086용 CP/M 개발을 의뢰받았을 때 독자적으로 개발한 것이 아니라 시애틀 컴퓨터사의 개발품 판권을 구입한 후 보완하여 MS – DOS를 만들었다고 하였으므로 빠르고 효과적으로 새로운 기술을 습득하고 기존의 기술에서 탈피하는 능력에 해당한다.

26 정답 ③

해당 사례에는 신기술을 습득하고 이를 적용시키는 능력에 대해 우수한 평가를 받았다고 언급되어있다.

① 변화와 새로워지는 환경에 대한 적응에 대해서는 언급되어 있지 않다.
② 인사능력은 경영자로서 중요한 능력이지만 주어진 사례와는 관련이 없다.
④ 사례에서는 고위 간부를 관리하는 능력은 나타나 있지 않다.
⑤ 우수한 기술습득 및 적용능력과 발표능력은 직접적인 연관성이 없다.

01 정답 ⑤

네트워크 혁명은 사람과 사람을 연결하는 방법, 정보를 교환하는 방법, 교환한 정보를 지식으로 만드는 방법, 가장 값싼 물건을 찾는 방법, 주문을 하는 방법, 새로운 거래선을 찾는 방법, 광고를 하고 소비자를 끄는 방법, 친구와 애인을 사귀는 방법 등에 혁명적인 변화가 생기고 있음을 의미했으며 1990년대 이후에 시작되었고 그 효과가 이제 다양한 형태로 나타나는 중이다.

02 정답 ③

네트워크는 유기적이므로 사회적인 많은 영향을 미친다.

03 정답 ④

국가에 따라 네트워크 발전 정도는 다를 수 있기 때문에 모두가 평등하게 네트워크 혁명의 혜택을 누린다고 보기엔 어렵다.

04 정답 ②

무어의 법칙은 마이크로칩에 저장할 수 있는 데이터의 양이 18개월마다 2배씩 증가한다는 법칙이다.

05 정답 ②

메트칼프의 법칙은 네트워크의 규모가 커짐에 따라 그 비용의 증가 규모는 점차 줄어들지만 네트워크의 가치는 기하급수적으로 증가한다는 법칙으로 생산량이 증가할수록 평균비용이 기하급수적으로 줄어들어 결국 거의 제로 수준에 접근하는 데 반해 그 가치는 급격하게 증가한다는 것이다.

06 정답 ②

카오의 법칙은 다양한 사람들을 많이 만남으로써 창의성이 높아진다는 법칙이다.

① 카오의 법칙에서 창조성은 네트워크에 접속되어 있는 다양성에 지수함수로 비례한다.
③ 창의성을 강조하는 회사가 많아지는 오늘날에 더욱 급부상하고 있는 법칙이다.
④ 황의 법칙에 대한 설명이다.
⑤ 하인리히의 법칙에 대한 설명이다.

07 정답 ③

선정적 광고 문제는 네트워크 혁명 이전부터 존재하던 문제로 네트워크 혁명이 초래한 역기능으로 보기 어렵다. 네트워크 혁명이 초래하는 대표적인 역기능에는 디지털 정보격차, 정보화에 따른 실업 문제, 인터넷 게임과 SNS 중독, 사이버 범죄 및 반사회적인 사이트의 활성화, 정보기술을 이용한 감시 등이 있다.

08 정답 ②

주어진 설명은 메트칼프의 법칙에 대한 설명으로 네트워크의 가치는 사용자 수의 제곱에 비례하지만 비용의 증가율은 일정하다는 것으로 미국의 3Com 사를 설립한 밥 메트칼프(Bob Metcalfe)의 이름에서 유래하였다. 이는 많은 사람이 연결되도록 네트워크를 형성하는 것이 중요하다는 것으로 네트워크 기반 경제활동을 하는 사람들이 특히 주목해야 할 법칙이라 할 수 있다.

네트워크 혁명의 법칙

• 무어의 법칙 : 컴퓨터의 반도체 성능이 18개월마다 2배씩 증가한다는 법칙

• 메트칼프의 법칙 : 네트워크의 가치는 사용자 수의 제곱에 비례한다는 법칙

• 카오의 법칙 : 창조성은 네트워크에 접속되어 있는 다양성에 지수함수로 비례한다는 법칙

09　정답 ①

①은 정보화 사회의 이해에 대한 우려가 아닌 장점에 해당한다.

10　정답 ③

네트워크의 역기능에 대한 대응으로 법적, 제도적 기반을 구축하는 한편 사회 전반에 걸쳐 정보화 윤리의식을 강화하고 있으며 정보 보호 기술 발전에 힘입어 암호화 제품과 시스템 보완관리 제품이 개발되고 관련 산업이 활성화되고 있다.

네트워크 혁명의 역기능

• 디지털 격차

• 정보화에 따른 실업의 문제

• 인터넷 게임과 채팅 중독

• 범죄 및 반사회적인 사이트의 활성화

• 정보기술을 이용한 감시

11　정답 ③

미국과학재단과 상무부가 작성한 〈인간 활동의 향상을 위한 기술의 융합(Converging Technologies for Improving Human Performance)〉이라는 보고서에서 제시한 4대 핵심기술은 나노기술(NT), 정보기술(IT), 생명공학기술(BT), 인지과학(Congitive science)으로 우주항공기술은 여기에 포함되지 않는다.

12　정답 ⑤

4대 핵심기술의 융합으로 대표적인 것은 제조, 건설, 교통, 의학, 과학기술 연구에서 사용되는 새로운 범주의 물질, 장치, 시스템, 나노 규모의 부품과 공정의 시스템을 가진 물질 중에서 가장 복잡한 생물 세포, 유비쿼터스 및 글로벌 네트워크 요소를 통합하는 컴퓨터 및 통신시스템의 기본 원리, 사람의 뇌와 마음의 구조와 기능 등이 있다.

4대 핵심 기술의 융합

• 제조, 건설, 교통, 의학, 과학기술 연구에서 사용되는 새로운 범주의 물질, 장치, 시스템

• 나노 규모의 부품과 공정의 시스템을 가진 물질 중에서 가장 복잡한 생물 세포

• 유비쿼터스 및 글로벌 네트워크 요소를 통합하는 컴퓨터 및 통신시스템의 기본 원리

• 사람의 뇌와 마음의 구조 및 기능

13　정답 ①

미래 산업은 생물학적 과정을 활용하여 신소재를 생산하므로 재료과학 연구가 수학, 물리학, 화학, 생물학에서 핵심이 된다.

14　정답 ②

생명공학기술, 나노기술, 정보기술과 인지과학이 뇌와 마음의 연구에 새로운 기법을 제공하며 NBIC 융합기술의 상호관계를 인지과학자가 생각하면 나노기술자가 조립하고, 생명공학기술자가 실현하며 정보기술자가 조정 및 관리한다고 표현하고 있다.

15　정답 ②

나노기술을 이용하면 우리 몸의 혈관 등을 돌아다니면서 진단, 치료하는 미세로봇도 만들 수 있다.

16 정답 ①

우리나라의 융합기술은 NT, BT, IT 등의 신기술간 또는 이들과 기존 산업, 학문 간의 상승적인 결합을 통해 새로운 창조적 가치를 창출함으로써 미래경제와 사회·문화의 변화를 주도하는 기술이다.

17 정답 ④

- 원천기술창조형 : 미래유망 파이오니사업, 신기술 융합형 원천 기술개발사업 등
- 신산업창출형 : 휴머노이드 로봇, U – 실버융합 등
- 산업고도화형 : 미래형 자동차, 유비쿼터스 시티 등

고졸 NCS **기술능력**

핵심이론 + 예상문제

부 록

(1) 기술능력

■ 기술

기술은 과학의 발전으로 만들어진 인공물 자체를 가리키는 말로 인공물이 만들어지는 과정에서 생기는 지식과 그 인공물을 사용할 수 있는 기법이다. 요컨대 기술은 사람에 의해 만들어진 모든 것, 즉 어린아이부터 노인까지 가질수 있고 발전시킬 수 있는 '지식의 집합체'이다. 기술이란 말은 그리스어 '테크네(techne)'에 유래되는 유럽계 언어의 번역어에서 비롯된 것으로서, 어원적으로는 예술·의술 등도 포함하나 오늘날은 주로 생산기술의 뜻으로 사용된다. 보통 물적 재화를 생산하는 생산기술의 뜻으로 사용되고 있으며 이러한 의미의 기술은 자연의 생성이나 인간의 생산적 사고 등과는 구별된다.

이러한 의미로서의 기술의 개념을 체계적으로 고찰한 최초의 철학자는 고대 그리스의 아리스토텔레스로서, 인간정신의 진리를 파악하는 한 방법으로 테크네를 프로네시스, 에피스테메, 소피아, 누스와 같은 선상에 놓고 그 같음과 다름을 논하여 테크네를 외적인 것의 생산을 목적으로 하는 프래크시스라고 정의하였다.

이 정의는 고대와 중세를 거쳐 산업혁명 시대까지 가장 포괄적인 것으로 알려져 왔으나, 산업혁명에 의한 기계문명의 출현으로 기술의 새로운 정의가 요구됨에 따라 기술이란 무엇인가 하는 문제가 흔히 논의의 대상이 되었다. 가령 영어의 테크닉이나 테크놀로지도 반드시 엄밀하게 구별되어 사용되는 것은 아니다.

이와 같이 기술의 개념을 어떻게 규정할 것인가를 주로 논하는 학문분야를 기술론이라고 한다. 현재 유력한 설은 다음의 2가지이다. 그 하나는 의식적용설인데, 인간의 생산적 행위에 객관적 법칙을 의식적으로 적용하는 것, 즉 과학의 응용이라는 설이며, 인간행동의 목적의식성과 합법칙성을 지적하고 인간행동의 주체성을 강조하는 설이라 할 수 있다.

다른 하나는 수단체계설이며, 인간의 생활 활동에 있어서의 노동수단과 그 체계를 기술이라고 보는 설이다. 이러한 입장에서는 기술을 '어떤 사회적 체계 내에서 발전하는 노동수단' 또는 '자연에 관한 인식에 의지하여 인간에 의해 창조되는 노동수단의 총체' 등으로 규정하기도 한다. 한편, 기술은 언제부터 발생하여 어떻게 발달하여 왔는가에 대해 오늘날 활발히 연구가 진행되고 있다. B.프랭클린은 인간을 '도구의 창조자'라고 하면서 기술의 역사는 인간의 역사와 같이한 것으로 추정한다.

■ 테크놀로지(Technology)

생산적 활동에서 지식의 실천적인 응용을 하는 것과 기술을 이용하는 것을 말한다. 도구, 기계와 같은 인간제조품의 하드웨어와 다양한 생산 활동에 내포된 지식, 관념 등을 통합하는 사회적 생산으로서 테크놀로지는 사회학적 관심을 반영하고 있는데 그러한 지식은 추진력으로서 과학에만 의존하지 않는다.

예를 들어, 기계화라는 단순한 형태도 초기 산업혁명과 연관되어 있지만 최근에 등장하고 있는 정보기술과 에너지 생산에서의 발전은 조직화된 과학으로부터 유래되는 기술개혁에 의존하고 있다.

때때로 테크놀로지는 협소한 의미로 기계라는 말로 언급되기도 하지만, 광범위한 의미로는 노동의 분화, 노동조직과 같은 생산체계의 개념이 내포되어 있고 협의의 의미에서 볼 때, 테크놀로지는 자율적인 것으로서 취급되기도 하며, 기술의 선택과 설계 속에 포함된 사회과정을 무시하는 경향도 있다. 보다 포괄적인 정의는 상호 연관된 기술과 사회제도의 구분을 어렵게 하고 있다.

테크놀로지의 어의는 '과학기술', '공업기술'을 초월하여 '사회집단이 기술문명의 혜택을 이용한 방법의 총체'로까지 확대되고 있다. 물질적 풍요나 편리성을 극한으로까지 추진하고자 하는 현대의 테크놀로지 문명은 한편으로 인간 사회에 수많은 위험을 확대 재생산해 왔으며 핵무기, 원자력 발전, 뇌사 및 장기이식, 유전자 조작기술, 복제기술, 환경호르몬 등은 지구 환경이나 인간의 존엄, 인간 사회의 방향을 근본부터 흔들고 있다.

■ 노하우(Know – how)

산업상의 기술에 관한 비법, 비결, 특허권, 저작권 등 제조설비의 완성, 운전에 기본적으로 필요한 기술적 지식을 뜻하는 말로 그 자체가 권리로서 매매대상이 될 수 있는 것을 말한다. 청사진, 견본 등의 유형적 노하우와 문서에 의하지 않고 인적 접촉에 의한 비밀처리법, 비밀기술정보 등의 무형적 노하우로 분류하며 특허, 상표, 카피라이트와 재산과 같은 다른 지적재산과 공존하거나 독립적이다.

노하우는 비밀유지에 그 특징이 있으며 보호요건이나 존속기간은 제한되지 않으나 특허권과 같은 독점권은 부여되지 않는다.

■ 자기결정성 이론(SDT : Self – Determination Theory)

에드워드 데시(Edward Daci)와 리처드 라이언(Richard Ryan)이 1975년 개인들이 어떤 활동을 내재적인 이유와 외재적인 이유에 의해 참여하게 되었을 때 발생하는 결과는 전혀 다른 결과가 나타남을 바탕으로 수립한 이론으로 총 네 개의 미니이론으로 구성된 거시이론이다.

이는 사람들의 타고난 성장경향과 심리적 욕구에 대한 사람들의 동기부여와 성격에 대해 설명해주는 이론으로 사람들이 외부의 영향과 간섭 없이 선택하는 것에 대한 동기부여와 관련되어 있는 것으로 보며 자기결정이론은 개인의 행동이 스스로 동기 부여되고 스스로 결정된다는 것에 초점을 둔다.

1970년대에 자기결정성 이론은 내재적 및 내재적 동기를 비교한 연구 그리고 개인의 행동에서 지배적인 역할을 하는 주체적 동기 부여에 대한 이해 증진으로부터 발전했는데 1980년대 중반에는 공식적으로 소개되고 건전한 경험 이론으로 받아들여졌으며 2000년대 이후에는 자기결정이론을 사회 심리학의 다른 영역에 적용하는 경우도 상당히 많아졌다.

자기결정성 이론을 구성하는 네 개의 미니이론으로는 인지평가이론, 유기적 통합이론, 인과지향성이론(COT : Causality Orientation Theory), 기본심리욕구이론(BPNT : Basic Psychological Needs Theory)이 있으며 이 네 개의 미니이론들은 각각 자기결정성이론의 논리를 보충해주는 역할을 하고 있다.

자기결정이론은 인간 행동의 통제 원천이 어디 있는가를 기반으로 하며 이 원천은 그 시작이 내면인가, 아니면 외부인가로 나뉜다. 이 이론은 인간의 동기가 개인 스스로 완전히 내적 통제(흥미, 호기심)로 되었을 때 가장 높으며, 내적인 이유가 전혀 없이 순전히 외적인 통제(강제, 강요)에 의해서 행동하게 되었을 때 제일 낮다는 명제를 기반으로 한다. 또한 완전한 내적 통제와 완전한 외적 통제 사이에 다양한 통제 유형이 존재한다.

■ 4차 산업혁명(The Fourth Industrial Revolution)

인공지능(AI), 사물인터넷(IoT), 로봇기술, 드론, 자율 주행차, 가상현실(VR) 등이 주도하는 차세대 산업혁명을 말하며 2016년 6월 스위스에서 열린 다보스 포럼에서 의장이었던 클라우스 슈밥(Klaus Schwab)이 처음으로 사용하면서 이슈화되었는데, 당시 슈밥 의장은 이전의 1, 2, 3차 산업혁명이 전 세계적 환경을 혁명적으로 바꿔 놓은 것처럼 4차 산업혁명이 전 세계 질서를 새롭게 만드는 동인이 될 것이라고 밝힌 바 있다.

4차 산업혁명은 1784년 영국에서 시작된 증기기관과 기계화로 대표되는 1차 산업혁명, 1870년 전기를 이용한 대량생산이 본격화된 2차 산업혁명, 1969년 인터넷이 이끈 컴퓨터 정보화 및 자동화 생산시스템이 주도한 3차 산업혁명에 이어 로봇이나 인공지능을 통해 가상이 통합돼 사물을 자동적, 지능적으로 제어할 수 있는 가상 물리 시스템의 구축이 기대되는 산업상의 변화를 일컬으며 초연결(Hyperconnectivity)과 초지능(Superintelligence)을 특징으로 하기 때문에 기존 산업혁명에 비해 더 넓은 범위에 더 빠른 속도로 크게 영향을 끼친다.

4차 산업혁명은 효율과 생산성을 비약적으로 높일 수 있는 한편 로봇과 인공지능으로 대체되는 부분은 일자리가 줄어 양극화를 심화시킬 수 있으며 2016년 다보스 포럼에서도 4차 산업혁명에 대해 자본과 재능, 최고 지식을 가진 이에게 유리하지만 하위 서비스 종사자는 불리하기 때문에 장기적으로 중산층 붕괴로 이어질 수 있다고 경고하였다.

따라서 고용시장은 700만 개의 일자리가 없어지고, 200만 개가 새로 생겨 결과적으로 500만 개의 일자리가 사라지는 첨단기술 집약산업이 도래할 것이라고 본다.

■ 인공지능(AI)

인간의 지능으로 할 수 있는 사고, 학습, 자기 개발 등을 컴퓨터가 할 수 있도록 하는 방법을 연구하는 컴퓨터 공학 및 정보기술의 한 분야로서 컴퓨터가 인간의 지능적인 행동을 모방할 수 있도록 하는 것을 말하고 있다.

인공지능은 그 자체로 존재하는 것이 아니라, 컴퓨터 과학의 다른 분야와 직간접으로 많은 관련을 맺고 있는데 특히 현대에는 정보기술의 여러 분야에서 인공지능적 요소를 도입하여 그 분야의 문제 풀이에 활용하려는 시도가 매우 활발하게 이루어지고 있다.

자연언어처리(Natural Language Processing) 분야에서는 이미 자동번역과 같은 시스템을 실용화하며, 특히 연구가 더 진행되면 사람이 컴퓨터와 대화하며 정보를 교환할 수 있게 되므로 컴퓨터 사용에 혁신적인 변화가 오게 될 것이고 전문가시스템(Expert System) 분야에서는 컴퓨터가 현재 인간이 하고 있는 여러 가지 전문적인 작업들(의사의 진단, 광물의 매장량 평가, 화합물의 구조 추정, 손해 배상 보험료의 판정 등)을 대신할 수 있도록 하는 것이며 여러 분야 가운데서도 가장 일찍 발전하였다.

■ 사물인터넷(IoT : Internet of Things)

생활 속 사물들을 유무선 네트워크로 연결해 정보를 공유하는 환경으로 각종 사물들에 통신 기능을 내장한 다음 인터넷에 연결되도록 해 사람과 사물, 사물과 사물 간의 인터넷 기반 상호 소통을 이루는 것이다. 이를 통해 가전제품, 전자기기는 물론 헬스케어, 원격검침, 스마트홈, 스마트카 등 다양한 분야에서 사물을 네트워크로 연결해 정보를 공유할 수 있다. 사물인터넷이라는 개념은 1999년 MIT대학에서 내놓은 것으로 기기가 스스로 알아서 일을 처리해 준다는 의미로 M2M(Machine to Machine)이라고도 부르는데 예컨대 고속도로에서 통행료를 결제하는 하이패스, 위성위치확인시스템(GPS)을 통해 성범죄자의 위치를 파악하는 전자발찌 등도 사물인터넷을 활용한 사례다.

미국 벤처기업 코벤티스가 개발한 심장박동 모니터링 기계, 구글의 구글 글라스, 나이키의 퓨얼 밴드 등도 이 기술을 기반으로 만들어졌으며 최근에는 사물인터넷(IoT)이 접목된 가전제품을 통해 집안 분위기는 물론 생활환경의 편의성을 높이는 인테리어도 등장해 인기를 누리고 있다.

사물인터넷은 통신장비와 사람과의 통신을 주목적으로 하는 M2M의 개념을 인터넷으로 확장하여 사물은 물론이고 현실과 가상세계의 모든 정보와 상호작용하는 개념으로 진화한 단계라고 할 수 있는데 이를 구현하기 위한 기술 요소로는 유형의 사물과 주위 환경으로부터 정보를 얻는 '센싱 기술', 사물이 인터넷에 연결되도록 지원하는 '유무선 통신 및 네트워크 인프라 기술', 각종 서비스 분야와 형태에 적합하게 정보를 가공하고 처리하거나 각종 기술을 융합하는 '서비스 인터페이스 기술'이 핵심이며, 대량의 데이터 등 사물인터넷 구성 요소에 대한 해킹이나 정보 유출을 방지하기 위한 보안 기술도 필수적이다.

■ 가상현실(VR)

컴퓨터로 만들어 놓은 가상의 세계에서 사람이 실제와 같은 체험을 할 수 있도록 하는 최첨단 기술로 인공현실(Artificial Reality), 사이버공간(Cyberspace), 가상세계(Virtual Worlds)라고도 불리며 가장 먼저 가상현실 기법이 적용된 게임의 경우 입체적으로 구성된 화면 속에 게임을 하는 사람이 그 게임의 주인공으로 등장해 문제를 풀어나간다.

이러한 가상현실은 의학 분야에서는 수술 및 해부 연습에 사용되고, 항공, 군사 분야에서는 비행조종 훈련에 이용되는 등 각 분야에 도입, 활발히 응용되고 있다.

시스템은 사용자의 시점이나 동작의 변화를 감지하여 그에 대응하는 적절한 변화를 가상환경에 줄 수 있으며 사용자의 현장감을 높여 주기 위해서 입체표시장치, 두부장착교시장치(Head — mounted Display) 등의 이펙터(Effector)들을 사용하여 사용자의 반응을 감지하기 위해서 데이터 장갑(Data Glove), 두부위치센서 등의 센서(Sensor)를 사용한다.

■ 자율주행차(Self Driving)

운전자가 브레이크, 핸들, 가속 페달 등을 제어하지 않아도 도로의 상황을 파악해 자동으로 주행하는 자동차로 정확하게는 '무인 자동차(Driverless Car, 운전자 없이 주행하는 차)'와 다른 개념이지만 혼용되어 사용하고 있다.

세계 자율주행차 시장은 2020년 전체 자동차 시장의 2%인 2000억 달러를 차지한 이래

2035년까지 1조2000억 달러에 달할 것으로 추정되며 스마트카 구현을 위한 핵심 기술이기 때문에 자율주행차를 위해서는 고속도로 주행 지원 시스템(HDA), 후측방 경보 시스템(BSD), 자동 긴급 제동 시스템(AEB), 차선 이탈 경보 시스템(LDWS), 차선 유지 지원 시스템(LKAS), 어드밴스드 스마트 크루즈 컨트롤(ASCC), 혼잡 구간 주행 지원 시스템(TJA) 등의 기술들이 구현되어야 한다.

한편, 우리나라에서는 2016년 2월 12일 자동차관리법 개정안이 시행되면서 자율주행차의 실제 도로주행이 가능해졌으며 현대자동차의 제네시스는 실제 도로주행을 허가받은 제1호 차로, 국토교통부가 지정한 고속도로 1곳과 수도권 5곳 등을 시험운행 중에 있다.

■ 드론(Drone)

조종사 없이 무선전파의 유도에 의해서 비행 및 조종이 가능한 비행기나 헬리콥터 모양의 군사용 무인항공기(UAV : Unmanned Aerial Vehicle/Uninhabited Aerial Vehicle)의 총칭으로 사전적 의미로는 '(벌 등이) 윙윙거리는 소리' 또는 '낮게 웅웅거리는 소리'를 뜻하며 초기에는 공군기나 고사포의 연습사격에 적기 대신 표적 구실로 사용되었으나, 현재는 정찰 및 감시와 대잠공격의 용도로 사용되고 있다.

아울러 최근에는 군사적 역할 외에도 다양한 민간 분야에서 활용되고 있으며 대표적인 것이 화산 분화구 촬영처럼 사람이 직접 가서 촬영하기 어려운 장소를 촬영하거나, 인터넷 쇼핑몰의 무인택배 서비스이다. 무인택배 서비스의 경우 인공위성을 이용해 위치를 확인하는 GPS(위성항법장치) 기술을 활용해 서류, 책, 피자 등을 개인에게 배달하는 것이다.

드론은 프로펠러의 개수에 따라 바이콥터(2개), 쿼드콥터(4개), 헥사콥터(6개), 옥토콥터(8개) 등으로 구분되는데 론에 부착되는 프로펠러가 짝수인 것은 뉴턴의 제3법칙인 '작용 반작용의 법칙'을 사용하기 때문이며 프로펠러가 4개 달려 있는 쿼트콥터를 기준으로, 마주보는 프로펠러 1쌍은 시계 방향으로 돌고 다른 1쌍은 반시계 방향으로 회전해 작용 반작용의 원리에 의해 일정 고도를 유지하며 떠 있는 호버링(Hovering)을 할 수 있게 된다.

앞쪽 프로펠러보다 뒤쪽 프로펠러를 빠른 속도로 회전시키면 드론은 앞으로 나아갈 수 있으며 프로펠러가 느리게 도는 쪽의 양력, 즉 들어 올리는 힘이 작아지고 빠르게 도는 쪽의 양력이 커지면서 드론이 앞쪽으로 기울어지게 되고, 이때 양력이 뒤쪽을 향하면서 전진하게 되는 원리이다.

왼쪽 프로펠러 2개보다 오른쪽 프로펠러 2개를 더 빠른 속도로 회전시키면 오른쪽 양력이 더 커지면서 드론이 왼쪽으로 이동하게 된다. 반대로 왼쪽 프로펠러를 더 빠르게 회전시켜 양력을 오른쪽보다 크게 만들면 오른쪽으로 이동하게 된다.

■ 빅데이터(Big Data)

데이터의 생성 양, 주기, 형식 등이 기존 데이터에 비해 너무 크기 때문에, 종래의 방법으로는 수집, 저장, 검색, 분석이 어려운 방대한 데이터를 말하며 각종 센서와 인터넷의 발달로 데이터가 늘어나면서 등장했다.

컴퓨터 및 처리기술이 발달함에 따라 디지털 환경에서 생성되는 빅데이터와 이 데이터를 기반으로 분석할 경우 질병이나 사회현상의 변화에 관한 새로운 시각이나 법칙을 발견할 가능성이 커졌는데 일부 학자들은 빅데이터를 통해 인류가 유사 이래 처음으로 인간 행동을 미리 예측할 수 있는 세상이 열리고 있다고 주장하기도 하며, 이를 주장하는 대표적인 학자로는 토머스 멀론(Thomas Malone) 미국 매사추세츠공과대학 집합지능연구소장이 있다.

빅데이터는 초대용량의 데이터 양(volume), 다양한 형태(variety), 빠른 생성 속도(velocity)라는 뜻에서 3V라고도 불리며, 여기에 네 번째 특징으로 가치(value)를 더해 4V라고 정의하기도 한다. 빅데이터에서 가치(value)가 중요 특징으로 등장한 것은 엄청난 규모뿐만 아니라 빅데이터의 대부분이 비정형적인 텍스트와 이미지 등으로 이루어져 있고, 이러한 데이터들은 시간이 지나면서 매우 빠르게 전파하며 변하기 때문이다. 따라서 그 전체를 파악하고 일정한 패턴을 발견하기가 어렵게 되면서, 가치(value) 창출의 중요성이 강조되었다.

■ 클라우드(Cloud)

기업 내에 서버와 저장장치를 두지 않고 외부에 아웃소싱해 쓰는 서비스를 의미하며 빅데이터를 클라우드로 관리하면 분석과 활용이 용이하고 예상치 못한 트래픽 폭주를 염려해 과도한 설비투자를 할 필요도 없다.

클라우드 서비스는 데이터를 보관하는 장소에 따라 퍼블릭(개방형) 클라우드와 프라이빗(폐쇄형) 클라우드로 나뉘는데 클라우드 업체의 데이터센터에 보관하면 퍼블릭 클라우드, 기업 안이나 데이터센터의 독립된 서버에 보관하면 프라이빗 클라우드로 볼 수 있다.

퍼블릭 클라우드 서비스를 선택하면 모든 인프라를 클라우드 업체를 통해 제공받으며 자체 인프라가 빈약한 스타트업(신생 벤처기업) 대부분이 퍼블릭 클라우드를 이용한다. 퍼블릭 클라우드의 최대 장점은 빅데이터 분석에 필요한 인프라를 자유롭게 확장할 수 있다는 것으로 아마존웹서비스(AWS)와 마이크로소프트 같은 클라우드 기업들은 서버와 같은 하드웨어뿐만 아니라 클라우드에서 사용할 수 있는 빅데이터 분석, AI 개발 도구를 함께 제공하고 있다.

프라이빗 클라우드를 고르면 기업이 직접 클라우드 환경을 구축해야 한다. 기업이 원하는 클라우드 환경을 자유롭게 구축할 수 있는 게 장점이며 데이터가 외부로 유출될 우려가 크지 않다는 점도 이 서비스의 마케팅 포인트 중 하나이지만 자체 서버를 구축해야 해 도입 비용이 비싸고 고성능 컴퓨팅 자원 등을 자유롭게 확장하지 못해 빅데이터 분석력이 떨어진다.

■ 과학(Science)

자연세계에서 보편적 진리나 법칙의 발견을 목적으로 한 체계적 지식을 뜻하는 말로 영어와 불어의 'Science' 모두 어떤 사물을 '안다'는 라틴어에서 연유된 말이다.

좁은 의미로는 모두 자연과학을 뜻한다. 즉, 과학은 어떤 가정 위에서 일정한 인식목적과 합리적인 방법에 의해 세워진 광범위한 체계적 지식을 가리키는 동시에 자연연구의 방법과 거기에서 얻어진 과학지식이 축적되어 온 까닭에 자연과학과 같은 뜻으로 쓰인다.

■ 지속가능한 발전(Sustainable Development)

1987년 세계환경개발위원회(WCED)가 발표한 브룬트란트보고서(The Brundtland Report)의 '우리공동의 미래'에서 처음 제시되었으며 이 보고서에서 지속가능한 개발은 현세대의 개발욕구를 충족시키면서도 미래세대의 개발능력을 저해하지 않는 '환경친화적 개발'을 의미하는 것으로 사회 전 분야에서 각종 개발에 앞서 환경친화성을 먼저 평가해 정책에 반영함으로써 미래세대가 제대로 보존된 환경 속에서 적절한 개발을 할 수 있도록 하는 것을 말한다.

이러한 지속가능개발 개념은 지난 1992년 6월 브라질에서 열린 '리우회담(유엔환경개발회의 UNCED)'에서 다시 등장, 행동강령으로 '의제(Agenda)21'이 채택됐으며 이행상황 점검을 위해 유엔경제사회이사회 산하에 '지속가능개발위원회(UNCSD)'가 설치되었다.

'의제 21'에서의 지속가능한 개발은 우리 인류의 활동을 수용하는 대자연의 수용능력에 한계가 있으므로 우리의 모든 활동은 이 수용능력의 범위 안에서 이루어지도록 통제되어야 한다는 것을 핵심으로 한다.

자본을 대규모로 동원한 무절제한 개발이나 자원공급은 자연환경의 수용능력을 범하기 때문에 지속가능개발의 이념에 위배되며 지속가능개발의 이념은 자연자원의 공급보다는 자연자원에 대한 수요의 철저한 관리를 요구하는 이념이다. 선진국 등 해외 133개국에는 국가지속가능개발위원회(NCSD)가 구성돼 각종 정책을 조절하고 있으며 우리나라에서도 2000

년 9월 대통령자문기구로 '지속가능발전위원회'가 창립되었다.

■ 환경지속성

지속 가능한 발전이란 세계 환경 개발 위원회(WCED)가 인간과 자연의 공존을 모색하고자 제안한 개념으로 인류가 지속 가능한 발전을 이어가기 위해서는 다음 세대가 살아가는 데 필요한 것을 손상시키지 않는 범위 내에서 현재 우리 세대의 필요성을 충족시켜야 한다는 것이다. 이는 크게 사회지속성과 경제지속성, 그리고 환경지속성으로 구분된다.

이중 근본이 되는 환경지속성은 인간의 사회, 경제 활동은 물론 생존을 지탱해주는 토대로서 환경을 지속 가능하게 유지해야 한다는 것으로 경제, 환경, 사회의 균형 발전을 추구하면서, 미래 세대에게 건강한 공동체를 물려주자는 개념이다.

■ 기술능력

직업을 가진 모든 사람들에게 요구되는 능력을 일컫는 말로 넓은 의미로는 기술교양(Technique Literacy)이라고도 한다.

■ 이러닝(e – Learning)

정보통신기술을 이용하여 시간과 장소에 구애됨이 없이 수준별 학습이 가능한 교육활동으로 학습자가 원하는 시간에 원하는 장소에서 학습할 수 있는 개방성, 학습자에게 학습방법과 학습 진도에 대한 결정권을 넘겨주는 융통성, 학습자원이 여러 곳에 나누어져 있어도 학습자들은 한 곳에서 이러한 자원을 활용하여 학습할 수 있는 분산성이 주요 특성이다.

이러한 학습 환경을 제공하기 위해 컴퓨터를 중심으로 CD – ROM, 인트라넷, 인터넷 같은 네트워크를 통해 교육이 제공되며 지역적 제한성이 없어 접근이 쉽고, 잘 설계된 다양하고 전문화된 콘텐츠를 기반으로 독립적인 시공간에서 학습이 가능하며, 정보의 탄력성과 이용 효율성을 높이며, 융통성 있는 지식전달과 높은 비용 효율성을 제공할 수 있으며, 창조적인 학습방법과 매체를 활용한 학습개선 효과 등을 가져올 수 있다.

또한 전통적인 교육의 장과 비교할 때 학습공간과 학습경험이 보다 확대되고, 학습자 중심의 양방향 학습을 가능하게 하여 학습자 주도성이 강화될 수 있다.

그러나 이러닝을 위해서는 교사와 학생이 관련 기기를 이해하고 조작할 수 있어야 하고, 면대 면 수업에서 경험해 오던 인간접촉의 기회가 줄어들게 됨으로써 학습 효과가 제한될 수 있으며, 장비 고장 등의 기술적인 요구를 충족해야 하는 단점이 있다.

■ OJT(On the Job Traning)

기업 내에서의 종업원 교육 훈련방법의 하나로, 피교육자인 종업원은 직무에 종사하면서 지도교육을 받게 되고 업무수행이 중단되는 일이 없는 것이 그 특색이며 업무에 필요한 실제적인 지식이나 기능을 몸에 익히게 되며, 교육, 훈련을 위해 특별히 시간을 할애할 필요가 없어 기업으로서는 비용을 절약할 수 있다.

모든 관리자와 감독자는 업무수행상의 지휘감독자이자 업무수행과정에서 부하직원의 능력향상을 책임지는 교육자이어야 한다는 생각을 기반으로 하여 추진되고 있기 때문에, 지도자와 피교육자 사이에 친밀감을 조성하며 기업의 필요에 합치되는 교육훈련을 할 수 있다는 장점이 있는 반면 지도자의 높은 자질이 요구되며 교육훈련 내용의 체계화가 어렵다는 등의 단점이 있다.

■ 멘토링(Mentoring)

경험과 지식이 많은 사람이 스승 역할을 하여 지도와 조언으로 그 대상자의 실력과 잠재력을 향상시키는 것 또는 그러한 체계를 멘토링이라고 하는데, 스승 역할을 하는 사람을 '멘토(Mentor)', 지도 또는 조언을 받는 사람을 '멘티(Mentee)'라고 한다.

멘토와 멘티의 관계는 살아가는 과정에서 자연스럽게 형성되기도 하고, 기업 등의 조직 안에서 인위적으로 활성화되기도 한다.

영어에서 '스승'을 뜻하는 멘토는 그리스신화에 나오는 오디세우스의 친구 멘토(Mentor)에서 유래하였는데 멘토는 오디세우스가 트로이전쟁에 출정하여 20년이 되도록 귀향하지 않는 동안 그의 아들 텔레마코스를 돌보며 가르쳤으며, 그의 이름은 '현명하고 성실한 조언자' 또는 '스승'의 뜻을 지니게 되었다.

조직이 전략적인 차원에서 핵심인재로 성장할 가능성이 있는 구성원들을 집중적으로 관리, 지도, 조언함으로써 실적향상을 유도하는 인재육성 방법으로 일상 업무현장 속에서 구성원 간에 상호작용을 통해 학습이 이루어지기 때문에 교육효과가 우수하다.

최근 많은 국내기업들이 이러한 멘토링의 효과를 인식하여 신입사원 교육의 일환으로 멘토링제도를 도입하고 있다.

또한 멘토링 프로그램은 멘티의 변화뿐만 아니라 멘티의 변화 과정을 경험하면서 멘토 역시 성공 경험을 통해 자존감이 높아지는 선순환 과정이며, 멘토는 또 다른 학습자이다. 그 결과, 멘토링 프로그램은 멘토의 자아 개념, 자아 존중감, 대인 관계 능력 등에서 긍정적 변화를 이끌어 내는 데 효과적인 프로그램이며, 멘티뿐만 아니라 멘토의 성장에도 도움을 준다.

■ 산업재해(Industrial Accident)

노동과정에서 작업환경 또는 작업행동 등 업무상의 사유로 발생하는 노동자의 신체적, 정신적 피해로 노동재해라고도 하며 여기에는 부상, 그로 인한 질병·사망, 작업환경의 부실로 인한 직업병 등이 포함된다.

제조업의 노동과정에서뿐만 아니라 토목, 운수업 등 모든 분야에서 발생할 가능성이 있으며 산업혁명으로 인한 생산방법의 기계화와 자동화로 인하여 근로자의 사고와 질병이 증가하였고, 작업환경 및 안전에 관한 규제가 시작되었다.

이에 따라 산업재해 예방에 관한 독립법률이 각국에서 제정되었는데 우리나라는 1953년에 제정된 〈근로기준법〉 제6장에서 안전과 보건에 관한 조항을 규정한 것이 처음이며, 이후 63년 〈산업재해보상보험〉이 제정되기도 하였으나 산업안전보건에 대한 예방대책은 1981년 산업안전보건법이 제정, 공포됨으로써 본격적으로 추진되었다.

산업재해의 발생 원인을 근로자 측에서 보면 근로자의 피로, 근로자의 작업상의 부주의나 실수, 근로자의 작업상의 숙련미달 등을 들 수 있으며 사용자측에서 보면 주로 산업재해에 대한 안전대책이나 예방대책의 미비·부실에 기인한다고 볼 수 있다.

한국의 경우도 공업화의 진전과 더불어 산업재해가 격증하는 추세를 나타내고 있는데 이같은 경향은 취업인구의 증가와 제조업 중심으로 업종이 다원화되는 한편, 각종 산업공해의 급격한 증가에 따른 작업환경의 악화에서 오는 재해의 증가 등이 주요 원인이다.

노동부 근로기준국의 보고에 의하면 직업에 의한 질병의 발생은 1970년에 비해 1985년에 9배 정도 늘었으며, 그 발생률은 0.13%에서 0.27%로 증가하였다. 산업재해의 발생은 대기업보다 중소기업이 심각하여, 소규모사업장의 노동자 중 질병보유자는 13%, 중규모의 경우 9%, 대기업은 8%이다.

■ 안전관리

개개의 기업이 산업재해를 방지하기 위해 실시하는 노동재해방지대책으로 국가가 실시해야 하는 것과 업계가 해야 하는 것이 있다. 안전관리는 크게 설비관리와 작업관리로 나누어지는데, 설비에 대해서는 설계, 설치, 사용 각 단계에서 일관성 있는 안전관리가 필요하며 작업관리는 정리정돈, 안전점검, 안전작업을 직장이 일체가 되어 통일적으로 실시하는 방법이 필요하다.

안전관리를 위해서 사업장에서는 그 사업장을 총괄 관리하는 안전보건관리책임자를 두어야 하고 또 그 조직으로 산업안전보건위원회가 설치되어야 하며 여기서 안전관리의 과제, 내용, 실시방법, 분담에 관한 안전관리계획이 책정, 추진된다. 다만 사업장에 노사협의회법 규정에 따라 노사협의회가 구성되어 있는 경우는 이것이 위원회를 대신하며 소집단 활동이나 제안제도 · 안전경쟁으로 안전관리를 하기도 한다.

그러나 이런 무재해 경쟁 아래에서도 노동재해가 개인적인 병으로 취급되거나 재해의 원인 구명에 부주의론 등 개인 책임론이 강조되는 경우도 있다.

(2) 기술이해능력

■ 기술시스템(Technological System)

기술적인 것(The Technological)과 사회적인 것(The Social)이 함께 공존하고 결합하여 하나의 인공물만이 아닌 기업, 기술의 투자, 과학, 천연자원, 법, 정치 등이 유기적으로 연결되어 있는 것을 뜻하는 말로 미국의 기술사학자 휴즈에 의해 처음으로 주장되었으며 사회기술시스템이라고 불리기도 한다.

■ 기술이전(Technological Transfer)

기업이나 지역 간에 이루어지는 국내 기술이전도 포함되나, 일반적으로는 국제적 이전을 가리키는 말로 이전되는 기술은 중간생산물, 기계설비, 인적 능력, 생산유통체계, 마케팅 시스템 등 그 형태가 다양하다. 이전방법 역시 라이센싱 협정, 특허의 사용 허가, 경영계약 및 컨설팅 서비스 등의 기술계약에 그치지 않고, 오늘날에는 그 기능까지도 포함하는 일괄 이전이 특지이며 다국적기업의 직접투자에 의한 이전도 있다.

기술이전은 생산성 향상을 위한 기술개발의 한 수단이므로, 개발도상국의 경제발전에 있어서 중요한 전략의 하나라고 할 수 있으나 오늘날 효과를 발휘하고 있는 국제간 기술이전의 대부분은 선진국 간에 이루어지는 것이고, 선진국에서 개발도상국으로의 기술이전은 거의 성과를 거두지 못하고 있는데 그 원인은 우선 특정한 재화 생산을 위한 기술은 보다 더 일반적인 생산에 관한 지식, 더 나아가서는 일정한 교육수준이나 사고방식을 전제로 하는 것으로, 국가간에 일반적 지식수준의 격차가 클 경우, 생산에 관한 기술이전은 충분한 효과를 거둘 수 없기 때문이다.

또 개발도상국에의 기술이전은 현실적으로 다국적기업의 직접투자에 의해 이루어지는 예가 많은데, 이러한 경우 이전되는 기술이 개발도상국의 경제에 적합한가의 여부도 큰 문제가 되며 개발도상국은 자본에 비해 노동력이 풍부하고, 특히 도시에는 실업자와 준실업자가 많다.

만일 이전되는 기술이 근대적, 자본집약적인 것이라면 고용의 창출효과와 기술의 습득효과 등이 작기 때문이지만 선진국으로부터의 직접투자가 개발도상국에서의 '선진국의 재외생산'에 머무르지 않고, 개발도상국의 생산요소의 존재 상태나 기술수준에 적합한 합병사업으로 운영된다면, 적절한 기술이전을 통하여 경영자, 기술자, 노동자 등이 숙련과 경험을 축적 하는 데 공한할 수 있다.

유엔 환경개발회의(UNCED)에서는 생물다양성협약, 21세기 행동계획(Agenda 21), 환경과 개발에 관한 리오데자네이로 선언 등 3개 문서에서 '기술이전'에 대해 언급하고 있으며 각 선언에서는 개도국, 특히 최빈국에 개발의 최우선 순위가 주어져야만 한다고 지적하고 이를 위해 아젠다 21에서는 개도국에의 기술이전을 촉진시키기 위해 그 조건을 개도국에 유리하게 한다고 밝히고 있다.

■ 기술자(Technician)

공학 분야의 전문적인 기술을 가진 실무자를 의미하는 말로 이론적 원칙을 상대적으로 실천적으로 이해함과 더불어 특정 기술 분야에 있어 관련 기술과 기법들에 능숙한 사람을 말한다. 기술자는 제조업, 일반 서비스 산업 등 제품이나 시스템 등 또한 농림 수산 분야 등 물건이나 일을 만들어내는 생산이 수반되는 모든 산업에 존재하고 있으며 일반적으로 공학(기계공학, 전자공학, 화학공학 등)과 물리(수학, 물리학 등) 분야의 지식을 가졌고 공정, 시스템 등을 설계, 개발, 생산한다.

■ 기업가(Entrepreneur)

일반적으로 영리를 목적으로 기업에 자본을 제공하고 경영하는 사람으로서 사업가로 통용되며 기업가들은 자신이 자본을 대거나 운영 중인 기업의 생존과 발전뿐 아니라 주주, 근로자, 소비자 등 다양한 이해관계자들에 대한 책임을 이행해야 한다. 즉 건전한 방식으로 이윤추구를 하고 근로자의 권리를 존중하며 소비자에 대한 책임의식을 갖는 것은 기업가의 기본적인 사회적 책무이다.

이를 위해 기업의 재정 및 운영 상태를 투명하게 공개하고 공정한 보상시스템을 운영하며 노사간 협력적 관계를 구축하는 등 이해관계자들에게 영향을 미치는 여러 측면에서의 책임감 있는 노력이 요구된다.

기업가의 개념은 본래 18세기 프랑스의 경제학자였던 칸티용(Cantillon, R.)에 의해 불확실성이 연루된 위험을 감당하는 자라고 처음 소개되었으며 이후 20세기 중반에 들어서는 혁신과 결부되기 시작했다. 즉 위험을 감수하면서도 비전, 추진력, 창의성 등을 이용해 기존에 없었던 새롭고 혁신적인 가치를 만들어내는 사람으로 기업가의 의미는 확장되었다.

이 과정에서 오스트리아 출신의 미국 경제학자 슘페터(Schumperter, J. A.)의 연구는 기업가를 일반대중들에게 널리 알리는 계기로 작용했는데 슘페터는 자신의 저서에서 기업가가 새로운 제품과 서비스를 만들기 위해 기존의 제품과 서비스를 박살내는 프로세스를 사용하는 혁신가라고 정의하며 신제품의 발명 또는 개발, 새로운 생산방식이나 신기술의 개발, 신시장의 개척, 신사업에서 새로운 조직의 설립 등이 혁신활동이자 곧 기업가의 활동이라고 주장했다.

또한 꼭 기업을 소유하거나 운영하지 않더라도 위험에 도전하면서 새로운 가치 창출을 위해 헌신하는 사람이라면 기업가에 해당한다고 할 수 있으며 기업에 소속되어 조직구성원으로서 새로운 가치창출을 위해 위험이 따르는 신규 사업을 운영하는 사람들의 경우 특별히 사내기업가(intrapreneur)라고 지칭되기도 하는데 경영학의 석학 피터 드러커(Drucker, P.)는 1985년에 〈혁신과 기업가정신 (Innovation and Entrepreneurship)〉에서 기업가를 새롭고 이질적인 것에서 유용한 가치를 창출하고 변화에 대응하며 도전하여 변화를 기회로 삼는 사람이라고 정의한 바 있다.

■ 기술혁신(Technological Innovation)

시대에 따라 불규칙적으로 일어나며 경제 활동에 크게 영향을 미쳐 공정, 시장, 재료 및 조직과 같은 생산 활동을 통해 신제품과 서비스를 통해 신제품과 서비스를 창출하는 자본주의 경제 발전의 원동력이다.

슘페터는 이 말을 기술의 발전뿐만 아니라, 새로운 시장의 개척, 상품공급 방식의 변경 등 경제에 충격을 주어 변동을 야기하고, 이것에 의해 동태적 이윤을 발생시키는 모든 계기를 뜻하는 것으로 풀이하였는데 이러한 그의 개념은 기술발전의 도입과 이것이 보급되는 과정을 포함하고 있다는 점에서 기술혁신과 같다고 할 수 있다.

그는 기업가의 활동을 중요시하고 경제발전은 기업의 혁신(이노베이션, 혁신, 신결합 또는 신기축이라고도 함)에 의존된다고 하였고 그에 의하면 혁신이란 ① 신상품의 생산 ② 신생산방법의 도입 ③ 신시장의 개척 ④ 신자원의 획득 및 이용 ⑤ 신조직의 달성 등에 의하여 생산요소를 신결합하는 것을 가리키며, 기업이윤이 창조되고 정태적 균형을 파괴하고 동태적 경제발전을 행하는 것은 이러한 혁신에 의존된다고 하였다.

일반적으로 기술혁신은 ① 그것을 구체화하기 위한 설비투자가 반드시 수반되어 호황을 야기하고, ② 노동생산성을 향상시키며, ③ 새로운 제품, 보다 성능이 좋고 값이 싼 제품을 생산하게 하여 새로운 산업의 성립과 기존산업의 변혁을 일으켜 이에 대한 수요구조를 변화시키므로 자본주의 경제발전의 원동력이라 할 수 있는 지위를 차지하고 있다.

이러한 기술혁신은 이윤확보를 최대의 목적으로 하는 기업의 생리 하에서 조성되는 기업 간의 경쟁과 기술진보가 군수생산과 깊이 결합되는 사실 등에 의하여 기술과 규모면에서 더욱 확대 발전되는 것이며 이것은 기업에게는 이윤확보의 수단이 되고 근로자에게는 노동강화나 정리의 방법이 되지만, 자칫 잘못 사용되면 인류를 멸망시키는 도구가 될 수 있다는 위험성도 내포한다.

■ 독점(Monopoly)

어떤 상품이, 시장에서 공급자 또는 수요자의 수가 극히 적어, 그의 공급량 또는 수요량의 증감에 의하여 시장가격을 좌우할 수 있는 시장형태를 말하며 수요자, 공급자가 모두 1인인 경우를 독점의 궁극형이라고 하면, 그와 반대로 양자가 모두 다수인 경우에는 완전경쟁이 이루어져서 실제로 독점이 아닌 것이 된다.

현실적으로 문제가 되는 것은 공급자가 독점적인 공급 독점, 공급 복점, 공급 과점으로 독점기업은 구매자의 사정은 고려하지 않고, 자기 이윤이 극대가 되도록 가격을 결정하는데 경쟁에 의하여 수급의 상호관계에서 시장가격이 결정되는 것과 비교하여 근본적인 차이를 여기에서 볼 수가 있다.

독점은 또 천연자원의 공급원이 소수자에게 장악되어 생기는 자연적 독점, 전매 등과 같이 법률상 독점이 허용되거나 인정되고 있는 법률적 독점 및 경제적 독점으로 나누어지는데 이들 가운데 가장 중요한 것이 경제적 독점이다.

경제적 독점이란 어떤 산업의 기존 독점기업이 거대하여, 이윤의 폭이 크더라도 다른 산업에서 새로 여기에 참가하여 이미 확보되고 있는 시장을 잠식하여 기성상품에 대항할 수 있는 신상품을 판매하기 위해서는 방대한 자본을 필요로 하기 때문에, 실제로는 참가 불가능한 경우에 생기는 독점이다.

독점이 경제체제를 지배하게 되었을 때 자본주의는 독점자본주의로 전화한다고 하였으나 오늘날 대부분의 자본주의 국가에서는 공정거래법이나 독점금지법 등의 법적 조치로서 독점가격, 즉 관리가격에 대한 규제를 강화하고 있으며, 더욱이 혼합경제 체제로 정책방향을 맞추고 있으면서 국민복지에 대한 배려를 강화하는 추세에 있다.

■ 발명(Invention)

새로운 기계, 기술 등을 고안하는 행위나 과정을 말하며 개인적인 사건으로서, 그리고 유명한 인물과 연결된 특정 사건의 종목으로서 제시된다. 그것들은 개인의 천재적 현상이고, 개인적 능력과 개인의 '창의성표현'으로 생각되었지만, 사실상 발명은 고립된 사건이라기보다는 종종 문화적, 경제적 발전의 보편적 물결의 일부(마치 영국에서의 '산업혁명'과 같이)로서 발생하는 경향이 있는 집합적 산물이다.

이러한 물결은 특수한 '과학적 패러다임'이나 '과학적 발견'에 의해 인도되는 수공업적 전통과 같은 것으로 많은 근대적 산업, 기술혁신, 일반적으로 과학적 발견은 분명히 개인적 창의성이 역할을 하지만, 사회학에서는 그것을 일상적이고 관료화된 '연구발전'의 결과이고 기존의 문화적 축적에 의해 영향을 받는 것이라고 보는 경향이 있다.

발명은 과학과 기술을 발전시키는 한 요소로서 발견과 함께 쓰이는 말이지만, 물질적 창조라는 점에서 인식과 관련되는 발견과는 구별되며 오늘날 특허제도라는 법체계 속에서 그 소유자의 권리가 사회적으로 인정되고 있는데 특허권을 얻을 수 있는 발명의 기본요건은 다음과 같다. ① 자연법칙을 이용한 것이어야 한다. ② 기술적 사상이 반영된 것이어야 한다. ③ 창작적인 것이어야 한다. ④ 고도성이 인정되는 것이어야 한다.

그 외에도 산업상의 이용가능성과 신규성을 그 요건으로 들 수 있다. 이러한 발명에는 ① 물건의 발명, ② 방법의 발명, ③ 물건을 생산하는 방법의 발명 등이 있다.

■ 사회적 딜레마(Social Dilemmas)

개인적 합리성에 기초한 개인의 행동이 사회적 합리성을 가져오지 못하는 상황으로 즉 사회 전체적으로 볼 때 공유재의 효과적 사용을 위해서는 개인들이 적정 수준 이상의 공유재 사용을 자제해야 하나, 사익을 극대화하려는 개인들의 합리적 결정이 공유재의 과다 사용을 초래함으로써 결국 사회 전체적인 면에서 최적성(Social Optimality)을 달성하지 못하게 되는 '사회적 함정' 등의 상황을 말한다.

■ 전기(Electricity)

양, 음의 부호를 가진 두 종류의 전하가 나타내는 여러 가지 자연현상으로 일상생활에서 자주 사용하는 TV, 냉장고, 세탁기와 같은 가전제품을 사용할 수 있는 것은 바로 전기가 있기 때문이며 공장의 각종 기계, 길거리의 수많은 가로등에도 공급되어, 편리한 생활과 떼려야 뗄 수 없는 중요한 역할을 한다.

■ 모스 부호(Morse Code)

모스에 의하여 발명된 전신부호로 발신전류를 통해 선과 점으로 구성되고 그 조합으로 영어 알파벳을 표현하며 1838년 원형이 구상되고 1843년에 실용되었다. 짧은 발신전류(점)와 비교적 긴 발신전류(선)를 배합하여 알파벳과 숫자를 표시한 것으로 기본적인 구조는 세계적으로 공통되는데 이 모스부호가 전신연락용으로 사용된 것은 1844년 발명자인 모스에 의해서 워싱턴과 볼티모어 사이의 전신연락에 사용된 것이 최초이다.

부호는 단점(Dot)과 단점의 3배 길이인 장점(Dash)으로 구성되며, 문자와 기호 사이는 3단점 길이의 간격을 취하는데 구문의 경우 어(語)와 어 사이는 7단점 길이의 간격을 두고, 국문의 경우 자(字)와 자 사이는 5단점의 길이를 두며 통신사가 키를 눌러서 전류의 단속 또는 전압의 고저 등 변화를 가하여 전송을 한다. 수신측에서는 도래부호를 음향 또는 기록으로 받아 통신사의 청각 또는 시각으로 판별하는 수신 작업을 한다.

국제간에 협정된 모스부호의 구성은 다음 규칙에 따르도록 규정되어 있다. ① 선(Dash)의 길이는 점(Dot)의 3배일 것, ② 한 자를 형성하는 선과 점 사이의 간격은 1점과 같을 것, ③ 문자와 문자의 간격은 3점과 같을 것, ④ 어(語)와 어의 간격은 7점과 같을 것 등이다.

■ 에니악(ENIAC)

1946년에 미국에서 완성한 세계 최초의 진공관 컴퓨터로 미군 탄도연구소의 요청에 의해 미국 펜실베이니아대학에서 존 모클리(John W. Mauchly)와 프레스퍼 에커트(John P. Eckert)의 공동설계에 의해 3년여의 연구 끝에 완성된 에니악은 10진수 체계를 이용한 전자식 자동계산기였다.

종래의 계전기를 모두 전자관(진공관)으로 대치한 것으로, 진공관을 사용한 최초의 컴퓨터로 알려져 있다. 하지만 1970년 이후에, 아이오와주립대학의 아타나소프 교수와 그 학생인 베리에 의해 제작된 ABC(Atanasoff Berry Computer, 1939년)가 에니악보다 수년 앞선 것으로 밝혀졌다. 이 때문에 ABC가 모티브가 되어서 에니악이 개발된 것으로 보고 있다.

에니악은 개발 당시 무게 약 30t, 길이 25m, 높이 2.5m, 폭 1m의 크기에 사용 진공관의 수 1만 8,800개, 저항기 7,000개, 소요전력 120kW의 거대한 기계 덩어리였다. 계산 속도는 종래의 계전기식에 비해 1000배 이상이나 된다. 계산 순서를 지시하는 프로그램을 배선반(Plug Board)에 일일이 배선하여 놓고 부착된 스위치를 조작하여 계산을 수행시키는 방식으로, 탄도 계산에는 도움이 되었으나 기억용량이 적어서 다목적으로 사용할 수는 없었다는 단점이 있다.

이러한 에니악의 단점을 보완하기 위해 1949년 존 폰 노이만의 주장을 도입하여 케임브리지대학의 연구팀이 프로그램 내장방식을 채택한 에드삭(EDSAC)을 만들었다. 이와 함께 2진수 체계를 이용한 에드박(EDVAC)이 만들어졌고 1951년에는 유니박—원(UNIVAC—1)을 만들어 상품화하는 데 성공하였다.

■ 지능형 로봇

외부 환경을 스스로 탐지하고 판단해 필요한 작업을 자율적으로 실행하는 로봇으로 이를 개발하기 위해서는 기계, 전자 등 전통기술은 물론, 신소재, 반도체, 인공지능, 센서소프트웨어 등의 첨단기술이 요구된다. 즉, 지능형 로봇은 기존 산업용 로봇과 달리 미래 시장에서 요구하는 기능과 성능을 가진 로봇이라고 할 수 있다.

과거의 로봇이 극한지나 산업용 도구의 성격을 지닌, 사람이 입력한 내용에 따라 또는 조정에 의해 움직이는 일종의 무선조정 자동 기계의 성격이 짙었다면, 지능형 로봇은 사람처럼 시각, 청각 등 감각을 통해 외부 정보를 입력받아 스스로 판단해 적절한 행동을 하는 인간과 유사한 기계인간(휴머노이드)을 의미한다.

그동안 개발된 로봇은 전기, 전자, 기계, 자동화, 전산 등의 일반 산업 부문의 첨단기술이 총망라된 복합체이지만, 지능형 로봇은 인공지능과 생체공학, 신경회로, 퍼지이론, 음성화 화상인식 기술, 마이크로프로세서와 모터제어, 센서 사용 등 이제까지 인류가 개발한 모든 기술이 총동원된 첨단 기술체로 최근 차세대 반도체 산업의 새로운 패러다임으로 부상 중인 SoC(System − on − Chip)와도 연결된다.

지능형 로봇의 종류로는 장소 및 상황에 적합한 서비스를 제공하고 사용자가 임의의 환경에서 가정, 사무실의 로봇을 사용할 수 있도록 환경을 제공하는 IT도우미 로봇, 가정이나 사무실 등 실내에서 인간의 육체적, 정신적 노동을 대신하는 가사도우미 로봇, 인간과 친하게 지내면서 오락, 교육 기능을 제공하는 에듀테인먼트 로봇, 건물 또는 기계에 단위모듈이나 SoC 형태로 내장되어 실시간으로 인간과 환경을 인지해 요구하는 서비스를 제공하는 로봇 인사이드 시스템 등이 있다.

■ 친환경 자동차

에너지 소비 효율이 우수하고 무공해 또는 저공해 기준을 충족하는 자동차로 기존 내연기관차보다 대기오염물질이나 이산화탄소 배출이 적고 연비가 우수하여 '그린카'라고도 불린다.

그 종류로는 '환경 친화적 자동차의 개발 및 보급 촉진에 관한 법률'에서 정의된 전기 자동차, 태양광 자동차, 하이브리드 자동차, 연료전지 자동차, 천연가스 자동차, 클린 디젤 자동차 등이 있으며 친환경 자동차를 구매할 경우 차량 구매 보조금을 받을 수 있는데, 이는 친환경차를 늘리고 배기가스 배출량을 줄이기 위한 취지에서 이뤄지는 것이다.

또 친환경차 구매자는 혼잡 통행료 할인, 공영주차장 이용료 할인, 고속도로 통행료 감면 등 다양한 운행 인센티브 혜택도 받을 수 있다. 아울러 개별소비세, 교육세, 자동차 취득세

감면 등 세금 감면 혜택도 부여된다.

■ 이산화탄소(CO_2)

공기보다 무거운 무색의 기체로서 건조공기 중에 네 번째로 양이 많은 기체로 통상적으로 탄산가스라 하며 1958년부터 매년 12% 정도 증가하고 있다.

이산화탄소는 식물의 부패, 화산폭발, 동물의 호기, 화석연료의 연소 등에 의해서 대기 중으로 배출되는 반면 광합성이나 해양에 녹음으로 인하여 대기 중에서 제거된다.

이산화탄소의 대기 중의 농도는 꾸준히 증가함에 따라 지구온난화의 주범으로 지목되고 있는데 이산화탄소의 농도가 500ppm에 도달하는 2100년에 이르면 지상기온은 1~3.5℃ 정도 상승할 것으로 예상하고 있다.

■ 화석연료(Fossil Fuel)

석탄, 석유, 천연가스 같은 지하매장 자원을 이용하는 연료로 이것에 의해서 얻어진 에너지를 화석에너지라고 하며 현재 인류가 이용하고 있는 에너지의 대부분이 이에 해당한다.

19세기 이후 석탄을 에너지로 사용함으로써 산업혁명이 일어나게 되었고, 그 뒤 석유와 천연가스가 발굴되어 이들 에너지의 사용량이 급격히 늘어났으며 20세기 초까지 인류의 중요 에너지 자원은 석탄이었으나 곧 석유와 천연가스에 의한 유체 에너지로 대체되었다.

고체연료인 석탄에 비하여 사용이 편리하고, 사용한 뒤 폐기물처리가 쉬우며 생산기술의 발달로 가격이 낮아졌기 때문으로 현재도 세계적으로 총 에너지 의존량의 85% 이상을 이들 연료가 차지한다.

반면 이들 화석연료는 지구상에서 매장 지역, 즉 자원의 편중이 심하기 때문에 가격과 공급 면에서 항상 불안정한 요소를 지니므로 한국과 같은 석유 비생산국은 석유파동이라는 극심한 문제에 시달리며 재생이 불가능하고 매장량이 한정되어 있으며 환경오염의 원인물질이라는 단점도 동시에 갖고 있다. 특히 환경오염 문제는 심각하다.

공장과 자동차에서 배출되는 배기가스에 의한 대도심의 오염은 물론, 유류 저장탱크에서 자연 증발되는 가스와 가공연료 생산 공정에서 배출되는 기체로 인한 대기오염도 갈수록 심해지고 있다.

이 때문에 인류는 화석연료의 의존도를 줄여나갈 뿐만 아니라 환경에 영향을 미치지 않고 고갈될 염려가 없는 새로운 에너지원을 찾아 오래 전부터 대체에너지와 청정에너지 개발을 위하여 노력하고 있으며 맨 먼저 원자력발전이 현실성 있는 대체에너지로 개발되어 한때는 높은 기여도를 보이기도 하였지만, 불안정성과 사고로 인한 피해 등의 문제가 발생함에 따라 원자력 의존도를 점차 줄이는 추세이다.

그 대신 태양열, 지열, 풍력, 조력 등의 자연 에너지를 이용하여 새로운 에너지를 만들어내려는 연구가 활발하게 진행 중이며 일부는 적용 단계에 이르고 있다.

■ 하이브리드 자동차(Hybrid Car)

내연 엔진과 전기자동차의 배터리 엔진을 동시에 장착하는 등 기존의 일반 차량에 비해 연비 및 유해가스 배출량을 획기적으로 줄인 차세대 자동차로 많을 경우 유해가스를 기존의 차량보다 90% 이상 줄일 수 있고, 대도시의 공기와 주변 환경을 개선할 수 있으며, 교통통제 및 도로계획 등과도 잘 맞기 때문에 환경자동차(Eco - Car)로도 부른다.

전기 모터는 차량 내부에 장착된 고전압 배터리로부터 전원을 공급받고 배터리는 자동차가 움직일 때 다시 충전되며 차량 속도나 주행 상태 등에 따라 엔진과 모터의 힘을 적절하게 제어하여 효율성을 극대화시킨 것이다

■ 연료전지(Fuel Cell)

연료의 산화에 의해서 생기는 화학에너지를 직접 전기에너지로 변환시키는 전지로 친환경적인 에너지로 특징은 반응물이 외부에서 연속적으로 공급되어 반응생성물이 연속적으로 계의 바깥으로 제거된다는 점이다.

원리적으로는 1839년 영국의 W. R. 그로브(1811~96)가 발견하였으나, 그 특징이 바뀌어 다시 관심을 가지게 된 것은 1950년대 후반의 일로, 1959년 5kW의 수소 - 산소 연료전지가 영국의 F. T. 베이컨에 의해 실증 시험됨으로써 각광을 받게 되었다. 그 후 1960~1970년대에 걸쳐 제미니 및 아폴로11호 우주선에 연료전지가 탑재되었다. 이 전지는 다 같이 알칼리 수용액을 전해질로 하며, 순수한 수소와 산소를 사용한다.

그 후, 수소 외에 메테인과 천연가스 등의 화석연료를 사용하는 기체연료와, 메탄올(메틸알코올) 및 하이드라진과 같은 액체연료를 사용하는 것 등 여러 가지의 연료전지가 나왔으며 이 중에서, 작동온도가 300℃ 정도 이하의 것을 저온형, 그 이상의 것을 고온형이라고 한다. 또, 발전효율의 향상을 꾀한 것이나, 귀금속 촉매를 사용하지 않는 고온형의 용융탄산염 연료전지를 제2세대, 보다 높은 효율로 발전을 하는 고체전해질 연료전지를 제3세대의 연료전지라고 한다.

연료전지는 저공해성으로, 소음이 없고, 배열을 이용할 수 있기 때문에 종합효율이 높으며 1988년에 한국에서는 동력자원연구소와 한국전력 기술연구원에서 메탄올을 연료로 하여 열과 전기를 동시에 얻는 5kW급 연료전지를 개발하였다. 이 연료전지는 천연가스 등의 연

료와 공기 중의 산소를 반응시켜 전지를 얻는 기술로, 효율이 50~60%로서 매우 높다.

■ 바이오칩(Biochip)

전기적인 신호 처리가 가능한 또는 전기적 신호를 유발할 수 있는 장치의 개념이 내포되어 있는 생체의 기능을 모방한 인위적인 소자로 반도체칩이 실리콘 기판 위에 미세한 전자회로를 집적한 것처럼 바이오칩은 유리나 플라스틱 기판에 수많은 바이오 물질을 집적시켰기 때문에 '칩'이란 용어를 쓴다.

많은 종류의 단백질, 유전자(DNA) 같은 물질을 고체 기질 위에 고밀도로 붙여 놓은 것으로, 생물학적 검색이나 정보 처리를 높이는 방법이며 사용 용도와 응용 분야에 따라 다양한 종류가 있는데, 바이오센서(Biosensor), 유전자칩(DNA Chip), 단백질칩(Protein Chip), 뉴런칩(Neuron Chip), 세포칩(Cell Chip), 생체 삽입용 칩 등이 있다.

바이오칩은 유전자 기능연구(Expression Profile), 질병 관련 유전자 검색, 유전자 발현, 단백질 분포, 반응 양상 등을 분석해 낼 수 있는 생물학적 마이크로칩으로 과학 기술 연구 및 신약개발 검출도구, 임상 진단 등의 분야에 혁신적 변화를 일으킬 것으로 주목된다.

이미 DNA를 기반으로 한 바이오칩이 개발되어 인간유전체지도를 작성하는 게놈프로젝트에서 유전자 염기서열을 규명하는 데 응용되었으며, 의료용 바이오센서와 혈액, 유전병 검사에 사용되고 유전자 발현 분석 등 보건의료분야에 광범위하게 활용되고 있으며 환경과 정밀화학, 식품 및 생물공정 산업 분야 등에 활용되고 있다.

(3) 기술선택능력

■ 기술선택

조직의 발전을 위해 어떠한 기술을 개발할 것인지, 외부에서 어떤 기술을 도입할 것인지 등을 결정하는 것을 말한다.

■ 상향식 기술선택(Bottom up Approach)

기업 전체 차원에서 필요한 기술에 대한 체계적인 분석이나 검토 없이 연구자나 엔지니어들이 자율적으로 기술을 선택하는 것으로 이러한 방법은 기술 개발자들의 흥미를 유발하고, 창의적인 아이디어를 활용할 수 있다는 장점이 있는 반면, 기술자들이 지식과 흥미만을 고려하여 기술을 선택할 경우 고객수요 및 서비스 개발에 부적합하거나, 기업 간 경쟁에서 승리할 수 없는 기술이 선택될 수 있는 단점이 있다.

■ **하향식 기술선택(Top down Approach)**

기술경영진과 기술기획담당자들에 의한 체계적인 분석을 통해 기업이 획득해야 하는 대상 기술과 목표기술수준을 결정하는 것으로, 기업이 직면한 외부 환경과 보유 자원의 분석을 통해 중장기적인 목표를 설정하고, 이를 달성하기 위해 필요한 핵심고객층과 그들에게 제공하는 제품 및 서비스를 결정하여야 한다. 그 다음으로는 사업전략의 성공적인 수행을 위해 필요한 기술들을 열거하고, 각각의 기술에 대한 획득의 우선순위를 결정하는 것이다.

■ **기술선택 절차**

기술선택의 절차에는 외부 환경 분석, 중장기 사업 목표 설정, 내부 역량 분석, 사업 전략 수립, 요구 기술 분석, 기술 전략 수립, 핵심 기술 선택 등이 있다.

■ **생산능력(Production Capacity)**

사업체를 주어진 조건(설비, 노동, 생산효율 등)에서 정상으로 가동하였을 때 생산할 수 있는 최대 생산실적을 말하며 생산 조건에 따라 최대생산능력과 적정생산능력으로 구분한다. 최대생산능력은 생산요소의 수급과 시장수요가 충분하고 설비, 노동력의 효율이 100%라고 가정한 이론상의 최대 생산수준이며, 적정생산능력은 사업체가 보유한 설비, 노동력의 효율과 사업체의 작업환경에서의 최대 생산 수준이다.

적정생산능력에서는 현재 가동 중인 설비와 의도되지 않은 유휴설비 중 즉시 가동 가능한 설비를 포함하며, 의도된 유휴설비와 예비설비는 제외하나 최대생산능력에서는 유휴설비와 예비설비까지도 포함한다.

■ **벤치마킹**

어느 특정 분야에서 우수한 상대를 표적으로 삼아 자기 기업과의 성과 차이를 비교하고, 이를 극복하기 위해 그들의 뛰어난 운영 프로세스를 배우면서 부단히 자기혁신을 추구하는 경영기법으로 뛰어난 상대에게서 배울 것을 찾아 배우는 것이다. 이런 의미에서 벤치마킹은 '적을 알고 나를 알면 백전백승'이라는 손자병법의 말에 비유되기도 한다.

벤치마킹은 원래 토목 분야에서 사용되던 말이었다. 강물 등의 높낮이를 측정하기 위해 설치된 기준점을 벤치마크(Benchmark)라고 부르는데, 그것을 세우거나 활용하는 일을 벤치마킹이라고 불렀다. 그 후 컴퓨터 분야에서 각 분야의 성능을 비교하는 용어로 사용되다가 기업경영에 도입되었다.

벤치마킹 기법을 활용한 경영혁신의 추진은 일반적으로 ① 벤치마킹 적용분야의 선정 ② 벤치마킹 상대의 결정 ③ 정보 수집 ④ 성과와 차이의 확인 및 분석 ⑤ 벤치마킹 결과의 전파 및 회사 내 공감대 형성 ⑥ 혁신계획의 수립 ⑦ 실행 및 평가의 순으로 진행된다. 벤치마킹을 성공적으로 활용하기 위해서는 벤치마킹의 적용분야, 벤치마킹 상대, 성과측정지표, 운영프로세스라는 벤치마킹의 4가지 구성요소에 대한 명확한 이해가 필요하다.

■ 우량기업

환경변화에 적절하게 대응하며 새로운 사업기회를 지속함으로써 성장과 발전을 계속하는 기업으로 정의될 수 있으며 일반적으로 시장점유율이 업계 1위인 기업으로서 높은 제품경쟁력, R&D투자, 시장 확대 노력으로 안정적인 시장지위를 유지하는 기업, 재무구조가 양호하여 불황저항력이 강하며 자금조달 능력, 유동성이 양호하고 사업기회포착에 민감한 기업, 효율적인 제조공정, 안정적인 원재료조달 및 판매경로확보, 숙련된 노동력과 연구개발로 영업효율성이 높아 높은 생산성을 유지하고 있는 기업에 대한 정의라고 할 수 있다.

또한 경영이념의 확산이 용이하고 환경변화에 탄력적인 경영전략 수립, 조직원의 높은 사기 등으로 경영목표달성을 위한 자발적인 노력이 강하고 원활한 의사소통 등으로 기업문화가 비교적 확고히 정착된 기업을 말한다.

■ 스왓 분석(SWOT Analysis)

기업 내외의 환경 요인을 파악하여 마케팅 전략을 수립하는 기법으로 상황 분석이라고도 하며 강점(Strengths), 약점(Weaknesses), 기회(Opportunities), 위협(Threats)의 첫 번째 알파벳을 따서 스왓(SWOT)으로 일컫는다.

■ 매뉴얼(Manual)

자동차의 변속 기어에서 유래한 말로 특정 시스템을 사용하는 사람들에게 도움을 제공하기 위한 기술 소통 문서이며 주로 기술 전문가가 작성하는 것이 보통이지만 사용 설명서는 특히 소기업에서는 프로그래머, 제품 및 프로젝트 관리자, 기타 기술직원이 작성하는 경우도 있다. 기계, 소프트웨어 등의 기능 및 사용법을 설명한 글로 전자 제품, 컴퓨터 하드웨어, 소프트웨어에 가장 흔히 연동되며 대부분의 사용 설명서에는 안내 설명과 관련 그림들을 포함하고 있다.

컴퓨터 응용 프로그램의 경우 일반적으로 인간 기계 인터페이스의 스크린샷을 포함하고 있으며, 하드웨어 설명서에는 분명하고 단순한 다이어그램이 자주 포함된다.

대부분의 사용 설명서에는 사용자의 이해를 돕고 설명을 효과적으로 하기 위해 안내 설명과 관련 그림들을 포함하고 있으며 매뉴얼을 작성할 때에는 순서에 따라 세부항목으로 구분하여 해당 프로그램 및 제품을 사용하는데 문제가 없도록 구체적으로 작성하는 것이 좋다.

매뉴얼을 작성함으로써 사용자는 편의성을 얻을 수 있으며, 기업에서는 해당 프로그램 및 제품과 관련한 문제 발생을 줄이고 제품 및 프로그램을 효율적으로 사용하게 할 수 있다.

■ 품질매뉴얼

품질관리란 제품의 설계에서 제조, 검사, 판매에 이르기까지의 전 과정을 종합적으로 관리 하는 것으로 품질매뉴얼은 품질시스템의 수립, 유지 및 관리에 관하여 문서화된 품질시스 템을 유지 관리하는 것을 목적으로 한다.

품질매뉴얼에는 품질 관리를 수행하기 위해 필요한 계획과 이에 적합한 방침이 명시되어야 하며 품질매뉴얼에는 검사 및 시험, 품질기록의 관리 등의 사항이 상세히 명시되어야 한다.

■ 서비스매뉴얼

서비스 업무의 수행 방법을 기록한 문서로 일반 상품처럼 눈에 보이는 것은 아니지만, 고객 들에게 편리함을 제공하여 이익을 얻는 것을 서비스라고 하는데 이처럼 편의성을 상품화하 여 판매하는 행위라고 할 수 있다.

서비스는 소유권을 설정할 수 있는 독립적인 실체가 아니며 생산과 분리하여 거래될 수 없 고, 소비자에게 제공된 이후에야 생산이 완료된다는 특징을 지닌다.

서비스는 주문의 방식을 통해서만 생산이 가능하다. 일반적인 상품은 생산 작업 이후에 소 비자의 수요가 발생하게 되는데, 서비스는 이와 반대로 소비자의 수요에 따라 생산자의 활 동이 실현되며 서비스의 유형은 소비재 조건의 변화, 개인의 육체적 조건의 변화, 개인의 정신적 조건의 변화, 제도단위의 경제적 상태의 변화에 따라 크게 달라진다.

서비스 업무를 담당하게 된 신규직원에게 업무를 설명하기 위하여 만든 것이 서비스매뉴얼 이며 회사마다 서비스 절차와 내용이 다르므로, 대부분의 회사는 각기 자신만의 서비스매 뉴얼을 만든다. 비스매뉴얼을 작성하게 되면, 일정한 지침이 마련되어 업무의 인수인계가 쉽게 이루어질 수 있다는 장점이 있다.

■ 영업매뉴얼

영업방침을 비롯하여 영업관리의 기준이 되는 사항을 규정한 문서를 말하며 기본적인 영업 의 운영절차 및 그 사무에 관한 사항을 정함으로써 효율적인 업무 수행과 이익 증대를 도모 하는 것을 목적으로 한다.

영업매뉴얼에는 영업방침을 규정하고 이에 따른 각 부서의 업무 분담 사항을 정확히 기재 해야 하며 판매거래조건, 대금회수 등의 판매업무과 매입조건, 대금지급절차 등 매입업무 에 관한 사항을 상세히 기재하도록 한다.

■ 프랜차이즈 매뉴얼

프랜차이즈의 사업자는 가맹점에 대해 일정지역 내에서의 독점적 영업권을 부여하는 대신, 특약료를 받고 상품구성이나 광고 등에 대해 직영점과 경영지도 및 판매촉진 등을 담당하는데 프랜차이즈 매뉴얼은 프랜차이즈 가맹점의 운영 전반에 관한 사항을 단순화·계량화·표준화한 행동지침서라 할 수 있으며 프랜차이즈 매뉴얼에는 점포의 설비와 상품 관리, 광고 전략 등 점포 운영에 관한 전반적인 사항이 상세하게 명시되어야 한다.

프랜차이즈 매뉴얼은 사업의 표준화를 통해 고객에게 통일된 이미지를 심어주는 한편, 고객이 어느 가맹점을 가더라도 똑같은 서비스를 느낄 수 있게끔 고객의 편의성을 증대시키는 것을 목적으로 한다.

■ 가맹점매뉴얼

가맹점계약이란 독립한 상인 간에서 일방이 상대방에게 자기의 영업표식을 사용하게 하여 상품의 판매 기타의 영업을 행할 권리를 부여하는 것으로 아울러 그 영업과 관련하여 자기가 기획한 마케팅 계획에 따라 일정한 지도와 통제를 행하며, 상대방은 여기에 대하여 일정한 대가를 지급할 것을 약정함으로써 성립하는 계속적인 채권계약이다.

이때 마케팅 전략 등을 전수하는 입장에 있는 측을 본사라고 하며, 본사로부터 전략을 전수받는 측을 가맹점이라 한다. 가맹점이 운영을 하기 위해서는 본사와 계약을 체결하여야 하는데, 계약 시 언급해놓은 사항에 대해서만 규제를 받게 된다. 소자본으로도 가맹점의 운영이 가능하기 때문에 가맹점의 규모가 점차 확산되는 추세에 있다.

가맹점 매뉴얼은 이러한 프랜차이즈 창업 시 참고할만한 경영실무서이다. 가맹사업에 관한 전반적인 이해를 돕기 위해 국내의 권위 있는 전문가들이 집필을 담당하고 분야별 이론 및 국내외 경영사례, 매뉴얼 등을 깊이 있게 연구, 소개함으로써 종합적, 체계적이면서도 전문성과 실용성을 두루 갖추고 있다.

■ 사용자매뉴얼

특정 서비스 등을 이용하기 위한 절차 및 방법을 상세히 명시한 문서로 서비스를 처음 접하는 사용자를 위해 사용 방법을 요약, 안내하는 데 작성 목적이 있으며 서비스에 관한 전반적인 소개를 비롯하여 서비스 이용을 위한 구체적인 방법을 상세히 기술하도록 한다. 사용자 매뉴얼의 저작권은 개발사에 있으며, 개발사의 허락 없이 임의 수정을 할 수 없다.

■ 관리매뉴얼

관리란 제품의 설계에서 제조, 검사, 판매에 이르기까지의 전 과정을 종합적으로 관리하는 것으로 관리매뉴얼은 품질시스템의 수립, 유지 및 관리에 관하여 문서화된 품질시스템을 유지 관리하는 것을 목적으로 하며 품질 관리를 수행하기 위해 필요한 계획과 이에 적합한 방침과 검사 및 시험, 품질기록의 관리 등에 대한 사항이 상세히 명시되어야 한다.

■ 업무매뉴얼

부서 또는 기업 내의 활동 기준이나 업무 수속 등을 문서로 기록한 문서를 이르며, 경영의 의지 결정 방법을 나타낸 규정서와 안내서가 이에 해당한다. 직원 교육의 일환으로 업무매뉴얼은 흔히 표준화할 수 있는 일의 작업 지시서를 말하며, 업무매뉴얼을 작성할 때에는 작업의 순서, 수준, 방법 등을 순서에 따라 자세하고 구체적으로 기재하도록 한다.

업무매뉴얼을 작성함으로써 순조로운 조직활동, 업무의 체계적 습득 및 진행, 일정 수준의 작업 확보 등의 효과를 얻을 수 있으며, 업무를 체계화하고 일관화하여 기업에서 업무를 직원 개인의 능력에 의존하는 정도를 낮춰 업무의 진행 및 인수인계 등을 효율적으로 진행할 수 있도록 한다.

■ 지식재산권

발명, 상표, 디자인 등의 산업재산권과 문학, 음악, 미술 작품 등에 관한 저작권의 총칭으로 지적소유권에 관한 문제를 담당하는 국제연합의 전문기구인 세계지적재산권기구(WIPO)는 이를 구체적으로 문학, 예술 및 과학 작품, 연출, 예술가의 공연, 음반 및 방송, 발명, 과학적 발견, 공업의장, 등록상표, 상호 등에 대한 보호 권리와 공업 · 과학, 문학 또는 예술분야의 지적 활동에서 발생하는 기타 모든 권리를 포함한다고 정의한다.

인간의 지적 창작물을 보호하는 무체의 재산권으로서 산업재산권과 저작권으로 크게 분류되며 특허청의 심사를 거쳐 등록을 하여야만 함과 동시에 저작권은 출판과 동시에 보호되고 그 보호기간은 산업재산권이 10~20년 정도, 저작권은 저작자의 사후 50~70년까지이다.

오늘날과 같이 정보의 유통이 급속하게 이루어지고 있는 시대에는 어떤 국가가 상당한 시간과 인력 및 비용을 투입하여 얻은 각종 정보와 기술문화가 쉽게 타국으로 흘러들어가기 마련이어서 선진국들은 이를 보호하기 위한 조치를 강화하고 있다.

■ 산업재산권

좁은 의미에서는 특허권, 실용신안권, 디자인권, 상표권 및 서비스표권을 말하며, 넓은 의미에서는 노하우(know - how)권, 미등록주지상표권 등 산업 상 보호 가치가 있는 권리를 모두 포함하여 말하지만 보통은 좁은 의미로 사용된다.

창작자에게 일정 기간 독점적 · 배타적 권리를 부여하는 대신 그 기간이 지나면 누구나 이용할 수 있도록 하여 기술진보와 산업발전을 추구하려는 데에 그 의의가 있으며 각각의 산업재산권을 규율하기 위하여 특허법, 실용신안법, 디자인법, 상표법이 제정 및 시행되고 있다.

■ 특허권

특허법에 의하여 기술적 사상의 창작(발명)을 일정기간 독점적, 배타적으로 소유 또는 이용할 수 있는 권리로 특허법에서 '발명'이란 자연법칙을 이용한 기술적 사상의 창작으로서 고도한 것을 이른다.

특허권이 부여되면 특허권자를 제외한 사람은 특허권자의 동의 없이 업으로서 그 특허 발명을 생산, 사용, 양도, 대여, 수입, 전시할 수 없으며 특허권 침해 시 민·형사소송을 제기할 수 있다.

특허는 보호받을 수 있는 존속기간이 출원일로부터 20년으로 특허로 등록되기 위해서는 산업상 이용할 수 있고, 기존의 기술에 비해 새롭고, 진보되어야 하며, 이러한 요건을 갖추었어도 공공질서나 선량한 풍속을 해치거나 공중위생을 저해할 염려가 없어야 한다.

■ 실용신안

실용적인 고안을 보호 및 장려하고 그 이용을 도모함으로써 기술의 발전을 촉진하여 산업발전에 기여하기 위하여 제정한 법으로 1961년 제정된 뒤 2009년 법률 제9371호까지 24차례 개정되었다.

신규의 실용품에 대해 고안자에게 특허보다 단기이지만 일정 기간 그 고안을 독점, 배타적으로 실시할 수 있는 권리를 보장함으로써 중소투자가와 기술자를 격려하여 적은 비용으로 낮은 수준의 기술개발이라도 이를 촉진, 유인할 수 있는 인센티브를 주고 중소기업 간의 기술 경쟁을 촉진, 조정하는 역할을 하게 하는 동시에 실용신안제도에 의한 소발명의 보호는 특허제도의 보호대상인 발명 수준의 저하를 방지하는 역할도 한다.

출원의 범위는 하나의 고안에 대해 하나의 실용신안등록출원을 원칙으로 하되, 하나의 총괄적 고안의 개념을 형성하는 1군의 고안에 대하여는 하나의 실용신안등록출원으로 할 수 있다. 명세서나 도면의 보정은 요지불변경의 원칙을 적용하여 출원서에 최초로 첨부된 명세서나 도면에 기재된 사항의 범위 안에서만 할 수 있다.

실용신안등록을 받으려는 자는 출원서에 최초로 첨부된 명세서나 도면에 기재된 고안을 기초로 하여 우선권을 주장할 수 있다.

전용실시권, 통상실시권 등의 규정은 특허법을 준용하며 이밖에 등록료, 실용신안권과 그에 대한 침해, 실용신안등록에 대한 이의신청 및 무효심판, 특허협력조약에 관한 국제출원에 관한 규정 등이 있다.

- **의장권**

물건의 형상, 색채, 도안 등을 외관상으로 아름답게 변경·개량한 자가 특허청에 출원하여 등록함으로써 부여받는 배타적인 전용권으로 전용기간은 의장권 설정의 등록일로부터 8년 이다.

의장은 특허청이 출원서 접수 후 일단 출원의 형식적인 요건을 충족하는지를 판단하는 방식심사를 거친 후 문제가 없으면 의장으로서 실질적인 등록요건을 갖추었는지를 심사하는 실체심사를 실시하며 방식심사에서는 출원서의 기재사항, 도면 및 기타 증명서를 확인하고 미비된 사항에 따라 보정 통지하여 보완케 하거나 출원을 수리하지 않고 처분한다.

그리고 실체심사에서는 출원된 의장의 물품성, 형태성, 시각성, 심미성 등 의장의 실체적인 구성요건을 갖추었는지를 심사한다.

- **상표권**

상품을 생산, 제조, 가공 또는 판매하는 자가 자기의 상품을 다른 업자의 상품과 식별코자 그 상품에 대해 사용 표시하는 기호나 문자, 도형 등을 '상표'라 하는데, 상표권은 생산자 또는 상인이 그 상표를 특허청에 출원해 등록함으로써 부여받는 전용권을 말한다.

즉, 상표권이란 등록상표를 지정상품에 독점적으로 사용할 수 있는 권리이다. 출원인과 사용자는 상표권을 사용함으로써 자타 상품의 식별, 출처 표시, 품질 보증, 광고 및 선전, 재산적, 경제적 기능을 운용할 수 있다.

상표권은 설정등록에 의하여 발생하고, 그 존속기간은 설정 등록일로부터 10년이며, 갱신 등록의 출원에 의하여 10년마다 갱신할 수 있고 상표를 등록할 경우 상표권자는 적극적으로 지정상품에 관하여 그 등록상표를 사용할 권리를 독점하는 독점권과 타인이 등록상표와 동일 또는 유사한 상표를 사용하는 경우 그 사용을 금지할 수 있는 금지권을 행사할 수 있다.

또한 타인이 자기의 등록상표 또는 등록상표와 유사한 상표를 사용하는 등 상표권을 침해하는 경우 상표권자는 그 자를 상대로 침해금지 청구권, 손해배상청구권 등을 행사할 수 있다.

상표권의 가장 중요한 내용은 지정상품에 대하여 그 등록상표를 사용하는 것인데, 그 외에도 상표권은 재산권의 일종으로서 특허권 등과 같이 담보에 제공될 수 있으며, 지정상품의 영업과 함께 이전할 수도 있다.

- **저작권**

인간의 사상 또는 감정을 표현한 창작물인 저작물에 대한 배타적, 독점적 권리로 이러한 저작물에는 소설, 시, 논문, 강연, 연술, 각본, 음악, 연극, 무용, 회화, 서예, 도안, 조각, 공예, 건축물, 사진, 영상, 도형, 컴퓨터프로그램 등이 있다.

여기에 더하여 원저작물을 번역·편곡·변형·각색·영상제작 등의 방법으로 작성한 창작물(이를 2차적 저작물이라 한다)과 편집물로서 그 소재(素材)의 선택 또는 배열이 창작성이 있는 것(이를 편집저작물이라 한다)도 독자적 저작물이다.

저작재산권과 저작인격권으로 구분되며, 저작권법에서는 보호받을 수 있는 저작물의 종류와 저작권을 구성하는 저작자의 권리의 행사 등에 관하여 일정한 제한을 두고 있는데 저작물을 이용하려면 저작권자의 이용허락을 받아야 하고 이용허락을 위해서는 사용료를 지급하는 것이 보통이다.

물론, 저작자가 아무런 대가를 받지 않고서 이용허락을 할 수도 있으며, 이용허락은 저작재산권자와 저작물 이용자 간의 채권적 법률관계로 이루어진다.

■ 저작인접권

저작물을 일반 공중이 향유할 수 있도록 매개하는 자에게 부여한 권리로 실연, 음반, 방송 위에 존재하며, 배우 가수 연주자와 같은 실연자, 음반제작자 및 방송사업자에게 귀속된다.

실연자, 음반제작자 및 방송사업자는 저작물을 직접 창작하는 사람은 아니나, 일반 공중이 창작물을 온전하고 풍부하게 누릴 수 있도록 매개하는 역할을 한다. 다시 말해서, 이들은 저작물의 해석과 재현에 기여할 뿐만 아니라, 이런 행위가 없다면 비록 완벽한 저작물이라도 충분히 일반 이용자에게 전달될 수 없기 때문에 저작권법에서 보호하는 것이다.

저작인접권은 실연을 한 때, 그 음을 맨 처음 그 음반에 고정한 때, 방송을 한 때부터 발생하며 보호기간은 70년이다.

■ 신지식재산권

과학기술의 발달로 생긴 새로운 지식재산을 보호하는 제도로 전통적 지식재산권인 저작권과 산업재산권(실용신안·상표·의장) 외에 과학기술발달로 새로운 지식재산이 등장하자 그 보호에 문제점을 보완하는 신지식재산 보호제도가 법으로 제정되었으며 신지식재산에 대한 정의는 과학기술의 급속한 발달과 사회여건의 변화에 따라 종래의 지식재산권 법규의 보호범주에 포함되지 않으나 경제적 가치를 지닌 지적 창작물을 의미한다.

신지식재산의 유형은 과학·기술발달로 인한 확대와 상표, 의장의 보호대상 확대로 나눌 수 있는데 과학, 기술발달에 따른 신지식재산에는 반도체 집적회로 배치설계, 컴퓨터프로그램, 데이터베이스, 생명과학, 인공지능, 전자상거래가 이 범주로 분류되며, 상표·의장의 보호대상확대에 따른 신지식재산에는 인터넷 도메인 이름과 지리적 표시가 속한다.

이 중에는 이미 제도적으로 보호되고 있는 것도 있고, 또 현재 제도적 보호가 논의되고 있는 것도 있지만 제도적 보호과정에서 기존의 지식재산들과는 다른 특성을 보이고 있으므로 신지식재산이라는 범주로 분류된다.

(4) 기술적용능력

■ 기술적용

자신과 조직에게 맞는 기술에 대해 파악하고 해당 기술을 적용하는 것을 의미하며 원본 기술을 기대로 적용, 불필요한 요소 제거 후 적용, 기술 분석 후 가공하여 적용 등의 유형이 있다.

■ 기술경영

기술을 전략적으로 활용함으로써 새로운 사업 기회를 창출하고 혁신적 제품을 고안하는 등 공학과 경영학을 통합한 개념으로 1980년대 미국 스탠퍼드대 윌리엄 밀러 교수가 기술경영 강좌를 개설한 것이 효시이며 기술투자 비용에 대해 최대 효과를 내는 것을 목표로 한다.

■ 최고기술경영자(Chief Technology Officer)

기업 활동 중에서 기술을 효과적으로 획득, 관리, 활용하기 위한 모든 경영지원 활동을 총괄하는 책임자로 회사 내 기술부문을 대표하는 최고 임원으로서, 전사적인 사업 전략을 기술부문에 연계시켜 기업의 시너지를 창출하는 역할을 한다.

기업의 외부적으로 급변하는 경영환경에 대응하기 위해 도입되었으며 1990년 중반 이후부터 시장과 소비자의 다양화, 글로벌화 등 기업 외부적인 경영환경이 급변하면서 지속적인 혁신과 차별화된 R&D 능력이 기업의 성공을 좌우하는 주요인이 되었다.

또한 신기술이 변화하는 속도가 아주 빨라지면서 기술을 이해하고 CEO에게 기술과 관계된 유용한 정보를 조언하고 자문하는 것이 아주 중요해졌는데, 이러한 것들이 CTO를 도입한 배경이 되었다.

■ 최고경영자(CEO)

원래는 최고지휘관을 뜻하는 군사용어이지만 미국 기업에서 최고 의사결정권자를 뜻하는 의미로 사용되기 시작하여 경제용어로 정착되어 보통 대표이사와 같은 뜻으로 쓰이고 대외적으로 기업을 대표하고 대내적으로는 이사회의 결의를 집행하며, 회사 업무에 관한 결정과 집행을 담당하는 등 대표이사와 유사한 지위와 권한을 갖는다.

CEO(Chief Executive Officer)는 한 기업에 보통 1명이 있지만, 복수의 CEO를 두는 기업도 있으며, CEO가 회장직을 겸하는 경우도 있으나 두 직책이 분리되는 경우도 있고 CEO와 회장직이 분리되어 있는 경우에는 일반적으로 회장은 단지 이사회를 주재하는 권한만을 행사하는 데 반하여 CEO는 경영 전반을 통괄하므로 기업 경영에 관한 실권은 CEO에게 있다고 할 수 있다.

진정한 CEO가 되기 위해서는 자신만의 독특한 경영철학과 경영이념, 그리고 지도력(리더십)이 있어야 한다는 것이 일반적인 견해이다. 즉 바람직한 정책과 전략을 제시해 기업의 구체적인 행동 강령을 이끌어 내고, 필요한 순간에 과감히 결단을 내릴 수 있어야만 성공적인 CEO가 될 수 있다는 것이다.

그러나 기업의 모든 권한이 CEO에 집중될 경우 독재형 경영구조를 낳을 수도 있다는 점이 문제점으로 지적되기도 한다. 즉 경륜이 부족한 CEO가 기술과 사업모델 개발에서부터 재무·인사·마케팅에 관한 권한까지 독점하게 되면 객관적인 판단에 문제가 생길 수 있고, 심지어 기업 이미지에 심각한 영향을 줄 수 있는 중대한 오류까지 범하게 된다는 것이다.

따라서 2000년 이후 세계 각국의 기업들에서는 CEO의 권한을 보충 또는 견제하기 위한 차원에서 CEO와 임원들의 역할을 분담해 새로운 직책을 신설하는 등 경영구조 개편을 꾀한다.

■ 네트워크(Network)

통신 분야에서 단말기 등을 접속하기 위해 사용되는 단말기기, 선로 및 교환기 등으로 구성되는 전송매체로 커뮤니케이션 분야에서는 정보전달 분야에 관련되는 자 또는 시설 상호간에 형성되는 조직을 말하며 대부분의 네트워크는 어떤 전기통신수단의 개재를 전제로 하고 있다.

네트워크를 형성함에 있어서는 목적에 따라 어떠한 네트워크 구성으로 하느냐가 경제성 면에서 중요한 문제이며 현재 전기통신망으로서는 전화망, 디지털 데이터 교환망, 팩시밀리 통신망, 비디오텍스 통신망 등이 있으며 이것들은 개별망으로서 구축되어 왔으나 이것들을 디지털 신호로 변환하여 취급하는 것이 기술적으로 가능하게 되어 INS의 구축을 위해 이러한 통신망을 통합한 디지털 통신망을 형성해 나갈 것으로 전망된다.

■ 도메인(Domain)

인터넷상의 컴퓨터 주소를 알기 쉬운 영문으로 표현한 것으로 네트워크를 관리하기 위한 영역에 해당하며 예전에는 숫자로 된 IP주소가 사용되었지만 지금은 시스템, 조직, 조직의 종류, 국가의 이름순으로 구분되어 있다.

도메인 이름은 최상위 도메인과 서브도메인, 호스트 이름 등으로 계층적으로 구성되고 최상위 도메인은 '국가'를 의미하여 미국이라면 기관의 성격을 나타낸다.

이중 DNS(Domain Name system)란 인터넷의 도메인체계로 도메인 이름을 IP주소로 변환하는 역할을 하며, DNS는 인터넷에 연결된 컴퓨터를 구별해 준다.

■ 무어의 법칙(Moore's Law)

인텔의 설립자 고든 무어(Gordon Moore, 1929~)가 마이크로칩의 용량이 매년 2배가 될 것으로 예측하며 만든 법칙으로 이 법칙은 1975년 24개월로 수정되었고, 그 이후 18개월로 바뀌었으며 새로운 3대의 칩 개발에 2년 정도가 소요되지만 가격에는 큰 변화가 없었다는 경험적인 사실에서 나왔다.

또한 무어의 예측대로 CPU는 눈 깜짝할 사이에 386, 486, 펜티엄 Ⅰ, 펜티엄 Ⅱ가 등장, 소비자들은 어제 산 PC가 내일이면 구모델이 되어버리는 현실에 살게 되었다.

한편 무어의 법칙은 인터넷은 적은 노력으로도 커다란 결과를 얻을 수 있다는 메트칼프의 법칙과 조직은 계속적으로 거래 비용이 적게 드는 쪽으로 변화한다는 가치사슬을 지배하는 법칙과 함께 인터넷 경제 3원칙으로 불리며 반도체나 컴퓨터처럼 발전 속도가 빠른 산업계에서는 정설로 받아들여지고 있지만 반도체칩의 집적도를 계속 높이는 데는 한계가 있으므로 무어의 법칙의 효용성이 낮아졌다는 주장이 제기되어 왔고 2003년 12월에는 인텔 연구진들이 보고서를 통해 무어의 법칙을 따르기 어려울 것이라고 밝히기도 하였다.

■ 메트칼프의 법칙(Matcalfe's Law)

이더넷(Ethernet)을 발명하고 스리콤(3Com)을 설립한 밥 메트칼프(Bob Metcalfe)가 1980년 정식화한 법칙으로 네트워크의 가치는 참여자 수의 제곱에 비례하며 네트워크의 규모가 커짐에 따라 그 비용은 직선적으로 증가하지만 네트워크의 가치는 기하급수적으로 증가하게 된다는 것이다.

이는 무어의 법칙(Moore's Law)과 함께 인터넷 비즈니스의 특징을 설명하는 중요한 키워드로 회자되고 있는데 네트워크가 무한대로 확장되어 갈수록 비용절감의 효과를 크게 기대할 수 있기 때문이다. 그러나 인터넷 가입자 및 회원 수가 많다고 하여 수익으로 이어지는 것은 아니며, 그보다 비즈니스모델이 더 중요한 요소로 작용한다.

■ 카오의 법칙(Kao's Law)

창조성은 네트워크에 접속되어 있는 다양성에 지수함수로 비례한다는 법칙으로, 다양한 사고를 가진 사람이 네트워크로 연결되면 그만큼 정보교환이 활발해져 창조성이 증가한다는 내용이며 법칙경영 컨설턴트 존 카오(John Kao)가 주장했다.

■ 디지털 격차(Digital Divide)

정보소유계층(Information Have)과 정보비소유계층(Information Have Not) 간의 격차를 뜻하는 말로 컴퓨터가 발전하면 할수록 인터넷의 효용이 증가하면 할수록 사회계층간의 격차가 점점 더 커지는 것을 말한다.

즉, 좋은 컴퓨터를 갖고 있는가, 인터넷 접속은 용이한가, 인터넷을 제대로 사용할 줄 아는가에 따라 삶의 기회와 질이 달라진다는 것이며 신기술개발은 일반적으로 인간의 삶을 풍요롭고 편리하게 하지만, 새로 개발된 기술들이 계층 간의 격차를 확대하는 성향을 지니고 있다는 것이다.

새로운 기술들은 대체로 가격이 비싸고 다루기가 복잡하기 때문에 지식과 재산을 가진 특정한 계층들에 독점되기 쉽고 정보통신기술도 특정계층에 독점되고 있다는 것이다.

정보화가 진척되면서 정보기술이 우리들의 사회를 더욱 풍요롭게 할 것이라는 전망들이 난무하는 가운데, 정보기술이 우리 사회의 건전성을 훼손시킬 수도 있다는 우려도 적지 않다.

■ 나노기술(Nano Technology)

나노(Nano)란 10억분의 1을 나타내는 단위로, 고대 그리스에서 난쟁이를 뜻하는 나노스(Nanos)란 말에서 유래되었으며 1나노미터(Nm)라고 하면 10억분의 1m의 길이, 즉 머리카락의 1만분의 1이 되는 초미세의 세계가 된다. 이를테면 원자 3~4개가 들어갈 정도의 크기다. 이처럼 나노기술이란 나노미터 정도로 아주 작은 크기의 소자를 만들고 제어하는 기술로 분자와 원자를 다루는 초미세 기술이어서 고전역학이 아닌 양자역학 이론이 적용된다.

나노의 세계를 처음으로 제시한 사람은 1959년에 노벨물리학상을 받은 리처드 파인만(Richard Phillips Feynman, 1918~1988)이다. 양자역학 연구 공로를 인정받아 1965년 노벨물리학상을 받은 리처드 파인만은 1959년 12월 캘리포니아공대에서 열린 미국물리학회 정기총회에서 '바닥에는 여지가 많다(There's Plenty of Room at the Bottom)'라는 제목으로 강연을 하였다.

파인만은 당시 강연에서 분자의 세계가 특정 임무를 수행하는 아주 작은 구조물을 세울 수 있는 건물 터가 될 것으로 내다보고 분자 크기의 기계 개발을 제안하였고 브리태니카 백과사전에 담긴 모든 정보를 핀 머리에 담을 수 있다고 주장해 나노시대가 올 것임을 예견했으나 당시 참석자들은 이를 실현 불가능한 것이라고 일축했다.

이후 20여 년이 흘러 80년대에 분자나 고체의 구조를 눈으로 직접 관측할 수 있는 초고성능 원자현미경(STM과 AFM)이 개발되면서 나노기술이 실현될 수 있다는 희망을 갖게 되었고 1992년에는 나노기술의 이론가인 에릭 드렉슬러(Eric Drexler)가 미국 의원들에게 분자기술에 관심을 가져줄 것으로 호소하였으며, 마침내 클린턴 정부가 들어선 뒤 미국은 2000년에 국가나노기술계획(NNI)을 발표하고 국가 차원의 나노과학기술개발을 선포했다. 드렉슬러는 또 분자기술 대신 나노기술이라는 용어를 만들어 나노시대를 열었다.

나노기술은 90년대 들어 현 마이크론(100만분의 1) 수준의 반도체 미세기술을 극복하는 대안으로 연구가 시작되었는데 현재 자기기록이나 광기록 기술로 실현가능한 마이크론 크기의 메모리소자는 아무리 줄여도 어느 단계에 이르면 기억매체로 쓸 수 없으며 이는 선폭을 줄이는 데 한계가 있기 때문이다.

현재 반도체 칩을 제작하는 도구는 자외선이다. 그런데 빛이 그려내는 선폭의 한계가 0.1마이크로미터(㎛)라는 것이 기술적 한계인데 물리적 한계를 극복하기 위해 제시된 방법의 하나가 나노미터 크기의 회로에서도 자성을 갖는 소자를 개발하는 것이다.

눈에 보이지도 않는 나노미터 크기의 선폭을 이용해 기억소자를 만든다면 현재의 기가(G=10억)비트보다 1,000배 빠른 속도와 용량을 자랑하는 테라(1조)비트급 집적도의 반도체칩을 만드는 것이 가능해진다.

그러나 나노기술은 전자와 정보통신은 물론 기계, 화학, 바이오·에너지 등 거의 모든 산업에 응용할 수 있어 인류 문명을 혁명적으로 바꿀 기술로 떠올랐고 이 기술이 발전되면 환경 의료 생명공학 신소재 등에서 상상을 초월한 변화가 예상된다. 성냥개비보다 작은 의료용 수술 가위, 인체 내부의 암 종양을 치료하는 초미세 로봇 등이 등장할 수 있다.

■ 생명공학기술(Biotechnology)

생물의 유전자 DNA를 인위적으로 재조합, 형질을 전환하거나 생체기능을 모방하여 다양한 분야에 응용하는 기술 즉, 생명 현상, 생물 기능 그 자체를 인위적으로 조작하는 기술로 생물체가 가지는 유전, 번식, 성장, 자기제어 및 물질대사 등의 기능과 정보를 이용해 인류에게 필요한 물질과 서비스를 가공·생산하는 기술을 말한다.

유전자 치환이나 세포융합으로 대량 배양한 효소를 사용하여 물질을 합성하는 바이오리액터(Bioreactor) 등 생체기능 자체를 응용한 기술에 의하여 자연에는 극히 미량밖에 존재하지 않는 물질을 대량으로 생산하려는 것으로 이미 당뇨병의 특효약 인슐린, 제암제 인터페론 등이 상업화되었으며 의약품뿐만 아니라 화학식품·화학섬유 등의 업종에서도 연구개발이 활발히 진행 중이다. 앞으로는 품질개량, 식량생산(GMO 식품) 등 농업 분야에도 응용될 것으로 기대된다.

20세기 후반에는 유전자에 관한 연구가 급증하였고, 1996년에는 스코틀랜드의 로슬린 연구소에서 이언 윌머트와 키스 캠벨이 핵 이식 기술을 이용하여 복제 양 돌리를 탄생시켰고 그 이후 다른 과학자들이 쥐 소 등으로 많은 복제를 해왔다

한국 정부는 2000년 10월 '바이오산업 발전 방안'을 수립함으로써 생물산업 발전의 기본틀을 마련했고, 기술 개발과 산업화를 양대 축으로 과학기술부, 산업자원부 · 보건복지가족부 등 관계 부처가 추진해 왔으며 2001년 8월에는 IT · NT 등과 함께 5대 차세대 성장산업으로 지정해 2010년까지 G7 수준으로 집중 육성키로 한 바 있다.

■ 정보기술(Information Technology)

정보화 시스템 구축에 필요한 유형 · 무형의 모든 기술과 수단을 아우르는 간접적 가치창출에 무게를 두는 기술을 뜻하는 정보통신 용어로 정보통신 산업의 발전과 함께 정보혁명을 주도하는 기술로 부각되었다.

조선, 철강, 자동차, 섬유 등 기존의 제조업이 직접적인 유형 가치를 창출하는 데 중점을 두는 반면, 정보기술은 컴퓨터, 소프트웨어, 인터넷, 멀티미디어, 경영혁신, 행정쇄신 등 정보화 수단에 필요한 유형, 무형기술을 아우르는 간접적인 가치 창출에 무게를 두는 새로운 개념의 기술이다.

업무용 데이터, 음성 대화, 사진, 동영상, 멀티미디어는 물론, 아직 출현하지 않은 형태의 매체까지 포함하며, 정보를 개발, 저장, 교환하는 데 필요한 모든 형태의 기술까지도 망라한다. 정보기술은 정보통신 산업이 급속도로 발전하면서 '정보혁명'을 주도하였으며 처음에는 경제효과에 관한 논란이 일었지만, 비약적인 생산 효과를 거둠으로써 현재는 전세계적으로 정보기술 개발에 관심이 쏠리고 있는 실정이다.

■ 인지과학(Cognitive Science)

인간이 느끼고, 생각하고, 표현하는 것을 구체적인 공식이나 절차를 통해 표현하는 연구를 지향하며, 인지심리학, 인공지능, 언어학, 신경과학, 인류학, 철학, 컴퓨터과학 등의 여러 분야에 걸친 다학문적인 연구 분야로 연구방법에서 컴퓨터상에 모델화를 중심으로 고도의 형식성과 정밀성을 요구한다.

1950년대 인지과학의 사조가 형성되어 발전하였으며, 1970년대 초에 인지과학이라는 명칭이 사용되기 시작하였는데 1970년대에 들어와 미국의 인지심리학에서는 인식되어 있는

정보, 즉 '지식(Knowledge)'이 인간의 기억 내부에서 어떻게 구조화되어 '표현(Represent)'되는지의 문제가 크게 다루어지게 되었다.

이 문제의 해명에는 종래의 실험분석이나 수치적 해석의 수법으로는 큰 성과를 기대할 수 없어, 내부지식의 구조와 작용을 충분히 밝힐 수 있는 동적인 기호처리 모델의 작성이 요구되었는데 이런 종류의 모델은 인간의 지적 능력의 '대행이나 증강'을 목적으로 하는 것은 아니지만, 컴퓨터상에 프로그램으로 실현됨으로써 당초부터 인공지능연구와 밀접한 연관을 갖게 되었다.

또, 이들 지식 표현상의 기초적 아이디어는, 언어학에서의 의미표시(표현) 이론을 참고로 한 것이 많고, 더 나아가서는 그 내부지식의 입출력매체로서 자연언어를 생각하는 것이 일반적이기 때문에, 이들의 연구와 언어학의 연관도 밀접해졌다.

이와 같은 경과를 바탕으로, 위에서 말한 세 분야를 중심으로 한 학제적 연구 교류의 기운이 높아져서, 미국에서는 1977년 학술잡지 〈인지과학 Cognition Science〉이 발간되었고, 1979년 학회도 설립되었다.

현재까지의 성과로 R. C. 섄크를 중심으로 한 문장(텍스트)이나 회화의 이해와 생성의 과정에 대한 이론화, H. A. 사이먼의 흐름을 딴 사고과정의 시뮬레이션 연구, D. A. 노먼 등에 의한 기억이나 행위 스키머에 관한 연구 등이 있으며 앞으로의 테마로서는 언어, 기억, 사고, 지각, 학습, 발달, 감정, 의식, 신념, 행위, 사회적 상호작용·동기부여 등을 생각할 수 있다.

■ 융합기술(Convergence Technology)

2개 분야 이상의 과학기술이나 학문분야를 결합, 시너지 효과를 극대화하는 것으로 나노기술(NT), 바이오기술(BT), 정보기술(IT) 등 신기술 간 또는 이들과 타 분야와의 상승적 결합 등이 이에 해당하는데 융합기술이 미래 산업을 주도할 것으로 예측된다.

우리나라의 경우 2000년대 NT분야 나노기술종합발전계획과 BT분야 생명공학육성기본계획 등을 수립, NBIT(NT+BT+IT) 융합을 활발히 진행하고 있으며 최근에는 인문사회의 다양한 분야를 포괄하면서 융합기술 영역이 넓어지고 있다.

(1) 기술능력

■ 사례 1

〈131년 필름 제왕의 몰락〉

131년의 역사를 지닌 '필름의 명가' 코닥사는 조지 이스트먼이 설립하여 1980년대에 세계 필름 시장의 2/3을 지배하기도 했다. 이러한 코닥의 몰락을 가져온 디지털 카메라를 처음 개발한 회사는 역설적이게 도 코닥 자신이었다.

코닥 카메라는 1975년 세계 최초로 스티븐 새슨(Steve Sasson)이 디지털 카메라를 개발하였지만 이 기술로 돈을 벌지 못하였는데 이유는 디지털 시대가 도래하였어도 이 신기술에 대한 미온적인 태도로 디지털 카메라를 무시했기 때문이다. 코닥은 즉석카메라에 집중을 했고 폴라로이드와 특허로 분쟁을 일으키기까지 하였다.

한편 디지털 카메라를 적극적으로 받아들인 일본의 소니, 캐논 등이 디지털 카메라로 진출하자 필름 카메라는 그 영역이 급속하게 축소되었고 뒤늦게 코닥이 디지털 카메라 시장에 뛰어들었지만 상황을 바꾸기에는 역부족이었다.

결국 주력 업종을 스스로 잡아먹는 신제품을 낼 이유가 없다는 안이한 판단이 한 기업을 몰락으로 이어가게 한 것이다.

■ 학습활동

1. 위의 사례에서 등장한 기업이 왜 실패했는지 그 원인에 대해 생각해 보자

2. 우리 주변에서 볼 수 있는 지속가능한 기술 개발 사례를 찾아보자.

3. 더 나은 업무 수행을 위해 자신에게 요구되는 기술에는 무엇이 있고, 자신의 업무에서 실천할 수 있
   는 지속가능한 기술에는 무엇이 있는지 생각해보자.

■ 사례 2

〈노하우(Know – how)보다는 노와이(Know – why)!〉

미국의 한 대학에서 아이들의 학습 유형에 대해 실험을 하였다. 같은 성적 분포를 보이는 학생들을 모아
서 두 그룹으로 나누어 석 달간 진행하였는데 A, B 두 그룹 모두 같은 학습 내용과 똑같은 교재를 사용
하도록 하였지만 두 그룹 사이에 선생님의 수업 방식과 학생들의 학습방식을 달리하였다.(두 그룹 모두
같은 선생님이 가르침. 과목은 수학, 과학)
A그룹의 수업 방식과 학습 방식은 주어진 주제에 대한 개념과 원리를 학생들이 스스로 찾아 발표하도록
하는 학생 주도형의 '참여적 수업 진행 방식'이었던 반면 B그룹의 수업 방식과 학습 방식은 주어진 주제
에 대한 이론 암기와 유형 분류를 선생님으로부터 배우는 교사 주도형의 '주입식 수업 진행 방식'이었으
며 석 달간 두 그룹 모두 진도에 맞춰 다음과 같은 세 번의 테스트를 치렀다.

구분	첫째 달	둘째 달	셋째 달
출제 범위	교재 1/3 진도	교재 2/3 진도	진도 전 과정
문제 유형	객관식 1/3 문항	단답형 주관식 1/3문항	서술형 주관식 1/3문항
출제 난이도	낮은 수준(교과서 내용 출제)	중간 수준(교재 내용 50% + 쉬운 응용문제 50%)	어려운 수준(교재에 나오지 않지만 수업과 관련된 문제)

실험 결과, 흥미로운 사실이 발견되었는데 첫째 달에는 B그룹의 성적이 A그룹의 성적보다 조금 높았으며(과목별 평균 3~5점) 둘째 달에는 B그룹의 성적이 다소 떨어진 반면 A그룹의 성적은 많이 올라서 B그룹보다 과목별 평균 10점정도 앞섰다. 마지막 달에는 차이가 점점 벌어져서 A그룹의 성적이 B그룹의 성적에 비해 과목별 평균 25점 이상 앞섰다.

더 재미있는 현상은 객관식과 단답형 점수 차이보다는 서술형 주관식 문제에서 현저한 성적 차이를 보였던 것이며 석 달간의 실험이 끝날 무렵 해당 과목에 대한 학생들의 흥미도 평가는 더욱 큰 차이를 보였는데 A그룹은 배운 내용에 대해 좀 더 깊이 연구하고 싶다는 의견이 95%인 반면 B그룹은 같은 의견이 35%에 그쳤다.

결국 이 실험을 통해 교육 전문가들은 주입식 이론 암기나 유형 분류식의 교사주도형 학습이 얼마나 폐해가 큰지 충분히 느낄 수 있었으며 단기간이라면 단순 암기가 효율성이 높을지는 몰라도 오랜 시간에 걸친 많은 양의 학습과 체계화에는 전혀 도움이 안 된다는 사실을 확인할 수 있었다.

그뿐만 아니라 이 실험은 학생이 스스로 배울 내용에 대해 탐구하고 지적 호기심을 자극하는 '학생 주도형'의 참여형 수업 방식이 훨씬 효과적이라는 사실을 검증해 주었다.

왜 그런 결과가 나왔는지 묻지도 않고 무조건 외우는 데 급급한 노하우(Know – how) 학습보다는, 왜 그런 결과가 나왔고, 왜 그래야만 했는지에 대해서 묻고 따지는 노와이(Know – why) 학습이 결국 승리한다는 것이다.

■ 학습활동

1. 자신이 생각하는 기술의 정의는 무엇인지 생각해보자.

2. 현재 자신에게 필요한 기술은 무엇인지 고민해보자.

3. 자신이 노하우를 익혀서 무언가를 했던 경험은 무엇이었고 그 경험을 통해 얻은 장점과 단점은 무엇이었는지 생각해보자.

4. 자신이 노와이를 익혀서 무언가를 했던 경험은 무엇이었고 그 경험을 통해 얻은 장점과 단점은 무엇이었는지 생각해보자.

■ 사례 3

<〈기술 명장 김규환 씨의 삶〉>

대우중공업 김규환 명장은 끊임없는 노력과 열정으로 국내 최대 국가기술자격증 보유, 5개 국어 구사, 업계 최초의 기술명장으로 인정을 받고 있다.

김규환 명장은 고졸이라는 학력 때문에 정식 사원으로 입사를 하지 못하고 사환으로 입사를 시작하였으나 새벽 5시에 출근하여 기계작업을 준비하는 등 남다른 성실함으로 정식기능공, 반장 등으로 승진을 하여 현재의 위치에 오르게 되었으며 하루는 무서운 선배 한 명에 세제로 기계를 모두 닦아 놓으라는 말에 2,162개나 되는 모든 기계 부품을 분리하여 밤새 닦아서 놓았다.

그 후에도 남다른 실력으로 서로 문제가 있는 다른 기계를 봐 달라고 하는 사람들이 점점 늘어났으며 정밀기계 가공 시 1℃가 변할 때 쇠가 얼마나 변하는지 알기 위해 국내외 많은 자료를 찾아보았지만 구할수 없어 공장 바닥에 모포를 깔고 2년 6개월간 연구를 한 끝에 재질, 모형, 종류, 기종별로 X − bar(평균) 값을 구해 1℃ 변할 때 얼마나 변하는지 온도 치수가공조건표를 만들었다.

김규환 명장은 이를 산업인력공단의 〈기술시대〉에 기고하였으며 이 자료는 기계가공 분야의 대혁명을 가져올 수 있는 자료로 인정을 받았다.

<〈K씨의 새로운 기술능력 습득방법〉>

K씨는 올해로 직장에 들어온 지 3년 차인 중소제조업 직원이며 신입사원으로 들어왔을 때는 고등학교와 대학교에서 배운 전공 실력, 그리고 산업기사 자격증으로 나름대로 촉망받는 인재였지만 3년 동안업무에 시달리다 보니 새로 들어오는 신입사원이 최신의 기술능력을 더 많이 알고 있는 것을 알게 되었고 자신의 능력이 뒤떨어지는 것을 느끼게 되었다.

그래서 자신의 기술능력을 신장시키고 다른 사람과 차별성을 유지할 수 있는 일을 배워보기로 결심하였으나 막상 결심은 하더라도 어떻게 새로운 기술능력을 배워야 할지 고민이 되었으므로 빈 종이를 들고다음과 같이 떠오르는 생각을 적어 나갔다.

나는 어떤 기술능력을 개발해야 되는가?
나에게 부족한 기술능력은 무엇인가?
이 기술능력은 어떻게 개발할 수 있는가?
이 기술능력을 배우기 위해서는 어떻게 해야 하는가?

자신에게 부족하고, 업무에 중요하다고 판단된 기술이 무엇인지 파악하게 된 K씨는 그러한 기술을 습득할 수 있는 방법에 대해 알아보기 시작했으며 먼저 중소기업연수원에서 제공하고 있는 기술과정 연수, 회사 내 e − Learning을 활용한 연수, 사이버 대학 등이 자신이 할 수 있는 새로운 기술을 습득할 수 있는 방법이라고 생각하였다.

■ 학습활동

1. 현재 자신의 직업 활동에서 활용 가능한 기술이 무엇인지 생각해 보자.

2. 현재 자신이 직장에서 활용 가능한 기술의 장점과 단점에 대해 알아보자.

3. 자신이 가장 잘 할 수 있는 기술과 부족한 기술에는 무엇이 있는지 생각해 보자.

4. 성공적인 직업생활을 위해 필요한 기술은 무엇이며, 부족한 기술을 습득하기 위한 방법에는 무엇이 있는지 생각해 보자.

■ 사례 4

〈탁월한 기술능력의 소유자, 달인〉

어떤 한 분야에서 뛰어난 기술 능력을 가진 사람을 보고 우리는 '달인'이라 부르며 SBS 〈생황의 달인〉 프로그램에서는 여러 분야의 달인들을 소개하고 있다. 이 달인들은 보통 사람들이 가지고 있지 않은 뛰어난 기술을 가지고 있으며 예를 들면 김밥 달인은 보통 사람보다 김밥을 얇게 써는 기술을 가지고 있고, 서빙의 달인은 한꺼번에 많은 음식을 서빙하거나 많은 그릇과 접시들을 정리하는 기술을 가지고 있다.

우리는 일을 하면서 누구나 달인이 되고 싶어 한다. 그렇다면 달인이 되기 위해서는 어떻게 해야 할까?

하워드 가드너의 '다중지능이론'을 보면 10 – 10 – 10의 법칙이 있다. 이는 한 분야에서 10년을 일하면 전문가가 될 수 있고 20년을 일하면 그 분야에 영향력을 줄 수 있는 사람이 될 수 있으며, 30년을 일하면 다른 분야에까지 영향력을 행사할 수 있게 된다는 것인데 그렇다면 한 분야에 10년만 있다고 해서 모두가 전문가가 되고 달인이 되는 것일까?

말콤 글래드웰의 〈아웃라이어(Outliers)〉라는 책을 보면, 성공한 사람들을 분석해 보니 공통된 요소가 있었다고 하며 그것은 바로 '만 시간 동안의 경험치'를 쌓았다는 것이다.

만 시간을 채우기 위해 매일 3시간씩 해당 기술을 연습한다면 10년이 될 것이고 매일 6시간씩 연습한다면 5년일 것이지만 여기서 중요한 것은 만 시간을 그냥 채우라는 것이 아니라 나의 성장을 위해 내가 원하는 기술을 연마하고 최선의 노력을 하면서 만 시간을 보낼 때 그 해당 기술은 나만의 능력이 될 수 있다.

한 직장의 똑같은 시기에 입사한 동기여도 10년 후 모든 똑같은 실력을 보유하고 있지 않은 것처럼 자신에게 주어진 시간을 얼마나 잘 활용하는가에 따라 능력은 달라진다.

■ 탐구활동

1. 탁월한 기술능력을 가진 사람이 주변에 있다면 그 사람의 특징은 무엇이고 배울 점은 무엇인지 생각
   해보자.

2. 사례에서처럼 자신이 만 시간을 투자하여 배우고 싶은 기술이 있다면 무엇이 있는지 작성해보자.

■ 사례 5

<직장인 대상 무료 핵심 직무 교육에 모바일 콘텐츠 제공>

'평생직장'이라는 개념이 사라진 요즘, 직장인 10명 중 8명 이상이 불안정한 미래에 대비하기 위한 자기
계발 계획을 가지고 있는 것으로 조사되었다.

삼성그룹 HR전문기업 멀티캠퍼스는 주요 중소기업 직장인 880명을 대상으로 하반기 자기 계발 계획이
있는지 여부를 조사한 결과 87.8%가 '있다'고 답했는데 입사 후에도 자기 계발을 지속하는 이유로는 '직
무 능력 강화(51.3%, 복수 응답)'를 첫 번째로 꼽았으며 다음으로 '업무 및 성과에 도움(38.1%)', '자기 만
족도를 높이기 위해(27.4%)', '미래를 위한 투자(19.8%)' 등의 이유를 들었다.

멀티캠퍼스 스마트러닝사업팀 K 이사는 직장인의 자기 계발은 개인 차원의 역량 향상은 물론 기업 생산성 강화를 위해서도 매우 중요하다며, 가장 큰 걸림돌인 경제적 부담을 해소하기 위해서는 무료로 들을 수 있는 '중소기업 핵심 직무 교육'과 같은 정부 지원 사업을 적극적으로 활용하는 것을 추천한다고 말했다.

'중소기업 핵심 직무' 교육은 중소기업 근로자의 핵심 역량 제고를 위한 고용노동부와 한국산업인력공단의 공동 주관 사업이며 커리큘럼은 IT 및 일반 경영에 대한 실습 중심의 교육 과정으로 구성되어 있고 중소기업 근로자라면 누구나 전액 무상으로 수강가능하다.

멀티캠퍼스 중소기업 핵심 직무 수강자 H씨는 오랜 시간 경험과 착오를 거쳐 알 수 있는 유용한 실무 노하우를 단시간에 습득할 수 있기 때문에 며칠을 투자하는 것이 아깝지 않으나 자신의 경력과 진로 계획에 도움이 되는 교육 과정을 찾아 수강하는 게 중요하다고 말했다.

■ 학습활동

1. 사례를 읽고 기술능력을 끊임없이 배우고 향상시켜야 되는 이유에 대해서 작성해보자.

2. 자신에게 부족한 기술을 향상시키기 위한 자신에게 맞는 기술능력의 향상 방법과 그 이유에 대해 작성해보자.

■ 사례 6

〈태양광 수출 폭증〉

한국 태양광이 전성시대를 맞이하여 수출이 폭증했다. 5일 산업부와 IEA에 따르면 한국의 태양광 수출액은 7월 말 기준 20억 1000만 달러(잠정치)로 나타났고 전년 같은 달보다 46.7% 늘어났다. 내수 역시 확대일로에 놓여서 작년에만 신규 설치 용량이 1GW(누적 기준 3.5GW)를 넘어섰는데, 이는 세계 7위 규모이다.

태양광 수출 확대는 미국 – 일본 시장 확대에 기인하여 향후 전망도 밝은데 인도를 비롯해 프랑스, 헝가리, 스웨덴 등이 태양광 시장에 진입했고 이들 국가는 국내 태양광 기업이 진출할 텃밭으로 여겨지고 있다.

세계 태양광 시장은 2010년 이후 각광받고 있으며 중국은 누적 태양광 설치 용량이 34.4GW로 39.7GW를 설치한 독일을 추월하여 세계 1위에 올라섰다. 그 뒤로 34.4GW를 설치한 일본이 바짝 추격하고 있으며 미국은 4위로 25.6GW를 설치했다.

2015년 기준 전 세계 태양광 시장 규모는 50GW이며 중국이 15.2GW, 일본 11GW, 미국은 7.3GW를 신규로 설치했다.

업체 전문가들은 한국 태양광 수출의 폭증이 미국와 일본 시장의 확대 때문이라고 분석하는데 특히 미국은 ITC 제도의 일몰이 2020년까지 연장되어 태양광 블랙홀로 떠올랐다. ITC는 신재생 에너지를 설치하는 사업주에게 면세 혜택을 주는 강력한 신재생 에너지 지원금 제도로 유명하며 8월 3일 미국 오바마 행정부가 'Clean Power Plan'을 발표함에 따라 ITC 제도는 2020년까지 계속 시행되었다.

미국 태양광 시장은 2분기까지 2.7GW가 설치되었고 하반기에는 약 5GW 이상의 태양광이 설치되어 총 8GW의 태양광 발전소가 건설될 예정이며 전력 구매 계약의 증가도 미국 태양광 시장을 확대하는 주 요인 중 하나이다. 하나큐셀은 작년 4월 20일 미국 넥스트에라에너지, 신성솔라에너지와 선에디슨에 대규모 태양광 모듈 공급 계약을 맺어 올해까지 납품을 이어가고 있다.

한화큐셀 관계자는 미국와 일본 태양광 시장의 성장에 따라 수주 실적도 상승하고 있다며 이것이 2분기 한화큐셀 실적이 20% 이상 성장한 배경이라고 말했다.

일본은 발전차액지원제도 등 태양광 보조금이 나오기 이전부터 주택용을 중심으로 태양광 시장이 확립되었으며 일본 기업 '샤프'가 태양광 모듈을 처음 개발해 1974년 발사된 기상 위성의 에너지원으로 활용하는 등 일본의 태양광 산업의 기초체력은 튼튼하다.

특히 일본은 지진의 영향으로 공동 주택보다 단독 주택이 많아 지붕형 태양광 발전 시장이 넓으며 2011년 동일본 대지진 이후 대규모 태양광 발전 설비인 메가솔라 사업이 확장되고 있다.

신성솔라에너지 관계자는 수출에서 매출의 절반이 나오는 우리에게 미국과 일본이 주요 거래처라며 특히 미국에는 연락 사무소까지 두고 운영할 정도로 신경 쓰고 있다고 했다.

한국 태양광 수출은 더욱 확대될 조짐인데 신규 시장이 빠른 속도로 늘고 있어서다. 인도는 신재생 에너지의 새로운 시장으로 떠올랐고, 비록 100MW 이하이기는 해도 폴란드, 헝가리, 스웨덴 등이 태양광 발전에 진입했으며 인도는 누적 5GW를 설치해 태양광 시장 규모가 세계 10위에 랭크되었다.

인도는 2억 5000만 명이 전력을 공급받지 못하는 것으로 알려져 인도 모디 총리는 석탄 화력 발전 건설과 신재생 에너지 보급으로 이를 해결하려 노력하고 있다. 한화큐셀은 작년에 인도 시장 진출을 알린 바 있다.

태양광 신규 진입 국가 중 스웨덴은 2015년 51Wm의 태양광을 설치했으며 누적 130MW를 기록하고 있다. 프랑스(897MW), 네덜란드(450MW)도 태양광에 뛰어들었다. 특히 프랑스는 원전이 전체 전력 생산의 75%를 차지하는 가운데 태양광을 꾸준히 늘려 주목받고 있다.

■ 학습활동

1. 우리 주변에서 볼 수 있는 지속가능한 기술개발의 사례를 찾아보자.

2. 사례를 읽고 지속가능한 기술개발이 이루어졌으면 하는 분야를 적은 다음 그 이유에 대해서 서술해 보자.

■ 사례 7

〈파반 수크테브 '녹색성장은 새로운 돈벌이'〉

"한국 재벌들은 옛날 방식을 이용해 성공적으로 벌었어요. 이젠 새로운 방식으로 벌기 바랍니다."

파반 수크테브는 한국 재벌에게 애증 섞인 고언을 했다. 15년간 도이치뱅크에서 일하며 그는 세계 곳곳에 경제 문제에 관여했고 1997~98년 한국이 외환위기를 겪을 때 한국 경제와 사회를 깊숙이 들여다보기도 했으며 당시 도이치뱅크는 외환은행 매각과 구조조정에 관여했다. 그래서인지, 한국 재벌에 대해 그는 우호적인 시각을 갖고 있다.

한국 재벌은 각종 사회 공헌 활동으로 정부의 손길이 미처 닿지 않는 복지 사각지대를 책임지고 있으며 재벌의 사회 공헌은 활발하고 왕성하지만 금액이나 통계에 환산되지 않는 부분이 많다.

"한국 정부가 재벌이 쉽게 사업을 할 수 있도록 너무 혜택(Leverage)을 주지 않아야 재벌이 건강해질 수 있습니다. 혜택은 한국 재벌들이 녹색성장에 진입할 수 있도록 유도할 때 고려할 사항이죠."

수크테브는 녹색성장이 지속 가능하려면 기업의 정책 결정자들을 설득하는 일이 중요하다고 봤고 도이치뱅크에 근무하며 유엔환경계획(UNEP) 특별자문관과 녹색경제 이니셔티브 총괄책임자로 일한 그로선 당연히 내릴 수 있는 판단이다. 기업 정책 결정자들을 설득하려면 무엇보다 먼저 보고 체계를 바꿔야 한다고 그는 주장한다.

그에 따르면 기존 산업에서 힘을 받던 부분 외에도 환경 경영, 에너지 효율과 진단 부서의 보고 라인을 확보하고 힘을 실어 주면 기업 정책 결정자들도 녹색성장에 대한 중요성을 알 수 있게 될 것이며 정부가 세제 개혁을 통해 기업들이 자연스럽게 녹색성장에 나서도록 유도해야 한다.

이어 자원 사용이나 온실가스 배출이 많은 기업에게 세금을 물도록 세제를 개편해야 하며 그는 정부가 에너지 믹스를 녹색성장에 맞게 구성하고 탄소가격제도 등을 도입하는 방안을 구체적인 실례로 제시했다.

파이낸스 레버리지(Finance Leverage)를 주지 않는 것도 중요한데 기업들이 정부의 보조를 받아 쉽게 경영 활동을 전개한다면 쉽게 망하기도 한다는 것이 수크테브의 기본 시각이다. 그는 파이낸스 레버리지를 폐지하면 당장 기업 경영비용이 늘어나겠지만 거품이 빠질 것이라며 낮은 레버리지가 낮은 부실을 가져오기 때문에 선순환 구조가 중요하다고 말했다.

마지막으로 그는 현재 고등학생, 대학생인 밀레니엄 세대에게 기업이 녹색성장에 대한 홍보를 집중적으로 수행해야 한다고 봤으며 특히 한국 기업은 기업과 기업 간 거래가 많아 밀레니엄 세대를 등한시하는 경향이 있는데 기후 변화 대응과 온실가스 감축 시대를 살고 있는 밀레니엄 세대의 구매력을 확보하려면 녹색 성장을 담은 광고로 이들을 대상으로 만들 필요가 있다.

파반 수크테브는 이런 내용을 최근 펴낸 저서에 담았으며 부제는 '지속가능한 기업의 4가지 조건'이다. 6일 그는 제주에서 개최된 GGGW에서 출판 기념 기자간담회를 가졌으며 독일, 브라질, 콜롬비아 등 6개국에서 출간되었다.

수크테브는 녹색성장을 집대성했다는 평가를 받으며 2011년 완성한 〈녹색경제 보고서〉는 환경적으로 건강한 개인이 성장의 장애물이 아니라 만연한 빈곤에 대응하는 부를 증가시키고 고용을 창출하는 신동력이란 사실을 경제학적으로 증명했다.

또한 2008년부터 진행 중인 생태계와 생물 다양성의 경제학 프로젝트는 생태계 서비스와 생물 다양성이 지닌 경제적 편익을 공공, 민간 부문에 걸쳐 측정해 각국 정부와 기업들의 의사 결정자들이 자연의 가치를 의사 결정 과정에 보다 적극적으로 반영하도록 유도하고 있다.

■ 학습활동

1. 사례를 읽고 지속가능한 기업의 우선 조건으로 무엇이 중요하다고 생각하는지 그 이유를 서술해보자.

2. 자신의 업무(미래 업무 포함)에서 실천할 수 있는 지속가능한 기술에는 무엇이 있을지 생각해보자.

■ 사례 8

〈산업재해, 과연 막을 수는 없는 것일까?〉

P화학 약품 생산 공장에 다니고 있는 M대리는 퇴근 후 가족과 뉴스를 보다가 자신이 근무하는 화학 약품 생산 공장에 대형화재가 발생한 것을 알게 되었으며 수십 명의 사상자를 발생시킨 이 화재의 원인은 노후한 전기 설비로 인한 누전으로 추정된다고 하였다.

불과 몇 시간 전까지 같이 근무했던 사람들의 사망소식에 M대리는 어찌할 바를 몰랐으며 그렇지 않아도 공장장에게 노후한 전기설비를 교체하지 않으면 큰일이 날지도 모른다고 강조해왔는데 결국에는 돌이킬 수 없는 대형사고가 터진 것이다.

사전에 조금만 주의를 기울였다면 이러한 대형 사고는 충분히 막을 수 있었을 것이고 자신이 더 적극적으로 공장장을 설득하여 전기설비를 교체했더라면 오늘과 같이 소중한 동료를 잃는 일은 없었을 것이라고 자책하는 M대리.

이와 같은 대형 사고는 사전에 위험 요소에 대해 조금만 관심을 가진다면 충분히 예방할 수 있는 경우가 매우 많음에도 불구하고 끊임없이 반복하여 발생하는 이유는 무엇일까?

■ 학습활동

1. 우리 주변 혹은 직장에 사고를 일으킬 수 있는 위험요소가 있는지 확인해보자.

2. 혹시라도 발생할 수 있는 안전사고를 예방하기 위해서 우리가 해야 할 일은 무엇인지 알아보자.

■ 사례 9

가운데〈구의역 사고는 날 수 밖에 없었다.〉

2016년 5월 28일 발생한 구의역 사고 원인 규명을 위해 민관 합동으로 발족했던 '구의역 사고 진상규명위원회'는 당시 사고가 불완전한 안전 시스템과 인력 부족, 외주화 등이 복합적으로 작용한 결과라는 결론을 내렸다.

구의역 사고 진상규명위원회는 당일 오후 2시 서울시청 본관 3층 대회의실에서 이 같은 내용을 담은 조사 결과를 시민 보고회에서 발표했으며 구의역 사고가 우리 사회의 부조리가 내재한 필연적인 결과이기 때문에 안전 매뉴얼을 지키지 않은 개개인의 부주의를 지적하기에 앞서 불완전한 안전 시스템과 열악한 노동 환경을 돌아보고 점검하는 것이 먼저라고 강조했다.

위원회는 우선 승강장 안전문 부실 시공과 관제 기능 미비, 중앙 정부 및 서울시의 공공기관 경영 효율화 요구에 따른 구조 조정 과정에서 추진된 안전 업무의 외주화와 이에 따른 비정규직 양산, 외주화 과정에서 효율을 강조한 외주 업체의 부적절한 인력 운영과 매뉴얼 미준수 등을 원인으로 꼽았으며 안전보다는 편의와 효율을 중시하는 사회 분위기와 노동 환경이 복합적으로 작용해 발생한 사고였다고 설명했다. 이에 위원회는 사고의 원인이 된 우리 사회의 불완전한 안전 시스템에 대한 개선 대책을 제안했다.

위원회는 우선 구체적으로 2인 1조가 가능하도록 조직을 진단하고 스크린도어 정비 업무와 관련한 서울메트로 내규를 새로 정하는 방안을 내놓았으며 안전 업무는 외주화를 원칙적으로 중단하고 저임금, 장시간 업무 등 취약하고 위험한 공공 부문의 노동 환경을 재점검해야 한다고 제안했다. 또 안전, 재난을 총괄하는 기구 설치와 실효적 집행 시스템을 갖출 것도 권고했다.

위원장은 개개인의 과실과 책임을 묻기 이전에 안전사고가 일어난 구조적 요인을 지적해 우리 사회 구성원 모두가 통렬하게 반성하는 것이 우선이라면서 해당 보고서가 도시철도 기관사 자살 문제 등 산적한 서울 지하철의 안전 문제를 포괄적으로 점검하고 대안을 마련하는 계기가 되었으면 한다고 말했다.

■ 학습활동

1. 사례에 소개된 사고가 일어난 이유는 무엇인지 생각해보자.

2. 이러한 사고를 방지하기 위해 우리 사회가 할 수 있는 일은 어떤 것들이 있을지 생각해보자.

(2) 기술이해능력

■ 사례 1

〈삼성 반도체의 신화〉

일본과 미국에 비해 반도체 분야에 후발 주자로 뛰어든 삼성은 끊임없는 추격과 기술 개발을 통해 1992년 이후에는 메모리 분야에서 시장 점유율 세계 1위 기업으로 성장했다. 삼성이 초기 64K D램을 개발할 때 선진국과 6년의 격차가 있었고 이를 양산하는 데 4년의 격차가 있었지만 16M, 64M, D램의 개발과 양산은 선진국의 선도 기업과 동일한 시기에 이루어졌으며, 256M, 1G D램부터는 선진국을 추월하여 마침내 세계 최초로 64M, 256M, 1G D램을 개발했다.

1993년에는 8인치 웨이퍼 양상 라인을 세계 최초로 완공한 삼성은 일본 오키 사에 싱크로너스 설계기술을 수출하는 등 기술 역수출의 예를 보여주었으며 지금은 삼성의 기술이 사실상의 세계 표준으로 인정받고 있다.

■ 학습활동

1. 삼성은 끊임없는 연구개발을 통한 기술혁신으로 업계 최고의 위치에 올라선 대표적인 기업이다. 이와 같이 기술혁신에 필요한 요소들을 나열해보고 기술혁신에서 가장 중요한 요소는 무엇인지 생각해보자.

2. 자신이 대기업 사장이라고 가정했을 때 기술혁신의 속도를 높이기 위해서 어떠한 방식으로 변화를 추구해야 하는지, 이를 정착시키기 위해서 해야 할 일들은 무엇이 있을지 나열해보자.

■ 사례 2

〈암웨이 무선 충전 기술의 영향력〉

암웨이는 2000년 정수기 내부의 살균 처리를 위한 무선 충전 기술인 '이커플드(eCoupled)' 특허 개발에 성공하였다. 무선 충전 기술은 크게 자기공명, 자기 유도, 전자기파 방식으로 구분되는데 이커플드 기술은 이 중 자기 유도 무선 충전방식에 속하며 국제무선충전협회(WPC)에서 인증한 국제 표준 중 하나인 '치(Qi)' 방식을 따르고 있다.

암웨이에서 이커플드 개발에 성공하자 다른 기업들도 앞다투어 암웨이의 이커플드 기술을 도입, 제품에 적용하기 시작하였는데 삼성전자의 갤럭시S6와 구글의 넥서스5, 아모레퍼시픽에서 2015년 출시한 '메이크온' 등 화장기기에 이르기까지 암웨이의 이러한 무선 충전 기술은 우리 생활에 밀접하게 연관되어 있는 전자 기기에 널리 사용되고 있다.

최근 암웨어의 무선 충전 기술은 대중교통에도 영향력을 넓히고 있는데 그 대표적인 예가 고속 열차이다. 고속 열차 철도에 설치되어 있는 급전선로에서 발생하는 자기장으로 열차 전기 모터에 연결되어 있는 배터리를 충전할 수 있는데 이처럼 충전에 필요한 부차적인 전선 시설이 필요하지 않기 때문에 비용 절감에 있어 효과적이며 향후 이 기술은 해중 철도, 모노레일 등에도 적용될 예정이다.

시장 조사 기업인 IHS에 의하면 무선 충전 기술 분야는 2013년 2억 1600만 달러, 2018년 85억 달러로 빠르게 성장하였으므로 앞으로도 전망이 밝은 시장이다.

우리의 삶에서 전자기기의 수요는 매년 증가하고 있으며 현재까지 우리는 집에서나 회사에서 전자 기기를 충전하기 위한 많은 선들을 정리하느라 애를 먹고 있다. 향후 무선 충전 기술은 이러한 불편함을 해결해주고 우리의 삶을 더욱 윤택하며 풀요롭게 할 수 있는 신기술인 만큼 많은 관심이 집중되고 있다.

■ 학습활동

1. 기술시스템의 장점이 무엇인지 생각해보자.

2. 사례를 읽고 기술시스템의 연결로 얻게 된 장점에 대해 생각해보자.

3. 기술시스템의 건강한 발전을 위해 우리가 해야 할 일이 무엇인지 생각해보자.

■ 사례 3

〈삼성전자와 애플의 끊임없는 경쟁〉

삼성전자와 애플은 보다 더 나은 기술의 발전을 위해 끊임없이 경쟁을 하고 있는데 전 세계를 여행하다 보면 3명 중에 1명은 애플 스마트폰이나 삼성 스마트폰을 쓰고 있을 정도로 삼성과 애플의 시장 점유율은 높으며 양 사는 스마트폰에 이어 스마트워치를 세상에 공개하고 유저들의 관심을 집중시키고 있다.

삼성전자는 2016년 8월 31일 스마트워치 '기어S3'를 세계 언론과 협력사들 앞에서 선보였으며 기어 S3는 기어 S2와 달리 스마트폰 연동 기능보다 워치 단독으로서의 기능을 늘려 차이점을 부각하였다. 또한 메신저와 문자 확인만 가능하였던 기어 S2와 달리 직접 문자와 그림을 그려 텍스트로 전환하는 기능도 탑재하였다.

이에 애플도 2016년 9월 7일 '아이폰7 신형 애플워치'를 공개하여 또 다시 삼성과 애플의 경쟁 구도를 만들어 갔는데 시장 조사 기관 IDC의 조사에 따르면 2015년 2분기 애플은 시장 점유율 72%로 1위를 차지했고 삼성은 7%로 애플보다 많이 뒤처졌지만 2016년 2분기에는 애플 47%, 삼성 16%로 삼성이 2위를 차지하면서 애플을 바짝 뒤쫓았다.

사실상 스마트워치 시장은 스마트폰 시장의 45분의 1에 불과하지만 삼성과 애플의 지속적인 경쟁으로 시장이 확대될 수 있을지 우리 모두 관심을 가지고 지켜봐야 할 것이다.

■ 탐구활동

1. 사례를 읽고 삼성이 글로벌 회사로 성공할 수밖에 없는 요소는 무엇인지 생각해보자.

2. 기술혁신의 요소들을 나열해본 다음, 기술혁신에서 가장 중요한 요소는 무엇인지 생각해보자.

3. 우리 주변에서 기술혁신이 낳은 발명품들은 어떤 것들이 있는지 생각해보자.

4. 기술혁신을 통해 우리 삶은 어떻게 변화하였는지 생각해보자.

■ 사례 4

〈성수대교 붕괴 사고〉

성수대교는 길이 1,161m, 너비 19.4m(4차선)로 1977년 4월에 착공해서 1979년 10월에 준공한 한강에 11번째로 건설된 다리였는데 15년 동안 별 문제없이 사용되다가 1994년 10월 21일 오전 7시 40분경 다리의 북단 5번째와 6번째 교각 사이 상판 50여 미터가 내려앉는 사고가 발생하였으며 당시 학교와 직장에 출근하던 시민 32명이 사망하고 17명이 부상을 입었다.

이 사고는 오랫동안 별 문제없이 서 있던 다리가 갑자기 붕괴했고 이후 삼풍백화점 붕괴사고, 지하철 공사장 붕괴사고 등 일련의 대형 참사의 서곡을 알린 사건으로 국민들에게 충격을 안겨 주었다.

이후 전문가 조사단은 오랜 조사를 통해 성수대교의 붕괴 원인을 크게 두 가지로 밝혔는데 첫 번째는 부실공사였고, 두 번째는 서울시의 관리 소홀이었으며 부실시공에 관리 불량이 겹쳐서 발생한 성수대교 붕괴사고는 일단 짓고 보자는 식의 급속한 성장만을 추구하던 우리나라의 단면을 상징적으로 잘 보여준 사건이었다.

■ 학습활동

1. 최근의 기술 중 어떤 것이 가장 유용한 혜택을 가져왔으며 어떤 기술이 가장 큰 혜택을 끼쳤는지 생각해보자.

2. 당신이 선택한 가장 유익한 기술에 부정적인 요소는 없다고 생각하는가? 반대로 가장 큰 혜택을 끼쳤던 기술에서 좋은 결과는 전혀 없었는지 생각해보자.

<〈갤럭시노트7 전지 발화, 삼성SDI '희생양', '주범'?〉

삼성SDI가 창사 이래 최대 위기에 빠졌다. 삼성SDI가 납품한 전지가 갤럭시노트7의 발화 원인으로 지목되었기 때문이며 삼성전자와 삼성SDI 측은 전지 제조사를 아직 밝히지 않고 있지만 업계에서는 삼성SDI를 지목하고 있기 때문에 삼성SDI가 삼성전자 구하기에 동원된 희생양이란 시각이 전지 업계에 팽배한 실정이다.

6일 업계에서는 갤럭시노트7의 발화는 삼성SDI가 납품한 리튬이온전지 때문이란 얘기가 돌았으며 이 설은 삼성SDI가 발화 원인을 제공했다는 것에만 그치지 않고 삼성전자가 삼성SDI 전지를 더 이상 구입하진 않을 방침이라거나 중국 ATL 리튬이 온전지는 괜찮은데 삼성SDI만 문제가 되어 자존심을 구겼다는 등으로 확대 재생산되고 있다.

사태가 단순히 해당 리튬이온전지에 국한되지 않고 삼성SDI와 한국 2차 전지 산업에까지 확산되는 모양새로 이와 관련하여 삼성전자와 삼성SDI 관계자는 부정적인 입장이다. 삼성전자 관계자는 갤럭시노트7 발화 전지 납품처에 대한 후속 조치로 아무 것도 결정된 바 없다며 실제로 아무 조치도 이뤄지지 않았다고 강조했고 전지 납품처와 관련해선 협력사와의 비밀 엄수 규약으로 밝힐 수 없다고 입을 다물었다. 삼성SDI는 좀 더 강한 불만을 드러냈는데 삼성SDI 관계자는 삼성전자가 공식적으로 발화 전지 제조사와 후속 조치를 밝히지 않았는데 일부 언론이 너무 앞서나가는 것이 아니냐면서도 전지 제조 여부와 관련해선 밝힐 단계가 아니라고 말을 아꼈다.

전지 업계는 삼성전자의 과잉 방어에 삼성SDI와 한국 전지 산업이 희생양이 될까봐 내심 좌불안석으로 익명을 요구한 전지 업계 관리자는 일부 언론 보도가 사실이라면 삼성전자 관계자가 고의적으로 협력사 정보를 흘린 셈인데 지나치다고 촌평했고 이어 리튬이온전지는 과거에도 가끔 발화 사고를 일으켰다며 특정 제조사가 제조한 전지 전체가 문제라고 발표한 삼성전자의 태도를 이해할 수 없다고 덧붙였다.

그는 특히 삼성전자가 설계엔 문제가 없고 전지 제조상 품질 관리에 문제가 있다고 발표했는데 휴대폰 출시 과정을 조금이라도 아는 사람은 이러한 발표 내용이 넌센스임을 알 수 있다고 지적했다. 사실 전지 제조업체는 삼성전자의 요구대로 전지를 제조하는 위치에 있기 때문에 삼성전자가 완전히 책임이 없다고 말할 수 없는 것으로 휴대전화기를 만들 때 휴대폰 기획자가 전지 제조 기업에 크기, 용량, 두께 등 사양을 요구하면 전지 제조 기업은 여기에 맞게 전지를 제조해 납품한다. 전지의 사양에 공통된 표준이 없고 제각각이 이유가 이것이다.

이런 사실은 업계에게 삼성전자가 책임을 피하기 위해 삼성SDI를 희생양으로 삼고 있다는 시각을 갖도록 자극했으며 다른 전지 업계 관계자는 삼성전자의 스마트폰 산업이 한국 경제에 큰 비중을 갖는 것은 알고 있지만 스마트폰 산업을 살리겠다고 전지 산업을 죽여서야 되겠느냐고 일갈했다.

그는 이어 갤럭시노트7이 이재용 삼성전자 부회장의 역작이란 인색 때문에 삼성전자가 민감하게 반응하는 것 아니냐며 소비자 신뢰를 명분 삼은 삼성전자의 과잉 반응은 삼성전자에겐 금전적인 손실을, 삼성SDI와 한국 전지 산업엔 신뢰도 추락이란 상처뿐인 영광으로 남을 수 있다고 경고했다.

■ 학습활동

1. 성공한 기술로 인해 우리 삶은 어떻게 변화하였는지 생각해보자.

2. 사례를 읽고 기술실패에 대해 삼성전자와 전지 산업이 대처하는 자세는 어떠하고 이런 실패에 현명
   하게 대처하려면 어떻게 해야 하는지 생각해보자.

■ 사례 6

〈허술한 미래관리 : 신기술을 버린 세계적인 기업들〉

국내의 세계적인 전자업체들이 과거 안드로이드 운영체제(OS)를 선점할 수 있는 기회를 잡았지만 두 회
사 모두 세계 첫 안드로이드폰 제작 제안을 거절한 것으로 확인되었다. A전자는 2004년 벤처기업인 안
드로이드의 제안을 거절했고 B전자는 2007년 첫 안드로이드폰 제작 기회를 놓쳤으며 지난 한때 세계
스마트폰 운영체제 시장에서 안드로이드 점유율은 43.4%에 이르렀으니 A와 B회사 모두 굴러 들어온
복을 걷어찬 셈이다.
월스트리트저널 등 외신에 따르면 2005년 안드로이드가 구글에 인수된 뒤 안드로이드 CEO였던 앤디
루빈은 이를 채택할 제조 화사를 찾아다니다가 국내의 B전자를 방문했지만 협상을 거절해 그 복을 대만
의 HTC가 가져갔고 월스트리트저널은 안드로이드 성장 과정에서의 루빈의 역할을 전하면서 48세의 루
빈이 구글의 조직 체계를 바꿨으며 회사를 움직이는 영향력 있는 인물 중 한 사람이 되었다고 소개했다.

■ 학습활동

1. 직업생활을 통해 10년 전과 현재를 비교해 보았을 때 달라진 기술은 무엇인지 서술해보자.

2. 직업생활과 관련하여 10년 후에는 어떻게 기술이 변화하게 될지 서술해보자.

■ 사례 7

〈기계와 인간의 경계 붕괴, 언제?〉

구글의 알파고, IBM의 왓슨 등 첨단 인공 지능이 지닌 가공할 능력을 목도한 사람들 중에는 기계가 인간을 지배할지도 모른다는 두려움을 갖는 이들이 적지 않은데 아주 먼 미래일 수도 있지만 언젠가는 그날이 올 것이다. 이처럼 기술이 인간을 초월하고 기계와 인간의 경계가 무너지는 시점을 '특이점'이라고 부르며 과학에서 특이점이란 어떤 기준을 정했을 때 그 기준이 적용되지 않는 시점을 이른다.

과학자는 기술이 고도로 발달해 통제할 수 없는 시점인 '기술적 특이점'에 대해 말하고 미래학자들은 기계가 인간을 넘어서는 시점에 대해 관심을 갖는다.

오늘날 CPU를 처음 제안해 PC의 아버지라 불리는 천재 수학자 존 폰 노이만은 일찍이 1950년대 중반 친구와의 대화에서 점점 빨라지는 기술적 진보와 인류 생활양식의 변화 속도를 보면 인류의 역사가 어떤 필연적인 특이점에 접근하고 있다는 인상을 받았으며 그는 이 시점 이후 인간의 역사가 지금 우리가 이해하는 형태로 계속될 것인지는 알 수 없다고 말했다.

SF작가이면서 컴퓨터 과학자인 비너 빈지는 1993년 자신의 에세이에서 30년 내로 우리는 초인간적 지능을 만들 기술적 수단을 갖게 될 것이고 그렇게 되면 곧 인간의 시대는 종말을 맞을 것이라고 경고했으며 MIT에서 컴퓨터 공학을 전공한 미래학자 레이 커즈와일은 2006년 미래예측서에서 기계가 인간을 넘어서는 특이점이 2045년경이 될 것이라 예언하였다.

메모리 용량이나 CPU 속도가 1년 반마다 두 배씩 늘어난다는 '무어의 법칙'처럼 기술이 빠르게 발전하다보면 언젠가는 인간이 이루고자 하는 거의 모든 것이 가능해지는 순간이 올 것인데 그 시점이 바로 특이점이다. 특이점이 오면 두뇌에 인공지능을 장착하고 몸에는 인공 심장이나 인공 장기를 장착해 늙지도 않는, 그야말로 상상 같은 현실을 맞이할 수도 있을 것이다.

커즈와일은 특이점이 오면 인공지능(AI)이 모든 인간의 지능을 합친 것보다 더 강력할 것이라며 인공지능의 위험에 대해 우려를 표하기도 하였고 2008년부터 커즈와일은 피터 디아만디스와 함께 첨단 기술 트렌드와 과학 융합적 사고를 가르치는 창업학교 '싱귤래리티 대학'을 설립해 미래를 이끌어 갈 창의 융합형 인재를 양성하고 있다.

특이점이 오기 전 여러 가지 징후가 나타날 수 있는데 가령 2015년 9월 출간된 세계경제포럼 보고서에 의하면 과학기술 발전으로 인한 변화가 미래의 디지털 초연결사회를 구축하는 21가지의 티핑 포인트로 나타날 것이라고 했으며 티핑 포인트란 어떤 것이 균형을 깨고 일순간에 전파되는 극적인 시점을 말하는데 베스트셀러 저술가 말콤 글래드웰은 같은 보고서에서 어떤 상품이나 아이디어가 전염되는 것처럼 폭발적으로 번지는 순간이라 서술했다.

이 보고서에서 말하는 2025년까지 나타날 티핑 포인트의 주요 내용은 대략 다음과 같다. 1조 개 센서가 인터넷에 연결된다. 미국 최초의 로봇 약사가 등장한다. 3D 프린터로 제작한 자동차가 최초로 생산된다. 인공 지능이 기업 감사의 30%를 수행한다. 기업의 이사회에 인공지능기계가 최초로 등장한다 등등. 마치 SF영화를 보는 듯하지만 먼 미래의 일이 아니며 2025년까지 일어날, 개연성이 높은 징후들을 이야기하고 있다.

이런 티핑 포인트를 넘어 인공지능기술이 더 발달하면 결국 많은 과학자, 미래학자가 우려하는 특이점이 올지도 모르며 이제 특이점에 대처하는 우리의 자세에 대해 진지하게 고민을 시작할 때다.

■ 학습활동

1. 사례를 읽고 인공지능기술의 발달이 우리 삶에 미치는 영향에 대해서 생각해보자.

2. 최근 사회에서 가장 주목받는 기술은 무엇이고 그 이유에 대해서 서술해보자.

(3) 기술선택능력

■ 사례 1

〈실패한 기술? 성공한 기술?〉

비디오 플레이어가 처음 만들어졌을 때 비디오테이프는 소니의 베타 방식과 VHS 방식이 있었지만 지금은 베타 방식의 비디오를 거의 찾아볼 수 없으며 이 경우 베타방식은 실패한 기술이라고 볼 수 있다.

인터넷이 처음 나왔을 때 웹브라우저는 넷스케이프(Netscape)라는 브라우저가 장악하고 있었으나 MS 사의 인터넷 익스프로러(Internet Explorer)가 점점 시장 점유율을 높였고 이제는 넷스케이프를 사용하는 사람은 거의 없으므로 넷스케이프는 실패한 기술이라고 볼 수 있다.

또한 PC가 처음 나왔을 때 애플의 매킨토시는 MS 운영체계를 사용하는 IBM PC보다 기술적으로 우수하다고 간주되었지만 시장 경쟁에서 IBM에게 밀렸고 넷스케이프도 초기는 MS 익스플로러보다 우수하다고 간주되었지만 윈도우에 끼워 출시된 익스플로러의 물량 공세를 이겨내지 못했다. 여객기 콩코드도 엔지니어링 측면에서는 대단한 성공으로 간주되었지만 비행사와 승객으로부터 외면당했다.

이렇게 시장을 장악하고도 실패하거나 기술적으로 우월함에도 시장 장악에 실패한 이유는 무엇일까?

〈기술선택을 통한 성공과 벤치마킹〉

스타벅스커피코리아는 2014년 5월 모바일 앱으로 커피 주문과 결제를 할 수 있는 사이렌 오더를 전 세계 스타벅스에서 처음으로 선보였으나 사이렌 오더가 출시되고 한 달이 채 되지 않았을 때 이석구 스타벅스코리아 대표는 한 통의 이메일을 받았다. 스타벅스 창업자인 하워드 슐츠가 직접 보낸 이메일에는 'Fantastic!'이라는 말만 적혀 있었다.

스타벅스코리아가 처음 선보인 사이렌 오더는 이후 전 세계 스타벅스가 벤치마킹해 스타벅스의 표준이 되었으며 스타벅스가 시작된 미국뿐 아니라 유럽과 아시아 주요국에서도 사이렌 오더를 도입했는데 사이렌 오더가 처음 도입된 한국 스타벅스에서는 이제 전체 결제의 17% 정도가 사이렌 오더로 이뤄질 정도로 이용이 늘었고 결제뿐 아니라 주문까지 합치면 전체 스타벅스 이용자의 절반 정도가 모바일 앱을 이용하고 있다.

<**벤치마킹에 의한 새로운 기술의 재창조**>

네덜란드 PTC+교육이 시작된 이래 현재까지 딸기 재배의 가장 성공적인 케이스로 꼽히는 K씨. 그는 자신의 지역에서 하이베드 딸기 재배의 선구자로 꼽히고 있는데 하이베드 딸기는 높은 침대에서 자란 딸기라는 뜻으로 작물을 관리하기 쉽게 작업자의 높이에 맞추어 베드를 설치하여 재배하는 방법이다.

따라서 일반 딸기들을 지상에서 토경 재배하는 것과는 달리 지상 80cm 위에서 양액재배를 하기 때문에 노동력이 적게 들고, 연작장애가 없고 위생적인 관리가 가능한 농법이다. 그러나 K씨는 네덜란드 PTC+에서 배워온 딸기 재배 기법을 단순 적용한 것이 아니라 우리나라 실정에 맞게 재배 기법을 변형하여 실시함으로써 고수익을 올린 것으로 유명하다. 그는 수개월의 노력 끝에 네덜란드의 기후, 토양의 질 등과는 다른 우리나라 환경에 적합한 딸기를 재배하기 위해 배양액의 농도, 토질, 조도기간, 생육기간과 당도까지 최적의 기술을 연구함으로써 국내 최고의 질을 자랑하는 딸기를 출하할 수 있게 되었다.

■ 학습활동

1. 앞에서 살펴본 사례는 기술을 선택할 때 어떠한 사항들을 고려해야 하는지 간접적으로 알려주고 있다. 그렇다면 업무 수행을 위해 기술을 선택할 때 어떤 것들을 고려해야 하는지, 자신의 경험에서 비추어 서술해보자.

2. 앞에서 살펴본 사례는 기술을 선택할 때 벤치마킹을 통해 자신의 환경에 맞추어 재창조함으로써 획기적인 성공을 거둔 사례이다. 우리 주변에 벤치마킹을 통해 성공한 사례와 실패한 벤치마킹 사례를 조사해보고 그 성공의 이유와 실패의 원인 및 대안에 대해 생각해보자.

■ 사례 2

〈LG화학 ABS – EP 신소재 육성 … 매출 3조 → 7조〉

LG화학이 공급 과잉에 대한 선제 대응을 천명했다. 원가경쟁력 강화와 고기능 ABS, EP 제품 육성 등 사업 구조 개편이 선제 대응의 핵심 전략이다.

LG화학은 기초 소재 분야의 사업 구조를 고부가 석유 화학 제품으로 고도화하고 기존 산업은 원가 경쟁력 및 시장 지배력 강화로 수익성을 극대화할 계획이라고 28일 발표했다. 현재 국내 석유 화학 산업은 원재료 가격 하락으로 일시적인 호황을 누리고 있으나 북미와 중국 중심의 증설 및 세계 경제의 저성장에 따라 범용 제품의 경쟁은 더욱 심화될 것으로 보인다.

LG화학은 메탈로센계 폴리올레핀(PO), 고기능 ABS 합성수지와 엔지니어링 플라스틱, 차세대 SAP(고흡수성 수지), 친환경 합성 고무 등 고부가 제품의 매출 규모를 현재 3조 원에서 2021년까지 7조 원으로 늘리기로 했다. 고부가 제품은 기술 차별화로 글로벌 선도 업체에서만 생산이 가능하고 수익성이 범용 제품 대비 월등히 높다.

LG화학은 국내 최초로 독자 개발한 '메탈로센계 촉매 및 공정 기술'을 기반으로 고부가 PO 제품을 대폭 늘려 나갈 예정이며 대대적인 증설에도 나서는데 2018년까지 4000억 원을 투자해 엘라스토머 생산량을 29만 톤으로 늘렸던 것도 이런 연상선상에 놓여 있다. 엘라스토머는 고무와 플라스틱의 성질을 모두 갖춘 대표적인 메탈로센 계열 고부가 합성수지로 전 세계 4개 회사만이 독점적으로 생산하고 있다.

현재 약 30% 수준의 폴리올레핀 제품의 고부가 비중은 2021년까지 60%로 2배 이상 확대하고 자동차 및 IT 소재에 적용되는 고기능 ABS와 EP 제품 육성에도 적극 나서는데 ABS는 현재 세계 1위의 시장 점유율과 축적된 기술력을 활용하고 자동차용 친환경 특화 제품 및 전기 전자용 고투명 제품을 출시해 시장을 선도하며 세계 1위의 시장 지위를 더욱 공고히 하기 위해 중국 화남 ABS 공장의 생산량을 현재 15만 톤에서 30만 톤으로 늘릴 계획이다.

EP 분야도 자동차 시장을 중심으로 고내열 특성이 요구되는 엔진룸과 구동 부품 등에 적용되는 신제품을 적극 개발하고, 경쟁력 확보를 위해 기술력 있는 업체를 대상으로 인수 합병에도 적극 나설 방침이다.

경량화 및 스마트화 관련 유망 신소재 개발에도 적극 나서는 데 차량 무게를 획기적으로 줄일 수 있는 슈퍼 엔지니어링 플라스틱, 높은 전도성으로 다양한 스마트 기기에 사용될 수 있는 탄소나노튜브(CNT) 등이 대표적인 제품으로 이를 위해 기초 소재 분야 연구 개발 투자는 매년 10% 이상 확대하고 마곡 LG 사이언스파크에 미래 유망 소재 연구 인력을 배치해 대학 및 연구기관과 오픈 이노베이션, 계열사 간 협업 등을 추진해 나가기로 했다.

1. 사례를 읽고 LG화학이 기술을 선택하여 개발할 시 고려하는 사항을 서술해보자.

2. 자신이 근무하는 회사(미래에 근무하고 싶은 회사)가 시장에서 우위를 차지하기 위해 기술을 선택할 때 고려해야 할 사항들은 무엇이 있는지 생각해보자.

■ 사례 3

〈엽전 1냥으로 반찬 골라 먹는 재미에 북적〉

서울 종로구 자하문로 통인시장의 길이 300m 시장 골목은 아이들과 함께 온 가족, 연인, 외국인 관광객 등이 북적대면서 활기가 넘쳤으며 입구에는 '엽전'을 사기 위한 줄이 30m 넘게 이어지는 진풍경도 빚어졌는데 이곳에서만 경험해 볼 수 있는 색다른 이벤트 '도시락 카페'를 체험하려는 방문객들이다. 엽전을 구매한 이들은 빈 플라스틱 도시락을 들고 시장 안쪽으로 잰걸음을 옮겼다.

대형 마트에 밀려 침체기를 맞은 전통 시장이 독특한 이벤트와 재미로 활로를 찾고 있으며 전통 화폐에서 착안한 엽전, 도시락 카페 아이템을 개발한 통인시장은 젊은 층이 몰리며 제2의 전성기를 맞았다.

경복궁 서쪽 서촌에 위치한 통인시장은 한국전쟁 이후 이 지역에 인구가 급증하면서 대표적인 재래시장으로 자리 잡았지만 여느 재래시장처럼 1990년대부터 유동 인구가 급감해 침체의 길을 걷게 되었으며 점포수가 줄어 시장이 한때 폐장 직전까지 몰리자 상인들이 움직였고 부랴부랴 시장 커뮤니티를 만들고 시장 살리기 프로젝트에 돌입했다.

가장 먼저 시작한 것이 도시락 카페(2012년 1월) 조성으로 백화점이나 대형 마트의 푸드코트를 벤치마킹해 시장 내부에서 도시락을 먹을 수 있는 공간을 만든 것이며 반찬을 골라 먹을 수 있도록 1냥당 500원으로 사용할 수 있는 시장 전용 화폐로 엽전을 만들어 재미를 더했다.

결과는 대성공이었다. 시장 고유의 분위기를 지키며 재미를 살리니 고객들이 저절로 찾아왔고 도시락 카페를 개점한 2012년 연간 방문객이 5만 명을 넘은 데 이어 2013년 9만 5,000명, 2014년 17만 명, 2015년에는 20만 명이 다가갔다.

통인시장 상인회 사무국장은 화폐로 먹고 싶은 반찬을 소량씩 사는 방식은 맞벌이 부부가 많은 주민 특성과 먹거리 점포가 많은 시장 특성을 반영한 것이라며 시장 음식을 저렴하고 간편하게 먹을 수 있다 보니 점심시간마다 인근 직장인이 몰렸고 반응이 좋아 참여하는 가게가 늘면서 어느 순간 통인시장의 상징이 되었다고 설명했다.

현재 통인시장 상인회에 소속된 점포 78개 중 도시락 카페 가맹점은 24곳. 구입한 엽전으로 떡갈비, 전, 잡채, 계란말이 등 제대로 된 반찬부터 통인시장의 명물인 '기름떡볶이' 같은 유명 분식까지 취향대로 골라 나만의 도시락을 만들 수 있다. 떡갈비는 1개가 엽전 1냥, 기름떡볶이 1인분은 엽전 2냥, 잡채 1인분은 엽전 2냥에 해당하며 엽전을 10냥만 구입해도 한 끼 식사로는 든든하다.

점심때가 되자 120석 규모의 도시락 카페는 이미 만석이었다. 자녀와 함께 카페를 찾은 한 고객은 맛도 맛이지만 주머니에 엽전을 넣고 다니면서 골라먹는 재미가 쏠쏠하다면서 어른들은 옛 재래시장을 추억할 수 있고 젊은 세대는 한국 고유의 시장 문화를 쉽고 재미있게 체험할 수 있는 기회라고 만족해했다.

■ 학습활동

1. 사례는 벤치마킹을 통해 시장의 환경에 맞추어 기술을 재창조함으로써 성공을 거둔 사례이다. 우리 주변에 성공한 벤치마킹 사례가 있는지 생각해보자.

2. 통인시장이 대형 마트의 푸드코트 이외에도 벤치마킹할 다른 요소는 무엇이 있는지 생각해보자.

■ 사례 4

<중국, 경주 방폐장 건설, 운영 노하우 벤치마킹>

중국이 한국의 방폐장을 벤치마킹한다. 한국원자력환경공단은 중국광동원전집단공사와 중국원자력안전국 관계자 6명이 경제 방폐장의 부지 선정과 건설 운영 경험뿐만 아니라 방폐물 관리 기금 설치 운영, 지역 주민과의 소통 등 방폐물 관리 전반에 대한 노하우를 벤치마킹하기 위해 방문 중이라고 밝혔다. 중국광동원전집단공사는 14개 원전을 운영 중인 발전회사이고 중국 원자력 안전국은 한국의 원자력안전기술원과 같이 중국 원자력 안전 규제기관이다.

공단에 따르면 이들 방문단은 그간 중국 내에서 방폐물 관리 문제가 대두됨에 따라 중저준위 방폐장 건설 준비를 위해 한국의 경험을 벤치마킹하려고 방한한 것으로 공단에 따르면 경주 방폐장은 터널 및 지하 토목 공사 분야 세계 최고 권위의 상인 '세계터널지하공간학회(ITA) 어워즈'에서 '올해의 터널 프로젝트상'을 수상하는 등 국제적으로 안전성과 우수성을 인정받고 있다.

공단은 이번 교류를 계기로 한국 중저준위 방폐장의 안전성을 설명하고 향후 사용 후 핵연료 관리 등 현안에 대한 공동 협력을 확대하면서 중저준위 처분 기술의 해외 진출 기반을 지속적으로 마련해 나갈 계획이다.

■ 학습활동

1. 사례는 글로벌 벤치마킹의 사례이며 글로벌 벤치마킹이 가진 장점과 단점에 대해 생각해보자.

2. 벤치마킹이 모두 성공하는 것은 아니다. 우리 주변에 실패한 벤치마킹 사례에 대해 생각해보고 그 이 유를 서술해보자.

■ 사례 5

〈잘나가는 기업엔 매뉴얼이 있다?〉

최근 국외 사업에 활발한 기업들의 경우 매뉴얼이 없으면 도태된다는 인식이 확산되면서 업무의 매뉴얼 화를 서두르고 있으며 삼성은 2001년부터 자잘한 일상 업무를 상기시켜주고 업무 절차를 알려주는 매 뉴얼을 도입했다.

LG전자는 지난해 레바논에서 전쟁이 터졌을 때 서방 주요 기업보다도 빨리 이틀 만에 주재원 가족 6명 을 전원 탈출시켰는데 '차량 안에 송수신이 가능한 무전기와 사이렌을 준비한다.', '출퇴근 코스를 자주 바꾸라.' 등 첩보원의 행동지침을 방불케 하는 국외 근무자 신변 안전 매뉴얼이 있었기 때문이다.

다국적 기업들 가운데 매뉴얼을 잘 갖춰놓은 대표적인 사례는 맥도날드로 이 회사에선 매뉴얼만 5만 개 가 있는데 햄버거 두께에서부터 매장 색깔, 직원들이 건네는 인사말, 쓰레기 처리, 대외 협력 등 상상할 수 있는 모든 것을 매뉴얼로 만든 덕분에 초등학교만 나온 사람이라도 세계 어디서나 똑같은 햄버거를 만들 수 있다.

■ 학습활동

1. 자신이 맡은 업무를 수행하면서 매뉴얼을 활용한 경험이 있었다면 언제, 무엇을, 왜 활용하게 되었는지 생각해보자.

2. 매뉴얼을 활용하며 느꼈던 매뉴얼 사용의 장점과 단점은 무엇이 있었는지 생각해보자.

■ 사례 6

〈레스토랑 성공 매뉴얼〉

항목	내용
고객을 가장 우선 가치로 두어라	고객 가치 증대, 고객 중심, 수익성 중심의 영업 활동
고객의 이탈을 방지하라	고객과의 정기적 관계를 구축, 고객 이탈 방지
고객의 사업을 지원하라	고객의 사업 지원 → 고객의 만족도 상승 → 신뢰 관계 강화 → 더 많은 비즈니스 기회 창출
80대 20 법칙, 수익성 높은 고객에 집중하라	양적 영업 방식보다 직절 영업 방식에 집중

〈맥도날드 성공 매뉴얼〉

1. 익히는 시간 감자 썰기 통일
2. 셰이크, 아이스크림 등의 제조법 통일
3. 쇠고기의 크기와 무게, 모양을 정확하게 통일
4. 똑같은 형태의 햄버거를 똑같은 시간에 똑같은 접시에 담아 서비스
5. 40가지 이상의 엄격한 품질 검사
6. 일정 시간이 지나면 모두 폐기
7. 매장 오픈, 마감 시간 기록
8. 직원들의 복장 상태와 매장의 밝기 기록
9. 화장실 점검 요령과 사후 조치 요령 기록

■ 학습활동

1. 사례를 읽고 레스토랑을 방문하는 고객의 관점에서 어떤 느낌이 드는지 서술해보자.

2. 사례를 읽고 맥도날드를 방문하는 고객의 관점에서 어떤 느낌이 드는지 서술해보자.

■ 사례 7

〈지식재산권에서 2등은 없다〉

지식재산권은 무형의 자산으로 최근 급속한 정보, 통신 및 교통의 발달과 더불어 전 세계로 쉽게 전파되어 다국적 기업화 등 각국 경제의 상호관계 촉진에 기여하고 있는데 중요한 것은 지식재산권 분야는 먼저 등록하고 권리를 취득한 사람이 절대적으로 유리한 고지에 선다는 점이다.

한 시간 빠른 특허출원으로 권리를 획득한 것은 알렉산더 그레이엄 벨의 전화기 발명 사례가 좋은 예이다. 사실 벨이 전화기를 발명하기 얼마 전에 이미 필립 라이스라는 사람이 전화기 발명에 성공했었으며 라이스는 전화기 발명에 대한 실험을 성공하였으나 그의 발명품은 인정을 받지 못했고 결국 라이스의 죽음과 함께 사장되고 말았다.

그로부터 2년 뒤 엘리사 글레인과 알렉산더 그레이엄 벨이라는 두 명의 전화기 발명가가 나타났고 벨은 전동판과 전자석의 연결에 따라 소리를 전류로 바꾸어 전할 수 있다는 아이디어로 전화기를 발명하여 워싱턴의 특허청에 특허를 출원하였다. 1876는 2월 15일 오후 1의 일이었다.

그런데 우연하게도 또 다른 전화기의 발명가 엘리사 글레인 역시 바로 그날 전화기의 특허를 출원하러 특허청에 갔으나 벨의 특허출원이 한 시간쯤 빨랐다는 특허청 접수계의 증언에 따라 벨에게 특허가 돌아갔다.

■ 학습활동

1. 우리 주변에서 볼 수 있는 지식재산권의 사례를 찾아보자.

2. 자신의 업무에서 지식재산권으로 등록하여 사용할 수 있는 기술은 무엇이 있을지 생각해보자.

(4) 기술적용능력

■ 사례 1

〈어떤 기술을 적용해야 하는 거지?〉

IT혁명이 진행되고 있는 오늘날에는 모든 직종에서 인터넷과 컴퓨터를 빼놓으면 아무것도 할 수 없을 정도로 업무에 있어서 인터넷과 컴퓨터가 중요한 비중을 차지하고 있으며 그만큼 업무에 필요한 기술에 대한 정보를 알 수 있는 방법도 매우 다양하다.

그러나 모든 기술들이 내가 지금 수행하고 있는 업무에 꼭 필요한 기술은 아니며 내가 필요한 기술은 내가 하고자 하는 업무의 특성, 환경, 여건 등을 고려한 후 선택해야 가장 효율적이고 성과를 높일 수 있는 기술이라고 할 수 있다.

USB 저장 메모리를 생산하는 중소기업 Y사의 사장 L씨. 그는 최고의 품질을 만들어 내기 위해 고민하고 있는데 그가 고민하는 것은 시간이 오래 걸리지만 안정성이 보장되고 견고한 종전의 방법을 그대로 고수할 것인지, 아니면 동종 업계에서 선두를 달리기 위해 품질은 조금 떨어지지만 시간을 절약하고 대량 생산을 할 수 있는 신기술을 적용할 것인지 고민하고 있다. 그는 USB 저장 메모리를 생산하기 위한 기술을 적용하기 위해 관련 시장의 분위기, 원재료 가격 등 다양한 여건 등을 고려하고 있다.

■ 학습활동

1. 현재 자신의 직업생활에서 활용되고 있는 기술에는 어떤 것들이 있는지 생각해보자.

2. 자신의 직업생활에서 활용되는 기술 중 불필요하다고 생각되거나 보다 더 나은 기술이 있다고 생각되는 기술들은 무엇인지 생각해보자.

3. 자신의 직업생활에 꼭 필요한 업무에는 어떠한 기술들이 있는지 생각해보자.

■ 사례 2

〈스마트팜, LG CNS 난항, SK텔레콤 미소〉

스마트팜 산업에서 LG와 SK의 희비가 엇갈리고 있다. LG화학 계열 팜한농의 적자 폭은 점차 늘어나는 것으로 알려졌고, LG CNS가 추진하는 새만금 스마트팜 사업은 농민들의 반발에 주춤거리고 있는 반면 SK텔레콤은 홍천, 성주, 대전에서 스마트팜 실증 단지 운영이 순항 중인데 희비를 가른 변수는 '농심' 파악이다.

SK텔레콤은 농민들에게 ICT 관련 각종 편의를 제공하며 동반자 의식을 구축했으므로 농민들은 SK텔레콤의 스마트팜 사업을 사회 공헌 활동의 일환으로 여기는 측면이 강하지만 LG CNS는 대규모 유리 온실을 건립해 직접 농업에 뛰어드는 인상을 주어 농민에 반발심을 안겼다.

SK텔레콤은 스마트팜 사업의 일환으로 대전시 사성동 100가구에 원격 온도 조절, 양액 관리가 가능한 설비 등을 설치했으며 스마트팜을 설치한 농민은 생산성이 20% 정도 향상되고 노동력을 재배치할 수 있게 되었다. 비닐하우스 농법의 경우 온도와 습기 조절, 비료와 농약 살포 등을 위해 누군가 비닐하우스에 남아 있어야 하므로 스마트팜 설치 이후 수십 년 만에 부부 동반으로 허니문을 다녀왔다는 일화도 있다.

SK텔레콤은 같은 지역에서 지열히트펌프 벤처기업 육성과 더불어 태양광 발전도 운영하는데 이들 발전소는 스마트팜 농가에 설치되어 사성동을 친환경 에너지타운으로 변모시켰다. SK텔레콤 CEI기획팀 K상무는 ICT 융합 사업의 일환으로 대전, 홍천 등지에서 스마트팜 사업을 진행하고 있다며 관련 기자재를 설치한 농민의 반응이 무척 좋다고 말했다.

LG CNS가 새만금 지역에 설치하려는 유리 온실도 SK텔레콤과 유사한 목적을 지녔고 아직 농민과 협의 중이란 이유를 들어 구체적인 사양을 밝히지 않으나 과거 화성시 화옹지구에서 동부팜한농이 진행하려다가 농민 단체 반발에 부딪쳐 좌초한 자동화된 유리 온실이 모델인 것으로 알려졌다. LG CNS 관계자는 현재 유리 온실 기자재를 대부분 외국에서 수입하고 있다며 이를 국산화하면 차후 한국 농민에게도 공급할 수 있어, 농민들에게도 이익이라고 주장했다.

양 사가 다른 부분이 있다면 SK텔레콤은 사업 주체가 사회 공헌 활동(CSR)을 병행하는 CEI 기획팀인 반면 LG CNS는 사업부라는 점이며 또한 SK텔레콤이 지역 농가에 직접 설비를 공급한 반면 LG CNS는 새만금 산단에서 영국계 농업회사가 파프리카를 재배해 수출한다는 점도 차이점이다. SK텔레콤 CEI 기획팀은 개발팀과 함께 CEI 추진단을 이루며 CEI는 '창조 경제 혁신'의 영문 약자로 과거 사회 공헌 활동 조직을 이어받은 만큼 SK텔레콤의 스마트팜 사업은 추후 영리사업화가 되더라도 표면에 사회봉사 성격을 내세울 가능성이 짙다.

반면 LG CNS는 처음부터 사업부에 스마트팜 사업을 전개한데다가 농민이 가진 외국계 대규모 영농 기업에 대한 두려움이 해소되지 않은 상태에서 사업을 진행해 된서리를 맞고 있는 실정으로 LG CNS 관계자는 농민에게 LG CNS는 단순히 유리 온실만 공급하고 운영 노하우를 쌓은 뿐이라고 설명하며 생산된 작물도 전량 수출하고 있지만 외국계 영농 기업과 대기업이 대규모 농사를 짓는다는 사실만 부각되어 사업에 어려움을 겪고 있다고 토로하였다.

이런 차이가 스마트팜 업종에서 경쟁한 SK텔레콤과 LG CNS가 상이한 성과를 내게 된 원인으로 농어촌공사에서 경북지사장을 역임한 안부 JMI 부회장은 농업이 육체노동 중심이고 2, 3차 산업 대비 생산성이 낮다 보니 농민들의 피해의식을 갖게 되었다며 과학과 기술을 접목해 농사를 짓는 시대인 만큼 농민도 새 시대에 적응해야 하지만 기업도 농민의 현실과 아픔을 살피는 지혜가 필요하다고 조언했다.

■ 학습활동

사례를 읽고 SK텔레콤과 LG CNS의 기술 적용에 대한 차이점을 생각해보자.

■ 사례 3

〈LG화학, NASA 우주복용 전지 공급〉

LG화학이 국내 업계 최초로 미국항공우주국(NASA)과 전지 공급 계약을 체결하고 우주 시장에 본격 진출한다.

LG화학은 최근 NASA의 우주 탐사용 우주복에 리튬이온전지를 공급하는 업체로 선정되었다고 밝혔다. 이번 계약으로 LG화학은 올해 하반기부터 NASA에 신규 개발된 전지를 공급하게 되며 NASA는 LG화학의 전지를 우주복의 전원을 공급하는 용도로 사용하게 되는데 LG화학 관계자는 우주복에는 우주 비행사의 생명 보존을 위한 산소 공급 장비, 통신 장비, 방사능 측정기 등 다양한 기능이 구비되어 있고 LG화학 전지가 이런 최첨단 장비의 심장 역할을 하게 되는 것이라고 말했다.

LG화학이 NASA에 공급하는 전지는 LG화학의 차별화된 소형 전지 기술력이 적용되어 성능과 안전성을 갖추었고 통상적으로 항공 우주 및 군사용으로 사용되는 은아연(Silver – Zinc) 전지보다 수명이 약 5배 길며 가격경쟁력이 뛰어나다.

LG화학은 NASA가 요구하는 엄격한 조건의 전지 성능 구현을 위해 독자적으로 개발한 SRS(안전성강화 분리막) 기술 등을 적용해 세계 최고 수준의 전지 성능을 인정받았고 NASA 관계자는 이번 테스트를 통해 LG화학 전지가 높은 에너지 밀도와 안전성, 긴 수명 등 우수한 성능을 구현해 NASA 우주복에 가장 적합한 전지임을 입증했다고 말했다.

LG화학 전지사업본부장은 NASA의 안전성 테스트를 통과하여 LG화학의 전지 기술력을 세계 시장에서 다시 한 번 입증했다며 향후 NASA와 파트너십을 강화해 다양한 항공, 우주기기에 LG화학 배터리가 적용될 수 있도록 시장을 확대해 나갈 것이라고 밝혔다.

■ 학습활동

사례를 읽고 LG화학이 미국항공우주국(NASA)과 전지공급 계약을 체결할 수 있었던 이유가 무엇인지 생각해보자.

■ 사례 4

〈IT업계, CTO 모시기 혈전〉

IT 벤처업계의 'CTO(최고기술책임자)' 영입 경쟁이 뜨거워 대기업 임원급 연봉에 스톡옵션까지 내걸며 'CTO 모시기'에 경쟁이 불붙었다. 스타트업의 경쟁력이 '마케팅'에서 '기술력'으로 넘어가면서 CTO의 역할은 날로 중요해지고 있지만 수요에 비해 공급은 턱없이 부족한 것이 스타트업이 CTO 영입에 사활을 거는 이유다.

헤드헌팅업계 관계자는 최근 IT 스타트업계에서 CTO를 영입하기 위해서는 회사대표가 3번을 찾아가야 한다는 말이 있다며 연봉 3억 원 이상에 스톡옵션도 두둑이 챙겨주는 등 파격적인 조건을 내걸어도 CTO 찾기가 쉽지 않다고 전했고 이에 CTO를 뺏기는 전쟁 같은 상황이 벌어지기도 한다.

배달의 민족을 운영하는 우아한형제들은 야놀자의 CTO를 자사 CTO로 임명했으며 CTO를 영입하고 나서 배달의 민족의 핵심 프로젝트인 배달로봇 개발에 속도를 내고 있고 인공지능(AI)를 활용한 플랫폼 고도화도 진행 중이다. CTO를 빼앗긴 야놀자는 최근 네이버와 엔씨소프트, SK플래닛을 거친 새 CTO를 영입했으며 그를 통해 야놀자 플랫폼 고도화에 집중할 예정이다. 아울러 야놀자의 최대 프로젝트인 '와이플럭스'에도 힘을 보탤 예정으로 와이플럭스는 AI 기술을 활용해 숙소 예약부터 객실 서비스, 체크아웃 등 모든 과정을 앱 하나로 처리하는 차세대 서비스다.

국내 1위 퍼스널모빌리티 브랜드 '씽씽'을 운영하는 피유엠피도 LG전자 로봇연구소에서 로봇, AI 등을 연구한 CTO를 영입했으며 로봇, AI 기술을 활용해 자율주행 전동킥보드 개발에 나섰다.

■ 학습활동

만약 자신이 한 회사의 기술 관련 업무를 총책임지고 있는 최고기술경영자라면 스스로에게 필요한 역량은 무엇일지 생각해보자.

■ 사례 5

〈김동관, 태양광 굴기 날개 달다〉

'사람을 알려면 그 사람의 말보다 열매를 보라.' 사람을 평가할 때 곧잘 인용되는 경구로 번드레한 말보다 행동거지, 그 사람의 발자취를 곰곰이 들여다보라는 말이다. 김동관 한화큐셀 전무, 그에게는 이 말이 썩 잘 어울린다. 한화큐셀 2분기 실적은 김승연 한화그룹 회장의 장자이자 그룹 승계자로서 그의 면모를 잘 보여준다.

매출 7140억 원, 영업이익 946억 원으로 요약되는 한화큐셀의 2분기 실적은 지난 2015년 미국의 넥스트에라에너지와 맺은 1.5GW 규모의 모듈 공급 계약이 뒷심이 되었으며 계약을 통해 선수금으로 받은 5000억 원은 한화큐셀의 현금 흐름을 개선했고 공격적인 투자를 가능하게 도왔다. 당시 집계된 영업 활동으로 인한 현금 공급이 3억 9430만 달러(4017억 원)이고 같은 시기 투자 활동으로 인해 발생한 현금이 1억 7550만 달러(2000억 원)로 대폭 증가된 점은 김 전무가 공격 경영에 나섰음을 시사한다.

즉 넥스트에라에너지와의 공급 계약을 기점으로 김 전무는 태양광 사업에 박차를 가하기 시작한 것이며 투자금이 설비 인프라 구축이 아니라 태양광 모듈 구축이란 점도 눈길을 끈다. 한화큐셀은 새로 공장을 짓지 않았고 공장 증설은 한화큐셀코리아가 했으며 한화큐셀코리아는 한국 충북 음성에 태양광 모듈 1.5GW, 진천 태양광 셀 1.5GW를 갖추고 있다.

한화큐셀코리아는 한화큐셀의 한국 법인이지만 한화큐셀 일본, 미국과 함께 나스닥에 상장되어 있지 않으므로 나스닥에 상장된 한화큐셀의 2분기 실적에는 경영 활동이 반영되어 있지 않고 한화큐셀이 회계적으로 분리된 한화큐셀코리아에서 태양광 모듈을 구매한다는 점은 인프라 구축에 따른 고정비 부담을 지지 않고 들어온 현금을 고스란히 영업과 투자 활동에 쏟아 붓는다는 사실을 함축한다.

한화큐셀은 한화큐셀 코리아에서 구매한 태양광 모듈을 넥스트에라에너지에 공급해 고정비나 감가상각비로 자금이 불필요하게 묶이는 일을 피했으며 이런 전략 구사는 김 전무가 계속 태양광 사업에 베팅하기 위해 넥스트에라에너지와의 계약 내용과 조직 구성에서부터 철저하게 준비했기 때문에 가능했다. 이런 배경을 바탕으로 김 전무가 지휘하는 한화큐셀은 올해 들어 수주에 박차를 가했다.

2월에는 한화큐셀재팬이 일본 이토추상사 – 큐덴코 합작 회사에 21MW 규모의 태양광 모듈을 공급하기로 계약했으며 4월 남동발전과의 1GW 해외 태양광 사업 추진 업무 협약 역시 또 다른 예다. 이 외에도 일일이 보도 자료로 소식을 알리지 못한 계약고가 다수라고 한화큐셀 관계자는 전하고 있다.

■ 학습활동

1. 사례를 읽고 한화큐셀이 성공한 이유에 대해 서술해보자.

2. 우리 주변에서 탁월한 기술경영자로 인해 성공한 기업 사례를 서술해보자.

■ 사례 6

<정보통신혁명과 새로운 네트워크 사회의 도래>

기술이 사회에 미치는 영향의 가장 중요한 사례로 언급되는 것이 컴퓨터, 인터넷, 핸드폰, 유비쿼터스(Ubiquitous Technology)와 같은 디지털 기술로 상징되는 정보통신혁명이며 MIT의 미디어랩 소장을 지낸 니콜라스 네그로폰테(Nicholas Negroponte)는 디지털의 세상에서 비트(bits)가 원자(atoms)를 대체했다고 강조했으며 정보 사회론의 대표적 이론가 중 한 명인 조지 길더(George Gilder)는 20세기 후반기를 특징짓는 현상으로 '물질이 폐기되었음'을 주장하였다.

그렇지만 더 중요한 변화는 사람과 사람이 연결되는 방식인 네트워크에 혁명적인 변화가 만들어진 것이며 정보통신기술의 혁명이 우리 사회를 바꾸는 방식은 네트워크혁명을 통해서이고 네트워크 혁명은 사람과 사람이 인터넷과 같이 빠르고 값싼 정보통신기술의 네트워크를 사용해 이어지면서 사람들이 가진 정보와 활동 간에 새로운 상호 연관과 상호 의존이 만들어지고 있음을 의미한다.

<어떤 기술들이 융합되고 있는가?>

글로벌 기업 간 경쟁의 무대가 기존의 상식을 벗어나는 형태로 급변하면서 각 산업의 영역을 뛰어넘는 경쟁이 심화되고 있으며 IT산업에서는 구글이 에너지 분야나 자동차 산업에 뛰어들면서 기간산업의 IT화에 본격적으로 나서는 한편 Industrial Internet 전략을 강조하고 있는 GE는 각종 인프라, 발전설비, 의료 산업과 연계한 IT솔루션 서비스를 강화하면서 IT서비스 기업으로 변신하겠다는 구상을 밝히고 있다.

IT혁명이 센서의 성능 향상 및 저가격화, 빅데이터와 이를 분석하는 AI의 진화로 인해 가상세계와 현실 세계를 연결하여 부가가치를 높이는 사물인터넷(IoT) 단계로 접어들면서 IT가 모든 산업과 융합 수준을 높이고 있다. 세계적으로 제품, 서비스 등 사업영역이 전면적인 파괴와 혁신의 시대에 접어들면서 업계 질서를 재편성하려는 게임체인저들이 새로운 산업의 리더가 되겠다는 야망을 가지고 무차별적인 공격을 가하고 있는 것이다.

이러한 트렌드는 자동차, 전기전자, 조선, 소재 등 주력 제조업에서 세계 정상급의 경쟁력을 갖게 되었으나 그 위상이 위태로워지고 있는 우리 산업의 입장에서 보면 한순간에 시장기반 자체를 상실할지도 모르는 혹독한 환경을 조성하는 것이라고 할 수 있으므로 우리로서는 기술융합이 몰고 오는 산업의 변화를 이해하고 이러한 트렌드를 활용해서 기존 산업을 활성화하며 새로운 사업을 창조하는 노력이 필요한 시점이다.

■ 학습활동

1. 현재 주변 생활에서 활용되고 있는 융합기술에는 어떤 것들이 있는지 서술해보자.

2. 자신이 서술한 기술 중에서 융합되어 사용되고 있는 제품을 적어보자.

3. 현재 주변 생활에서 융합 기술을 적용하여 만들 수 있는 새로운 제품들은 어떤 것들이 있는지 생각해 보자.

■ 사례 7

〈네트워크 시장에서 비즈니스의 기준이 바뀐다〉

태생적으로 네트워크는 유기적으로 진화하는 시스템인 것과 동시에 원거리를 연결하고 시공간의 개념을 확장시키는 원동력으로 성장해왔다. 우리에게 새로운 세계관과 사회 문화적 상상, 새로운 시장을 제공해왔고 지금은 네트워크의 본래 속성들이 더욱 두드러진다. 네트워크는 단순한 기술도, 사회 연결망도 아니며 하나로 규정될 수 없는 다면성을 지닌 생명체이기 때문에 변화무쌍하고 예측 불가능한 네트워크가 무엇이 될지 미리 답을 낼 수는 없지만 네트워크의 속성을 중심으로 잘못된 질문을 수정할 수는 있다.

먼저 전통적 비즈니스 관점에서 우리가 일반적으로 던지는 질문들이다.

– 어떻게 1등을 유지할 것인가?

– 고객을 어떻게 Lock – in 시킬 것인가?

– 무엇을 얼마에 팔 것인가?

– 회원 수가 몇 명인가?

네트워크 관점에서 보면 위의 질문들은 적절치 않은데 성장을 멈추면 죽는 시장에서 경쟁사가 서로의 기준이 될 수 없고 같이 죽기 때문이다. 개방된 환경 역시 고객을 억지로 가둘 수 없으며 고객이 매개자(마케터, 영업사원, 통신원, 생산자)이니 핵심은 어떤 연결 가치를 제공하는가에 있으므로 네트워크 속성에 기반하여 질문을 아래와 같이 수정할 수 있다.

– 지금 이 순간 성장을 멈추지 않기 위해 무엇을 하고 있는가?

– 고객 및 콘텐츠가 지금 고립되어 있지는 않은가?

– 무엇을 얼마나 연결할 것인가?

– 얼마나 많은 고객들이 어떤 매개 활동을 하고 있는가?

■ 학습활동

1. 사례를 읽고 기존 시장과 네트워크 시장의 차이점에 대해 생각해보자.

2. 네트워크 사회에서 성공하려면 어떠한 것을 준수해야 되는지 생각해보자.

③ 공공기관

(1) 공공기관이란?

정부의 출연, 출자 또는 정부의 재정지원 등으로 설립 및 운영되는 기관으로서 공공기관의 운영에 관한 법률 제4조 1항 각 호의 요건에 해당하여 기획부장관이 지정한 기관

(2) 공공기관의 유형

① 공기업

㉠ 지원 정원이 50인 이상이고, 자체수입이 총수입액의 2분의 1 이상인 공공기관 중에서 기획재정 장관이 지정한 기관

㉡ 국가 또는 지방자치단체가 소유와 경영의 주체가 되어 재화나 용역을 공급하는 기업

- 시장형 공기업 : 자산규모가 2조 원 이상이고 총 수입액 중 자체수입이 85% 이상인 공기업으로 한국석유공사, 한국가스공사 등의 기관이다.
- 준시장형 공기업 : 시장형 공기업이 아닌 공기업으로 한국관광공사, 한국방송광고공사 등의 기관이다.

② 준정부기관

직원 정원이 50인 이상이고 공기업이 아닌 공공기관 중에서 기획재정부장관이 지정한 기관

- 기금관리형 준정부기관 : 국가재정법에 따라 기금을 관리하거나 기금의 관리를 위탁받은 준정부기관으로서 서울올림픽기념국민체육진흥공단, 한국문화예술위원회 등의 기관이다.
- 위탁집행형 준정부기관 : 기금관리형 준정부기관이 아닌 준정부기관으로서 한국교육학술정보원, 한국과학창의재단 등의 기관이다.

③ 기타 공공기관

공기업, 준정부기관이 아닌 공공기관으로 210개 기관이다.

유형 구분		공통 요건	지정 요건(원칙)
공기업	시장형	자체 수입비율 ≥ 50% 직원 정원 ≥ 50인	자체 수입비율 ≥ 85%인 기관 (& 자산 2조 원 이상)
	준시장형	자체 수입비율 ≥ 50% 직원 정원 ≥ 50인	자체 수입비율 50~85%
준정부기관	기금관리형	자체 수입비율 < 50% 직원 정원 < 50인	중앙정부 기금을 관리하는 기관
	위탁집행형	자체 수입비율 < 50% 직원 정원 < 50인	기금관리형이 아닌 준정부기관
기타 공공기관		공김업. 준정부기관을 제외한 공공기관	

(3) 공기업(공사, 공단) 분류

① 공사

공공성과 기업을 조화시킨 독립된 특수법인

- 정부투자기관(50% 이상) : 조폐공사, 한국전력공사, 도로공사, 중소기업은행 등
- 정부출자기관(50% 미만) : 가스공사, 감정원, 한국전력기술공사 등

② 공단

경제 또는 국가적 사회정책사업을 수행하기 위한 특수법인으로 한국산업인력공단, 교통안전공단, 국민연금공단 등이 있다.

(4) 인성검사

(1) 인성검사의 목적

그동안 우리나라의 인사선발제도는 인간성 자체가 아닌 학력, 성적, 경력에 치중하여 시행되어 왔다. 이로 인해 선발된 직원 중 일부는 직무수행 중 정서불안과 직업 부적응 등으로 갖가지 사고 및 사건의 원인이 되기도 하였다. 인성검사는 신입사원 선발 시 1차 전형 합격자에 한해 이를 시행하여 결함자를 제외하고 적정 인재를 적재적소에 배치하는 데 그 목적이 있다고 하겠다.

(2) 인성검사의 유형

① **선택형** : 주어진 질문을 읽고 자신의 생각이나 성격의 알맞은 정도를 보기에서 선택하는 유형이다.

  ⓔ 다음 질문을 잘 읽고 자신의 생각과 일치하거나 자신을 잘 나타내는 것을 Ⓐ~Ⓔ 중에 고르시오.

  한번 실패해도 포기하지 않고 계속 시도하는 편이다.

그렇다	약간 그렇다	그저 그렇다	별로 그렇지 않다	그렇지 않다
Ⓐ	Ⓑ	Ⓒ	Ⓓ	Ⓔ

② **비교형** : 주어진 문장을 읽고 자신의 생각이나 성격을 잘 표현한 문구를 양자택일하는 유형이다.

  ⓔ 다음 질문을 잘 읽고 자신의 생각과 일치하거나 자신을 잘 나타내는 것을 A 또는 B 중에 골라 ○표 하시오.

  A : 여러 사람과 조직적으로 행동하는 것을 좋아한다. (   )
  B : 혼자서 자유롭게 행동하는 것을 좋아한다. (   )

(3) MMPI 검사

① MMPI 검사의 특징

세계적으로 시행되고 있는 다면적 성격검사의 하나로 1차적으로는 정신질환이나 심리적 장애를 진단하며, 2차적으로는 수거자의 성격이나 방어기제를 평가한다. 4개의 타당도와 10개의 임상척도를 합쳐 총 14개의 척도로 구성되어있다.

② MMPI 검사의 구성

– 타당성 척도 : 피검자의 왜곡된 검사태도를 탐지하고 임상 척도의 해석을 풍부하게 해주는 보충 정도를 제공한다.

타당도 유형	측정내용
?(알 수 없다) 척도	• 무응답, 혹은 '예'와 '아니오' 모두에 대답한 개수를 확인한다. • 30개 이상이면 전체 검사자료는 타당하지 않다. • 실제로 답을 할 수 없는지 혹은 고의적인지 확인한다.
L(Lie) 척도	• 자신을 좋게 보이려는 다소 고의적이고 세련되지 못한 시도를 확인한다. • 높은 점수는 방어적 태도를 시사한다. • 너무 낮은 점수는 지나치게 솔직한 태도를 의미한다.
F(Infrequency) 척도	• 심리적 고통과 부적응의 정도를 나타내는 척도이다. • 높은 점수는 과장된 증상의 표현과 실질적인 장애를 의미한다. • 낮은 점수는 적응도가 높고 스트레스가 없음을 나타낸다.
K(Defensiveness) 척도	• 개인적 정보를 노출하지 않으려는 저항적 태도를 반영하는 척도이다. • L 척도보다는 은밀하고 세련된 방어를 나타낸다. • 높은 점수는 강한 정서적 독립성, 친밀감의 문제를 시사한다. • 낮은 점수는 솔직성, 의존성, 자신감의 부족을 시사한다.

– 임상척도 : 피검자의 비정상 행동의 종류를 측정하고 성격진단을 통해 그 유형을 해결한다.

(4) MBTI 검사

① MBTI 검사의 특징

융의 심리유형론을 근거로 하는 자기보고식 성격진단 또는 성격유형 검사이다. 개인이 응답할 수 있는 자기보고 문항을 통해 각자가 인식하고 판단할 때 어떠한 영향을 미치는가를 파악하여 실생활에 응용한다. 성격유형은 모두 16개이며 외향형과 내향형, 감각형과 직관형, 사고형과 감정형, 판단형과 인식형 등 4가지의 분리된 선호경향으로 구성된다.

② MBTI 검사의 구성

– 선호경향 : 교육이나 환경의 영향을 받기 이전에 이미 인간에게 잠재되어 있는 선천적 심리경향을 말한다.

선호지표	외향형(Extraversion)	내향형(Introversion)
설명	폭넓은 대인관계를 유지하며 사교적이고 정열적이며 활동적이다.	깊이 있는 대인관계를 유지하며 조용하고 신중하여 이해한 다음에 경험한다.
대표적 표현	• 자기외부에 주의집중 • 외부활동과 적극성 • 정열적, 활동적 • 말로 표현 • 경험한 다음에 이해 • 쉽게 알려짐	• 자기내부에 주의집중 • 내부활동과 집중력 • 조용하고 신중 • 글로 표현 • 이해한 다음에 경험 • 서서히 알려짐

선호지표	감각형(Sensing)	직관형(Intuition)
설명	오감에 의존하여 실제의 경험을 중시하며 지금과 현재에 초점을 맞추고 정확, 철저하게 일처리를 한다.	육감 내지 영감에 의존하며 미래지향적이고 가능성과 의미를 추구하며 신속, 비약적으로 일처리를 한다.
대표적 표현	• 현실, 현재에 초점 • 실제의 경험 • 정확, 철저한 일처리 • 사실적 사건묘사 • 나무를 보려는 경향 • 가꾸고 추수함	• 미래 가능성에 초점 • 아이디어 • 신속, 비약적인 일처리 • 비유, 암시적 묘사 • 숲을 보려는 경향 • 씨뿌림

선호지표	사고형(Thinking)	감정형(Feeling)
설명	진실과 사실에 주 관심을 갖고 논리적이고 분석적이며 객관적으로 판단한다.	사람과 관계에 주 관심을 갖고 상황적이며 정상을 참작한 설명을 한다.
대표적 표현	• 진실, 사실에 주 관심 • 원리와 원칙 • 논거, 분석적 • 맞다, 틀리다 • 규범, 기준 중시 • 지적 논평	• 사람, 관계에 주 관심 • 의미와 영향 • 상황, 포괄적 • 좋다, 나쁘다 • 나에게 주는 의미 중시 • 우호적 협조

선호지표	판단형(Judging)	인식형(Perceiving)
설명	분명한 목적과 방향이 있으며 기한을 엄수하고 철저히 사전계획하고 체계적이다.	목적과 방향은 변화 가능하고 상황에 따라 일정이 달라지며 자율적이고 융통성이 없다.
대표적 표현	• 정리정돈과 계획 • 의지적 추진 • 신속한 결론 • 통제와 조정 • 분명한 목적의식과 방향감각 • 뚜렷한 기준과 자기의사	• 상황에 맞추는 개방성 • 이해로 수용 • 유유자적한 과정 • 융통과 적응 • 목적과 방향은 변화할 수 있다는 개방성 • 재량에 따라 처리될 수 있는 포용성

– 성격유형 : 4가지 선호지표를 조합하여 만들어진 16가지 성격유형 도표를 말한다.

성격유형	특징
ISTJ	• 신중하고 조용하며 집중력이 강하고 매사에 철저하다. • 구체적, 체계적, 사실적, 논리적, 현실적인 성격을 띠고 있으며 신뢰받는다. • 만사를 체계적으로 조직화시키려고 하며 책임감이 강하다. • 성취해야 한다고 생각하는 일이면 주위의 시선에 아랑곳하지 않고 꾸준하고 건실하게 추진해나간다.
ISFJ	• 조용하고 친근하고 책임감이 있으며 양심이 바르다. • 맡은 일에 헌신적이며 어떤 계획의 추진이나 집단에 안정감을 준다. • 매사에 철저하고 성실하고 정확하며 기계분야에는 관심이 적다. • 필요하면 세세한 면까지도 잘 처리해 나간다. • 충실하고 동정심이 많고 타인의 감정에 민감하다.
INFJ	• 인내심이 많고 독창적이며 필요하고 원하는 일이라면 끝까지 이루려고 한다. • 자기 일에 최선의 노력을 다한다. • 타인에게 말없이 영향력을 미치며 양심이 바르고 다른 사람에게 따뜻한 관심을 가지고 있다. • 확고부동한 원리원칙을 중시하고 공동선을 위하는 확신에 찬 신념을 가지고 있으므로 사람들이 존경하며 따른다.
INTJ	• 대체로 독창적이며 자기 아이디어나 목표를 달성하는 데 강한 추진력을 가지고 있다. • 관심을 끄는 일이라면 남의 도움이 있든 없든 이를 계획하고 추진해나가는 능력이 뛰어나다. • 회의적, 비판적, 독립적이고 확고부동하며 때로는 고집스러울 때도 많다. • 타인의 감정을 고려하고 타인의 의견에 귀를 기울이는 법을 배워야한다.

성격유형	특징
ISTP	• 차분한 방관자이다. • 조용하고 과묵하며 절제된 호기심을 가지고 인생을 관찰하고 분석한다. • 때로는 예기치 않게 유머감각을 나타내기도 한다. • 대체로 인간관계에 관심이 없고 기계가 어떻게 왜 작동하는지 흥미가 많다. • 논리적인 원칙에 따라 사실을 조직화하기를 좋아한다.
ISFP	• 말없이 다정하고 친절하고 민감하며 자기 능력을 뽐내지 않고 겸손하다. • 의견의 충돌을 피하고 자기 견해나 가치를 타인에게 강요하지 않는다. • 남 앞에 서서 주도해나가기보다 충실히 따르는 편이다. • 목표를 달성하기 위해 안달복달하지 않고 현재를 즐기기 때문에 일하는 데에도 여유가 있다.
INFP	• 정열적이고 충실하나 상대방을 잘 알기 전까지는 이를 드러내지 않는다. • 학습, 아이디어, 언어, 자기 독립적인 일에 관심이 많다. • 어떻게든 이루어내기는 하지만 일을 지나치게 많이 벌이려는 경향이 있다. • 남에게 친근하기는 하지만 많은 사람들을 동시에 만족시키려는 부담을 가지고 있다. • 물질적 소유나 물리적 환경에는 별 관심이 없다.
INTP	• 조용하고 과묵하다. • 특히 이론적, 과학적 추구를 즐기며 논리와 분석으로 문제를 해결하기를 좋아한다. • 주로 자기 아이디어에 관심이 많으나 사람들의 모임과 잡담에는 관심 없다. • 관심의 종류가 뚜렷하므로 자신의 지적 호기심을 활용할 수 있는 분야에서 능력을 발휘할 수 있다.

성격유형	특징
ESTP	• 현실적인 문제해결에 능하다. • 근심이 없고 어떤 일이든 즐길 줄 안다. • 기계 다루는 일이나 운동을 좋아하고 친구 사귀기를 좋아한다. • 적응력이 강하고 관용적이며 보수적인 가치관을 가지고 있다. • 긴 설명을 싫어하며 기계의 분해 또는 조립과 같은 실제적인 일을 다루는 데 능하다.
ESFP	• 사교적이고 태평스럽고 수용적이고 친절하며 만사를 즐기는 형이기 때문에 다른 사람들로 하여금 일에 재미를 느끼게 한다. • 운동을 좋아하고 주위에서 벌어지는 일에 관심이 많아 끼어들기 좋아한다. • 추상적인 이론보다는 구체적인 사실을 잘 기억하는 편이다. • 건전한 상식이나 사물 뿐 아니라 사람들을 대상으로 구체적인 능력이 요구되는 분야에서 능력을 발휘할 수 있다.
ENFP	• 따뜻하고 정열적이고 활기가 넘치며 재능이 많고 상상력이 풍부하다. • 관심이 있는 일이라면 어떤 일이든지 척척 해낸다. • 어려운 일이라도 해결을 잘 하며 항상 암을 도와줄 태세를 갖추고 있다. • 자기 능력을 과시한 나머지 미리 준비하기보다는 즉흥적으로 덤비는 경우가 많다. • 자기가 원하는 일이라면 어떠한 이유라도 갖다 붙이며 부단히 새로운 것을 찾아 나선다.
ENTP	• 민첩하고 독창적이고 안목이 넓으며 다방면에 재능이 많다. • 새로운 일을 시도하고 추진려는 의욕이 넘치며 새로운 문제나 복잡한 문제를 해결하는 능력이 뛰어나며 달변가이다. • 일상적이고 세부적인 면은 간과하기 쉽다. • 한 일에 관심을 가져도 부단히 새로운 것을 찾아다닌다. • 자기가 원하는 일이면 논리적인 이유를 찾아내는 데 능하다.

성격유형	특징
ESTJ	• 구체적이고 현실적이고 사실적이며 기업 또는 기계에 재능을 타고난다. • 실용성이 없는 일에는 관심이 없으며 필요할 때 응용할 줄 안다. • 활동을 조직화하고 주도해 나가기를 좋아한다. • 타인의 감정이나 관점에 귀를 기울일 줄 알면 훌륭한 행정가가 될 수 있다.
ESFJ	• 마음이 따뜻하고 이야기하기 좋아하고 사람들에게 인기가 있고 양심이 바르고 남을 돕는 데 타고난 기질이 있으며 집단에서도 능동적인 구성원이다. • 조화를 중시하고 인화를 이루는 데 능하다. • 항상 남에게 잘 해주며 격려나 칭찬을 들을 때 가장 신바람을 낸다. • 사람들에게 직접적이고 가시적인 영향을 줄 수 있는 일에 가장 관심이 많다.
ENFJ	• 주위에 민감하며 책임감이 강하다. • 다른 사람들의 생각이나 의견을 중히 여기고 다른 사람들의 감정에 맞추어 일을 처리하려고 한다. • 편안하고 능란하게 계획을 내놓거나 집단을 이끌어 가는 능력이 있다. • 사교성이 풍부하고 인기 있고 동정심이 많다. • 남의 칭찬이나 비판에 지나치게 민감하게 반응한다.
ENTJ	• 열성이 많고 솔직하고 단호하게 통솔력이 있다. • 대중연설처럼 추리와 지적 담화가 요구되는 일이라면 어떤 것이든지 능하다. • 보통 정보에 밝고 지식에 대한 관심과 욕구가 많다. • 때로는 실제의 자신보다 더 긍정적이거나 자신 있는 사람으로 비추어진다.

5 면접

(1) 면접이란?

일반적으로 서류심사, 필기시험, 적성검사 등을 실시한 후 최종적으로 지원자를 직접 대면해 인품, 성격, 언행, 지식의 정도 등을 알아보는 구술평가 또는 인물평가

(2) 면접을 보는 이유

단순히 개인 신상에 대해 평가하는 것이 아니라 지원자의 기본적인 성향과 자라온 환경, 가치관, 관련 경험 등을 파악해 기업에 대한 열정, 가능성 등을 측정하기 위한 것이다.

(3) 면접 시 주의사항

- 결론부터 말하기 : 부연 설명은 결론을 말한 다음 구체적으로 말한다.
- 올바른 경어의 사용 : 유행어는 피하며 존경어와 겸양어는 혼동하지 않는다.
- 명확한 태도 : 질문의 요지를 파악하고 '예'와 '아니요'를 명확히 표현한다.
- 미소 : 웃는 것은 좋지만 가벼워 보여서는 안 되고 표정관리를 해야 한다.
- 대답하는 방식 : 결론, 구체적인 예, 확인, 끝 정도의 방식을 정한다.
- 적당한 반론 : 납득이 되지 않는 것은 면접관의 기분을 상하지 않게 하는 태도로 차분히 반문한다.
- 최선을 다하기 : 대답을 잘 못했어도 포기하지 않고 최선을 다하면 상황이 좋아질 수 있다.
- 여유 : 즉흥적인 대사와 유머 등 긴장된 분위기를 푸는 여유 있는 태도가 필요하다.
- 잘못된 버릇 고치기 : 상대를 불쾌하게 만드는 행동은 주의한다.
- 확신, 긍정적 대답 : '~같습니다.', '~라고 생각됩니다.' 보다는 '~입니다.', '~라고 믿습니다.'와 같은 표현을 한다.
- 압박 면접 대비 : 압박면접에 미리 대비한다.
- 첫 이미지 : 첫 이미지가 중요하기 때문에 충분히 판단하고 행동해야 한다.
- 대답 이후의 질문에 대비 : 대답을 할 때 돌아올 질문을 예상하면서 해야 실수가 적다.

(4) 면접 예상 질문

- 간단히 자기소개를 해보세요.
- 본인 성격의 장단점을 말해보세요.
- 타인과 갈등이 생겼을 때 이를 어떻게 극복합니까?
- 우리 회사에 지원하게 된 동기를 말해보세요.
- 이 자격증을 왜 땄는지 말해보세요.
- 본인이 이 회사에 입사 후 하고 싶은 일이나 이루고 싶은 것이 있으면 말해보세요.
- 만약 지방 또는 해외 근무지로 가야 한다면 어떻게 하시겠습니까?
- 우리 회사의 전망에 대해 말해보세요.
- 마지막으로 하고 싶은 말이 있으면 해보세요.

(5) 면접의 유형

① 집단면접
- 정의 : 다수의 면접관이 다수의 지원자를 한꺼번에 평가하는 방법으로 여러 명을 동시에 비교, 관찰할 수 있고 평가에 있어 객관성을 유지할 수 있다는 장점이 있으며 대기업의 경우 1차면접과 임원면접 시 주로 사용한다.
- 주의사항 : 자기주장만을 내세우거나 다른 사람이 말할 때 한 눈을 팔거나 발언 기회를 놓치고 침묵을 지키는 것은 금물이다. 집단면접은 토론하는 것이 아니므로 다른 사람을 설득시키려고 자기 의견을 지나치게 주장할 필요는 없으며 면접과 한 사람이 지원자들에게 동일한 질문을 하는 경우에는 비슷한 내용을 답해도 불이익은 없지만 집단에 묻히지 말고 개성 있는 답변을 해야 하며 자신의 의견을 명확하게 밝혀야 한다.

② 토론면접
- 정의 : 지원자 여러 명에게 특정 주제를 제시하고 지원자들끼리 서로 토론을 전개하는 과정을 면접관이 관찰, 평가하는 방법으로 지원자들이 토론을 벌이는 동안 면접관은 지원자들의 행동성, 표현력, 적응력, 문제해결능력, 창의성, 의사소통능력 등을 종합적으로 평가한다.
- 주의사항 : 집단토론 시에는 누가 발표를 잘하는가도 중요하지만 상대방의 발표를 얼마나 잘 경청하느냐가 더욱 중요하며 과제를 수행함에 있어서 자신의 과제뿐만 아니라 팀원을 돕고 리드하는 헌신형 인재가 높이 평가됨을 명심하며 참여해야 한다.

③ 프레젠테이션면접
- 정의 : 특정 주제에 관한 지원자 개개인의 발표로 지원자의 능력을 평가하는 데 목적이 있으며 전공 및 실무능력을 파악하는 데 중점을 두기 때문에 지원하는 분야와 관련된 기술적인 질문이 나올 수 있다.
- 주의사항 : 정확한 답이나 지식보다는 논리적 사고와 의사표현력이 중요시되므로 어떻게 설명하는지에 대해 초점을 두어야 하며 지원 직무에 대한 전문지식을 쌓아두는 것이 유리하다.

④ 합숙면접
- 정의 : 합숙면접의 경우 일단 해당 기업의 버스를 타고 연구원으로 가서 모든 일정을 진행하는 것이 일반적이며 면접관과 지원자들이 함께 합숙하면서 인재를 가려내는데 지원자들이 집합하는 순간부터 점수에 반영되지만 너무 의식하지 않는 것이 좋으며 지원자들끼리 서로 평가하는 경우도 있으므로 원활한 관계를 유지하는 것이 좋다.
- 주의사항 : 합숙면접은 개인이 아닌 팀별로 과제를 수행한다. 자기주장만 관철하려 들면 좋은 점수를 받기 어렵고 면접관에게 자신이 적극적으로 문제를 해결하는 성향의 인물임을 알리고 조직에 활력을 주는 인재라는 이미지를 심어줄 수 있는 것이 중요하다.